구약
외경
1

구약 외경 1
— 개정판 —

초판 교회인가 2017년 5월 23일 (의정부교구장 이기헌 베드로 주교)
초판 1쇄 2018년 1월 25일
개정판 교회인가 2022년 2월 9일 (의정부교구장 이기헌 베드로 주교)
개정판 1쇄 2022년 3월 14일

지은이 송혜경
펴낸이 조병우
펴낸곳 한님성서연구소
등록 제85호
주소 경기도 의정부시 평화로 604
전화 031)846-3467
팩스 031)846-3595
카페 cafe.naver.com/biblicum

ISBN 978-89-94359-37-3 94230
ISBN 978-89-94359-23-6 94230 (세트)
책값은 뒤표지에 있습니다.

구약 외경 1

개정판

에녹 1서
The First Book of Enoch

솔로몬의 시편
The Psalms of Solomon

요셉과 아세넷
Joseph and Aseneth

예언자들의 생애
The Lives of the Prophets

아리스테아스의 편지
Letter of Aristeas

번역·주해 **송혜경**

초판 펴내며

구약 외경은 구약과 신약을 잇는 가교 역할을 한다. 제2성전기 또는 신구약 중간기라 부르는 시기에 탄생한 구약 외경들 안에, 주권 상실과 바빌론 유배라는 시련을 겪으면서 한층 성숙해진 유다 백성의 신앙과 신학이 녹아 있다. 구약 외경은 구약성경과 함께 신약성경 및 외경에 직접 또는 간접적으로 많은 영향을 주었다. 신구약성경에 비해 구약 외경의 연구가 덜 된 것이 사실이나, 학문적인 측면에서 그 중요성은 무시할 수 없다. 특히 신약성경에 나타나는 메시아 사상이나 묵시 문학적 은유들은 구약 외경을 읽지 않고서는 제대로 이해하기 어렵다. 구약 외경을 통해 당시 유다 백성이 기대한 메시아는 어떤 메시아인지, 그들이 기대한 하느님 나라와 종말은 어떤 것이었는지 생생히 그려볼 수 있으며, 제2성전기 후반부터 발달한 부활이나 영혼불멸을 향한 유다인들의 염원, 악의 기원과 악의 세력에 대한 그들의 성찰과 이해에 한걸음 더 가까이 다가설 수 있다.

사실 신약을 더욱 풍성하게 이해하기 위해서 구약 외경을 연구할 필요성은 많은 학자들이 공감하는 바지만 우리나라에는 구약 외경이 제대로 번역되지 않았다. 적어도 원문에서 우리말로 번역한 책은 아직 나오지 않았다. 구약 외경 가운데 에녹 2서나 희년서와 같은 중요한 작품들의 전문이 고대 슬라브어나 에티오피아어로 전해져서 우리말로 옮기기가 쉽지 않다. 언어적인 문제를 차치하고라도 구약 외경을 현대어로 옮기는 일은 녹록하지 않다. 제2성전기 신학에 대한 깊은 이해 없이는 외경 본문을 제대로 파악할 수 없기 때문이다. 그래서 구약 외경을 우리말로 번역하고 해제를 다는 작업이 필요한 일임에도 선뜻 이 일에 나서기가 어렵다.

이런 상황에서 한님성서연구소는 구약 외경 원문을 우리말로 번역하고, 본문 이해를 돕도록 해제를 다는 작업에 착수한다. 『구약 외경』이라는 제목의 시리즈로 발간할 터다. 작품 수가 수십 편에 이르기에 오랜 시간이 걸릴 것으로 예상된다. 이 시리즈가 제2성전 후반기 곧 구약성경에서 신약성경으로 넘어가는 과도기 유다인들의 삶과 신학, 희망과 기대를 이해하는 계기가 되기 바란다. 이로써 신약성경을 바라보는 시야도 한층 넓어질 것이다.

조병우 이사장님과 정태현 신부님을 비롯하여 한님성서연구소를 후원하시는 모든 분께 감사드린다. 연구소를 믿고 뒷받침해 주시는 이분들 덕분에 연구소가 존재한다. 정태현 신부님은 사목으로 바쁘신 중에도 몸소 원고를 교정하시고 중요한 아이디어를 제공해 주시기도 하셨다. 신부님께서 내어 주신 시간과 공이 큰 힘이 되었다. 조병우 이사장님께는 어떤 말로도 감사함을 다 표현하지 못한다. 이사장님의 신뢰와 지원이 없었다면 이 책을 낼 엄두조차 내지 못했을 것이다.

함께 일하는 동료들에게도 고마운 마음을 전한다. 특히 책을 '함께 만든' 편집부 이효임 아네스에게 감사한다. 사무국장 강재준 요셉에게도 고마움을 표시한다. 이효임 아네스와 함께 이 책의 표지도 꾸며주었다.

따뜻한 마음으로 지켜봐 주시는 사람들, 가족들, 하늘나라로 가신 부모님, 마음을 다하여 감사드립니다. 하느님께도 감사합니다!

2017년 12월

송혜경

개정판 펴내며

초판과 비교해서 달라진 점은 다음과 같다.

첫째, 각 작품의 원문을 빼고 우리말 번역만 실었다. 여기에 실린 다섯 작품의 그리스어 원문을 Bible Works(9 또는 10)에서 읽을 수 있다. 또는 웹에서도 일부 읽을 수 있다. The Online Old Testament Pseudepigrapha(https://pseudepigrapha.org)가 여러 구약 외경 작품들의 원문을 무상으로 제공하고 있다. 에녹 1서 에티오피아어 본문(『구약 외경 1』에서 대본으로 사용한 본문은 그리스어 본문이다), 예언자들의 생애 그리스어 본문, 아리스테아의 편지 그리스어 본문을 해당 웹에서 찾아 읽을 수 있다. 솔로몬의 시편은 곧 업로드할 예정이라고 한다. 요셉과 아세넷은 아직 업로드되어 있지 않다.

둘째, 우리말을 다듬고 가독성을 높이는 방향으로 새롭게 편집하였다.

셋째, 해제와 각주에 최신 정보를 추가하였다. 단, 원전 자체를 소개하는 데 초점을 맞춘 초판의 지향을 유지하여, 신학과 관련된 내용은 신학사적으로 중요한 요소만 싣는 데 만족하였다.

개정판을 내기까지 초판을 읽어주신 분들께 감사 인사를 올린다. 자유로운 연구 분위기를 이끌어주시는 정태현 소장 신부님, 연구자들과 연구소의 든든한 지지자이신 조병우 이사장님과 다른 후원자님들께 감사드린다. 작은 일을 성실하게 해내는 이효임 편집자와 강재준 사무국장님과 차동성 관리장님, 이분들을 통해 많이 배운다. 같이 일하고 공부하는 동료들께도 감사드린다. 기억 속에서 함께하는 아버지 엄마, 나를 일으켜 세우는 수양이 의양이와 다른 가족들, 함께 나아가는 모든 분들께 감사의 마음을 전한다. 이 모든 것을 허락하신 하느님 감사합니다.

2022년 2월 한님성서연구소에서

송혜경

차례

3. 설화와 전설

부록

일러두기

1. 『성경』은 한국천주교회중앙협의회에서 발간한 우리말 성경을 가리킨다.
2. 본문 번역의 [ ]는 훼손된 부분, ( )는 매끄러운 우리말 표현을 위해 첨가한 부분이다. 본문 크기보다 작은 ( )는 필자의 설명이다.
3. 쌍따옴표(“ ”)는 외경 원문 번역이거나 다른 문헌의 직접 인용 시 사용한다.
4. 홑따옴표(‘ ’)는 개념 정의나 강조, 간접 인용 시 사용한다.
5. 원문에 대명사로 표현되거나, 숨겨진 주어(동사 활용에 포함)일 때, 이해를 돕기 위해 가끔씩 별다른 표시 없이 일반 명사나 고유 명사로 옮겼다.
6. 구약성경 인용 시, 특별한 표시가 없을 때는 히브리어 성경을 가리킨다. 칠십인역은 이와 구분하여 ‘칠십인역 창세기’와 같은 식으로 표시하였다.
7. 구약 외경 직접 인용 시, 그리스어 본문일 경우는 필자가 직접 번역하였다. 에녹 1서 일부(에티오피아어), 희년서(고대 슬라브어) 등은 J.H. Charlesworth (ed.), *The Old Testament Pseudepigrapha Vol.1-2* (Massachusetts 2009)에 수록된 영어 번역을 옮겼다.
8. 쿰란 문헌 직접 인용문은 필자가 직접 번역하였다.
9. 교부 인명이나 지명은 『교부학 인명·지명 용례집』, 하성수 엮음 (분도출판사 2008)을 따랐다.

구약 외경, 구약과 신약 사이

히브리어 구약성경에 포함된 책들의 저술이 끝나고 신약성경에 포함된 책들이 저술되기 전, 유다교와 그리스도교 전통 안에서 많은 책들이 만들어졌다. 이 책들은 대개 나중에 구약 외경으로 분류된다. 이름이 암시하듯이 구약 외경은 구약성경과 신약성경 사이에 놓여 있다. 시간적으로 뿐만 아니라 내용적으로도 그렇다. 이 책들을 통해 구약성경의 신학이 신약성경의 신학에 자연스럽게 이어짐을 확인할 수 있다. 구약 외경 각권에 대해 살펴보기 전에 먼저 구약 외경이 정확히 어떤 책들을 가리키는지, 이 책들이 만들어진 시대적 배경은 무엇이며 역사·신학적으로 어떤 중요성을 지니는지, 그리고 이 책들에 담긴 주요 신학적 개념들에는 어떤 것들이 있는지 짚어보아야 한다. 이를 통해 각권으로 들어갈 채비가 마련될 것이다.

1. 정의와 범주

구약 외경은 하느님과 이스라엘 백성의 역사와 관련된 '구약'의 책들 가운데 구약성경에 포함되지 않은 책들을 가리킨다. 구약 외경이 무엇인가는 구약성경의 범위 문제에 달렸다는 뜻이다. 따라서 구약성경의 범주를 명확히 하면 구약 외경이 무엇인지 자연히 밝혀진다. 구약의 책들의 범주와 관련해서

살펴볼 용어는 구약성경, 제2경전, 구약 외경, 구약 위경이다.[1]

1.1. 구약성경

구약성경에 어떤 책들이 포함되는가 하는 범주 문제는 그리 간단하지 않다. 우선 유다교와 개신교는 39권 히브리어 성경만 구약성경에 포함시킨다.[2] 가톨릭 교회는 히브리어 성경에다 7권의 그리스어 성경을 더한 46권을 포함시킨다.[3] 에티오피아 교회는 또 달라서 유다교나 가톨릭과 개신교에서 성경으로 인정하지 않는 에녹서를 정경으로 받아들인다.

이렇게 유다교와 그리스도교 사이, 그리고 그리스도교 교파 사이에 구약성경의 범주가 다른 이유는 그리스도교가 시작되기 전 유다교 안에서 아직 구약성경의 범위가 확정되지 않았기 때문이다. 실제로 모세오경과 각종 예언서는 기원전 200년 무렵 유다인들 사이에서 거의 성경으로 간주되었지만 성문서들은 아직 결정이 보류된 상태였다. 유다인들이 히브리어 구약성경을 확정한 것은 기원후 1세기 말엽에 이르러서였다.[4] 그 전까지 구

---

1 구약성경의 범주와 정경화 과정, 용어 문제에 대해서는 정태현, 『성서 입문 하권』, 167-179; 김혜윤, 『성경 여행 스케치』, 120-143을 참조하라.

2 정확히 말하면 유다인들은 성경을 24권으로 본다. 유다인들의 경전이 24권인 이유는, 첫째, 그리스도교 구약성경에서 상·하권으로 나뉜 사무엘기 상·하, 열왕기 상·하, 역대기 상·하를 각각 한 권으로 취급하며, 둘째, 열두 소예언서를 한 권으로, 그리고 에즈라기와 느헤미야기 두 권을 한 권으로 간주하기 때문이다. 구약성경의 구성뿐 아니라 배열 순서도 유다교와 그리스도교 사이에 차이가 난다.

3 초대 그리스도교 구약성경의 정경화 과정에 대해서는 Pentiuc, *The Old Testament in Eastern Orthodox Tradition*, 3-166을 보라.

4 예루살렘 성전이 붕괴된 뒤 예루살렘에서 쫓겨난 대다수의 유다인들이 얌니아로 이주한다. 기원후 90년경 유다인들은 얌니아에서 공의회를 열어 구약성경을

약성경이 확정되지 않았다는 사실은, 오늘날 히브리어 성경에 포함된 책들과 비슷한 책들이 더 있었으며 그 이후에도 계속 만들어졌을 가능성을 암시한다. 실제로 히브리어 성경 가운데 가장 나중에 저술된 다니엘서의 저작시기인 기원전 164년경을 전후하여 유다교 안에서 많은 작품이 만들어졌다.[5] 가톨릭에서 제2경전Deuterocanon이라 부르는 책들도 이 시기에 만들어졌다. 이 책들을 경전으로 인정하느냐 하지 않느냐에 따라 구약성경 범위가 달라진다.

유다교와 개신교: 히브리어 성경

유다인들이 자기네 정경으로 삼은 성경은 히브리어(와 일부는 아람어)로 기록된 책들이다.[6] 유다인들은 히브리어와 아람어만 하느님 말씀을 담기에 적합한 언어로 보았기에 이 두 언어로 기록된 책만 정경에 포함시켰다. 반면 그리스어는 세속 언어로 여겼으며 이 언어로 기록된 책은 정경에서 배제해야 한다고 보았다. 그 결과 그리스어 구약성경, 곧 칠십인역Septuaginta에 포함되어 있던 몇 권의 책이 유다인들의 성경에는 포함되지 않았다. 개신교는

확정하고 그리스도교를 비롯한 다른 '이단' 분파들을 저주한다. 얌니아 공의회가 실제로 개최되었는지에 의문을 제기하는 학자들도 있다. 그러나 예루살렘 몰락 후 유다교는 바리사이들의 주도로 라삐 유다교로 발전하고 있었으며 그 과정에서 종교 지도자들이 공의회 성격의 큰 회의를 열어 구약성경 범위의 확정이나 그리스도교와의 단절과 같은 주요 의제를 다루었을 가능성은 충분하다.

5 유다인들의 저술 활동은 그 뒤에도 계속 이어져 예루살렘 성전이 무너진 기원후 70년을 지나, 그리스도교에서 신약의 책들을 만들어내던 시기(50-150년경)와 그 이후까지 이어졌다.

6 구약성경에서 아람어로 기록된 부분은 에즈 4,6—6,18; 7,12-26; 다니 2,4ㄴ—7장이다.

유다인들의 전통을 따라 히브리어 성경만 구약성경으로 인정한다.

가톨릭: 히브리어 및 그리스어 구약성경

가톨릭은 히브리어 구약성경 외에 그리스어로 기록된 몇 권의 책들도 정경으로 인정한다. 이는 초대 그리스도교가 그리스어 구약성경인 칠십인역을 '표준 성경'Textus Receptus으로 삼은 사실에서 기인한다. 칠십인역은 히브리어 성경을 그리스어로 옮긴 '번역본'이며 기원전 3-1세기경 알렉산드리아에서 제작한 것으로 추정된다.[7] 그런데 칠십인역에는 히브리어 성경에는 없는 다른 본문들이 더 포함되어 있다. 가톨릭은 이 본문들도 정경으로 인정한다. 그래서 가톨릭 구약성경은 히브리어 성경 39권에 그리스어 성경 7권을 더한 46권이다.[8] 그러나 그리스어로 기록된 이 본문들은 유다인들의 정경에 포함되지 않는다. 개신교에서도 마찬가지다.

1.2. 가톨릭 '제2경전' = 개신교 '구약 외경'

위에서 말했듯 히브리어 성경에는 없고 그리스어 구약성경(칠십인역)에만 있는 책들은 가톨릭만 경전으로 인정한다. 토빗기, 유딧기, 마카베오기 상·하, 지혜서, 집회서, 바룩서, 다니엘서 첨가문, 예레미야의 편지, 에스테르기 첨가문이 이에 해당한다. 이 책들을 가톨릭은 히브리어 성경인 제1경

---

7 칠십인역의 유래를 둘러싼 이야기는 아리스테아스의 편지가 비교적 자세히 전하고 있다. 본 책 아리스테아스의 편지 해제를 참조하라.

8 바룩서에 덧붙어 있는 예레미야의 편지와 에스테르기 첨가문 및 다니엘서 첨가문은 권수에 포함시키지 않는다.

전Protocanon과 구별하여 제2경전Deuterocanon이라 부른다.[9] 히브리어 구약 성경만 정경으로 인정하는 개신교에서는 이 책들을 구약 외경Old Testament Apocrypha으로 분류한다. 경전 이외의 책이라는 의미에서다.[10]

1.3. 가톨릭 '구약 외경' = 개신교 '구약 위경'

구약과 관련된 책이 위의 책들이 다가 아니다. 그 밖에도 묵시 문학, 시편 문학, 지혜 문학, 유언, 전설 등 다양한 유형의 문학 작품들이 더 만들어졌다. 유다교와 그리스도교 정경에 포함되지 않은 이 책들을 가톨릭에서는 구약 외경Old Testament Apocrypha이라 부른다. 개신교에서는 이 책들을 구약 위경Old Testament Pseudepigrapha이라고 부른다. 차명 저자가 쓴 책들이라는 의미에서다.

학자들은 대부분 개신교를 따라 가톨릭의 제2경전을 외경이라 부르고 그 외의 책은 위경이라는 명칭으로 부른다. 본 책에서는 가톨릭 전통을 따르기로 한다. 곧 히브리 성경과 제2경전을 합한 총 46권의 책을 구약성경이라 부르고 구약성경에 포함되지 않는 책들은 구약 외경이라 부른다.[11]

본 책에서 다루고자 하는 책들이 바로 구약 외경(또는 위경)이다. 1983년에

---

9 구약정경을 확정 발표한 1546년 트리엔트 공의회는 제2경전도 제1경전과 같은 위상을 누림을 천명하였다.

10 유다교와 그리스도교 사이, 그리스도교 종파 사이에 구약성경의 범주가 달라진 것이나, 용어 상 혼란이 생긴 것은 가톨릭의 제2경전 때문이다.

11 같은 작품을 두고 구약 외경(가톨릭) 또는 구약 위경(개신교)으로 달리 불러 독자들에게 혼란을 주기도 한다. 전문서적에서는 거의 구약 위경(Old Testament Pseudepigrapha)이라는 명칭이 쓰이므로 주의를 요한다.

찰스워스는 에녹서, 희년서, 아리스테아스의 편지, 솔로몬의 시편을 비롯한 총 52권에 달하는 책들을 모아 『구약 위경』*Old Testament Pseudepigrapha*이라는 이름으로 출간하였다.[12] 이 책에서 찰스워스는 구약 외경(또는 위경)으로 분류되는 책들의 특징을 다음과 같이 소개한다.[13] 첫째, 유다교 또는 그리스도교 작품이다.[14] 둘째, 종종 이스라엘 역사에서 중요한 자리를 차지하는 인물이 저자로 제시된다. 셋째, 대개 하느님의 말씀이나 메시지를 담고 있다고 한다. 넷째, 대부분 구약성경에 나오는 개념이나 설화들을 바탕으로 만들어졌다. 다섯째, 대체로 기원전 200년에서 기원후 200년 사이에 만들어졌거나 그 뒤에 만들어졌다 하더라도 이 시기의 유다교 전승을 간직하고 있다.[15]

---

12 Charlesworth (ed.), *The Old Testament Pseudepigrapha Vol.1-2.* 찰스워스 이전 유럽과 영미권의 구약 외경 전집의 출간 현황에 대해서는 같은 책, xxiv-xxv를 참조하라. 찰스워스의 구약 위경 전집에 담기지 않은 작품들 가운데 구약 외(위)경의 특징들을 보이는 것들이 더 있다. 그러나 저술 연대나 등장 인물이 구약성경과 지나치게 동떨어진 경우 전집에서 제외되었다. 다니엘의 환시, 아브라함의 죽음, 히브리어 엘리야 묵시록 등이 대표적이다. 앞의 두 작품은 Vassiliev (ed.), *Anecdota Graeco-Byzantina, vol.1*에 실려 있다. 마지막 작품은 Buttenwieser (ed. & tr.), *Die hebräische Elias-Apokalypse*에 소개되어 있다.

13 Charlesworth (ed.), *The Old Testament Pseudepigrapha Vol.1*, xxv.

14 기원전 200년에서 기원후 200년 사이에 만들어진 작품 가운데에는 유다교와 그리스도교의 성격을 모두 띤 것들도 있다. 처음에는 유다교 작품으로 만들어졌으나 나중에 그리스도인의 가필과 편집을 거친 책도 있다. 유다교 작품이다, 아니면 그리스도교 작품이다, 하고 명확히 구분하기 어려운 책들도 있다.

15 구약 외경과 비슷한 시기에 유다교 전통 안에서 다른 작품들도 많이 만들어졌다. 라삐 문헌들도 이에 해당한다. 1947년부터 쿰란 사해 동굴에서 발견된 두루마리들도 대체로 이 시기에 만들어졌다. 알렉산드리아의 필론(기원전 20-기원후 50년경)의 여러 작품들과 요세푸스(기원후 37-100년경)의 『유다 고대사』, 『유다 전쟁사』 등도 이 시기에 만들어진 유다교 작품들이다. 이 작품들은 구약 외경과 함께 이 시대 유다인들의 삶과 신앙을 짐작하는 데 없어서는 안 될 중요한 자료들이다. 이 책들이 탄생한 기원전 200년부터 기원후 200년을 어떤 그리스도교 학자들은

2. 시대적 배경

구약 외경이 만들어진 시기는 제2성전기 후반에 해당한다.[16] 두 번째 예루살렘 성전이 존속하던 시기를 가리키는 제2성전기(Second Temple Period 제2성전 시대)는 바빌론 유배지에서 돌아온 사람들이 예루살렘에 다시 성전을 지은 기원전 515-516년부터 로마인들이 성전을 파괴한 기원후 70년까지 약 육백 년의 기간을 아우른다.[17] 이 시기는 대략 신구약 중간기, 곧 히브리어 구약성경이 완결된 때부터 신약성경이 기록되기 전까지의 중간 시기와도 겹친다. 중간기의 시작과 끝에 대해서는 학자들마다 차이를 보인다. 그러나 대부분 중간기를 구약의 마지막 예언자 말라키의 활동기(기원전 420년경)부터 신약의 예언자 세례자 요한이 출현한 기원후 1세기까지로 잡는다. 그렇다면 이 시기는 페르시아 시대 후반과 그리스 시대를 거쳐 로마 제국 초반까지 아우르는 셈이 된다.[18]

신구약 중간기(Intertestamental Period)라 칭하면서 이 시기의 문학을 중간기 문학이라 부른다. Charlesworth (ed.), *The Old Testament Pseudepigrapha Vol.1*, xxv 참조.

16 제2성전기 후반 문학의 시대적 배경 및 신학 전반에 관해서는 송혜경, 「신구약 중간기 문학」, 89-120이 조금 더 상세히 다루고 있다.

17 제2성전기는 페르시아 시대(기원전 536-332년), 헬레니즘 시대(기원전 332-167년), 마카베오 가문의 봉기(기원전 167-141년), 하스모네아 왕조(기원전 141-63년), 로마 시대(기원전 63-기원후 70년)로 나뉜다.

18 이 시기는 두 번째 예루살렘이 존속하던 시기 후반, 곧 제2성전기 후반과 대략 겹치므로 이 시기에 만들어진 문학을 제2성전기 문학이라 부르기도 한다. 앞서 언급한 구약 제2경전(개신교: 구약 외경), 구약 외경(개신교: 구약 위경), 라삐 문헌, 쿰란 문헌, 필론과 요세푸스의 작품 등이 모두 제2성전기 문학에 해당한다.

이 시기의 특징은 다음과 같다. 첫째, 이 시기 내내 유다인들은 정치적 독립성을 잃은 채 외세의 지배를 받았다. 이들이 정치적 독립을 누린 기간은 하스모네아 왕조가 지배한 약 80년간뿐이다(기원전 141-63년). 이러한 역사적 상황은 메시아에 대한 희망이 정치적 해방과 연결되는 배경이 되었을 법하다.

둘째, 알렉산드로스 대왕이 시작한 헬라화 정책 덕분에 그리스어와 그리스 문화가 그리스-로마 제국 전역에 보급되었으며 팔레스티나도 예외가 아니었다.[19] 알렉산드로스가 죽자 방대한 그리스 제국이 넷으로 나뉘고, 유다 지역은 처음에 이집트 프톨레마이오스 왕조의 지배를 받다가 기원전 198년에 시리아 셀레우코스 왕조에 넘어간다. 유다 지역에서 헬라화가 가장 많이 진행된 시기가 바로 셀레우코스 왕조 치세 때다. 셀레우코스 왕조는 유다인들을 자기네 왕조에 동화시키기 위해 종교, 언어, 문학과 의상 등 광범한 영역에서 그리스 문화를 보급시키는 정책을 폈다. 이때 영혼 불멸과

19 알렉산드로스는 아리스토텔레스에게 교육받은 것으로 유명하다. 기원전 334년 알렉산드로스는 페르시아가 소아시아 서부 해안의 그리스 도시들을 공격한 데 대한 보복을 개시하여 소아시아뿐 아니라 시리아, 팔레스티나, 이집트와 멀리 인도까지 메디아·페르시아 제국 전역을 정복하였다. 기원전 332년에 유다를 손에 넣고 기원전 328년에는 알렉산드로스의 정복이 완결된다. 그가 기원전 323년에 바빌론에서 사망한 뒤 그의 제국은 네 부분으로 나뉜다. 살아생전 알렉산드로스는 광대한 정복지 전역에 그리스 문화와 언어를 보급하였다. 정복지에는 종종 그리스 식민 도시를 건설하였다. 이집트에 세워진 알렉산드리아는 아테네에 필적하는 학문의 중심지로 성장하기도 하였다. 알렉산드로스 이후 지중해와 중동의 많은 지역에서 헬레니즘화(그리스화)가 진행되었으며 대중 언어인 코이네 그리스어는 국제 통용어가 되었다. 알렉산드리아의 유다인들이 만든 것으로 여겨지는 칠십인역 그리스어 성경이나 그리스도교 신약성경이 바로 이 코이네 그리스어로 기록되었다. 그리스도교 복음이 지중해 전역으로 급속하게 퍼져 나갈 수 있었던 것도 이 언어에 힘입은 바 크다. 알렉산드로스와 헬레니즘 시대에 대해서는 쑨룽지, 『신세계사 1』, 525-573을 참조하라.

내세 등 유다교 전통 신앙과 이질적인 그리스 개념들이 유입되었다.[20] 또한 유다인들의 땅에 그리스의 식민 도시들이 세워졌는데, 그 가운데 세바스테(사마리아), 프톨레마이스(아코), 스키토폴리스(벳 스안) 등이 유명하다. 예루살렘에 경기장이 세워져 젊은 유다인들을 끌어들이기도 했다. 그리스 경기는 그리스 종교와 밀접히 연관되어 있었기에 경기장 참여는 자연히 유다인들을 전통 신앙과 율법에서 멀어지게 만들었다. 유다인 사제들까지 경기장을 드나들며 직무를 소홀히 하는 경우가 빈발하였다. 헬라화는 안티오코스 에피파네스가 예루살렘 성전에서 제우스 숭배를 시작하면서 극에 달해 결국 마카베오 가문의 봉기로 이어졌다(기원전 167년).[21]

헬라화라고는 하나 사실 이 현상은 그리스 문화의 일방적 이식이라기보다 동서양의 종교와 문화의 만남이었다는 말이 더 맞다. 실제로 그리스 신화와 페르시아·메소포타미아·이집트 종교가 만나서 지중해 전역이 종교·문화적으로 풍성한 시대를 맞았다. 팔레스티나도 예외는 아니어서 유다인들도 정치적으로는 외세의 지배를 받았지만 종교·사상적으로는 새로운 도약의 시기를 보냈다. 그 일환으로 제2경전이라 일컫는 책들과 구약 외경(위경), 그리고 쿰란 문헌과 요세푸스나 필론의 작품 등 다양한 작품들이 저술되었다. 히브리어 성경이 그리스어로 번역된 시기도 바로 이때다. 이 시기가 나중에 라삐 유다교와 그리스도교가 자랄 수 있는 모판이 된 것도 바로 이러한 사상적 풍요함 덕분이었다. 어쨌든 유배 이후 유다인들은 페르시아 종교나 헬레니즘의 영향에서 완전히 벗어날 수는 없었다. 이런 현상은 팔레스티나 본토 유다인들보다 디아스포라 유다인들에게 더욱 강했다. 그리하여

---

20 기원전 50-30년경 이집트 알렉산드리아에 살던 유다인이 쓴 것으로 보이는 지혜서에서 영혼 불멸 사상이 엿보인다: 지혜 3,1-9을 보라.

21 이 시기 유다의 상황에 대해서는 마카베오기 상·하권과 요세푸스, 『유다 고대사』 12에 잘 나와 있다.

이 시대에 만들어진 작품들 곳곳에서 그 영향이 드러난다.[22]

3. 구약 외경의 중요성

구약 외경은 기원을 전후한 시대의 유다인들의 역사와 사상을 이해하는 데 매우 중요하다. 이는 구약 외경뿐 아니라 쿰란 문헌을 비롯한 제2성전기 문학 전체에 해당한다. 이 시대의 유다교 사회를 제대로 이해하는 일은 초기 라삐 유다교뿐 아니라 예수와 예수 운동(곧 초대 그리스도교)을 올바로 이해하는 밑거름이 된다. 이 시대 곧 기원전 200년경부터 기원후 200년까지 유다인 사회와 이 시대 문학은 여러 면에서 중요한 의미가 있다.[23]

첫째, 이 시대 유다인들은 왕성한 저술활동을 벌였다. 유배 이후 유다 백성은 내용과 형식 면에서 다채로운 성격의 작품들을 많이 만들어냈다. 서사시나 비극에서부터 철학적 논고에 이르기까지, 역사적 개연성이 높은 이야기에서부터 상상력을 가미하여 성경 이야기를 확대하거나 재창조한 이야기들에 이르기까지, 저세상이나 마지막 시대에 대한 꿈이나 환시에서부터 지혜문학에 이르기까지, 그 내용과 형식은 실로 다양하였다. 이처럼 유배 이후 유다인들은 자신들의 역사적 경험과 교훈은 물론 하느님과 인간,

---

22 이집트 알렉산드리아의 유다인 저술가들 가운데 유다인들의 신앙을 당시 사조에 맞게 변화시켜야 한다고 생각하는 이들이 있었다. 그들은 그리스 철학이나 사상들이 히브리어 성경에 이미 비슷한 형태로 나와 있었다거나 심지어 그러한 사상들이 히브리어 성경에서 유래했다는 견해를 피력하기도 하였다. 알렉산드리아의 필론이 그 대표 주자였다. Gafni, "The Historical Background", 1-9; Mobely/Wray, *The Birth of Satan: Tracing the Devil's Biblical Roots*, 95-96을 참조하라.

23 이에 대해서는 Charlesworth (ed.), *The Old Testament Pseudepigrapha Vol.1*, xxviii-xxix을 참조하라.

우주와 역사에 대한 사변적 숙고와 통찰을 작품으로 만드는 데 열정을 기울였다. 그리하여 역사적 시련을 겪으면서 한결 성숙해진 신앙과 신학이 구약 외경을 비롯한 다양한 문학 작품으로 탄생할 수 있었다.

둘째, 구약 외경은 구약성경이 초기 라삐 유다교에 미친 영향력을 짐작케 해 준다. 구약성경을 확장한 이야기들뿐 아니라 각종 묵시록과 유언집들은 구약성경이 유다인들의 사고에 끼친 영향력을 가늠케 해 준다.[24] 실제로 구약 외경을 통해 고대 이스라엘 종교가 라삐 유다교로 발전해 나가는 그 중간 과정을 들여다 볼 수 있다. 구약 외경은 구약성경과 라삐 유다교를 잇는 가교였던 셈이다.

셋째, 구약 외경은 구약성경과 신약성경을 잇는 가교이기도 했다. 구약 외경은 구약성경과 함께 신약성경과 신약 외경에 직간접적으로 많은 영향을 주었다. 특히 신약성경에 나타나는 메시아 사상, 부활과 내세 개념, 묵시 문학적 은유들은 그 원류를, 구약성경보다는 구약 외경이나 쿰란 문헌들에서 찾을 수 있다. 이를테면 신약성경에서 엿보이는 메시아 개념은 구약성경보다는 구약 외경이나 쿰란 문헌에 나타나는 메시아 개념과 가깝다.[25] 이 시대 문학 작품들을 읽지 않고서는 당시 유다 백성이 예수님을 어떤 메시아로 기대하고 바랐을지, 그리고 그들이 기대한 하느님 나라와 종말은 어떤 것이었을지 추측하기가 쉽지 않다. 신약 외경에 자주 사용된 묵시 문학적 기법이나 신비주의적 관점도 이 시대 문학을 통해 한층 깊이 이해할 수 있다.

넷째, 구약 외경을 통해 유배 이후의 유다인들이 외세 곧 페르시아, 그리스, 로마의 지배를 연이어 받으면서도 조상들에게서 물려받은 신앙을 버리지 않았음을 확인할 수 있다. 이들은 솔로몬의 시편, 솔로몬의 송가를 비

---

24 이 작품들이, 유다 백성의 사고의 출발은 구약성경 특히 모세오경임을 드러낸다. 구약성경, 구약 외경 및 다른 제2성전기 문학에 나타나는 신앙과 신학이 초기 라삐 유다교로 이어졌다고 볼 수 있다.

25 자세한 내용은 '서문, 4.2. 메시아 사상'을 보라.

롯한 여러 시편들을 만들며 미래에 대한 희망과 구원에 대한 확신을 노래했다. 하느님의 엄위하심과 초월성을 선포하는 시들, 그리고 하느님께서 유다 백성 가까이 계시며 백성의 기도를 들으시고 응답하신다는 믿음을 드러내는 기도문들이 여러 묵시 문학 작품에 담겨 있다. 외세의 침범과 주권의 상실도 하느님에 대한 유다인들의 신앙을 멈추게 할 수 없었던 것이다. 오히려 이런 시련들은 유다인들로 하여금 자신들의 신앙을 되돌아보고 보다 깊은 신학으로 나아가게 하는 계기가 되었음을 구약 외경을 통해 확인할 수 있다.

다섯째, 제2성전기 문학을 통해 유배 이후 유다인 사회를 그려볼 수 있다. 이 시대 문학을 통해 비추어 본 당시 유다교 사회는, 역사적 상황과 외래문화의 영향들 속에서 여러 분파와 사조로 나뉘었으며 각 분파별로 서로 다른, 때로는 상호 대립되는 사상을 견지하기도 하였다. 백성의 당면 문제, 특히 외세 지배나 외래문화의 수용 여부를 두고 분파나 계층 사이에 입장 차가 있었음이 분명하다. 솔로몬의 시편이나 모세의 유언은 특정 계층(정치·종교 지도자)을 향해 비판의 날을 세우면서 이들이 하느님의 벌을 피하지 못하리라 경고하는 한편 하느님께서 메시아를 보내시어 예루살렘에서 이방인들을 몰아내시고 더럽혀진 성전을 정화하시리라는 믿음을 드러낸다. 묵시 문학 작품들은 종종 마지막 때를 언급하면서 하느님께서 정하신 때에 몸소(또는 메시아를 통해) 역사에 개입하시어 낡은 것은 없애시고 새 세상을 도래케 하시리라 선포한다. 외세를 겨냥하여 군사적 행동이나 혁명을 꿈꾸는 내용을 담은 작품도 있다. 이 모든 것이 당시 사회상을 반영하고 있다.

이를 토대로 본 제2성전기 후반의 유다교는 사상·신학적으로 일관되거나 통일된 종교였다고 말할 수 없다. 어떤 분파나 사조의 입장에도 '정통' orthodoxy이라는 이름을 붙일 수 없다는 뜻이다.[26] 다른 한편으로 제2성

---

26 제2성전 후반기 유다교는 정형화된 종교가 아니라 수많은 분파와 사조로 나

전기 후반 유다교는 지나치게 혼란스럽지도 않았다. 유다교의 어느 한 조류를 표준적 또는 정통 유다교라고 이름 붙이는 것도 잘못이지만, 일관성이라고는 찾을 수 없을 정도로 분파마다 서로 달랐다고 말하는 것도 무리가 있다.[27] 구약 외경을 통해서 바라본 이 시대 유다교 사회는 다양성이 인정되는 사회였지만 그 안에도 대부분의 유다인들이 공유하는 불변적 요소가 있었다. 곧 한 분이신 하느님에 대한 믿음(유일신 신앙), 율법(토라)과 성전聖殿에 대한 존중 등은 어느 시대, 어느 상황에서도 변하지 않는 유다교 근본 요소로 남아 있었다. 일관성 속에 다양성이, 다양성 속에 일관성이 있는 종교였던 셈이다.[28]

구약 외경(쿰란 문헌을 비롯한 다른 제2성전기 문학과 함께)이 없었다면 제2성전기 후반 특히 1세기 팔레스티나의 사회상을 제대로 이해하지 못했을 것이다.

닌 '다양성'의 종교였다. 이와 같이 초세기 유다교의 다양성을 강조하는 입장은 쿰란 문헌의 발견으로 더욱 굳건해졌다.

27 구약 외경을 통해서 당시 사회를 그려본다면 제2성전기 후반 유다교가 형식적 율법주의로 똘똘 뭉쳐 있었다는 말이나, 사회가 네 분파(바리사이, 사두가이, 에세네, 열심당)로 확고히 나뉘어 있었다는 말이 모두 과장되었음이 드러난다. 구약 외경 가운데 어느 작품도 특정한 한 분파만의 입장을 대변하지 않는다. 달리 말해 어느 작품도 바리사이의 작품이라거나 에세네의 작품이라거나 사두가이의 작품이다, 하고 특정하여 말하기는 어렵다. 또한 디아스포라 유다인들뿐 아니라 팔레스티나 본토 유다인들도 외래 사상과 개념에 영향을 받았으며 따라서 본토 유다교와 디아스포라 유다교를 분명하게 구분 지어 말할 수 없다는 것도 구약 외경을 통해 짐작할 수 있다.

28 그리스-로마 시대 유다교의 근본요소에 대해서는 타이쎈/메르츠, 『역사적 예수: 예수의 역사적 삶에 대한 총체적 연구』, 198-203을 보라. Feldman/Reinhold, *Jewish Life and Thought Among Greeks and Romans: Primary Readings*도 참조하라. 이 책은 알렉산드로스 시대부터 라삐 유다교 시대까지 유다인들의 삶과 사상을 일갈한다.

4. 주요 신학적 개념들

구약 외경 작품들을 통해 다양한 신학적 개념들을 만날 수 있다.[29] 그 가운데 가장 중요한 개념들을 간단하게나마 살펴볼 필요가 있다. 악의 기원 문제, 메시아에 대한 희망, 부활과 사후 세계에 대한 관심 등이 그것이다. 개별 작품을 읽고 이해하는 밑바탕이 될 것이다.

4.1. 악의 기원과 사탄

히브리어 구약성경

히브리어 성경에는 악마로서의 사탄 개념이 발달되어 있지 않다. 히브리어 사탄שָׂטָן은 본디 '적'이나 '고발자'를 뜻하는 일반명사였지 특정 존재의 이름(고유명사)이 아니었다. 악의 수장을 가리키는 말은 더더욱 아니었다. 실제로 이 단어가 히브리어 성경에서 쓰인 예도 드물어서 아홉 차례 정도에 지나지 않는다. 그 가운데 다섯 경우는 사람을, 네 경우는 천상적 존재를 가리킨다. 사람을 가리킬 때 사탄은 일반 명사로서 정치적·군사적 '적대자'나 법적 '고발자'를 뜻한다.[30] 후대의 사탄 개념에 밑바탕이 된 것은 이 단어가 천상

29 제2성전기 후반을 대변하는 신학적 개념들에 대해서는, Charlesworth (ed.), *The Old Testament Pseudepigrapha Vol.1*, xxix-xxxiv을 보라. 레이몬드 설버그, 『신구약 중간사』, 88-108도 참조하라. 이 책에서 저자는 중간기 시대의 주요 신학적 개념들을 신론, 천사론, 마귀론, 율법관, 죄, 종말론, 하느님 나라, 메시아 신앙 등으로 나누어 소개하고 있다.

30 가령 1열왕 5,18; 11,14.23.25에는 사탄이 솔로몬이나 이스라엘의 '적대자'라

적 존재로서 사용되었을 때다. 민수 22,22-35; 욥 1—2장; 즈카 3장; 1역대 21,1—22,1이 이에 해당한다. 앞 세 군데에서는 이 단어가 적대자 또는 고발자라는 뜻의 일반 명사로 쓰여 잘못을 저지르려는 사람을 가로막는 '적'(민수 22,22-23)[31] 또는 천상법정의 '고발자'(욥 1—2장; 즈카 3장)를 가리킨다. 1역대 21,1—22,1에서는 사탄이라는 단어가 특정 실체를 가리키는 고유 명사로 쓰였다. "사탄이 이스라엘을 거슬러 일어나, 이스라엘의 인구를 조사하도록 다윗을 부추겼다"(1역대 21,1). 여기서 역대기 저자는 인구조사를 죄악으로 해석한다(21,3.7.8). 그렇다면 사탄이 사람을 부추겨 죄를 짓게 만드는 존재로 발전한 셈이다. 그러나 사탄이 신약성경에서처럼 부하를 거느린 악의 수장(악마)이라는 개념으로까지 발전했다고 볼 수는 없다.[32]

이처럼 히브리어 성경에서는 악마 개념이 거의 발견되지 않는다. 히브리어 성경 저자들에게 가장 중요한 것은 하느님은 오직 한 분뿐이시라는 유일신 신앙이었다. 이를 훼손할 수 있는 그 어떤 사상도 용납하지 않았다. 따라서 악마 개념도, 하느님과 악마의 투쟁이니 선과 악의 투쟁과 같은 이원론적 사상도 들어설 자리가 없었다. 이방 종교에서 악마의 사주로 일어난다고 여기는 기근이나 질병, 전쟁과 같은 온갖 재앙도 모두 하느님께서 직접 또는 사자를 통해서 주시는 것이지 악마가 일으키는 일로 여기지 않았다.[33] 이런 생각의 저변에는 하느님은 오직 한 분뿐이시며 모든 일이 하느님

는 뜻으로 쓰였다. 시편 109,6에는 '고발자'라는 뜻으로 쓰였다.

31 민수 22,22: "주님의 천사가 그를 막으려고(לְשָׂטָן לוֹ: 그를 막는 방해자로서) 길에 서 있었다."

32 히브리어 구약성경에 나타난 악마(사탄) 개념에 대해서는 송혜경, 『사탄 악마가 된 고발자』, 17-28을 참조하라.

33 하느님과 이스라엘 백성의 적은 보이지 않는 악마가 아니라 눈에 보이는 이방인들이었다. 이방의 관습과 종교가 하느님과 이스라엘 백성의 사이를 갈라놓는다고 여겼기 때문이다.

의 주관 하에, 그리고 그분의 구원계획 안에서 이루어진다는 믿음이 깔려 있었다.[34] "나는 주님이다. 다른 이가 없다. 나 말고는 다른 신이 없다. … 나는 빛을 만드는 이요 어둠을 창조하는 이다. 나는 행복('샬롬' שָׁלוֹם: 평화)을 주는 이요 불행('라' רַע: 재앙, 악)을 일으키는 이다. 나 주님이 이 모든 것을 이룬다"는 이사야서(45,5-7) 말씀이 이런 생각을 대변한다.[35] 이처럼 히브리어 성경에는, 좋든 나쁘든 세상의 모든 일이 하느님 뜻에 따라 이루어진다는 믿음이 지배했으며 하느님 외에 악을 유발하는 존재가 따로 있다는 개념은 거의 발견되지 않는다.

유배 이후: 사탄 개념의 발전 배경

상황이 바뀌기 시작한 것은 남북 왕국이 모두 멸망하고 바빌론으로 유배

34 Von Rad, "διάβολος", 74-75.

35 해당 본문 이사 45,4-7은 이사야서 제2부(40—55장)에 속한다. 제2이사야라고 부르기도 하는 2부는 바빌론 유배 끝 무렵인 기원전 550-539년에 만들어진 것으로 추정된다. 본문이 페르시아 임금 키루스를 명시적으로 언급할 뿐더러 40장에서부터 귀환이 임박했음을 알리고 있기 때문이다. 제2이사야는 유다교 안에서 유일신 신앙(monotheism)이 자리 잡는 데 큰 역할을 했다. 여러 신들 가운데 한 분을 믿는 신앙(henotheism 또는 monolatry)에서 다른 신들이란 아예 존재하지도 않는다는 엄밀한 의미의 유일신 신앙으로 변화된 것을 여기서 확인할 수 있다. 바빌론 유배를 겪으면서 유다인들은 바빌론의 신이 자기네 하느님을 꺾은 것은 아닌가 하고 의혹에 빠질 법했다. 이에 예언자는 자기네 주님께서 이스라엘의 하느님이실 뿐 아니라 온 세상의 유일한 하느님이심을 선포한다(이사 45,4-7). 페르시아 임금 키루스의 등장 역시 하느님의 뜻으로 해석한다(이사 45,1): 안소근, 『이사야서 1-39장』, 32-34 참조. 유배 이후 유다인들이 악과 고통의 존재 이유를 물으면서 사탄 개념을 발전시키지만, 그에 수반된 선악의 이원론이 유일신 신앙을 훼손하지 않는 범위였을 것임을 짐작할 수 있다.

당한 이후부터다. 영원할 것으로 믿었던 왕국(2사무 7,8-16)의 멸망과 바빌론 유배라는 가공할 현실 앞에서 하느님 백성은 그들이 겪는 고통과 악을 새로운 시선으로 바라보게 되었다. 자비하신 하느님께서 이 세상에 왜 이토록 큰 고통과 악을 허용하시는지 묻게 된 것이다. 그러면서 유다인들은 악과 고통을 일으키는 배후 세력이 따로 있다는 생각을 품게 되었다. 이와 함께 사탄 개념도 변화를 겪는다. 바야흐로 사탄이 악의 세력을 진두지휘하는 수장 곧 악마가 된다.

이러한 개념 변화는 페르시아 시대(기원전 539-332년) 이래 고대 페르시아 종교인 조로아스터교의 영향을 받으면서 가속화된 듯하다.[36] 조로아스터교는 조로아스터(페르시아어로 차라투스트라)가 조상들의 다신교 전통을 정비하여 일신교로 탈바꿈시킨 종교로서 지혜의 신 아후라 마즈다Ahura Mazda를 최고신으로 숭상한다.[37] 조로아스터고는 아후라 마즈다가 우주와 인류를

---

36 Mobely/Wray, *The Birth of Satan: Tracing the Devil's Biblical Roots*, 85-87. 이 책에서 저자는 다른 여러 고대 근동 신화의 영향에 대해서도 살핀다: 75-84. 그러나 구약 외경 이후 유다교 및 그리스도교 전통에서 보이는 하느님(과 천사들)과 악마(와 마귀들) 사이의 이원적 대립구도는 조로아스터교의 이원론과 가장 닮은 듯하다: Black/Rowley (eds.), *Peake's Commentary on the Bible*, 607; Jacques, "Zoroastrianism", 815. 조로아스터 교리는, 페르시아의 키루스 임금이 바빌론을 정복하면서 그곳에 유배 와 있던 유다인들에게도 알려졌을 법하다. 특히 키루스 임금이 정복민들에게 고유의 종교와 문화를 허용했을 뿐더러 과거 아시리아나 바빌론 제국과 달리 강제 이주 정책을 쓰지 않고 유배자들을 본국으로 돌려보내자(키루스 원통 비문[Cyrus Cylinder, 기원전 539-530년]; 에즈 1장; 2역대 36,22-23 참조: 존 드레인, 『성경의 탄생』, 217-218) 유다인들은 페르시아에 호감을 가졌으며 심지어 키루스 임금을 하느님께서 약속하신 메시아로 여기기까지 하였다(이사 44,28; 45,1). 이런 호감은 조로아스터교에 대한 호감으로도 이어졌을 법하다. 특히 신의 이름은 달라도 유일신을 숭배한다는 공통점이 긍정적으로 작용했음 직하다.

37 차라투스트라가 실제로 어느 시대에 살았는지, 그리고 조로아스터교가 언제부터 시작되었는지는 정확하지 않다. 기원전 1500년에서부터 기원전 500년까지 그 편차가 상당하다. 그러나 조로아스터교가 페르시아 지역에서 으뜸 종교로 부상하

만든 창조주이며 유일한 하느님이라고 믿는 한편 그 반대편에 선, 창조되지 않은 자 앙그라 마이뉴Angra Mainyu의 존재도 인정한다(앙그라 마이뉴는 나중에 아흐리만[Ahriman]이라고도 불린다). 그리고 이 세상을 선과 악, 아후라 마즈다와 앙그라 마이뉴의 대결로 본다. 우주의 역사는 두 세력 사이의 투쟁사라는 것이다. 이때 야자타Yazata라 불리는 천사들은 아후라 마즈다 편에, 데바Daeva라 불리는 악마들은 앙그라 마이뉴 편에 서서 둘 사이의 투쟁을 돕는다. 그리고 이 투쟁에서 인간이 매우 중요한 역할을 담당한다. 초월적 존재인 아후라 마즈다 대신 악의 세력과 실제로 싸워야 하는 이들이 인간이기 때문이다. 인간은 자유 의지에 의해 아후라 마즈다 편에 설지 앙그라 마이뉴 편에 설지 선택할 수 있다. 이렇게 해서 아후라 마즈다, 야자타, 선을 택한 인간들이 한 편에 그리고 앙그라 마이뉴, 데바, 악을 택한 인간들이 다른 한 편에 선다. 이 관점은 일신론과 이원론의 성격을 모두 지니기에 일신론적 이원론monotheistic dualism이라 불리기도 한다.[38]

이렇게 세계사를 선과 악, 선신과 악신의 대결구도로 보는 조로아스터 교리가 유다인들의 관심을 특히 끌었던 것 같다. 선하신 하느님께서 창조하신 좋은 세상에 왜 악과 고통이 존재하는지 설명하는 데 악신 개념과 이원론적 관점이 꽤 유용했을 터다. 그리하여 하느님은 악과 무관하시고 이 세

여 전 국가적 차원의 종교가 된 것은 기원전 7-6세기 아케메니드 왕조 시대부터다(기원전 648 또는 550년). 그 뒤 페르시아가 알렉산드로스 대왕에게 패한 뒤 셀레우코스 왕조의 지배하에 있을 때도(기원전 330-250년) 조로아스터교는 계속 살아남았으며, 파르티아 제국시대(기원전 250-기원후 226년)에도 번성하였다. 이로써 구약 외경이 활발히 만들어지던 제2성전기 유다인들에게 조로아스터교의 가르침이 꽤 친숙했으리라는 추측이 가능해진다. 조로아스터교에 대해서는, 유흥태, 『페르시아의 종교: 조로아스터교 미트라교 마니교 마즈닥교』; Boyce, *Textual Sources for the Study of Zoroastrianism*을 참조하라.

38 Boyd/Donald, "Is Zoroastrianism Dualistic Or Monotheistic?", 557-588 참조.

상에 악을 들여온 존재는 따로 있으며, 그 악한 존재 때문에 세상이 죄악과 고통으로 가득하게 되었다는 믿음이 유다교 사탄 개념에 흡수되었음 직하다. 선신에 맞서며 사람들을 악으로 유도하는 앙그라 마이뉴처럼, 사탄도 하느님께 대적하며 인간을 악으로 이끄는 악의 세력이 된 것이다.[39]

사탄 개념의 발전에는 페르시아 종교뿐 아니라 헬레니즘의 영향도 있었다.[40] 알렉산드로스 대왕이 페르시아를 물리치고 근동 세계의 패권을 장악하면서 팔레스티나도 그리스 시대에 접어든다(기원전 332-63년). 알렉산드로스 이후 정복지 전역에 펼쳐진 헬레니즘 정책으로 유다인들도 그리스 문화의 영향을 피할 수 없었다. 사탄 개념도 그리스 신화의 영향을 벗어나지 않았다. 그 가운데 지하세계를 다스리는 죽음의 신 하데스Hades가 사탄 개념의 발전에 특히 한몫했던 것 같다. 하데스가 유다교 사탄 개념에 흡수되면서 천상의 천사였던 구약의 사탄이 지하세계나 어둠의 세계와 연결된다.

제2성전기 후기 문학

유다교 문학에서 사탄 개념은 페르시아와 그리스 시대를 거치면서 더욱 풍성해지고 히브리 성경과는 다른 식으로 발전하였다. 이제 사탄은 천상법정을 벗어나 하느님의 뜻과 무관하게 독자 행동을 시작한다. 그리고 사탄은 마귀들을 거느리고서 세상에 악을 조장하며 사람들을 죄로 이끈다. 이 세상의 모든 악과 고통이 사탄과 마귀들의 탓으로 돌려진다. 동시에 좋은 것이든 나쁜 것이든 모든 일을 하느님께서 이루신다는 믿음도 조금 달라져 하느님은 선, 사탄은 악 쪽에 선다. 이렇게 해서 천상의 고발자 사탄이 사탄

---

39 Riley, "Devil", 245-246을 참조하라.

40 Mobely/Wray, *The Birth of Satan: Tracing the Devil's Biblical Roots*, 88-90을 참조하라.

이라는 이름의 악마 διάβολος, 하느님의 적이 된다.

이러한 변화는 제2성전기 후반의 유다교 문학, 특히 기원전 200년경에서 기원후 200년 사이의 작품들을 통해 쉽게 확인할 수 있다. 에녹 1서, 희년서, 아담과 하와의 생애를 비롯한 다양한 구약 외경, 그리고 쿰란의 여러 작품들이 그 예다.[41] 이 작품들은 악마의 기원을 다각도로 제시하면서 악마와 그 수하세력인 마귀들이 어떻게 존재하게 되었는지, 그들이 세상에서 하는 역할은 무엇인지 설명하고자 한다. 악마의 기원은 곧 이 세상에 악이 들어온 원인이 되기도 한다.

이 작품들에서 악마는 사탄(아담과 하와의 생애; 희년서)이라는 이름 말고도 세미아자스 또는 아자젤(1에녹), 마스테마(희년서), 베엘제불(솔로몬의 유언), 벨리알 또는 벨리아르(희년서, 이사야의 순교), 사마엘(3바룩, 모세의 승천) 등 다양한 이름으로 불린다. 악마의 이름으로 사탄을 선호한 것은 기원전 1세기경부터다.[42]

에녹 1서 6—36장 1에녹 6—36장은 감시자라 불리는 천사들이 사람의 딸들을 탐하여 하늘을 떠나 지상에 내려온 사건(감시자들의 전승)을 악의 기원으로 제시한다. 지상에 내려온 감시자들의 죄는 여자들과 결합하여 천상의 질서를 어긴 데서 그치지 않는다. 그들은 인류에게 알려져서는 안 되는 천상의 비밀을 누설하고 무기제조와 금속 가공을 비롯한 온갖 기술을 인간에게 전수한다. 인류는 이를 바탕으로 죄와 악을 늘려나간다. 게다가 감시자들이 인간인 여자들과 함께 탄생시킨 거인족은 인간에게 온갖 폭력을 행사하며 이 땅을 초토화시킨다. 그들은 노아의 대홍수가 일어난 직

---

41 제2성전기 문학에 나타난 악마(사탄) 개념에 대해서는 송혜경, 『사탄 악마가 된 고발자』, 33-69을 참조하라.

42 Russell, *The Devil: Perceptions of Evil from Antiquity to Primitive Christianity*, 206.

접 원인이 되기도 한다. 타락한 감시자들의 우두머리는 사탄 개념의 출발점이 된다. 그리고 감시자들의 후손인 거인족은 악령과 마귀 개념으로 발전한다.[43]

희년서[44] 희년서도 1에녹 6—36장에 담긴 감시자들 전승, 곧 하늘의 감시자들이 땅의 여자들을 아내로 맞이하여 거인족을 낳은 사건을 전한다(4,22; 5,1-11). 이때 사람들의 딸들과 결합한, 이른바 타락한 감시자들의 우두머리는 마스테마(10,7) 또는 사탄(10,11)이라고 불린다(1,20에서는 벨리아르라고도 한다). 그리고 거인족은 사악한 영들 또는 악령이라고 불린다(10,5). 희년서도 에녹 1서처럼 천사들의 타락 사건을 인류 전체가 타락하게 된 원인으로 제시한다(5,1-11). 타락한 천사들이 여자들과 더불어 거인족을 탄생시키면서 이 땅의 온 피조물과 온 인류가 죄를 짓게 되었다는 것이다(5,1-2).[45] 그 벌로, 방주에 들어간 노아의 가족과 동식물을 제외한 모든 피조물이 홍수로 제거된다. 또한 천사들은 땅 속 깊은 곳에 갇히고 거인들은 이 땅에서 제거된다(5,3-11). 그런데 이것으로 이 땅에 악의 가능성이 완전히 뿌리 뽑힌 것

43 자세한 내용은 본 책 에녹 1서의 하제 '6.2. 감시자들: 타락한 천사들' 항목을 참조하라.

44 희년서는 기원전 2세기 중반에 만들어진 작품으로 모세가 시나이 산에 40일 동안 있으면서 천사들에게 계시 받은 내용을 담고 있다. 총 50장으로 구성되어 있으며 창조 때부터 모세 활동 초기까지 아우른다. 희년서 저자는 에녹 1서에 나오는 감시자들의 전승을 한 단계 더 발전시킨다. 작품 전문이 에티오피아어로 전해지며 그리스어 단편과 라틴어 단편도 전해진다. 1947년부터 1956년까지 쿰란 동굴에서 히브리어로 기록된 희년서 두루마리 15개가 발견되었다. 학자들은 희년서가 본디 히브리어로 기록되었으리라 추정한다.

45 희년서가 아담과 하와의 불순종이나 카인의 형제 살인을 언급하기는 하지만(각각 3,17-25; 4,1-6), 이 두 사건을 인류 전체의 죄로 확장시키는 않는다. 온 인류가 타락하게 된 것은 천사들의 타락 이후로 묘사한다(5,1-2).

은 아니다. 악령들 가운데 십분의 일이 악마(마스테마)의 수하세력으로 활동하도록 이 땅에 남겨졌기 때문이다. 악령의 우두머리 마스테마가 그렇게 해 달라고 하느님 대전에 청했던 것이다(10,7-9). 그리하여 대홍수 뒤에도 노아의 후손들은 여전히 죄를 짓게 된다. "악령들이 그들(노아의 자손)을 도왔으며, 그들이 죄를 짓고 타락하도록 유혹하였다. 우두머리인 마스테마가 이 모든 일이 일어나게 하였다. 그리고 자기 수하에 있는 다른 영들을 보내어 (사람들이) 온갖 잘못과 죄와 갖은 범죄를 저지르고, 파괴하고 없애 버리고 땅에 피를 흘리게 만들었다"(11,4-6).

그런데 땅 속 깊은 곳에 갇혀 있어야 할 마스테마가(5,6-7), 어떻게 하늘에 올라가 하느님께 청원을 하고, 땅에서 계속 활동을 이어나간 걸까? 마스테마는 다른 감시자들과 달리 늘 땅 속 깊은 곳에 갇혀 있지는 않은 듯하다. 사실 이 책에서 마스테마는 타락 사건 뒤에도 하늘에 올라가고 이 땅 위에서의 활동도 계속 해나가는 것처럼 그려진다. 이를테면 아브라함의 명성이 하늘에까지 전해지자 마스테마는 하느님께 가서 아브라함을 시험해 보라고 청한다. 이에 하느님께서 아브라함을 시험하시려 이사악을 제물로 바치라고 명하신다(17,15-16). 여기서 마스테마는 욥 1—2장의 사탄과 거의 같은 역할을 수행한다.[46] 그 뒤에도 마스테마의 활동은 계속된다. 모세가 미디안 땅에서 이집트로 돌아왔을 때 마스테마는 그를 죽이려 한다. 모세가 이집트인들에게 심판을 내리도록 파견되었음을 알고서 이를 미연에 방지하려던 것이다(48,1-4). 그 뒤 모세를 파라오 손에 넘기려 한 것도, 이집트의 마술사들을 조종하여 모세에 맞서게 한 것도, 파라오를 종용하여 이스라엘 백성을 뒤쫓게 한 것도 모두 마스테마의 짓이었다(48,9-19). 이처럼 희년서에서, 땅속에 갇혀 있어야 할 마스테마는 여전히 이 땅에서 활보하며 영향력

---

46 복음서 광야의 유혹에 나오는 사탄이 희년서 17장과 욥 1—2장의 사탄을 닮았다.

을 행사하는 것으로 그려진다. 이 미스테리의 의문은 희년서 48장에서 풀린다. 천사들이 마스테마를 결박하여 가두었다가 풀어 주었다가를 계속 반복한다는 것이다. 마스테마가 풀려나면 자기 일을 하고 다시 결박되어 갇혔다가 다시 풀려나는 식이다(48,15-19).

악령들을 수하 세력으로 거느리며 사람들을 유혹하거나 이 땅에 악을 조장하면서 하느님 구원 사업을 방해하는 희년서의 마스테마는, 신약성경의 사탄에 한층 가까이 다가간 모습이다.

아담과 하와의 생애[47] 아담과 하와의 생애는 악마의 기원을 에녹 1서나 희년서와 조금 다르게 제시한다. 여기서 사탄이라 불리는 악마는 본디 천사였으나 잘못을 저질러서 하늘에서 쫓겨난 것으로 묘사된다. 이때 사탄을 따르던 무리들도 함께 쫓겨난다. 사탄과 그 추종자들이 하늘에서 쫓겨난 경위는 12—16장에서 다뤄진다. 그들이 쫓겨난 때는 아담이 창조된 직후였다. 그들은, 하느님의 모상으로 창조된 아담에게 경배하라는 미카엘 대천사의 명령에 불복한다. 창조된 순서로나 능력으로나 자기가 아담보다 앞선다며 자기보다 못한 아담에게 절할 수 없다는 것이다. "나(사탄)는 나보다 못하고 나보다 뒤에 만들어진 자에게는 경배하지 못하겠소. 내가 그자(아담)보다 먼저 창조되었소. 그자가 만들어지기 전에 나는 이미 만들어져 있었소. 그자야말로 나를 경배해야 하오"(14,3). 미카엘 대천사는 명령을 따르지 않는 사탄과 그 추종자들에게 하느님의 진노가 내릴 것이라 경고한다. 이에 사탄은 "그분께서 내게 진노하신다면, 나는 내 왕좌를 하늘의 별들 위에 세울 것이오. 그리고 나는 지극히 높으신 분처럼 될 것이오" 하고 답한다(15,3). 결국 사탄과 그 부하들은 그들이 누리던 영광을 박탈당하고 하늘

47 기원후 1세기경에 만들어진 작품으로 아담과 하와, 그리고 그 자녀들에 관한 창세기 이야기를 재구성하여 만들어졌다. 작품 전문이 라틴어로 전한다. 비슷한 내용의 그리스어 본문은 모세 묵시록이라는 제목으로 전한다.

에서부터 이 세상으로 쫓겨난다. 이렇게 아담과 하와의 생애는 악마의 기원 또는 사탄의 시작을 '교만'에서 찾는다. 아담에게 경배하지 않으려 한 교만, 나아가 하느님과 같아지려 한 교만이 천사를 사탄으로 만들었다는 것이다.

에녹 2서[48] 에녹 2서도 사탄의 기원을 설명한다. 하느님께서 에녹을 데려가신 일부터 노아의 홍수까지 다루는 이 책도 사탄이 하늘에서 쫓겨난 이유를 교만에서 찾는다. 천사들 가운데서도 상등천사였던 이가 하느님과 같아지려 한 교만 때문에 은총 지위를 잃고 나락으로 떨어졌다는 설명이다(2에녹 29,1-5). 때는 천지창조 둘째 날, 아담 창조(여섯째 날) 이전이었다. 하늘의 천사들 가운데서도 최고 서열에 속했던 자가(이름은 제시되지 않는다) 수하의 천사들과 함께 탈선하여 자기 왕좌를 땅 위의 구름보다 높게 세우려는 뜻을 품는다. 하느님의 힘과 같아지려는 마음에서였다(29,4). 그러나 이 계획은 실패하고 그자는 부하들과 함께 하늘에서 쫓겨나 바닥 없는 구렁 위 공중에서 떠도는 신세가 된다(29,5).

같은 책 31장에서는 사탄이 여타 천사들과는 다른 존재가 되었다고 한다. 본성은 변하지 않았으나 의로움과 죄에 대한 의식이 변했다는 것이다. 그리고 아담에 대한 음모를 꾸민 자가 바로 이 사탄이었다고 한다. 이렇게 해서 사탄은 낙원의 뱀과 연결된다. 이것이 에녹 2서가 전하는 사탄의 시작이다.

---

48 에녹의 이름을 딴 두 번째 책으로 묵시 문학에 속하며 기원후 1세기경에 만들어진 것으로 추정된다. 총 73장으로 이루어진 에녹 2서 전문이 슬라브어로 전한다. 창세 5,21-32("[21] 에녹은 육십오 세 되었을 때, 므투셀라를 낳았다. … [32] 노아의 나이 오백 세 되었을 때, 노아는 셈과 함과 야펫을 낳았다")의 확장판이라 할 수 있다. 에녹이 므투셀라를 낳은 뒤 하늘로 들어 올려진 때부터 홍수 발발 때까지의 이야기를 담고 있다. 노아가 오백 세 되었을 때 세 아들을 낳았으며 그로부터 100년 뒤 방주에 들어가 홍수가 끝날 때까지 그 안에 머물렀다는 내용으로 마무리한다. 홍수가 끝난 뒤 노아는 350년을 더 살아 총 950세까지 살았다고 전한다.

구약 외경 외에 쿰란 문헌들 가운데서도 사탄의 기원과 활동을 전하는 작품이 많다. 실제로 『공동체 규칙서』,[49] 『전쟁 두루마리』,[50] 『다마스쿠스 문서』[51] 등 여러 작품이 에녹 1서의 감시자들 전승을 바탕 삼아 악마의 기능과 활동을 묘사한다. 이 작품들은 대개 선과 악의 대립구도 또는 이원론적 전망 안에서 악마 이야기를 전개한다. 악마가 악의 세력을 진두지휘하면서 선의 세력과 우주적 차원의 전쟁을 벌이고 있다는 것이다. 그리하여 세계사는 빛의 세력과 어둠의 세력 사이에 끊임없이 벌어지는 투쟁의 역사로 그려진다. 해당 본문들은 대개 선과 악, 빛과 어둠, 빛의 왕자와 어둠의 천사(또는 벨리알 곧 악마), 빛의 아들들과 어둠의 아들들이 반대 세력으로 양분되어 종말론적 투쟁을 벌이고 있다고 한다. 그리고 이 두 세력 위에는 하느님이 계시며 언젠가 이 싸움을 빛의 승리로 이끄실 것이라 선포한다.[52] 이러한 선악 대비 구도는 신약성경 특히 요한계 문헌과 바오로 서간에서도 나타난다.[53]

여기서 다루지 않은 작품들 가운데서도 악의 수장을 언급하는 경우는 많다. 특히 욥의 유언에서 고도로 발달한 악마 개념이 엿보인다. 기원을 전후한 시기(기원전 1세기-기원후 1세기)에 만들어진 이 작품에서 악마는 사탄, 디아볼로스, 사악한 자, 적대자 등 여러 이름으로 불리며 하느님의 반대편에서서 인간을 기만하고 악으로 유혹하는 자로 그려진다.

요셉과 아세넷은 악마를 사자, 바다 괴물이라고도 하고, 이집트 신들의 아비라고 부르기도 한다(요셉과 아세넷 12,9-10). 악마를 이집트 신들의 아

49 1QS 3.13-4.26.

50 1QM 13.10-16.

51 CD 2.19-21; 4.12-19.

52 송혜경, 『사탄 악마가 된 고발자』, 50-67 참조.

53 요한 1,1-18; 요한 1서; 묵시 12,7-8; 20,7-10; 2코린 4,1-6; 6,14—7,1; 1테살 5,5-6 등.

비로, 이집트 신들을 악마의 자식이라고 본 점은 특히 눈여겨 볼 만하다.

레위의 유언은 선악 이원론을 뚜렷이 부각시킨다는 점에서 중요하다. 곧 선악 이원론의 전망 안에서 선과 악, 주님과 악마에 대한 선택권이 인간에게 있음을 천명한다. 이는 레위가 자녀들에게 남긴 마지막 유언에서 명확히 드러난다. "자, 얘들아. 너희는 모든 것을 들었다. 그러니 너희 자신을 위해 선택하라. 빛이냐, 어둠이냐. 주님의 율법이냐, 벨리아르의 일이냐!"(레위의 유언 19,1)

이런 식으로 제2성전기 후반에 사탄은 차츰차츰 신약성경의 사탄, 그리고 지금 우리가 생각하는 악마의 모습으로 발전해 나간다.

4.2. 메시아 사상

가까운 미래에 특정의 이상적 임금 또는 사제가 도래하여 이 땅에 완전한 평화를 실현하리라 희망하는 이른바 메시아[54] 대망 사상의[55] 원뿌리는, 다윗의 후손과 관련된 구약성경 본문에서 찾을 수 있다. 예언자들이 장차 오실 다윗 가문의 기름부음받은 임금에 대한 믿음을 선포한 예들이 이에 해당한다(이사 9,1-6; 11,1-9; 예레 33,14-22; 에제 37,24-28). 그러나 불특정 다수의 기름부음받은 임금이나 사제 들이 아닌, 특정한 임금-메시아(또는 사제-메시아)에 대한 기대는 제2성전기 후반, 구약 외경에서 처음 발견된다. 비슷한 시기에 만들어진 쿰란 문헌에서도 메시아에 대한 희망이 발견된다. 미래의 '아

54 Messiah: '기름부음받은이'라는 뜻의 히브리어(מָשִׁיחַ)에서 유래. 그리스어로는 크리스토스(χριστός)로 옮긴다.

55 유다교 및 그리스도교 전통에서 발견되는 메시아 사상에 대해서는 Charlesworth (ed.), *The Messiah: Developments in Earliest Judaism and Christianity*을 참조하라.

론과 이스라엘의 메시아'에 대한 믿음이 대표적이다(CD Text B 19.10-11; 1QS 9.11-12).[56]

구약 외경에서 장차 오실 메시아를 가리키는 데 '메시아'가 아닌 다른 칭호들도 쓰였다. 여기서는 메시아나 그리스도, '기름부음받은이'라는 칭호가 쓰인 대목만을 살펴보기로 한다. 각 칭호가 해당 문맥에서 정확히 메시아에게 붙여진 것인지 판단내리기 어려운 경우가 많기 때문이다. 사실 구약 외경에서 메시아의 도래를 직접 언급하는 본문을 찾기란 쉽지 않다. 메시아의 역할이 무엇인지 명시한 경우도 흔치 않다. 메시아 칭호가 쓰인 본문을 통해 그것을 짐작할 수 있을 따름이다. 구약 외경 가운데 메시아에 대한 전승을 담은 작품은 약 다섯 정도다. 솔로몬의 시편, 바룩 2서, 에즈라 4서, 에녹 1서 37—71장, 에녹 3서가 이에 해당한다.

솔로몬의 시편　솔로몬의 시편은 기원전 1세기 후반 작품으로서, 메시아가 와서 이방인들을 예루살렘에서 몰아내고 성전을 정화하리라는 기대를 드러낸다. 솔로몬의 시편에서 메시아 기대가 가장 잘 표현된 곳은 17편이다. 17편은 적법한 임금, 곧 다윗 가문의 기름부음받은이(메시아)의 통치를 묘사한다. 다윗의 후손 가운데에서 임금이 나와 외국인들에게 더럽혀진 예루살렘 성전을 정화하고, 이 땅에서 외국인을 몰아내며 억눌린 유다 백성을 해방시키리라는 것이다.

56　쿰란 문헌에 나타난 메시아 개념은 Schiffman, "Messianic Figures and Ideas in the Qumran Scrolls", 116-129; Schiffman, *Reclaiming the Dead Sea Scrolls*, 317-327에 잘 요약되어 있다. '메시아'라는 용어는 후대 타르굼에도 나온다: 『타르굼 차명-요나탄(예루살렘 타르굼)』 창세 49,1; 탈출 40,8-11; 민수 24,17-24 등. 타르굼에 나타난 '메시아' 용어의 용례와 의미에 대해서는 Shepherd, "Targums, The New Testament, and Biblical Theology of the Messiah", 45-58, 특히 51-57을 참조하라.

"보십시오, 주님! 그들에게 그들의 임금을 일으켜 주소서! 하느님 당신께서 선택하신 그 시간에, 당신 종 이스라엘을 다스릴 다윗의 후손을! 그에게 힘을 둘러 주소서! 불의한 지도자들을 쳐부수고, 이방인들을 몰아내어 예루살렘을 정화하도록! … 범죄를 일삼는 이방인들을 그의 입에서 나오는 말로 괴멸시키도록! 그의 위협으로 이방인들이 그의 면전에서 달아나고, 죄인들의 마음에서 나오는 말을 두고 그들을 질책하도록!"(17,21-25).

메시아의 사명은 이민족 축출과 예루살렘 정화에 그치지 않는다. 이보다 더 큰 사명이 있다. 이 사명은 정의와 공정의 실현이라는 말로 요약할 수 있다. "그는 거룩한 백성을 모아 정의로 인도할 것입니다. 또한 주 하느님께 성별된 백성의 지파들을 심판할 것입니다. 그리고 더 이상 불의가 그들 가운데 머물지 못하게 할 것입니다. 그리고 악을 아는 어떤 자도 그들 가운데 살지 못할 것입니다. … 그는 정의의 지혜로 백성들과 이방인들을 심판할 것입니다"(17,26-29).

이 메시아가 실현할 정의는 차갑지 않다. 목자다운 따뜻함이 있는 정의다. "(그는) 성실과 정의로 주님의 양 떼를 돌보고, 그들 가운데 단 한 명도 자기네 목장에서 쓰러지지 않게 할 것입니다. 그는 그들을 모두 평등하게 다스릴 것입니다. 그들 가운데에는 교만이 없을 것이며 그들 가운데 어느 누구도 억눌리지 않을 것입니다"(17,40-41).

무엇보다 이 메시아는 하느님께서 거룩한 영으로 힘 있게 만드셨으며, 슬기의 경륜과 용맹과 정의로 지혜롭게 만드셨다(17,37). 또한 그는 자기 뜻에 따라서가 아니라, 하느님께 속한 하느님의 대리자로서 하느님께 배운 대로, 하느님의 명에 따라 움직인다(17,32.37; 참조: 18,1.5).

솔로몬의 시편 17편에 묘사된 메시아는 임금이자 전사로서의 성향이 강하다. 그러나 메시아가 이민족과 죄인을 물리치고 심판하는 수단이 무기와 병력이 아니라(17,33), 자기 입에서 나오는 '말'(λόγος 17,24.35-36.43)임을 주목해야 한다. 이것이 이 시편의 메시아를 단순히 정치·군사적 메시아라고

부를 수 없는 이유다.[57]

바룩 2서 바룩 2서는 에즈라 4서, 에녹 1서 37—71장('비유의 책'이라고 알려져 있다)과 더불어 1세기 후반에 만들어진 작품이다.[58] 바룩 2서에서 메시아의 역할과 사명을 드러내는 곳은 대략 세 군데 정도다(29—30장; 36—42장; 72—74장).

29—30장에서 메시아의 역할은 수동적 수준에 머문다. 일어나야 할 모든 일이 다 일어나고 나면 메시아가 나타나리라는 것이다(2바룩 29,3). 그리고 때가 되어 메시아가 영광 가운데 오시면 그분께 희망을 품은 채 잠들어 있는 모든 이가 다시 일어날 것이라고 한다(2바룩 30,1). 이 대목에서 메시아는 마지막 때임을 드러내는 표징 역할을 할 뿐 무언가를 능동적으로 수행하지는 않는다.

36—42장에서는 메시아의 역할이 적극적·능동적인 것으로 묘사된다. 곧, 메시아가 악의 수장과 그의 군대를[59] 처단하고 하느님의 남은 백성은 보호할 것이다(40,1-2). 그리고 메시아의 통치는 정해진 때, 현 세상이 끝날 때까지 계속 이어질 것이다(40,3).

72—74장에서도 메시아는 능동적 역할을 수행하는 것으로 그려진다. 곧, 메시아의 때가 되면 그가 모든 민족들을 소환하여 그들 가운데 일부는 살려 두고 일부는 죽일 것이다. 이스라엘 백성을 모르거나 그들을 짓밟은 적이 없는 이들은 살아남을 것이나 이스라엘 백성 위에 군림한 자들은 하나도 남김없이 모두 칼에 넘겨질 것이다(72,2-6).

36—42장과 72—74장에서 메시아는 칼로 이방인들을 처단하는 전사

57 자세한 내용은 본 책, 솔로몬의 시편 해제를 참조하라.

58 1세기 후반은 그리스도교 복음서가 만들어지던 시기이기도 하다.

59 2바룩 40,1에서 악의 수장은 '마지막 지배자'라 불린다.

로 묘사되고 있다는 점을 주목해야 한다.[60] 메시아의 통치 기간도 한시적이다. 메시아 시대가 끝난 뒤에 세상의 궁극적 종말이 오는 듯하다.

에즈라 4서 1세기 말 바룩 2서와 비슷한 시기에 저술된 에즈라 4서도 메시아의 기능을 언급한다(7장; 11—12장; 13장).

에즈라 4서에는 환시가 7번 나오는데 세 번째 환시 대목인 7장에서 때가 되면 메시아가 나타날 것이라고 한다. 그리고 메시아는 사백 년 동안 의인들과 기쁨의 시간을 누린 뒤 그들과 더불어 죽음을 맞을 것이다(7,28-29). 그 뒤 이레 동안 세상은 태초의 침묵으로 되돌아가고 땅 위에 살아남는 이가 없을 것이다. 침묵의 이레가 지나면 지극히 높으신 분의 영원한 심판이 있을 것이다. 그리하여 의인들과 악인들의 운명이 완전히 갈릴 것이다(7,30-44).

에즈라 4서 7장에서 메시아가 자기 시대를 주도하는 기간은 사백 년이라는 한시적 기간뿐임을 주목해야 한다. 메시아가 최후의 심판이나 인류의 마지막 운명과도 별 상관없이 그려진다. 가령 최후의 심판을 주재하시는 분이 메시아가 아니라 '지극히 높으신 분'으로 제시된다.

메시아의 역할은 다섯 번째 환시와 관련된 11—12장에서 조금 더 자세히 묘사된다.[61] 마지막 때가 되면 다윗의 후손 가운데서 메시아가 일어나 불경한 자들을 고발하고 심판하고 파멸시킬 것이다. 그러나 남은 하느님 백성은 메시아가 자비롭게 구해내어 마지막 심판 때까지 기쁨을 누리게 할 것이다(12,32-34). 여기서도 메시아 시대는 영원하지 않으며 일정 기간 동안만

---

60 전사로서의 메시아상은 2바룩 40,1-2; 72,2-6 외에 이사 11,4; 1에녹 46,3-6; 62,2에서도 나타난다.

61 에즈라의 다섯 번째 환시에서 메시아는 '사자 비슷한 것' 또는 간단히 '사자'의 형상으로 나타나 독수리를 꾸짖는다(4에즈 11,37; 12,1). 이 사자는 지극히 높으신 분께서 마지막 때까지 유보해 두신 메시아다(4에즈 12,32).

존속하는 것으로 묘사된다.

메시아의 역할은 여섯 번째 환시와 관련된 13장에서도 다뤄진다. 에즈라는 환시에서 '사람의 아들의 형상'이 바다 한가운데서 올라와 하늘로 날아오르는 모습을 본다. 그의 눈길을 받은 모든 것이 두려워 떨며, 그의 목소리를 들은 모든 이가 불 앞에 선 밀초처럼 녹아내린다(13,3-4). 그리고 하늘의 사방에서 수많은 군중이 몰려와 바다에서 올라온 그 '사람의 아들'과 전쟁을 벌이려 한다. 그 사람은 아무런 무기도 없이, 오직 입에서 나오는 불의 파도와 입술에서 나오는 불꽃 바람과 혀에서 나오는 회오리바람으로 자기에게 달려드는 모든 군중을 태워 없앤다. 그리고 순식간에 모든 군중이 사라지고 재와 연기 냄새만 남는다(13,5-11). 환시에 이어 이 환시에 대한 해석이 나온다. 환시에서 본, 바다에서 올라오는 '사람의 아들'은 지극히 높으신 분께서 오랜 시간 동안 유보해 두신 메시아로서(13,26) 그분께 '나의 아들'이라 불린다(13,32.37.52; 14,9; 참조: 7,28-29). 환시에서 본, 하늘의 온 사방에서 모여든 군중은 세상 곳곳에서 메시아를 거슬러 몰려들 온갖 민족을 뜻한다. 메시아는 이 불꽃과 회오리로 그 사람들을 꾸짖고 처벌할 것이다(13,37-38). 그리고 '입에서 나오는 불' 곧 율법으로 자기에 맞서는 모든 이를 태워 없앨 것이다(13,38). 이에 따르면 메시아는 자기에게 맞서는 자들을 무기가 아닌 '율법'으로 처단할 터다. 곧 자기를 거슬러 전쟁을 도모하는 어마어마한 군중들을 메시아는 율법이라는 불길로 태워 없앨 것이다(13,32-39).

에즈라 4서의 메시아 역시 솔로몬의 시편에서처럼 단순히 전사 또는 정치적 메시아라고 단정할 수 없다. 전쟁으로 이민족을 처단하는 것이 아니라 율법의 힘으로 물리치기 때문이다.

에녹 1서 37—71장[62] '비유의 책' 또는 '에녹의 비유'라 불리는 에녹 1

62 Black, "The Messianism of the Parables of Enoch: Their Date and Contri-

서 37—71장도 메시아 사상과 관련하여 중요하다. 메시아와 관련된 내용은 45—57장에 집중되어 있다. 비유의 책 저자는 메시아라는 호칭보다 '사람의 아들', '의로운 이', '선택받은 이' 등 다른 이름을 선호한다. 메시아라는 호칭은 두 차례 나오는데 그 기능이나 역할에 대한 언급은 없다(1에녹 48,10; 52,4). '사람의 아들', '의로운 이', '선택받은 이'라 불리는 이는 선재하는 천상의 인물로 그려지며, 마지막 때와 최후의 심판 및 부활 사건과 연결되어 등장한다. 그 구도는 이런 식이다. 마지막 때가 되면 죽은 모든 이가 다시 일어나고 '사람의 아들'이 하늘의 왕좌에 오를 것이다. 엄위와 존귀를 갖춘 그는 만물에 대한 통치권을 누리며 영광의 왕좌에 앉아 영적 존재와 사멸하는 존재를 모두 심판할 것이다. 1에녹 37—71장의 메시아에게는 '천상의 메시아'라는 이름이 어울린다.[63]

구약 외경이나 쿰란 문헌에서 발견되는 메시아 개념들은[64] 유다인들의 메시아 희망을 담은 신약성경 본문들을 이해하는 단초가 된다. 구약 외경이나 쿰란 문헌의 도움으로 예수님을 다윗의 후손과 연결 짓는 복음서 대목들, 예수님의 예루살렘 입성과 성전 정화 사건 등에 내포된 의미를 깊이 이해할 수 있다.

---

butions to Christological Origins", 145-168 참조.

63 앞의 책들보다 훨씬 후대(5-6세기)에 쓰인 에녹 3서도 메시아에 대한 유다인들의 기대를 드러낸다. 3에녹 45,5에서 메시아는 요셉의 아들 메시아와 다윗의 후손 메시아, 이렇게 두 명으로 제시된다. 요셉의 아들 메시아가 다윗의 후손 메시아의 전신인 듯하다. 다윗의 아들 메시아는 마지막 때에 이스라엘의 원수들과 전쟁을 벌일 이로 묘사된다.

64 쿰란 문헌 가운데 '아론과 이스라엘의 메시아'에 대한 믿음을 표현한 『공동체 규칙서』1QS 9,11-12를 참조하라.

4.3. 부활과 내세

구약성경에서 죽은 이들의 부활을 명시적으로 언급하는 경우는 거의 없다.[65] 사람이 죽으면 그저 조상들과 함께 땅에 묻혀 저승(셔올)에 간다고 믿었다. 셔올은 죽은 이들이 생명 없이 머물러 있는 지하세계로 한 번 가면 다시 돌아오지 못하는 어둠과 암흑의 땅이며(욥 7,9; 10,21; 16,22), '침묵의 땅'(시편 94,17; 115,17), '멸망의 나라'(시편 88,12), '망각의 나라'(시편 88,13)로 불리기도 한다.[66] 구약성경에는 저승에서 죽음 이후의 삶을 계속 이어간다는 내세 개념도 거의 없었다. 그래서 "저승은 당신을 찬송할 수 없고 죽음은 당신을 찬양할 수 없으며 구렁으로 내려가는 자들은 당신의 성실하심에 희망을 두지 못합니다" 하고 말한다(이사 38,18).[67]

구약성경에서 부활이나 내세 개념을 드러내는 구절은 이사 26,19과[68]

---

65 엘리야가 사렙타 과부의 아들을 살린 일이나, 엘리사가 수넴 여자의 아들을 되살린 일은 죽은 이의 부활 가능성을 암시한다(1열왕 17,17-24; 2열왕 4,18-37). 다만 이 일화들에서 죽은 이를 되살린 일은 특정인의 개별적 사건에 해당하며 인류 전체의 운명으로 연장해서 볼 수 있을지 분명하지 않다. 또한 이 경우의 부활은 때가 되면 다시 죽어야 하는 불완전한 부활이다. 1사무 2,6("주님은 죽이기도 살리기도 하시는 분, 저승(셔올)에 내리기도 올리기도 하신다")도 부활에 대한 암시로 읽을 수 있다.

66 히브리어 셔올(שְׁאוֹל)이 칠십인역 성경에서는 하데스(ᾅδης)로 옮겨진다. 칠십인역 시편 6,5; 48,15; 87,4 등.

67 "죽은 이들에게 당신께서 기적을 이루시겠습니까? 그림자들이 당신을 찬송하러 일어서겠습니까? 무덤에서 당신의 자애가, 멸망의 나라에서 당신의 성실이 일컬어지겠습니까? 어둠에서 당신의 기적이, 망각의 나라에서 당신의 의로움이 알려지겠습니까?"라는 시편 88,11-13에도 같은 생각이 깔려 있다. 시편 6,6; 30,10; 115,17-18; 집회 14,16-19; 17,27-28도 참조하라.

68 "당신의 죽은 이들이 살아나리이다. 그들의 주검이 일어서리이다. 먼지 속 주민들아, 깨어나 환호하여라. 당신의 이슬은 빛의 이슬이기에 땅은 그림자들을 다시

다니 12,2이[69] 다라고 해도 지나치지 않다. 그 가운데 이사 26,19은 실제로 죽은 이들의 부활을 가리키는지 분명하지 않고, 다니 12,2만을 죽은 이의 부활을 언급한 확실한 예로 볼 수 있다.[70]

이처럼 구약성경에서는 다니엘서를 제외하면 부활 개념이 명시된 본문이 없다. 다니엘서가 만들어진 시기가 기원전 150-200년경임을 감안할 때 유다교 전통에서 부활이나 내세 개념이 비교적 후대에 생겨났음을 알 수 있다. 사실 유다교 전통 안에서 죽은 이의 부활이나 죽음 이후의 삶(내세)에 관심을 갖게 된 것은 유배 이후부터, 그리고 부활과 내세 개념을 본격적으로 발전시킨 것은 헬레니즘 시대를 지나면서부터다.[71] 실제로 현존하는 작품 가운데 부활을 명시한 본문은 거의 다 기원전 2세기 이후에 저술되었다. 히브리어 구약성경에서 부활 개념이 확실한 본문이 다니 12,2이라면, 제2경전에서 부활이나 내세 개념을 담은 본문은 마카베오기 하권과 지혜서가 손에 꼽힌다. 2마카 7장은 죽은 이들의 부활을 언급하고(7,9.14),[72] 지혜서는

살려 출산하리이다." 이사 26,19이 죽은 이의 부활을 말하는 것인지, 에제 37,1-14처럼 이스라엘 백성의 복구를 상징하는 것인지 분명하지 않다. 그러나 죽은 이의 부활을 말하는 것일 가능성을 배제할 수는 없다: 안소근, 『이사야서 1-39장』, 338 참조.

69 "또 땅 먼지 속에 잠든 사람들 가운데에서 많은 이가 깨어나 어떤 이들은 영원한 생명을 얻고 어떤 이들은 수치를, 영원한 치욕을 받으리라." 다니 12,13도 참조하라.

70 안소근, 『이사야서 1-39장』, 338.

71 위에서 예로 든 이사 26,19은 유배 이전에 만들어진 이사야서 제1부(1—39장)에 속한다. 유배 이전부터 부활의 희망에 대한 싹은 있었던 셈이다. 그러나 앞서 말한 대로 이 구절은 각 개인이 부활하리라는 기대를 드러낸 것인지, 이스라엘 백성이 복구되리라는 희망을 표현한 것인지 분명하지 않다.

72 2마카 7장은 안티오코스 임금이 유다인들에게 율법으로 금지된 돼지고기를 먹으라고 강요했을 때 이에 불복하여 순교를 당한 일곱 형제의 이야기를 전한다. 형제 가운데 둘째와 넷째가 죽으면서 한 말이 부활 신앙을 담고 있다. "이 사악한 인

영혼 불멸을 암시하는 듯한 구절을 담고 있다(3,4; 5,15).[73]

쿰란 문헌 가운데도 내세를 언급하는 듯한 구절들이 더러 확인된다.[74] 구약 외경에서는 죽은 이들의 부활이나 죽은 뒤의 삶을 명시한 곳이 상당히 많다. 2바룩 49—52장; 솔로몬의 시편 3,12[75]; 13,11; 예언자들의 생애 2,12[76]; 욥의 유언 4,9[77]; 1에녹 22,13; 25,6; 91,9-10[78]; 51,2; 58,2-3; 103,3-4[79]; 2에녹 9—10장[80] 등이 대표로 꼽힌다.

그런데 이 본문들에서 그려지는 '죽은 뒤의 삶'이 정확히 '영혼 불멸'을 가리키는지 '부활'을 가리키는지 분명하지 않다. 예를 들어 솔로몬의 시편

간, 당신은 우리를 이승에서 몰아내지만, 온 세상의 임금님께서는 당신의 법을 위하여 죽은 우리를 일으키시어 영원한 생명을 누리게 하실 것이오"(7,9); "하느님께서 다시 일으켜 주시리라는 희망을 간직하고, 사람들의 손에 죽는 것이 더 낫소. 그러나 당신은 부활하여 생명을 누릴 가망이 없소"(7,14).

73 지혜 3,4("사람들이 보기에 의인들이 벌을 받는 것 같지만 그들은 불사의 희망으로 가득 차 있다"); 5,15("의인들은 영원히 산다").

74 1QH 11.19-20; 4Q521 참조. 쿰란 문헌에 나타난 부활과 내세 개념에 대해서는 Hogeterp, "Belief In Resurrection And Its Religious Settings In Qumran And The New Testament", 299-320 참조.

75 "그러나 주님을 경외하는 이들은 영원한 생명으로 다시 일어날 것입니다. 그들의 생명은 주님의 빛 속에 있으며 다시는 사라지지 않을 것입니다."

76 "그리고 부활 때 이 궤가 가장 먼저 부활할 것입니다."

77 "그리고 너는 부활로 일으켜질 것이다."

78 "그들(죄인)은 불의 심판에 던져질 것이다. 그리고 분노와 영원한 심판의 힘 속에서 사라져 갈 것이다. 그런 다음(심판 뒤에) 의로운 이가 잠에서 일어날 것이다."

79 "죽은 경건한 이들의 영혼을 위해 좋은 것과 기쁨과 영예가 마련되었으며 또 기록되었습니다. 그들은 기뻐할 것입니다. 그리고 그들의 영은 결코 사라지지 않을 것입니다. 그 기억도 위대하신 분의 면전에서 영원무궁토록 사라지지 않을 것입니다."

80 의인들을 위해 마련된 천국과 악인들을 기다리고 있는 지옥을 묘사한다.

13,11 "의인들의 생명은 영원하다! 죄인들은 파멸로 사라지고 말리라! 그들에 대한 기억을 다시는 찾아볼 수 없으리라!"가 그렇다. 이 시대 사람들은 영혼 불멸과 부활을 동시에 믿었거나 둘을 구분하지 않았던 것 같다. 이런 복합적 현상은 기원전 2세기 작품인 희년서에서도 발견된다. 천사가 사악한 세대의 회개 뒤에 다가올 축복의 시대를 예고하며 이렇게 말한다. 그 시대에는 사탄도 없고 파괴를 일삼는 사악한 자도 없을 것이다. "그때에 주님께서 당신의 종들을 치유하시리라. 그리고 그들은 다시 일어나 크나큰 평화를 보리라. 그리고 자기네 원수들을 몰아내리라. 의로운 이들이 (이를) 보고 찬양하며 환희 가운데 영원무궁토록 기뻐하리라. 그들은 자기네 원수들 가운데에서 저들에게 내려지는 모든 심판과 저주를 보게 되리라. 그들의 뼈는 땅속에서 쉬고 그들의 영은 기쁨을 늘리리라!"(희년서 22,30-31).[81]

내세에 대한 희망이 영혼 불멸에 대한 기대로 가닥이 잡힌 작품도 있다. 기원후 1세기 작품인 마카베오기 4서가 그 예다. 이 책 여러 곳에서 불사ἀθανασία의 영혼이 불멸ἀφθαρσία에 합류하리라는 기대가 표현된다. 불사, 불멸, 불멸하는 영혼이라는 단어도 여러 차례 쓰인다(4마카 9,22; 14,5-6; 16,13; 17,12; 18,23). 이를테면 마카베오 가문의 형제들이 "모두 불사를 향해 길을 달려가듯, 고문을 겪으며 죽음을 향한 발길을 재촉했다"(4마카 14,5). 그리고 "아브라함의 자녀들은 … 하느님에게서 순수한 불사의 영혼을 받아 자기네 조상들에게 합쳐졌다"(4마카 18,23). 이처럼 제2성전기 후반 문학에서 죽음 이후에 대한 희망은 영혼 불멸이나 부활 또는 둘이 섞인 양상 등 다양한 형태로 표현되었다.[82]

---

81 부활을 희망하는지 영혼 불멸을 희망하는지 가리기 힘든 대목들이 에녹 1서에서도 발견된다. 1에녹 58,2-3: "의로운 이들은 태양의 빛 속에 있을 것이며, 뽑힌 이들은 끝없는 영원한 생명의 빛 속에 있을 것이다. 거룩한 이들의 생명의 날수는 헤아릴 수 없을 것이다"; 참조: 103,3-4.

82 요셉과 아세넷 27,8에도 내세에 대한 기대가 드러난다: "주, 저의 하느님! 저를

그렇다면 불멸 또는 부활의 대상은 누구인가? 이에 대한 답도 하나가 아니다. 에녹 1서에 부활의 대상이 누구인지 암시하는 대목이 있는데, 에녹이 저세상 여행 중에 죽은 이들의 처소를 방문하는 장면이다(1에녹 22장). 이에 따르면 그곳에는 죽은 이들의 영혼이 모이는 구렁이 셋 있다. 첫째 구렁은 의로운 이들의 영혼이, 둘째 구렁은 살아생전에 벌을 받았던 죄인들의 영혼이, 셋째 구렁은 살아생전에 벌을 받지 않았던 죄인들의 영혼이 모이는 곳이다(1에녹 22,1-4). 이 가운데 둘째 부류에 해당하는 영혼들, 곧 생전에 벌을 받았던 죄인들을 두고 라파엘 천사는 이렇게 말한다. "여기서 벌받는 자들은 상대적으로 적은 벌을 받는다. 따라서 심판 날에 영원한 벌을 받지는 않을 것이다. 그러나 거기서 일으켜지지도 않을 것이다"(1에녹 22,13). 이 말에는 심판 때에 의인들과 생전에 벌 받지 않은 죄인들만 부활하고 중간에 해당하는 사람은 부활하지 않으리라는 뜻이 함축되어 있다. 의인들은 상을 받기 위해, 악인들은 영원한 벌을 받기 위해 부활한다는 것이다(1에녹 22,9-11; 91,9-10).

기원후 1세기 초반에 만들어진 바룩 2서에서는 죽은 모든 이가 부활하리라는 믿음이 발견된다(1에녹 22장과 조금 다르다). 바룩 2서는 49—52장에 해당하는 꽤 긴 본문을 부활과 부활한 육체를 묘사하는 데 할애한다. 죽은 사람이 어떤 모습으로 부활할 지 묻는 바룩에게 주님께서는 그날이 오면 의인이든 악인이든 죽은 모든 이가 살아생전과 똑같은 모습으로 되살아날 것이라고 하신다.

"지금은 땅이 자기 안에 담아두려고 받아들이는 죽은 이들을, 그때에는 반드시 다시 내놓을 것이다. 그들의 모습에는 아무 변화가 없을 것이다. 땅이 받아들인 모습 그대로 그들을 다시 내놓을 것이다. 그리고 내가 땅에

죽음으로부터 살려주신 분! '네 영혼은 영원히 살리라!' 하고 제게 말씀하신 분이시여!"

게 넘겨준 모습 그대로 땅이 그들을 다시 일으킬 것이다. 그런 다음에는 죽은 이들이 다시 살아났다는 것과, 떠나갔던 그들이 다시 돌아왔다는 것이 살아 있는 이들에게 알려져야 한다"(2바룩 50,2-3).

죽은 모든 이가 부활한 뒤에는 하느님의 준엄한 심판이 있을 것이다. 그리하여 생전에 악하게 살았던 사람들과 의롭게 살았던 사람들이 서로 다른 운명을 맞게 된다. 악인들은 심판 뒤의 모습이 살아생전보다 더욱 흉해지고 고통에 넘겨지겠으나, 의로움과 슬기와 지혜로써 살았던 사람들은 영광스런 변모를 통해 영화롭게 되고 얼굴 모습도 아름다운 빛으로 바뀔 터다.[83] 그리고 그들에게 약속된, 죽지 않는 세상을 차지하게 될 것이다(51,1-3). 이처럼 바룩 2서는 모든 이가 부활할 것이라는 희망과 함께 생전의 행업에 따라 부활 후의 모습이 달라질 것이라 선포한다.

구약성경에서는 거의 발견되지 않는 부활이나 내세 개념이 유배 이후, 특히 헬레니즘 시대 이후부터 유다교 전통 안에서 본격적으로 발전하기 시작하여 예수님이 활동하실 무렵에는 부활에 대한 희망이 유다인들에게 그리 낯설지 않게 된다.[84] 실제로 신약성경에서는 죽은 이들의 부활, 특히 육체의 부활에 대한 믿음이 당연한 것으로 여겨진다.[85]

---

83 마태 17,2("그리고 그들 앞에서 모습이 변하셨는데, 그분의 얼굴은 해처럼 빛나고 그분의 옷은 빛처럼 하얘졌다"); 필리 3,21("그리스도께서는 … 우리의 비천한 몸을 당신의 영광스러운 몸과 같은 모습으로 변화시켜 주실 것입니다") 참조.

84 모세오경만을 성경으로 인정한 사두가이파가 부활을 믿지 않았다고 하는 말은 일리가 있다. 모세오경에는 부활 신앙이 발견되지 않기 때문이다. 모세오경뿐 아니라 예언서와 성문서는 물론 구전 전승까지 받아들인 바리사이파는 부활에 대한 희망을 간직하고 있었다는 말 또한 마찬가지다.

85 복음서 예수님 부활 사화; 1코린 15장 참조.

이제 본격적으로 구약 외경으로 분류되는 작품들을 살펴볼 차례다. 여기서는 찰스워스가 소개한 작품들 가운데 제2성전기 후반의 유다교와 그리스도교 신앙을 이해하는 데 특히 중요한 작품을 추려서 소개하기로 한다. 그리스어 본문이 전해지는 작품부터 소개할 터다.

『구약 외경 1』에서는 에녹 1서, 솔로몬의 시편, 요셉과 아세넷, 예언자들의 생애, 아리스테아스의 편지를 문학 유형별로 나누어 싣는다. 묵시 문학 편에서는 에녹 1서를, 시편 문학 편에서는 솔로몬의 시편을, 설화와 전설 편에서는 요셉과 아세넷, 예언자들의 생애, 아리스테아스의 편지를 다룬다. 작품마다 우리말 본문(그리스어 본문을 번역한 것)을 싣고 해제와 각주를 덧붙였다.[86]

86 『구약 외경 2』에는 바룩 2서, 바룩 3서, 바룩 4서, 에즈라 4서가 담길 것이다. 2022년 말 - 2023년 초에 발간될 예정이다.

1. 묵시 문학

'묵시'라는 용어는 종교 용어들 가운데 가장 정의하기 어려운 축에 속한다. '묵시'라는 범주로 분류되는 개념, 모티프, 문학 유형 들이 매우 다양하기 때문이다. 좁은 의미로 보자면 이 용어는 현재의 일이나 앞으로 일어날 일에 대한 숨겨진 진실을 계시ἀποκάλυψις하는 것과 관련 있다. 그래서 보통 저자가 환시나 계시를 통해 얻었다는, 영원한 실재에 대한 통찰이 담긴 작품을 묵시 문학이라 일컫는다. 묵시 문학이 지향하는 것은 하느님께서 어떤 식으로 이 세상에 정의와 심판을 가져오시는지 보여 주는 일이다. 이런 의미에서 묵시 문학은 종말론의 한 측면이라 할 수 있다.[1]

구약성경에서 다니엘서만 묵시록으로 분류되지만 묵시 문학적 대목들은 많다. 이를테면 에제 40—48장; 이사 24—27장; 34장; 56—66장; 즈카 9—14장; 요엘 3—4장 등이다.[2] 구약성경에는 포함되지 못했지만 제2성전기 후반에 만들어진 유다교 작품들 가운데서도 상당수가 묵시 문학 또

---

1 묵시 문학 연구는 묵시 문학이 초대 그리스도교 신학의 어머니라는 케제만(E. Käsemann)의 선언("Die Anfänge christlicher Theologie," *ZThK 57* [1960], 162-185.)과 유다교와 그리스도교 내 묵시 문학에 대한 판넨베르그(W. Pannenberg)의 연구(*Offenbarung als Geschichte. Kerygma und Dogma* [Göttingen; 1961])로 새로운 지평을 열었다. 이어서 빌하우어(Vielhauer)의 *Geschichte der urchristlichen Literatur* (1975), 콜린스(Collins)가 *Semeia 14*에 발표한 소논문 "Introduction: Towards the Morphology of a Genre" (1979), 1-20과 저서 *the Apocalyptic Imagination* (1984)이 묵시 문학에 대한 비판적 연구의 길을 열었다. Hellholm (ed.), *Apocalypticism in the Mediterranean World and the Near East: Proceedings of the International Colloquium on Apocalypticism, Uppsala, August 12-17, 1979* (1983)도 묵시 문학 연구서로 큰 자리를 차지한다. 묵시록과 묵시주의에 관한 최신 연구 상황은 디 토마소(Di Tommaso)가 *CBR*에 게재한 소논문 "Apocalypses and Apocalypticism in Antiquity (Part I, II)"에 잘 소개되어 있다. 저자는 이 논문에서 묵시록의 정의와 원천은 물론 다양한 학자의 묵시록 연구 동향도 자세히 소개한다.

2 Berry, "The Apocalyptic Literature of the Old Testament", 9-16 참조.

는 묵시록으로 분류된다.[3] 묵시 문학이나 묵시록을 다루기 전에 먼저 용어 정리부터 하겠다.

1. 묵시 문학의 주요 용어

학자들은 '묵시'라는 용어를 정확하게 사용하고자 종종 '묵시적 종말론'apocalyptic eschatology, '묵시주의'apocalypticism, '묵시록'apocalypse 등으로 구분한다. 이 용어들은 모두 '계시'(숨겨진 것을 열어 보임)를 뜻하는 ἀποκάλυψις에서 유래하였다.[4] 묵시 문학apocalyptic literature이란 묵시록보다 넓은 범주를 가리킨다. 곧 묵시록을 포함하여 묵시주의와 묵시적 종말론의 색채를 띤 작품들을 통틀어 묵시 문학이라 일컫는다.[5]

1.1. 묵시적 종말론

묵시적 종말론apocalyptic eschatology은 하느님의 미래 활동을 바라보는 특정 관점으로서 개인의 죽음과 세계 역사의 경계를 넘는 초월적 응보를 다룬다. 묵시적 종말론은 하느님의 응보가 역사와 죽음이라는 테두리 안에서가

3 신약에서는 요한 묵시록만 묵시록으로 분류되지만 마르 13장과 병행 본문(루카 21,5-33; 마태 24—25장); 1테살 4,13—5,11; 1코린 15장 등을 묵시 문학적 대목으로 볼 수 있다.

4 핸슨/콜린스, 「묵시록과 묵시주의」, 239-283을 참조하라.

5 묵시 문학의 정의에 대해서는 Reddish (ed.), *Apocalyptic Literature: A Reader*, 19-24을 참조하라.

아니라 그 경계를 넘어서 이루어지리라 믿는다는 점에서 예언 문학의 종말론과 차이가 난다.[6]

종말론이란 말 그대로 '마지막 일들에 대한 가르침', 곧 하느님께서 마지막 때에 전우주를 위한 최종 계획을 어떤 식으로 실행하실 것인가에 관한 가르침이다. 종말에 관한 믿음은 구약성경 예언서들에 잘 나타난다. 예언자들은 하느님께서 언젠가 정하신 때가 되면 다윗 가문의 임금과 함께 예루살렘을 세상의 중심으로 세우시리라 선포한다. 이스라엘의 적들은 패배할 것이며, 하느님께 충실한 이들은 상급을 받고 사악한 이들은 처벌을 받을 것이다. 이 모든 사건들을 이루시는 분은 하느님이시지만 이 일들은 어디까지나 이 땅과 역사라는 테두리 안에서, 인간을 통해 일어난다. 이처럼 예언서의 종말론은 아직 역사와 삶(또는 죽음)의 경계를 넘지 않으며 하느님께서 인간의 역사 안에서 그리고 인간을 매개로 당신의 계획을 실현하시는 것으로 묘사한다. 하느님께서 눈에 보이는 정치적 사건이나 세상의 지도자들을 통해 활동하신다는 것이다.

이와 같은 예언 문학의 종말론은, 역사 안에서 종말론적 사건이 일어나리라는 확신이 희미해지면서 점차 묵시적 종말론에 자리를 내주게 되었다. 이스라엘 역사에서 유배 이후 시기의 역사적·사회적 조건이 이러한 과정을 촉발시키는 주요인이 되었을 법하다.[7] 이제 종말론적 희망은 이 세상과 이 시대에서 저세상과 저 시대로 옮겨진다. 그리고 하느님께서는 일상적 수단이 아닌 초자연적 힘으로 당신의 계획을 수행하실 것이라고 한다. 이처럼 묵시적 종말론은 희망을 단순히 먼 미래가 아니라 역사 이후, 죽음 이후의 미래에서 발견한다. 이 희망은 언젠가 하느님께서 사악한 이 세상을 끝

---

6 Collins, *The Apocalyptic Imagination: An Introduction to Jewish Matrix of Christianity*, 9; Di Tommaso, "Apocalypses and Apocalypticism in Antiquity (Part I)", 241 참조.

7 Reddish, *Apocalyptic Literature: A Reader*, 20.

내시리라는 믿음에서 나온다. 새로운 세상이 다가오고 새로운 시대가 시작된다는 것이다. 묵시적 종말론이 세상의 종말 자체보다 사후에 저세상에서 받는 상벌에 관심을 두는 경우도 있다. 저세상에서 의로운 이들은 상을 받고 사악한 이들은 벌을 받는다는 것이다.

1.2. 묵시주의

묵시주의apocalypticism는 묵시록에서 발견되는 개념과 모티프들을 지배하는 사상 체계나 세계관을 일컫는다.[8] 여기서는 천국과 지옥, 죽은 이들의 처소와 같은 다른 세상, 그리고 하느님, 사탄, 천사와 악마 등의 피안의 존재들, 세계 사건에 대한 초자연적 개입, 묵시적 종말론, 죽음 이후의 응보 등에 대한 관심과 강조가 주를 이룬다. 묵시주의가 특정한 역사적 운동과 결부될 때 묵시 문학 운동이라 일컫는다. 묵시주의는 대개 이 세상과 저 세상, 현 세대와 다가올 세대, 하느님과 사탄, 천사와 악마, 의인과 악인 사이를 이분법적으로 구분한다. 전체 우주는 선과 악의 대결 구도 속에 놓인다. 의인들은 자신들이 현재 처한 어려움들을 우주적 전쟁이라는 맥락에서 이해한다. 곧 그들이 인간적 악과만 싸우는 것이 아니라 우주적인 악과 전쟁을 벌이고 있다고 믿는다. 세상을 이분법적으로 보는 묵시자들에게는 선에 속하거나 악에 속하거나 둘 중 하나이지 중간과 타협은 없다.

쿰란의 사해 문서를 만들어냈던 유다인들은 대개 묵시주의자들로 여겨진다. 쿰란 문헌에서는 역사를 빛의 아들들과 어둠의 아들들이 벌이는 싸움으로 간주한다. 이에 따르면 마지막 때에 하느님께서 천사 미카엘이나

8 Di Tommaso, "Apocalypses and Apocalypticism in Antiquity (Part I)", 240-241.

빛의 왕자를 통해 개입하실 때 종말론적 전쟁이 일어날 것이다. 그리고 선의 세력이 어둠의 천사 벨리알이 이끄는 악의 세력을 물리칠 것이다. 하느님께서 이러한 초자연적 개입을 통해 의로운 이들을 구하실 것이다.[9]

1.3. 묵시록

묵시록apocalypse이라는 용어는 특정 문학 유형을 가리키는 말이다.[10] 그리스어 ἀποκάλυψις를 문학 유형을 가리키는 데 처음 사용한 이들은 그리스도교인들이었다. 바로 요한 묵시록에서다. 묵시 1,1에서 ἀποκάλυψις라는 단어가 '반드시 일어날 일들에 관한 계시'라는 의미로 사용되고,[11] 요한 묵시록ἀποκάλυψις Ἰωάννου이라고 하여 책 제목으로 처음 등장한다. 그 이후로 '묵시록'을 제목으로 하는 작품들이 나오기 시작해 200년경 무라토리 정경목록에 '요한과 베드로의 … 묵시록'*apocalypse … johannis et petri*이라는 작품이 소개되기도 한다. 또한 역사를 거슬러 올라가 제2성전기 후반에 만들어진 유다교 작품을 가리키는 데에도 같은 단어가 사용된다.[12]

---

9 『공동체 규칙서』(1QS) 3.18-21; 『전쟁 두루마리』(1QM) 13.10-12 참조. 특히 후자는 빛의 왕자가 지휘하는 빛의 세력과 벨리알이 수장인 어둠의 세력 사이에 벌어질 종말론적 전쟁을 묘사한다.

10 Di Tommaso, "Apocalypses and Apocalypticism in Antiquity (Part I)", 240.

11 "예수 그리스도의 계시('Ἀποκάλυψις Ἰησοῦ Χριστοῦ). 하느님께서 머지않아 반드시 일어날 일들을 당신 종들에게 보여 주시려고 그리스도께 알리셨고, 그리스도께서 당신 천사를 보내시어 당신 종 요한에게 알려 주신 계시입니다."

12 이를테면 본문에 묵시록이라는 제목이 없는 에녹서가 종종 에녹 묵시록이라 불린다. 그래서 에녹 1-3서는 각각, 1서는 에티오피아어, 2서는 슬라브어, 3서는 히브리어 에녹 묵시록이라 불린다. 바룩 2서와 3서에 묵시록이라는 제목이 붙었으나 이는 후대 그리스도교 편집자나 필사가의 가필로 추정된다. Vielhauer/Strecker,

묵시록의 정확한 정의는 무엇이고 그 특성들은 어떠한가에 대해 모든 학자가 동의하지는 않는다. 존 제이 콜린스J.J. Collins와 *SBL*의 문학유형 기획 묵시록 전담부Apocalypse Group of the Society of Biblical Literature's Genres Project는 묵시록을 이렇게 정의한다.

"'묵시록'이란 이야기(설화)의 틀 속에 짜 넣은 계시 문학유형으로 저세상의 존재가 계시라는 매개를 통해 초월적 현실을 수신자인 인간에게 전달하고자 한다. 묵시록이 전하는 초월적 현실은 종말론적 구원과 저세상, 또는 초자연적 세계를 두루 아우른다는 점에서 시간적 현실과 공간적 현실을 모두 포함한다."[13]

이 정의에 따르면 첫째, 묵시록은 계시 문학이다. 이 말은 저자가 하느님의 계시를 받았다고 주장한다는 뜻이다. 이러한 계시는 대개 천사를 매개로 하여 환시나 꿈의 형태로 제시되고 천사의 해설이 뒤따라 나온다.

둘째, 묵시록의 저자는 대개 과거의 위대한 인물, 이를테면 아브라함, 에녹, 다니엘, 에즈라, 아담, 엘리야 등으로 제시된다. 실제 저자는 훨씬 후대 사람으로서 위인의 이름을 빌려 썼을 뿐이다. 저자가 차명으로 저술하는 이유는 자기 작품에 권위를 부여하고 또 그 작품이 최근에 만들어진 것이 아니라 과거의 훌륭한 인물로부터 내려온 것임을 주장하기 위해서다.

셋째, 묵시록의 내용은 시간적 차원과 공간적 차원을 모두 아우른다. 시간적 차원이란 인간의 역사를 뛰어넘는 구원에 대한 관심을 가리킨다. 이는 대개 사후에 일어날 하느님의 심판과 그에 따른 상벌을 포함한다. 공간적 차원은 저세상의 존재와 장소에 대한 묘사, 곧 천사와 악마, 영원한 상급의 장소와 처벌의 장소, 천국과 지옥, 그리고 하느님의 처소에 대한 묘사

"Apocalypses and Related Subjects", 544-545 참조.

13 Collins, "Early Christian Apocalyptic Literature", 4670; Collins et al. (eds.), *The Apocalypse*, 9.

안에서 드러난다.[14] 때로는 종말론적 희망 안에 시간적 차원과 공간적 차원이 하나로 융합되어 있는 경우도 있다. '종말'이라는 '새로운 시공간'이라고 읽어야 할 경우들이다. 현 세상, 현 시대가 끝나고 새로운 세상, 새로운 시대가 다가온다는 희망을 표현한 작품들이 이에 해당한다(에즈라 4서 참조). 저자가 이야기하는 것이 새로운 세상(공간)에 대한 희망인지 새로운 시대(시간)에 대한 희망인지 분명치 않은 경우, 더 정확히는 새로운 시간과 공간(하나의 시공간)에 대한 희망으로 읽히는 경우다.

묵시록은 위에 언급한 특성들을 보이는 특정한 문학 유형을 가리킨다. 묵시 문학적 사상을 담은 작품이라고 해서 모두 묵시록으로 분류되지는 않는다. 내용은 묵시 문학적이지만 형식이 그렇지 않은 작품들도 많다. 묵시록 저자들은 환시나 유언, 편지나 비유 등 다양한 문학 기법을 동원하여 하느님의 개입, 종말론적 심판과 같은 묵시 문학적 개념들을 담아낸다.[15]

이제 묵시록의 범주에 대해 살펴볼 차례다. 묵시록은 크게 저세상의 여행을 포함하는 것과 그렇지 않은 것 두 범주로 나뉜다.

첫째 범주의 작품들에서 저자는 자신이 누군가에게 이끌려 저세상, 곧 천국과 지옥, 셔올이나 땅의 경계 바깥을 구경한 경험을 기록한다(에녹 1서; 바룩 3서). 이때 저자는 죽은 이들의 처소, 영원한 상급과 처벌의 장소, 악인들에게 가해지는 고통과 고문, 하느님의 처소, 별과 행성과 다른 천체들이 머무는 곳 등을 생생히 묘사한다. 또한 저자가 여러 층의 하늘을 통과하여 상승하는 과정과 각 천상 영역에 존재하는 것들을 자세히 묘사하기도 한다. 천상 세계의 질서와 안정성은 하느님께서 모든 것을 다스리신다는 징표로 여겨졌다. 우주는 제멋대로 움직이는 것이 아니다. 하느님께서 우주와

14 Reddish, *Apocalyptic Literature: A Reader*, 21.

15 Reddish, *Apocalyptic Literature: A Reader*, 21-23.

세계 역사를 주재하신다. 마지막 때가 오면 하느님께서 역사를 절정으로 이끄시고 저자에게 계시된 상과 벌은 현실이 될 터이다.

저세상 여행이 포함되지 않은 둘째 범주의 묵시록에서는 꿈이나 환시 또는 천사의 발현을 통해 계시가 주어진다. 꿈이나 환시로 계시가 주어지는 경우에도 계시를 해설해 주러 천사가 나타나곤 한다. 저세상 여행을 담지 않은 묵시록은 대개 공간적 요소보다는 시간적 요소를 강조하며, 따라서 종말론적 예언이 주 관심사가 된다. 특히 저자에게 계시된 종말의 징표들이 매우 중요하다. 이 징표들을 주목하는 사람들은 종말이 다가왔으며 악이 지배하는 현 세상이 종국에 가까워지고 있음을 알아 볼 수 있다. 시대의 종말을 알리는 징표들로는 자연 재해(지진, 기근, 천체의 교란, 대화재)나 전쟁과 폭력 등 인류의 생존을 위협하는 사건들을 꼽을 수 있다.

둘째 범주에 속하는 작품은 대개 최후의 심판에 관한 내용도 담고 있다. 마지막 날 개인과 민족, 천사와 악마 들이 모두 자신의 행실에 따라 심판을 받는다. 죄인은 벌을 받고 의인은 보상을 받는다. 종말론적 심판은 하느님의 정의가 행하는 마지막 일이 될 터이며 심판 뒤에는 진리가 드러날 것이다. 세계 역사를 관통하여 악이 지배한 듯 보이지만 단지 그렇게 보였을 뿐이다. 하느님과 하느님의 정의가 궁극적으로 승리하고 마지막 심판은 그 증거가 될 것이다(에즈라 4서; 바룩 2서).

저세상 여행을 담지 않은 묵시록들은 종종 역사적 사건에도 깊은 관심을 드러낸다. 저자들은 때때로 역사를 일정한 시기로 구분하는데, 현 시대는 역사의 마지막 시기에 속하며 세계 역사가 끝을 향해 치닫고 있다고 묘사한다. 이 범주의 묵시록은 과거의 주요 사건들을 재조명하기도 하며 종종 사후*ex eventu* 예언의 형식을 띤다. 다시 말해 저자는 위인의 이름을 빌려 과거의 관점에서 세계사의 주요 사건들을 '예고'한다. 때로는 '사후' 예언이 세계 여러 임금이나 왕국의 출현과 몰락을 예고하는 경우도 있다(다니 7—12장). 사후 예언을 통해 저자는 억압과 박해에 시달리는 사람들에게 희망과 확신을 심어주고자 한다. 또한 지금이 마지막 때에 속해 있음을 보여 줌으로써 종말이 임박했다는 것을 알려 준다. 그리고 고통과 억압은 오래 가지 않을 것이니 조금만 더 참으면 하느님께서 개입하시어 구원이 이루어질 것이라 독려한다(바룩 2서).

2. 묵시 문학의 원천[16]

묵시록이라는 용어를 특정한 문학 유형으로 처음 쓴 이들은 그리스도인들이었지만, 그들이 묵시록이라는 문학 유형을 새롭게 만들어낸 것은 아니다. 그전부터 존재하던 것에 이름을 묵시록이라 붙였을 뿐이다. 묵시 문학과 묵시주의 또한 마찬가지다. 그리스도교 묵시 문학의 뿌리는 무엇보다 유다교 묵시 문학에서 찾아야 한다.

그런데 유다교 묵시 문학은 복합적 결과물이라 그 원천을 알아내기 어렵다. 다양한 전통이 유다교 묵시 문학을 만들어내도록 이끌었던 것 같다. 예언 전통이 묵시사상을 탄생시켰다고 보는 사람들도 있고 지혜 문학 전통이 묵시 문학에 큰 영향을 끼쳤다고 보는 사람들도 있다. 그 밖에 바빌론의 문학작품들, 근동 특히 가나안 신화, 이집트 문학도 유다교 묵시사상의 주요 원천으로 작용하였다.[17] 아울러 페르시아의 조로아스터교의 영향도 간과할 수 없다. 이원론적 세계관, 역사의 시기 구분, 종말론적 심판과 그에 따른 상벌, 부활과 메시아 개념 등이 모두 조로아스터교 문학작품

---

16 Reddish, *Apocalyptic Literature: A Reader*, 33; Di Tommaso, "Apocalypses and Apocalypticism in Antiquity (Part I)", 265-269, 367-384; Vielhauer/Strecker, "Apocalypses and Related Subjects", 555-558.

17 Clifford, "The Roots of Apocalypticism in Near Eastern Myth", 3-29을 참조하라.

에도 등장하기 때문이다. 그러나 유다교 묵시사상을 페르시아 종교에서 빌려 온 것으로 보는 관점은 조로아스터교 경전이 정확히 언제 만들어졌는지 알 수 없다는 문제점을 내포하고 있다. 사실 유다교 묵시 문학과 비슷한 내용을 담은 조로아스터교 경전이 대부분 유다교 작품보다 늦게 기록되었다. 그러나 후기 페르시아 문학에 구현된 초기 전승들은 유다교 묵시주의보다 앞서 생겨났으며 또 거기에 영향을 주었을 가능성을 배제할 수는 없다.[18] 묵시주의가 이스라엘의 유배 후 예언 전통에서 자생적으로 생겨났으며 그 뒤 페르시아 종교나 헬레니즘 전통에서 빌려온 다양한 사상과 개념들로 더욱 풍성해졌다고 볼 수도 있다. 게다가 히브리 사상의 다른 줄기인 지혜 문학 전통의 영향도 받았을 것이다. 어떻든 페르시아, 바빌론, 이집트, 그리스, 로마, 그리고 가나안의 종교와 문학이 유다교 묵시주의에 영향을 준 외부 요소들이다.

3. 묵시 문학의 발전[19]

히브리 성경에는 묵시록이 오직 하나만 담겨 있다. 다니엘서가 그것이다. 유다교 안에서 다른 묵시록들도 만들어졌지만 정경으로 받아들여지지 않았다. 다니엘서는 차명성과 사후 예언이라는 묵시 문학의 특성을 보인다. 작중 연대는 유다 백성의 바빌론 유배 시절(기원전 6세기)로 설정되어 있지만 이 작품의 실제 저작 시기는 기원전 165년경 시리아와 팔레스티나의 지배자 안티오코스 에피파네스가 헬레니즘을 강요하면서 유다 백성을 박해하던 시

18 Hultgård, "Persian Apocalypticism", 64-88을 참조하라.

19 Reddish, *Apocalyptic Literature: A Reader*, 27-28; Di Tommaso, "Apocalypses and Apocalypticism in Antiquity (Part I)", 390-407.

절이다(1마카 1,41-64; 2마카 7,1 참조).[20] 이 책은 두 부분으로 이루어져 있는데 (1—6장과 7—12장) 뒷부분이 묵시록에 해당한다.

구약성경에 묵시 문학적 요소를 담은 작품들은 더 있다. 히브리 성경의 몇몇 구절은 '원시-묵시 문학적' 성격으로 주목을 끈 경우도 있다. 에제 40—48장에서는 환시가 폭넓게 사용되는데 여기서 천사가 에제키엘에게 환시를 해석해 준다. 즈카 1—6장도 환시의 형태를 취한다. 더욱이 즈카르야서에 나오는 환시들은 후대 묵시록에서처럼 매우 상징적이다.

히브리 성경의 다른 본문들 중에도 묵시적 환시를 담지는 않았으나 예언 문학적 종말론에서 묵시 문학적 종말론으로 넘어가는 과도기적 과정을 보여 주는 경우가 있다. 즈카 9—14장은 이스라엘 원수의 패배와 새 임금의 도래를 말한다. 마지막 전쟁과 하느님의 보편적 다스림에 관한 묘사는 묵시 문학의 환시 내용과 공통점이 있다. 이와 비슷하게 에제 38—39장은 이스라엘과 마곡의 임금 곡 사이에 벌어질 전투를 묘사한다. 요엘서는 미래지향적이며 특히 주님의 날에 선행할 징표들의 목록은 후대 묵시록과 비슷한 관심을 드러낸다. 종종 이사야 묵시록이라 불리는 이사 24—27장은 환시나 천사와 같은 중재자가 등장하지 않으므로 형식은 묵시록이 아니지만 그 내용은 유다 묵시 문학의 종말론적 선포 내용과 비슷하다. 보편적 심판, 종말론적 만찬, 하느님 원수의 파멸 등이 그것이다. 이 본문들은 아마도 이스라엘 묵시 문학의 시작을 알리며, 예언 사상과 묵시 문학 사상 사이의 가교가 된 듯하다.

---

20 구체적인 박해 내용은 이렇다. "유다인들이 자기 고장에 낯선 관습을 따르게 할 것. 성소에서 번제물과 희생 제물과 제주를 바치지 못하게 하고, 안식일과 축제를 더럽힐 것. 성소와 성직자들을 모독할 것. 이교 제단과 신전과 우상을 만들고, 돼지와 부정한 짐승을 희생 제물로 바칠 것. 그들의 아들들을 할례 받지 못하게 하고, 온갖 부정한 것과 속된 것으로 그들 자신을 혐오스럽게 만들도록 할 것. 그리하여 율법을 잊고 모든 규정을 바꾸게 할 것"(1마카 1,44-49).

그 밖에 기원전 3세기부터 기원후 2세기 사이에 만들어진 유다교 묵시 문학 작품 가운데 묵시록으로 분류되는 작품들이 많다. 일부는 팔레스티나에서, 일부는 디아스포라 유다교에서 나왔다. 이 작품들은 구약성경에 포함되지 않았으므로 구약 외경(개신교는 구약 위경)이라 불린다.

찰스워스Charlesworth가 *The Old Testament Pseudepigrapha Vol.1*에서 묵시 문학 항목에 소개하는 작품은 다음과 같다.[21]

에녹 1서
에녹 2서
에녹 3서
시빌의 신탁
셈의 논고
에제키엘 비전
스바니야 묵시록
에즈라 4서
에즈라 묵시록(그리스어)
에즈라의 환시
에즈라의 질문
에즈라의 계시
세드락 묵시록
바룩 2서
바룩 3서
아브라함 묵시록
아담 묵시록
엘리야 묵시록
다니엘 묵시록

21 Charlesworth, *The Old Testament Pseudepigrapha, Vol.1*, 4. 콜린스(Collins)가 "The Jewish Apocalypses", 21-49에서 묵시록으로 분류한 작품은 대략 다음과 같다. 감시자들의 책(1에녹 1—36장); 에녹의 비유(1에녹 37—71장); 천상 빛물체들의 책(1에녹 73—82장); 짐승 묵시록(1에녹 85—90장); 주간들 묵시록(1에녹 93,1-10; 91,11-17); 희년서 23장; 레위의 유언 2—5장; 아브라함의 유언; 스바니야 묵시록; 에녹 2서; 에즈라 4서; 바룩 2서; 아브라함 묵시록; 바룩 3서.

4. 그리스도교 묵시 문학[22]

유다교 묵시 문학은 나중에 그리스도교 묵시 문학에 영향을 준다. 특히 당시에 상당한 인기를 누렸던 에녹서나 시빌의 신탁Sibylline Oracles 등의 영향이 컸을 것이다. 실제로 그리스도교 묵시 문학적 개념들은 유다교 예언 문학과 메시아 전통 및 이원론적 세계관의 영향을 받아 생겨났으며, 여기에 임박한 종말이라든가 새로운 시작에 대한 묵시 문학적 기대들이 합쳐졌다. 위험한 이방 세계에 살면서 메시아를 기다리는 신자들을 고무시키던 기원전 1-2세기의 유다교 묵시 문학은, 나태를 경고하고 신앙을 촉구하는 그리스도교 묵시 문학의 좋은 토대가 되었을 것이다. 때때로 이러한 격려와 경고가 그리스 신탁 혹은 동방의 신탁 형태로 만들어지기도 했다. 그러나 그리스도교 저자들은 대개 그리스나 동방의 신탁보다는 유다교 묵시 문학의 언어와 문학 유형을 선호했다. 그리고 간혹 기존의 작품을 그리스도교식으로 바꾸기도 했다. 에즈라 4서(4에즈 1—2장; 15—16장)와 바룩 4서(9장)가 그런 경우다.[23]

초창기 그리스도인들 사이에서 메시아에 대한 기대가 예수님에게 집중되면서 유다교의 메시아 대망 사상은 새로운 형태를 띠게 되었다. 이미 하느님 나라가 시작되었으며 영광 중에 재림하시리라는 예수님의 약속은 메시아와 관련된 유다교 개념들을 수정하고 더욱 발전시켰으며 요한 묵시록과 같은 그리스도교 묵시 문학의 탄생으로 이어졌다. 요한 묵시록의 초점은 환시를 통해 이루어지는 계시에 맞춰져 있다. 계시 내용은 개인과 우주의 마지막에 관한 것이며 저세상의 존재와 장소에 대해서도 관심을 드러낸

---

22 Di Tommaso, "Apocalypses and Apocalypticism in Antiquity (Part I)", 390-407.

23 Lapham, *An Introduction to the New Testament Apocrypha*, 103 참조.

다. 또한 시간의 종말에 하느님께서 악의 세력을 쳐부수시고 이 땅에 하느님 왕국을 세우실 때 일어날 일들을 상징적 언어로 알려 준다. 저자는, 악의 세력은 파멸할 것이며 충실한 이들은 종말론적 상급을 받게 되리라는 것을 확신시키면서 그리스도인들에게 희망과 용기를 준다. 거짓된 가르침을 경계하고 윤리적 삶을 촉구하기도 한다.

신약성경 가운데 요한 묵시록이 유일한 묵시록이지만 묵시 문학적 세계관은 신약성경 전반에 걸쳐 나타난다. 이를테면 예수님의 부활은 종말론적 사건으로 인식된다. '사람의 아들' 칭호는 대표적인 묵시 문학적 개념이다. 예수님의 비유는 대개 하느님 나라에 관한 내용이며 이 또한 묵시 문학적이다. 종말론적 심판, 부활, 미래의 상벌, 악의 세력의 파멸, 선과 악, 천사와 악마의 투쟁 등, 이 모든 개념과 사상 들이 묵시 문학적 사고에서 나왔다. 신약성경의 몇몇 구절들은 묵시 문학의 영향을 특히 강하게 드러낸다. 마르 13장(병행: 루카 21,5-33; 마태 24—25장)이 대표적 예다. 이 대목은 때로 '소 묵시록'이라 불리는 만큼 묵시 문학적 사고의 여러 특성을 보인다. 종말의 징표들, 종말론적 인물의 개입, 뽑힌 이들의 소집, 역사의 종말 등이 그러하다. 바오로 서간에도 묵시 문학적 특성을 지니는 대목이 있다. 1테살 4,13—5,11과 2테살 2,1-12이 대표적이다. 먼저 1테살 4,13—5,11에서 바오로는 그리스도께서 재림하시면 죽은 이들이 부활하고 모든 그리스도인이 새로운 나라에서 그리스도와 함께 영원히 살 것이라고 선포한다. 나아가 그리스도의 재림이 갑작스레 예고 없이 닥칠 것이라고 하면서 신자들에게 종말론적 사건을 기다리며 준비하고 있으라고 당부한다.[24] 2테살 2,1-12에서 저자는 주님의 날이 이미 다가왔다고 말하는 자들을 조심하라고 경고하면서 종말의 표징, 곧 마지막에 일어날 여러 종말론적 사건들에 관해 알려 준

---

24 부활과 사후에 대한 관심은 코린토 1서의 주제이기도 하다. 바오로 사도는 부활에 관한 잘못된 견해를 시정하기 위해 예수님 부활의 의미를 논한 다음 종말 사건이 일어날 순서를 제시한다(1코린 15장).

다. 2베드 3,1-13도 묵시 문학적 관심을 드러낸다. 이 편지의 저자는 그리스도의 재림이 지연되자 생겨난 문제들을 다룬다. 저자는 그리스도께서 대규모의 재앙과 더불어 반드시 오실 것이며 새 하늘과 새 땅을 위해 기존의 하늘과 땅을 파괴하실 것이라 선포한다. 묵시 문학의 영향이 비단 이 구절들에만 한정된 것은 아니며 신약성경 전체를 관통한다.

정경에 속하지 않는 그리스도교 묵시 문학도 전해진다. 베드로 묵시록과 바오로 묵시록은 둘 다 세상의 종말이 아닌 개인의 종말을 다룬다.[25] 곧, 두 작품은 모든 인간이 사후에 겪게 될 개별적 운명을 소개한다. 베드로나 바오로가 각각 천계天界 여행을 하면서 천국과 지옥을 방문하여, 하느님 뜻에 맞게 산 영혼이 누리는 복락과 그렇지 못한 영혼이 겪는 고통을 본대로 전달한다. 나그 함마디에서 발견된 작품 중에도 묵시록이라는 제목을 단 경우가 있는데, 엄격한 의미에서 묵시 문학 유형에 속하지 않는 작품들도 간혹 있다. 가령 영지주의 묵시록 가운데에는 종말과 관련 없는 내용을 계시 형식으로 제시하는 작품도 있다. 콥트어 베드로 묵시록이 그 예다.[26]

『구약 외경 1』에서는 구약 외경 묵시록 가운데 에녹 1서만 소개한다.[27]

---

25 베드로 묵시록, 바오로 묵시록은 송혜경, 『신약 외경 하권: 행전·서간·묵시록』을 참조하라.

26 '묵시록'(apocalypse)이라는 말이 '계시' 곧 숨겨진 것을 드러낸다는 뜻이어서 반드시 종말론적 기대를 담을 필요는 없을 터다. 콥트어 베드로 묵시록은 송혜경, 『영지주의자들의 성서』를 참조하라.

27 『구약 외경 2』에서 2바룩, 3바룩, 4에즈라 등 다른 묵시록들도 소개할 것이다.

에녹 1서

The First Book of Enoch

'에녹의 책'은 고대 문헌들 여러 군데에 언급되어 있지만 서방 교회의 기억에서는 멀어져 있었다. 그러다가 1773년 스코틀랜드의 여행가 제임스 브루스가 에티오피아에서 발견한 '에녹 1서'를 유럽으로 가져오면서 서방 교회에서 다시 회자되기 시작하였다.

총 세 권인 '에녹의 책'은 서로 별다른 관련이 없고 저마다 다른 시대, 다른 저자에 의해 저술되었다. 수세기 동안 '에녹의 책'이라 불려온 책이 지금은 '에녹의 첫 번째 책', 간단히 '에녹 1서'라 불린다. 이 책은 '에티오피아어 에녹서', '에티오피아어 에녹 묵시록'이라고도 한다. 그 다음으로 발견된 책은 '에녹의 두 번째 책', 간단히는 '에녹 2서'이며 '슬라브어 에녹서' 또는 '슬라브어 에녹 묵시록'이라 부르기도 한다. '에녹의 세 번째 책', 간단히 '에녹 3서'는 '히브리어 에녹의 책' 또는 '히브리어 에녹 묵시록'이라고 부른다.

여기서 다룰 작품은 에녹 1서다. 이 책은 에녹의 세 책 가운데 가장 먼저 만들어졌다. 에녹 1서의 전문全文은 에티오피아어로만 전해지나 '꿈 환시' 대목을 제외한 상당량의 본문이 그리스어로도 전해진다.[1] 이 책의 저자로 소개되는 에녹은 아담과 하와의 직계후손으로 예렛의 아들이며 므투셀라의 아버지이자 노아의 할아버지에 해당한다.[2] "에녹은 하느님과 함께 살다가 사라졌다. 하느님께서 그를 데려가신 것이다"라는 창세 5,24 말씀이 계기가 되어 에녹과 관련된 수많은 이야기들이 생겨났다. 하느님께서 에녹을

---

1 본 책에서 1에녹 번역 대본으로 삼은 것은 그리스어 본문이다.

2 아담의 자손을 다룬 창세 5장에 따르면, 아담과 하와에게서 셋이 태어나고, 셋에게서 에노스, 에노스에게서 케난, 케난에게서 마할랄엘, 마할랄엘에게서 예렛이, 예렛에게서 에녹이 태어났다. 에녹은 "하느님과 함께 살아가면서 아들딸들을 낳았"으며(5,22), 모두 삼백육십오 년을 살았다고 한다(5,23). 아담에서 노아의 세 아들에 이르기까지 아담의 족보를 실은 창세 5장에서 에녹에게만 '하느님과 함께 살아갔다'(직역: 하느님과 함께 걸었다)는 표현이 쓰였다. 그만큼 에녹은 많은 이들에게 특별한 인물로 여겨졌을 터라 묵시록의 주인공이 된 것도 놀랍지 않다. 참고로 창세 6,9에서 노아에게도 '하느님과 함께 살아갔다'는 표현이 쓰인다.

데려가셨을 때 에녹이 우주의 신비, 세상의 미래, 인류 역사의 비밀을 직접 보았다는 내용을 담은 에녹 1서도 그런 이야기들 가운데 하나다.

묵시록 범주에 속하는 에녹 1서는 예언과 계시의 두 측면을 모두 지닌다.[3] 한편으로는 현 세상의 불의를 향해 분노를 드러내면서 다른 한편으로 다가올 시대의 종말론적 사건들과 이 세상의 최종 운명을 선포한다.[4]

1. 작품 구조

에녹 1서는 크게 다섯 부분으로 나뉘는데[5] 각 부분마다 저술 시기와 저자가 다르고 다루는 내용도 차이가 난다. 서로 다른 별개의 책들이 하나로 편집되었다고 보아도 무방하다. '감시자들의 책'이라고도 불리는 제1권(1—36장)의 머리글 또는 도입부(1—5장)에서는 마지막 시대와 최후의 심판을 묘사한다. 뒤이어 타락한 천사들 곧 감시자들과 사람의 딸들의 결합 사건(창세 6,1-4 참조) 및 그에 따르는 일련의 사태들이 나온다(6—36장). 타락한 천사들과 사람의 딸들 사이에서 태어난 거인족, 인류의 부패, 천사들을 위한 에녹의 중재 시도와 실패, 그들의 최종 운명에 대한 예언, 에녹이 저세상을 여행하며 본 여러 환시들에 대한 서사를 담고 있다.

---

3 묵시 문학과 묵시록에 대해서는 앞의 묵시 문학 해제를 참조하라.

4 1에녹이 죄인들을 향한 예언자적 선포와 종말에 대한 계시적 가르침이라는 두 요소를 다 갖추고 있음은 도입부에서(1—3장=에티오피아어 본문 1—5장) 잘 드러난다. 사실 도입부 전체가 종말에 대한 계시적 가르침에 해당하며 그 안에 죄인들을 향한 엄중한 예언자적 경고가 들어가 있다(3,4-6=에티오피아어 본문 5,4-6).

5 부록까지 합하면 여섯 부분이다. 작품 구조는 에티오피아어 본문을 기준으로 한다. 본 책에서 대본으로 삼은 그리스어 본문은 단편으로만 존재하기 때문이다.

제2권(37—71장)은 '에녹의 비유'로 알려져 있다. 여기서는 의인과 악인들에게 다가올 심판과 메시아에 대한 이야기를 다룬다. 여기서 메시아는 사람의 아들, 의로운 이, 선택된 이 등으로 불린다. 그 밖에 천상의 비밀들, 낙원의 규모, 의인의 부활, 타락한 천사들이 받을 벌에 관한 내용도 나온다.

제3권(72—82장)은 천문학 논고라 할 수 있다. 이 부분에서는 해를 기준으로 시간을 재는 법, 삼백육십사 일짜리 태양력, 마지막 때에 벌어질 우주적 혼란 등이 다뤄진다.

제4권(83—90장)은 이른바 '꿈속 환시들' 대목으로, 이스라엘과 세계의 역사에 관한 환시를 담고 있다. 죄 많은 세상에 닥칠 대홍수, 그리고 아담부터 마카베오 일가의 하스모네아 왕조 시대까지 이스라엘 역사가 소개된다. 이스라엘 역사는 은유적 언어로 소개되는데, 소는 성조들, 양은 충실한 이스라엘 백성, 짐승과 새들은 이스라엘을 억압하는 이방인들, 큰 뿔이 달린 양은 앞으로 일어날 유다인들의 지도자, 큰 뿔이 달린 흰 수소는 메시아를 상징한다. 그 밖에 타락한 천사들, 심판의 옥좌, 새 예루살렘에 관한 내용과 에녹의 환시 체험을 둘러싼 이야기 들이 나온다.

제5권(91—104장)은 에녹의 유언 대목으로 의인에게 내리는 영적 축복과 죄인들의 비참한 최후에 대해 다룬다. 이 대목에는 이른바 '주간들의 묵시록'(91,12-17; 93,1-10)이 담겨 있는데, 총 십주 동안 이 땅에서 벌어질 사건들을 요약해서 전한다.

부록(105—108장)은 노아의 책 단편들과 편집자의 결론을 담고 있다.

2. 본문들

에녹 1서는 에티오피아어(게에즈어 Ge'ez)로만 전문全文이 전한다. 현존하는 에티오피아어 필사본이 마흔 종이 넘는다. 아람어, 그리스어, 라틴어 본문은 단편으로 전한다.

1. 아람어 본문: 에녹 1서의 아람어 단편은 쿰란에서 발견되어 현대어로 번역·발간되었다.[6]
2. 에티오피아어 본문: 에녹 1서의 전문은 에티오피아어로만 전한다. 마흔 종 이상의 사본들 가운데 Kebrān 9/II; EMML 2080 등이 가장 중요하다. 찰스워스(Charlesworth)의 *Old Testament Pseudepigrapha*에 실린 에녹 1서 영어 번역은 Kebrān 9/II을 대본으로 삼고 EMML 2080을 폭넓게 참조했다고 한다.[7]
3. 그리스어 단편들로는 파노폴리타누스 사본(Codex Panopolitanus: 1에녹 1,1—32,6), 게오르기우스 신첼루스(Georgius Syncellus의 Chronographia, 800년경: 1에녹 6,1—10,14; 15,8—16,1), 에녹 1서의 체스터 비티 파피루스(Chester Beatty papyrus: 97,6—104장; 106장 이하),[8] 바티칸 그리스어 사본(Vatican Greek MS 180-9: 1에녹 89,42-49) 등이 전한다.
4. 라틴어 단편은 1에녹 106,1-18을 담고 있다.[9]

---

6 Milik/Black, *The Books of Enoch: Aramaic Fragments of Qumran Cave 4*; Black/Vanderkam et al. (eds.), *The Book of Enoch or I Enoch: A New English Edition: With Commentary and Textual Notes.*

7 Isaac, "1(Ethiopic Apocalypse of) Enoch", 6.

8 이 사본은 보너(Bonner)에 의해 발간되었다: Bonner, *The Last Chapters of Enoch in Greek.*

9 사본들에 대한 자세한 정보는 이사악의 서론을 참조하라: Isaac, "1(Ethiopic Apocalypse of) Enoch", 6.

3. 원문에 사용된 언어

에녹 1서는 본디 히브리어로 쓰였을 것이라는 견해와 아람어로 쓰였을 것이라는 견해로 나뉜다. 히브리어 견해는 Halévy, "Recherches sur La Langue de La Rédaction Primitive du Livre d'Énoch", 352-395이다. 아람어 견해는, Ullendorff, "An Aramaic 'Vorlage' of the Ethiopic Text of Enoch?", 259-267이다. 다니엘서처럼 에녹 1서도 일부는 히브리어로, 일부는 아람어로 쓰였을 것이라 보는 학자들도 있다. 이사악E. Isaac은 셋째 입장이다. 곧 에녹 1서의 일부는 아람어로, 일부는 히브리어로 쓰였을 법하다는 것이다.[10]

4. 저술 시기와 장소

에녹 1서 전체가 한꺼번에 저술된 것이 아니다. 시간을 두고 여러 저자에 의해 부분씩 저술되어 현재 전하는 형태로 편집되었다. 대략 기원전 2세기부터 기원후 1세기에 이르는 기간에 따로따로 만들어졌을 것이다(더 정확히는 기원전 200년에서 기원후 60년까지로 본다). '주간들의 묵시록'(91,12-17; 93,1-10)과 감시자들에 대한 환시 대목(6—36장)이 가장 먼저(기원전 2세기), '에녹의 비유'(37—71장)와 도입부(1—5장)가 가장 늦게(기원후 1세기) 만들어졌을 법하다.[11]

밀릭은 쿰란 사해 두루마리에서 발견된 아람어 단편을 참조하여 에

10 Isaac, "1(Ethiopic Apocalypse of) Enoch", 6.

11 대목별 저술 시기에 대한 자세한 추정 내용은, Charles, "The Book of 1Enoch", 164; Isaac, "1(Ethiopic Apocalypse of) Enoch", 7을 참조하라.

녹 1서가 다섯 책으로 이루어졌다는 결론을 내리고, 다섯 책 가운데 제2권 '에녹의 비유'(37—71장)는 그리스도인들이 만든 작품이라 주장하였다.[12] 그러나 이 의견은 다른 학자들에게 받아들여지지 않았다. '에녹의 비유' 역시 유다인(들)이 저술한 유다교 작품이며 늦어도 기원후 1세기 말엽에는 이미 에녹 1서에 포함되어 있었다는 것이다.[13] '에녹의 비유'와 도입부를 뺀 나머지 본문은 모두 기원전 2세기 초부터 기원전 1세기 초 사이에 이미 완성되었을 터다.

에녹 1서가 정확히 어디서 저술되었는지는 분명하지 않다. 쿰란 사해 두루마리에 에녹 1서의 아람어 본문이 포함된 사실을 근거로, 이 작품이 유다 땅에서 만들어져 그리스도교 시대가 시작되기 전에 쿰란에서 읽혔다는 사실만 알 수 있을 뿐이다.

5. 역사적 중요성

에녹 1서가 담긴 에티오피아어 사본이 수십 종 전해진다는 사실에 비추어 이 작품이 에티오피아 교회에서 매우 중요했으리라는 짐작이 가능하다.[14]

---

12 Milik, "Problèmes de la Littérature Hénochique à la Lumière des Fragments Araméens de Qumrân", 333-378 참조. 그는 1에녹을 1. 감시자들의 책(1—36장), 2. 비유의 책(37—71장), 3. 점성술 관련 책(72—82장), 4. 꿈속 환시들의 책(83—90장), 5. 에녹의 편지 책(91—107장)으로 나누어 본다.

13 Isaac, "1(Ethiopic Apocalypse of) Enoch", 7.

14 에티오피아 교회의 관점이 1에녹의 관점과 많은 면에서 비슷하다. 이를테면 에티오피아 교회는 죄의 기원을 아담에게만 돌리지 않는다. 사탄과 마귀, 악령들도 모두 죄의 발생에 책임이 있으며 지금도 사람들을 악으로 이끌면서 죄를 짓게 만든다고 한다. 또한 사탄과 마귀, 악령 등과 같은 악의 세력 반대편에 선한 천사들이

그러나 이 작품이 다른 그리스도교 공동체나 유다교 공동체에서 어떤 인지도와 위상을 차지했는지는 정확히 알 수 없다. 어떻든 에녹 1서를 남긴 쿰란의 에세네파를 비롯하여 많은 유다인들이 이 작품을 알았던 것 같다. 구약 외경에 속하는 희년서, 열두 성조의 유언, 모세의 승천, 바룩 2서, 에즈라 4서의 저자들이 이 책을 인용하고 있기 때문이다. 신약성경 저자들도 이 작품을 알고 있었으며 이에 영향을 받았음이 분명하다. 특히 유다 14절은 에녹 1서의 한 구절을 인용할 정도다. 게다가 복음서나 서간과 묵시록에는 악마와 마귀, 메시아 등 에녹 1서의 다양한 개념들이 녹아들어 있다. 이처럼 신약성경 전반에서 에녹 1서의 영향이 감지되는 것으로 보아 초기 그리스도인들에게도 이 작품이 잘 알려져 있었음이 분명하다. 무엇보다 유다서 저자가 에녹 1서를 정경처럼 인용했다는 점을 주목해야 한다.

실제로 에녹 1서는 초대 그리스도 교회에 큰 역할을 했다. 바르나바의 편지, 베드로 묵시록, 그리고 여러 호교서 저자들이 에녹 1서를 인용했다. 순교자 유스티누스, 이레네우스, 오리게네스, 알렉산드리아의 클레멘스, 테르툴리아누스 등 많은 교부들이 에녹 1서를 알았거나 이에 직간접적인 영향을 받았다. 특히 테르툴리아누스가 이 책을 매우 높이 평가했다.

그러나 4세기 초부터 아우구스티누스, 힐라리우스, 히에로니무스 등 여러 라틴 교부에게서 이 책이 부정적 평가를 받기 시작했다. 그러면서 에녹 1서는 에티오피아 교회에서만 명맥을 유지했을 뿐[15] 다른 교회에서는 거

있다고 믿는다. 천사들은 여러 품계와 서열로 나뉘며 그에 따라 에티오피아 백성의 종교생활과 사회생활에 관여한다. 천사들은 신자들의 수호자로서 특별한 공경을 받는다. 미카엘, 가브리엘, 라파엘, 우리엘, 세라핌, 케루빔이 가장 인기 있다: Isaac, "1(Ethiopic Apocalypse of) Enoch", 10 참조.

15 350-650년 사이 에티오피아 교회는 신구약성경, 외경, 위경 등 다양한 그리스도교 작품들을 번역하고 필사하였다. 1에녹이 에티오피아어(게에즈어)로 번역된 것은 4세기경이었을 것이다. 그 뒤에도 에티오피아 교회는 줄곧 1에녹을 높이 평가하였다. 중세를 거치며 에티오피아가 여러 역사적 소용돌이에 휘말린 탓에 1에녹

의 잊혀 갔다. 그리하여 에티오피아 교회를 제외한 다른 교회에서는 8세기의 박학한 수사 게오르기우스 신첼루스Georgius Syncellus가 남긴 발췌문들이나 이집트 아크밈에 있는 한 신자의 무덤에서 발견된 8세기 그리스어 단편들(800년경) 정도로만 전해진다.

6. 신학적 중요성과 주요 테마

에녹 1서는 구약성경에 나오는 이야기를 토대로 만들어졌으며 신약성경 및 다른 외경 문학에 적지 않은 영향을 주었다. 에녹 1서의 저자는 구약성경의 여러 개념들과 일화들을 나름대로 재해석하고 있다. 이를테면, 여인을 아내로 맞은 천사들, 홍수, 이스라엘 역사, 의인과 악인의 구분, 메시아에 대한 기대 등을 재해석하여 한층 심도 깊은 신학으로 발전시킨다. 이때 묵시 문학적 이원론이 주 도구로 이용되었다. 선과 악의 구분과 이 둘 사이에 벌어지는 전우주적 차원의 대결, 현 세상과 다가올 세상의 구분 등이 그것이다.

에녹 1서에 나타나는 이원론적 사고방식은 희년서, 열두 성조의 유언, 모세의 승천, 아브라함의 유언, 아브라함 묵시록, 바룩 2서, 에즈라 4서 등에 이어진다. 신약성경의 묵시 문학적 언어와 사상도 에녹 1서의 영향권 안에 있다. 마태, 루카, 요한, 사도, 로마, 1·2코린, 에페, 콜로, 1·2테살, 1티모, 히브, 1요한, 유다, 묵시 등이 모두 에녹 1서의 영향을 드러낸다.

에녹 1서는 메시아의 본성, 사람의 아들, 메시아 왕국, 마귀론, 다가올 세상, 부활, 최후 심판, 종말론적 배경과 상징 등 신약성경 신학 전반에 걸

의 초창기 필사본들은 거의 소실된 것 같다. 지금 전하는 에티오피아어 필사본들은 대개 15세기 이후 것이다: Isaac, "1(Ethiopic Apocalypse of) Enoch", 8 참조.

쳐 깊은 영향을 주었다. 초대 그리스도교의 많은 교부들도 에녹 1서를 높이 샀을 만큼 이 책이 그리스도교 신학에 미친 영향력은 지대하다.

구약 외경 가운데 예수님 시대의 사상과 종교를 가장 잘 드러내는 작품이 에녹 1서라 해도 지나치지 않다. 에녹 1서는 제2성전기 후반 유다교 사상과 초기 그리스도교 신학이 참으로 풍요롭고 복합적이었음을 드러낸다. 에녹 1서는 역사적 의미도 상당하다. 특히 이 책이 마카베오 항쟁을 전후한 시기의 역사적 사건들을 반영하고 있어 당시 상황을 엿보게 해 준다. 에녹 1서를 통해 에세네파 신학과 초대 그리스도교에 대한 이해의 폭이 훨씬 넓어질 수 있다는 점이 의미 있다.

에녹 1서가 남긴 유산 가운데 중요한 사상이나 신학적 개념들은 천상의 메시아, 최후의 심판과 부활, 감시자들 개념 등이다. 그 가운데 특히 중요한 메시아 개념과 감시자들 개념을 살펴보겠다. 최후의 심판 및 부활 개념은 메시아 개념과 연결되어 나타난다.

6.1. 천상의 메시아와 종말론

에녹 1서의 테마 가운데 가장 중요한 것으로 천상의 메시아 개념이 꼽힌다. 천상의 메시아 개념은 제2권 '에녹의 비유'의 일부인 1에녹 45—57장에 나온다. 많은 학자들 사이에서 이 개념은 매우 심도 있게 논의되고 있다. 메시아 개념은 특히 신약성경 신학을 연구하는 이들의 관심을 끈다. 에녹 1서에서 메시아는 '의로운 이' 또는 '사람의 아들'이라 불리며, 선재하는 천상의 존재로 그려진다. 엄위와 존귀를 갖춘 그는 만물에 대한 통치권을 누리며 영광의 왕좌에 앉아 모든 영적 존재와 사멸하는 존재를 심판한다.

45,3 그날, 나의 선택받은 이가 영광의 왕좌에 앉아
그들(거룩한 이들)의 행실들을 모으리라.

그들의 안식처는 셀 수 없이 많으리라.
그들이 나의 선택받은 이를 볼 때, 그들의 영혼은 자기 안에
굳건하리라. 그들은 나의 영광스러운 이름에 호소한 이들이다.
4 그날, 나는 나의 선택받은 이를 그들 가운데 머물게 하리라.
나는 하늘을 변모시켜 영원한 빛의 축복이 되게 하리라.
나는 땅을 변모시켜 축복이 되게 하리라.
그리고 나의 선택받은 이를 그 안에 머물게 하리라.
죄와 범죄를 저지른 자들은 그곳에 발을 들이지 못하리라.

48,2 바로 그 시간, 영들의 주님 앞에서 '사람의 아들'에게 이름이
주어졌으니 '날들의 시작 이전'입니다.
3 태양과 달이 창조되기 전, 별들이 창조되기 전에 그분은
영들의 주님 앞에서 이름을 받았습니다.
4 그분은 의로운 이들에게 지팡이가 되셨습니다. 그리하여
그들은 그분께 기대어 넘어지지 않게 되었습니다. 그분은
이방인들의 빛이 되실 것입니다. 그리고 마음이 아픈 이들의
희망이 되실 것입니다.

55,4 임금들아, 권력자들아, 땅 위에 사는 이들아, 너희는 나의
선택받은 이를 보아야 하리라. 그가 어떻게 영광의 왕좌에
앉아 아자젤과 그의 동료들과 그의 군대를 영들의 주님의
이름으로 심판하는지![16]

---

16 이 본문은 이사악의 에티오피아어 영어 번역본을 우리말로 옮긴 것이다. Isaac, "1(Ethiopic Apocalypse of) Enoch", 34-38.

이와 같이 메시아는 대개 최후의 심판, 사악한 자들에게 다가올 파멸, 의인들의 부활과 승리 등을 묘사하는 대목에서 함께 언급된다. 사실 제2성전기 후반 문학에서 메시아에 대한 희망과 염원은 역사 차원을 넘어 마지막 때라는 종말론적 전망 안에서 펼쳐진다. 메시아가 이스라엘 역사 안에서 다윗 왕국을 일으킬 임금에서, 마지막 때에 나타나 하느님 뜻과 구원을 실현할 인물로 그려지기에 이른 것이다.[17]

이러한 종말론적 전망은 에녹 1서 전체를 관통하여 유지된다. 에녹 1서의 도입부(1—5장)가 다가올 최종 심판, 악인의 멸망과 의인의 부활과 영생에 대한 선언으로 그 포문을 연다. '꿈속 환시들'(83—90장)에서도 같은 주제가 반복된다. 이에 따르면 마지막 때에 모든 죽은 의인들이 다시 일으켜질 것이다(여기에는 회개한 이방인들도 포함된다). 그리고 메시아가 출현하여 메시아 왕국을 세우고 새 예루살렘을 건설할 것이다. 그러나 죄인들과 타락한 천사들과 변절한 유다인들은 심판을 받을 것이다.[18] 제5권(91—104장)은 의인들을 향한 권고를 담고 있는데 여기서 에녹은, 악인들은 셔올에서 영원한 벌을 받을 터이나 의인들은 다시 일으켜져 천국의 행복을 누릴 것이라고 선포한다.[19]

6.2. 감시자들: 타락한 천사들[20]

---

17 '서문, 4.2. 메시아 사상'을 참조하라.

18 1에녹이 전하는 마지막 때와 메시아 왕국, 새 예루살렘과 심판 테마는 요한 묵시록의 골자를 이룬다.

19 악인의 처벌과 의인의 부활에 대한 선포는 요한 묵시록을 비롯하여 신약성경 전반에 반복적으로 나온다.

20 Harkins/Bautch/Endres (eds.), *The Watchers in Jewish and Christian Traditions*를 보라. 이 책은 유다교 및 그리스도교 전통에서 감시자들, 또는 타락한 천사

타락한 천사들 개념도 천상의 메시아 개념 못지않게 중요하다. 에녹 1서에는 '감시자들'이라 불리는 타락한 천사들 이야기가 나온다(1에녹 6—36장). 저자는 창세 6,1-4에 나오는 하느님의 아들들이 사람의 딸들을 아내로 맞은 이야기를 모티프로 삼아 타락한 천사들 이야기를 만들어낸다. 이에 따르면 감시자들이 정해진 거주지인 하늘을 떠나 지상에 내려와서 여자들과 한자리에 드는데 이때 태어난 자들이 거인족이다. 감시자들의 후손인 거인들은 '땅의 영들'로서 땅에 속하며 하늘에 오르지 못한 채 이 땅에서 온갖 악을 저질렀으며 사람들을 죄악으로 인도한다. 거인족이 땅에서 저지른 범죄는 하느님의 노여움을 사고 결국 대홍수를 불러들인다.

에녹 1서가 전하는 감시자들의 죄는 여자들과 결합하여 거인족을 낳은 일에서 끝나지 않는다. 지상에 내려온 감시자들은 인류에게 천상의 비밀(과학과 기술문명)을 공개함으로써 인류를 타락시키기도 하였다. 다시 말해 감시자들은 뿌리 절단법, 무기와 화장품, 귀금속 등의 제조 기술과 천문학, 점성술 등을 인류에게 전파했는데 인류는 감시자들에게서 얻은 이 지식을 통해 불의와 악을 저질렀다. 감시자들은 그 죗값을 치러야 한다. 에녹이 하느님과 천사들 사이에서 중재를 꾀하지만 이 중재는 실패로 돌아간다. 대신 에녹에게 타락한 천사들한테 가서 그들의 운명을 알리라는 지시가 내려진다(1에녹 12—16장). 타락한 천사들의 운명은 최후의 심판 때까지 어둠 속에 갇혀 있어야 한다는 것이다.

감시자들에 관한 전승은 에녹 1서 외에도 에녹 2서, 에녹 3서, 희년서는 물론 동시대의 여러 쿰란 문헌에도 담겨 있다.[21] 특히 '감시자들' 전승은

들에 대한 개념과 사유가 어떻게 발전했는지 그 기원부터 시작하여 역사적 변천 과정을 밀도 있게 다룬다.

21 타락한 천사들과 거인들에 대한 이야기는 다른 유다교 문학에서도 나타난다. 집회 16,7; 희년서; CD 2.14-3.13; 4Q180—181; 그 외 다양한 라삐 미드라쉬 등이

사탄 및 마귀 개념의 발전으로 이어진다는 점에서 매우 중요하다. 실제로 감시자들 전승은 신약성경의 사탄과 마귀 개념을 이해하는 데 필수적이라 할 수 있어 조금 더 자세히 살필 필요가 있다.

유다교 및 그리스도교 안에서 천사들과 관련된 전승이 본격적으로 발전한 것은 제2성전기 후반부부터다. 실제로 이 시기에 저술된 작품들 안에서 타락한 천사들 이야기를 쉽게 찾아 볼 수 있다. 감시자들 전승은 나중에 라삐 유다교와 초대 그리스도교 작품을 거쳐 유다교 신비주의 작품들과 중세 그리스도교와 이슬람의 쿠란, 심지어 17세기 서구 저술가들에게까지 이어진다. 특히 창세 6,1-4에 나오는, 하늘의 천사들이 땅에 내려와 여자들과 잠자리에 든 사건을 모티프로 한 이야기가 많이 만들어졌다.[22] 이런 유의 이야기에서 지상으로 내려온 천사들은 종종 '감시자들'이라 불린다. 아람어로는 이린עִירִין, 그리스어로는 에그레고로이ἐγρήγοροι, 고대 슬라브어로 그리고리Grigori다. 감시자들과 여자들의 결합은 종종 돌이킬 수 없이 심각한 결과를 이 땅에 초래한 것으로 그려진다.

'감시자들의 책'(1에녹 6—36장)에 나오는 이야기도 창세 6,1-4과 밀접한 관련이 있다. 에녹 1서가 창세 6,1-4에서 모티프를 얻었는지, 아니면 둘이 공통의 다른 전승을 사용했는지는 분명하지 않다. 그러나 두 본문 사이의 관련성만은 부정할 수 없다.

감시자들은 히브리어 성경의 다른 본문에도 나온다. '감시자들의 책'과 비슷한 시기에 만들어진 다니엘서가 그 주인공이다. 다니엘서에서 감시자가 등장하는 곳은 네부카드네자르 임금이 꿈속에서 본 환시에서, 그리고 다니엘이 임금의 꿈을 풀이해주는 대목에서다(4장). 네부카드네자르 임

여기 해당한다: Dimant, "The Fallen Angels' in the Dead Sea Scrolls and in the Apocryphal and Pseudepigraphic Books Related to Them."

22 하느님의 아들들이 이 땅에 내려와 자행한 일들과 이에 대한 하늘의 처벌 내용이 이 이야기들의 중심을 차지한다.

금이 침상에서 환시를 보고 있는데 "거룩한 감시자"가 하늘에서 내려와 외친다(4,10). "저 나무를 베어라. … 그러나 뿌리등걸은 땅에 남겨 두어라. … 땅의 잡초들 사이에서 짐승들과 운명을 함께하게 하여라. 그 마음이 바뀌어 사람의 마음이 아니라 짐승의 마음을 지니고 일곱 해를 지내게 하여라" (다니 4,11-13). 그러면서 이 외침이 "감시자들의 결정에 따른 명령이며 거룩한 이들의 지시에 따른 판결"임을 밝힌다. 그리고 그 목적이 "가장 높으신 분께서 인간들의 나라를 지배하심을 살아 있는 자들이 알게 하려는 것"임을 알려 준다(4,14).

다니 4,10.20에서 '감시자'는 '거룩한 이'와 접속사로 연결되어 있는데 (עִיר וְקַדִּישׁ: '감시자와 거룩한 이'), 이어지는 동사가 3인칭 단수로 나오기에 두 단어가 동일 대상을 가리키는 것으로 볼 수 있다. 따라서 이 표현은 '감시자이자 거룩한 이'로도 옮겨진다. 실제로 칠십인역에는 접속사 없이 '힘 있는 천사'(ἄγγελος ἐν ἰσχύι: 칠십인역 다니 4,13.23)로 되어 있으며, 많은 현대어 성경이 עִיר וְקַדִּישׁ를 한 대상을 가리키는 표현으로 보고 "거룩한 감시자"로 옮긴다. 『성경』도 마찬가지다.[23] 어떻든 다니 4장에서 감시자들은 거룩한 이들로서 하느님 가까이에 있으면서 사람의 운명과 관련하여 중요한 지시와 판결을 내리기도 한다.[24] 이는 '감시자들의 책'에서 감시자들이 타락하기 전에 누렸던 위상과 비슷하다. 감시자들의 책에 따르면 타락 이전의 감시자들은 살아 있는 거룩한 영들, 영원히 죽지 않는 존재로서 하늘에 거처를 두고 있

23 다니 4,14에서는 감시자들과 거룩한 이들이 각각 다른 인물인 것처럼 표현한다. '감시자'와 '거룩한 이'가 같은 인물이 아닐 가능성도 있는 셈이다. 그러나 이 구절이 같은 대상을 한 번은 '감시자들'로, 다른 한 번은 '거룩한 이들'로 표현한 것일 수도 있다.

24 Nickelsburg, *1Enoch 1: A Commentary on the Book of 1 Enoch, Chapters 1-36; 81-108*, 140-141; Collins, *Daniel: A Commentary on the Book of Daniel*, 224-226 참조.

었다. 하느님께서 그들에게는 여자를 만들어주지 않으셨다. 그런데 그들이 땅에 내려와 여자들과 결합하여 몸을 더럽히고 자식을 낳았다(1에녹 15,4-7). 이에 타락하지 않은 감시자들이 에녹에게[25] 타락한 감시자들을 향해 심판을 선포하라고 명한다(12,3-6). 감시자들이 본디 하느님의 심판결과를 알리는 역할을 맡고 있었던 것이다. 타락 이전의 감시자들은 다니 4장의 감시자들과 거의 유사한 위상으로 묘사됨을 또 확인할 수 있다. 다니엘서와 에녹 1서의 '감시자들' 개념은 상당히 비슷하고 둘이 관련이 있음이 분명하다. 그러나 어느 쪽이 어느 쪽에 영향을 주었는지는 확실히 알 수 없다.

'감시자들의 책'이 쿰란 사해 문헌의 저자들에게 영향을 준 것도 분명해 보인다. 가령 『현자의 노래들』4Q511, 『전쟁 두루마리』1QM 등이 에녹 1서와 비슷한 천상계 개념을 드러낸다.[26] 아울러 감시자들의 전승은 쿰란의 『거인들의 책』에도 많은 영향을 주었다.[27] 그 뒤에도 계속 영향을 미쳐 에녹 1서의 다른 부분(예를 들어 69장), 에녹 2서 및 그 밖에 다른 제2성전기 후기 문학에서 그 흔적을 발견할 수 있다. 이 전승이 오랫동안 그리고 넓은 지역에서 영향력을 행사했던 것이다.

신약성경에도 감시자들과 관련된 구절이 많다. 유다서가 대표적이다.[28] 그리고 순교자 유스티누스와 같은 후대 그리스도교 저자들도 타락한

---

25 에녹이 어디론가 이끌려갔을 때 줄곧 감시자들과, 거룩한 이들과 함께 있었다고 한다: "그(에녹)의 일은 감시자들과 함께, 그(에녹)의 날들은 거룩한 이들과 함께였다"(1에녹 12,2).

26 Davies, "War of the Sons of Light against the Sons of Darkness", 965-968 참조.

27 Stuckenbruck, *The Book of Giants from Qumran: Text, Translation, and Notes.*

28 1에녹 9,4: "그러자 지극히 높으신 분께서 거룩한 대천사들에게 명령을 내리셨습니다. 그리하여 대천사들은 우두머리 감시자들을 결박하고 심연 속에 던져 넣어 그들이 심판 날까지 있게 하였습니다."; 비교: 유다 6절: "자기 영역을 지키지 않고

감시자들과 마귀들을 연관 지어 볼 줄 알았다. 예를 들어 『2호교론』 5에서 유스티누스는 천사들이 질서를 지키지 않고 여자들에 대한 탐욕에 굴복함으로써 낳은 소생이 바로 마귀들이라고 한다(비교: 1에녹 15,8—16,1).[29] 감시자들의 전승은 그 뒤에도 오랫동안 다양한 유다교 문학과 그리스도교 문학에 영향을 미쳤다.[30]

1에녹 6—16장에 따르면 고대인들에게 감시자들은 천사들과 비슷한 천상의 존재들, 더 정확히 천사들 가운데 특정한 부류의 천사들로 여겨졌다. 그러나 그들이 여자들을 탐하여 거처인 하늘을 떠나 지상에 내려온 순간부터, 그리고 여자들과 잠자리에 들어 거인을 낳은 순간부터 이들은 '타락한 천사들'로 여겨진다. 더욱이 그들이 인류가 알아서는 안 되는 천상의 비밀을 공개하여 세상에 악을 들여놓은 뒤부터는 더 이상 그들에게 변명의 여지가 없다. 그들은 금기를 깨고 여자들과 더불어 자신을 더럽혔을 뿐 아니라 인류에게 비밀 지식을 전수한 까닭에 천상으로 돌아가지 못한다. 그렇다고 그들이 인간처럼 된 것도 아니다. 이런 감시자들에게는 그야말로 '타락墮落한 천사들'이라는 이름이 가장 걸맞아 보인다.

후대 문학에서 감시자들은 마귀들과 연결되지만 감시자들이 곧 마귀

거주지를 이탈한 천사들도 저 중대한 날에 심판하시려고 영원한 사슬로 묶어 어둠 속에 가두어 두셨습니다."

29 Reed, *Fallen Angels and the History of Judaism and Christianity: The Reception of Enochic Literature*, 160-189을 참조하라.

30 천상의 존재가 땅에 내려와 사람과 사랑에 빠진다는 이야기는 악의 기원 문제나 선과 악 사이에 벌어지는 우주적 전쟁 테마와 더불어 오늘날까지도 소설과 영화를 비롯한 다양한 대중문화의 소재로 채택되고 있다.

라는 공식은 성립하지 않는다. 감시자들은 특정 부류의 천사들로서 하느님께서 세우신 경계를 넘는 범죄를 저지름으로써 다른 천사들과 완전히 분리된 자들로 이해하면 된다. 감시자들의 우두머리는 점차 악의 수장 개념으로 발전한다. 그리고 감시자들이 낳은 거인족이라는 또 다른 부류, 곧 천사도 아니고 인간도 아닌 새로운 종은 마귀 개념으로 발전한다. 실제로 감시자들의 책에서 거인족은 '땅의 영들'이라 불리며 그들의 몸에서 나온 영은 사악한 영들 곧 악령이라 불린다. 감시자들이 어둠의 감옥에 갇힌 신세라면, 악령은 이 땅에 남아 있으면서 인류를 악으로 이끄는 장본인들이다(1에녹 15,8-12; 16,1).[31]

이러한 감시자들의 전승은 어떻게 해서 만들어졌을까? 사실 타락한 천사들 이야기가 어디서 유래했는지 분명하지 않다.[32] 타락한 천사들 이야기에는 근동의 신화들에서 유래한 요소들도 있고,[33] 프로메테우스 신화를 연상시키는 점들도 있다. 이 이야기의 원초적 형태가 무엇이든, 어디서 유래

31 1에녹은 악의 수장 악마(διάβολος)와 그 수하세력인 마귀(δαιμόνιον) 개념이 발전하는 데 단초가 된 작품이다. 그러나 여기서 엿보이는 악마와 마귀 개념은 아직 성숙한 단계에 이르지 않았으며 악마라는 단어도 아직 쓰이지 않는다(마귀라는 단어는 19,1에 나온다). 후대에 가서야 타락한 천사들의 우두머리는 악마로, 그 타락의 결실인 거인들(=악령들)은 마귀로 발전하게 될 터다. 악마와 마귀들에 대한 보다 발전된 성찰은 희년서 5장; 10장; 아담과 하와의 생애 12—16장; 2에녹 29,1-4; 욥의 유언 3장; 6—27장 등이 나올 때까지 기다려야 한다. 제2성전기 유다교 문학 안에서 나타난 악마 개념에 대해서는 송혜경, 『사탄 악마가 된 고발자』, 33-74을 참조하라.

32 Hendel, "Of Demigods and the Deluge: Toward an Interpretation of Genesis 6,1-4", 13-26.

33 Bhayro, *The Shemihazah and Asael Narrative of 1Enoch 6-11: Introduction, Text, Translation and Commentary with Reference to Ancient Near Eastern and Biblical Antecedents*을 참조하라.

했든, 감시자들과 그들의 타락, 거인들의 기원에 관한 단상이 제2성전기 후기 문학 작품들 안에 널리 퍼져 있었음은 사실이다. 이는 같은 시기 문학에서 천사들과 천상의 영역에 대한 관심이 고조된 것과도 무관하지 않다.

사실 구약성경 자체에는 사탄 개념도 희박하고 타락한 천사가 악의 원인이 되었다는 개념도 없다. 좋은 것이든 나쁜 것이든 모든 일이 하느님의 구원 계획 아래에 이루어진다는 믿음을 가진 유다인들에게 하느님 아닌 다른 자에게서 악의 원인을 찾는 것도 부담스러운 일이었을 터다. 그러나 바빌론 유배를 겪으면서 이런 상황이 바뀌기 시작한다. 바빌론 유배를 통해 고대 근동신화에 한층 친숙해진 유다 백성은 페르시아와 그리스 시대를 지나면서 이원론적 페르시아 종교와 헬레니즘의 영향도 받게 된다. 이를 통해 죄와 악을 바라보는 시선도 조금씩 달라진다. 그리고 하느님 백성이 왜 고통을 겪는지, 나아가 하느님께서 좋게 만드신 이 세상에 왜 악이 존재하는지 설명하려는 다양한 시도가 이루어진다. '감시자들의 책'도 이러한 시도의 일환으로 만들어졌을 법하다. 창세 6,1-6에 나오는 이야기는 이러한 시도에 좋은 모티프가 되었던 것 같다. '감시자들의 책'이 창세 6,1-6에서 모티프를 얻었는지, 아니면 둘이 공통의 다른 전승을 사용했는지는 분명하지 않지만 두 본문 모두 인간이 고통을 당하는 이유, 그리고 악이 존속하는 이유를 훌륭히 설명한 텍스트임은 분명하다. 감시자들의 후손인 거인들은 홍수 이후 이 땅에서 제거되었지만 그들의 영은 불멸하여 이 땅에 계속 남아 악을 조장하고 있다는 것이다. 악령이라 불리는 이 사악한 영들은 나중에 라삐 유다교 문학과 그리스도교 문학에서 마귀들로 그려진다. 악은 그저 추상적 개념으로서가 아니라 물리적 실체로서, 악마와 마귀로서 이 세상에 존재하면서 사람을 악으로 유인한다는 것이다. 에녹 전승과 신약성경 사이의 직접적 관계를 증명하기는 어렵다. 그러나 감시자들의 책에 나오는 천사들의 타락 이야기가 나중에 복음서에서 사탄과 마귀들이 등장하는 단초가 되었다고는 말할 수 있다.

7. 에녹 1서

대본: Bible Works 9이 제공하는 OPG(Old Testament Greek Pseudepigrapha): *The Greek Pseudepigrapha*. Electronic text prepared by Craig A. Evans. Morphologically tagged by Rex A. Kcivisto. Copyright © 2008 Craig A. Evans. Copyright © OakTree Software, Inc. 에티오피아어 본문은 1에녹의 전문을 전하지만 그리스어 본문은 일부만 전한다. 그리스어 본문이 에티오피아어 주요 사본과 매우 유사하여 크게 차이나는 부분이 없다. 그리스어 본문이 이해되지 않는 부분은 에티오피아어 본문(영어 번역본)을 참조하여 번역하였다. 그리스어 본문으로 전하지 않는 대목은 에티오피아어 본문의 영어 번역을 토대로 줄거리만 소개한다.

제1권 감시자들의 책(1—36장)

도입[34]

그날의 심판[35]

34 1—5장이 도입이다. 대본으로 사용한 그리스어 본문에는 도입부가 1—3장까지만 있다. 그리스어 본문 3장은 에티오피아어 본문 5장에 해당한다. 에티오피아어 본문 3—4장이 그리스어 본문에는 없다.

35 1에녹의 도입부에 해당하는 1에녹 1—5장에서는 마지막 날에 있을 최후의 심판에 관한 테마가 전개된다. 그날 하느님께서 거룩한 이들과 함께 오시어 죄인을 심판하실 것이다. 이때 죄인에게는 파멸이 선고되고 의인에게는 자비가 베풀어질 것

1. [1] 에녹의 축복의 말: 재앙의 날에 살아 있을 선택된 의인들을[36] 축복하며 한 말. 그날 모든 원수는 괴멸되고 의인들은 구원될 것이다. [2] 에녹은 비유를 들어 말하였다. 에녹은 의로운 사람이며, 그에게 하느님의 환시가 열렸다. 그가 하늘의 거룩하신 분의 환시를 받은 것이다.

그분께서 나에게 보여주셨습니다. 나는 거룩한 분들의 말씀을 들었습니다. 나는 그분들에게서 모든 것을 듣고 보고 또 이해하였습니다. 나는 현 세대를 위해서가 아니라 (미래의) 먼 세대를 위해 이야기합니다. [3] 지금 나는 선택된 이들에 관해 말하며, 그들에 관해 비유를 들어 말합니다.[37]

: 나의 거룩하시고 위대하신 분께서 당신의 거처에서 나오실 것입니다.[38] [4] 영원의 하느님께서 땅을, 시나이 산을 밟고 서실 것이며[39] 당신의 진영에서 나오시어 모습을 드러내실 것입니다. 당신의 강한 힘으로

이다.

36 솔로몬의 시편 14,9-10과 비교하라: "그러므로 그(죄인)들의 유산은 저승과 어둠과 파멸이라네. 의인들을 위한 자비의 날에 그들을 찾아볼 수 없으리라! 그러나 주님의 경건한 이들은 기쁨으로 생명을 상속받으리라!" 주님의 심판의 날은 의인들에게는 '자비의 날'이지만 죄인들에게는 '재앙의 날'이다.

37 1에녹 1,3-9은 하느님께서 이 땅에 내려오시어 심판을 행하실 그날을 묘사한다. 이 단락은 구약의 묵시 문학 전통을 계승하여 상징과 은유로 가득하다. 특히 심판의 날에 대한 시각적 이미지는 미카 1,3-4과 닮았다. 신약에서는 유다서 저자가 심판의 날을 묘사하면서 1에녹 1,9을 요약 인용한다(유다 14-15절). 이는 유다서 저자에게 1에녹이 거의 경전처럼 여겨졌음을 방증한다.

38 미카 1,3: "보라, 주님께서 당신의 거처에서 나오시어"; 이사 26,21: "땅에 사는 주민들의 죄악을 벌하시러 주님께서 당신 거처에서 나오신다."

39 미카 1,3: "땅의 높은 곳으로 내려와 밟으시니."

하늘들의 하늘에서부터 모습을 드러내실 것입니다. 5 그러면 모든 이
가 두려워하고 '감시자'들은[40] 믿을 것입니다. 그리고 그들은[41] 땅의 모
든 꼭대기에 대고 숨겨진 일들을 노래할 것입니다. 땅의 모든 꼭대기가
뒤흔들리고, 땅 끝에 이르기까지 전율과 큰 공포가 그들을 사로잡을
것입니다. 6 높은 산들은 뒤흔들리고 무너져 흩어질 것입니다. 높은 언
덕들은 낮아지고 산들은 물처럼 흘러내릴 것입니다.[42] 그리고 그것들
은 타오르는 불 앞에 선 밀초처럼 녹아내릴 것입니다.[43] 7 땅은 갈라져
조각날 것이며, 땅 위에 있는 모든 것이 사라질 것입니다. 그리고 모든
이에게 심판이 내릴 것입니다.

---

40 '감시자'라 옮긴 ἐγρήγοροι는 '늘 잠들지 않고 깨어 있는 자', '깨어서 지키는 자'를 뜻한다. 다니 4,10.14.20에서는 네부카드네자르의 꿈에 나타나 미래에 있을 일을 보여 준 천사를 '거룩한 감시자'라 부른다. '거룩한 감시자'라 옮긴 단어는 본디 두 칭호가 연결되어 있다. עִיר וְקַדִּישׁ(*ʿir wəqaddiš*), 곧 '깨어 있는 이와 거룩한 이'다. 하느님의 심판을 선언하는 천사를 두 칭호로 나열하여 부른 것이다. 감시자로 옮긴 아람어 עִיר(*ʿir*)는 본디 야경꾼처럼 잠을 자지 않고 무엇을 지키거나 감시하는 이를 뜻한다. '감시자'는, 죽음의 표상인 잠(시편 13,4)으로 유한성이 강조되는 인간과 대조를 이룬다. 하느님은 잠들지 않으시며 이스라엘을 지켜보시는 분이라 묘사하는 시편 121,3-5을 보라: "… 너를 지키시는 그분께서는 졸지도 않으신다. 보라, 이스라엘을 지키시는 분께서는 졸지도 않으시고 잠들지도 않으신다. 주님은 너를 지키시는 분 …." 이 구절은 당시에 천사나 초자연적 존재를 인류를 지켜보는 감시자로 여기는 전통이 있었음을 암시한다. '감시자'에 대한 전반적인 내용은 앞의 해제 '감시자들' 항목을 보라. Collins, "Watchers", 1681-1685; Murray, "The Origin of Aramaic *ʿir*, Angel", 303-317도 참조하라.

41 그들이 누구인지는 분명하지 않다. 문맥상 '감시자들'일 가능성이 크다. '모든 이와 감시자들'일 수도 있다.

42 이사 40,3-5; 루카 3,4-5 참조.

43 미카 1,4: "산들이 그분 아래에서 녹아내리고 골짜기들이 갈라진다. 불 앞에서 녹아내리는 밀초 같고 벼랑에서 쏟아져 내리는 물과 같다."

[8] 그러나 의인들에게는 그분께서 평화를 이루어 주실 것입니다.[44]
뽑힌 이들에게는 화합과 평화가 있을 것입니다. 그들에게는 자비가 내
릴 것이며, 모두 하느님의 소유가 될 것입니다. 그분께서는 그들에게 호
의를 베푸시고, 모두를 축복하실 것입니다. 그분께서는 모든 이의 조
력자가 되시고, 우리의 도움이 되실 것입니다.[45] 그리고 그들에게 빛이
나타나 그들 위에 평화를 이룰 것입니다.

[9] 그분께서는 당신께 속한 수만 명의 사람들과 함께, 또한 당신의
거룩한 이들과 함께 모든 이를 심판하러 오십니다.[46] 불경한 이를 모두
멸하시고, 각자 불경하게 저지른 모든 불경스러운 행실에 따라, 그들
이 내뱉은 거친 말에 따라, 또한 불경한 죄인들이 그분을 거슬러 지껄
인 모든 말에 따라 각자에게 판결을 내리실 것입니다.[47]

2. [1] 하늘에 있는 모든 것들을 눈여겨보십시오.[48] 그들은 자기네 경로를

---

44 하느님께서 평화를 이루어 주시는 분이라는 것은 2마카 1,4; 욥 25,2을 참조하라.

45 지혜 4,15 참조: "곧 은총과 자비가 주님께 선택된 이들에게 주어지고 그분께서 당신의 거룩한 이들을 돌보신다는 것이다."

46 주님의 날에 주님께서 거룩한 이들을 데리고 오신다는 생각은 즈카 14,5에 나와 있다. 같은 개념이 마태 25,31에도 나온다. 단 마태 25,31에서는 하느님 대신 사람의 아들이 모든 천사와 함께 온다고 한다.

47 심판의 날 하느님께서 거룩한 이들을 데리고 오시어 죄인들을 그들의 행실에 따라 심판하시리라는 생각은 유다 14-15절에 그대로 이어진다. "보라, 주님께서 수만 명이나 되는 당신의 거룩한 이들과 함께 오시어 모든 사람을 심판하시고, 저마다 불경스럽게 저지른 모든 행실에 따라, 불경한 죄인들이 당신을 거슬러 지껄인 모든 무엄한 말에 따라 각자에게 벌을 내리신다." 사실 유다 14-15절은 1에녹 1,9을 요약한 내용으로 볼 수 있다.

48 1에녹 2,1—3,3은 하늘과 땅의 모든 피조물이 한 번도 창조 질서를 거스른 적이 없음을 이야기한다. 집회 43,26이 같은 생각을 드러낸다: "그분 덕택에 그분의

바꾼 적이 없습니다. 하늘의 별들을 보십시오, 모두 어떻게 뜨고 지는지! 저마다 정해진 시간을 지키고 정해진 축제일에 맞추어 밝게 빛나며 각자의 질서를 어기는 법이 없습니다. [2] 땅을 보십시오. 그리고 그 안에 있는 것들에 대해 처음부터 끝까지 생각해보십시오.[49] 그것들은 썩습니다. 그리고 이 사실은 변함이 없습니다. 땅에 있는 단 하나도. 하느님의 모든 작품이[50] 여러분에게 밝히 드러납니다. [3] 여름과 겨울을 보십시오. 모든 나무를 눈여겨보십시오!

3\. [1] 연두색 잎들이 어떻게 나무를 뒤덮는지![51] 그 나무의 모든 열매가 얼마나 귀하고 영예로운지! 그분의 모든 작품을 살펴보고 깨달으십시오! 그리고 살아 계신 하느님께서 그것들을 이렇게 만드셨다는 것을, 그분께서는 영원히 사신다는 것을 아십시오. [2] 그분께서 영원으로부터 해마다 만드신 모든 작품이 전부 이런 식이 되게 하셨습니다! 모든 작품이 그분을 위해 임무를 완수합니다. 그들의 임무는 변하지 않으며 모든 일이 정해진 대로 이루어집니다.[52] [3] 바다와 강들이 어떠한지 보십시오. 그들도 비슷한 식으로 임무를 완수하며, 자기 일을 그분 명령과 다르게 행하지 않습니다.[53]

사자가 임무를 제대로 수행하고 만물이 그분의 말씀에 따라 잘 정돈되어 있다." 이 땅의 피조물 가운데 인간만이 창조주의 명을 어기고 창조질서를 거스른다(1에녹 3,4 참조).

49 또는 "그 안에서 처음부터 끝까지 일어난 일들에 대해 생각해 보십시오!"

50 또는 "업적."

51 3장이 에티오피아어 본문에서는 5장에 해당한다. 에티오피아어 본문의 3—4장이 그리스어 본문에는 나오지 않는다.

52 또는 "모든 것이 명령에 따라 생겨납니다."

53 집회 43,26 참조. 1에녹 1,3—3,3이 묘사하는 하느님은, 구약성경의 하느님 곧

4 그런데[54] 여러분은 항구하지도, 그분의 계명에 따라 행동하지도 않았
습니다. 대신 여러분은 자기 길에서 벗어났으며, 여러분의 더러운 입으
로 그분의 위대하심을 거슬러 거칠고 험악한 말을 내뱉었습니다. 거짓
말로 중상했던 것입니다. 마음이 완고한 자들이여, 여러분에게는 평화
가 없습니다! 5 그리하여 여러분은 여러분의 날들을 저주할 것입니다.
여러분의 생명의 햇수는 소멸될 것이며, 여러분의 소멸의 햇수는 영원
한 저주 속에 늘어날 것입니다. 그리고 여러분에게는 자비와 평화가
없을 것입니다. 6 그때 여러분의 이름은 모든 의인들에게 영원한 저주
가 될 것입니다. 그리고 저주하는 자들이 모두 여러분을 저주할 것입니
다. 또한 죄인과 불경한 자들이 모두 여러분을 두고 맹세할 것입니다.

그러나 죄 없는 모든 이는 기뻐할 것입니다. 그들에게는 죄의 해방과 온갖 자비와 평화와 관용이 있을 것입니다. 그리고 그들에게는 구원과 좋은 빛이 있을 것입니다. 땅을 상속받을 이들이 바로 그들입니다.[55]

그러나 죄인인 여러분 모두에게는 구원이 없을 것입니다. 여러분 모두에게 파멸과 저주가 있을 것입니다.

7 뽑힌 이들에게는 빛과 기쁨과 평화가 있을 것입니다. 바로 그들
이 땅을 상속받을 것입니다. 그러나 여러분, 불경한 자들에게는 저주
가 있을 것입니다.

8 그때 뽑힌 이들에게는 빛과 기쁨이 주어질 것입니다. 그리고 바

의로우신 분, 정의로운 하느님이시다. 또한 그분은 이 세상의 창조주이시며 거룩한 입법자, 역사의 주재자, 만물의 주재자이시자 최종 심판관이시기도 하다.

54 1에녹 3,4-9은 죄인과 의인의 서로 다른 운명에 대해 이야기한다. 창조주의 명을 거스른 죄인들에게는 파멸과 저주가 있을 것이나 죄 없는 이들에게는 해방과 자비와 평화와 관용이 있을 것이다.

55 마태 5,3-12 참행복 선언을 참조하라.

로 그들이 땅을 상속받을 것입니다. 그때 뽑힌 이들에게는 지혜가 주어질 것입니다. 그리고 이들은 모두 살 것입니다. 그들은 결코 죄를 짓지 않을 것입니다. 진리를 거슬러서도, 오만에 의해서도! 그리고 빛을 받은 사람에게는 빛이, 총기를 얻은 사람에게는 생각이 있을 것입니다. 그들은 결코 잘못을 저지르지 않을 것입니다.

9 그리고 그들 생애의 모든 날에 결코 죄를 짓지 않을 것입니다.
그리고 그들은 진노 속에서 죽지 않을 것입니다. 대신 자기 생명의 날수를 채울 것입니다. 그리고 그들의 생명은 평화 안에서 늘어날 것입니다. 그들의 기쁨의 햇수는 즐거움 속에 늘어날 것입니다. 또한 그들 생명의 모든 날에 영원한 평화가 함께할 것입니다.[56]

[4—5]

천사들의 타락과 그 결과[57]

---

56 죄인과 의인의 마지막 운명은 다르다. 죄인에게는 저주와 파멸이, 의인들에게는 용서와 자비와 구원과 빛과 생명이 있을 것이다.

57 1에녹 6—16장은 악의 기원과 그 존속 이유를 제시한다. 천상의 존재들인 감시자들이 저지른 범죄가 악의 기원이 되었다는 설명이다. 이 대목은 세미아자스를 감시자들의 우두머리로 제시하는(6,3.7; 9,7; 10,11 참조) 이야기와 아자엘을 우두머리로 제시하는(8,1; 9,6; 10,4.8; 13,1 참조) 이야기 둘이 섞여 있다. 크반비히는 1에녹 6—11장 가운데 6,1-7; 7,1-6; 10,1-3; 10,11—11,2만 세미아자스 전승을 담았고 나머지는 아자엘 전승을 담았다고 한다: Kvanvig, *Primeval History: Babylonian, Biblical, and Enochic: An Intertextual Reading*, 353-355. 찰스는 1에녹 6—11장 가운데 6,3-8; 8,1-3; 9,7; 10,11을 세미아자스 전승으로 꼽는다: Charles, "The Book of 1Enoch", 191 참조. 어떻든 1에녹 6—16장에 따르면 감시자들은 사람의 딸들을 탐하여 하늘과 땅의 경계를 넘어 사람의 딸들과 함께 거인들을 낳는다. 거인들은 나필족(창세 6,4)이라고도 불리며 천사와 인간의 중간 격으로서 신의 영역에 속할 수 없는 존재들이다. 거인들이 저지른 수많은 범죄로 말미암아 이 땅은 대홍수

천사들의 타락[58]

6. [1] 사람들의 아들들이 늘어났을 때였습니다. 그 무렵 예쁘고 아름다운 딸들이 태어났습니다. [2] 하늘의 아들들인 천사들이 그 여자들을 보고는 탐하게 되었습니다. 그리고 서로 말하였습니다. "자, 사람들 중에 우리 아내를 골라 우리 자식을 낳읍시다!" [3] 천사들의 우두머리인 세미아자스가 말하였습니다. "여러분이 이 일을 하고 싶어 하지 않을까 걱정이오. 그렇다면 큰 죄의 책임을 나 혼자 져야 하지 않겠소."[59] [4] 그러자 모두 그에게 답하였습니다. "우리 모두 다짐하며 맹세합시다. 이 계획을 완수하고 이 일을 행동으로 옮길 때까지 절대로 이 계획을 철회하지 않기로 우리 모두 서로에게 서약합시다."[60] [5] 그런 뒤 그들 모두 함

라는 대재앙을 맞게 된다. 게다가 아자엘을 비롯한 감시자들이 인류에게 천상의 비밀스러운 지식을 공개하는데, 인류는 이 지식을 무기 삼아 온갖 불경을 저지른다. 감시자들이 가져다준 지식이 인류를 타락시켰다는 말이다. 결국 1에녹 1—16장이 전하고자 하는 것은 악의 기원이 하느님과는 아무 상관이 없으며 감시자들에게 그 책임이 있음을 알리는 일이다. 악의 기원이 하느님도 아니고 아담과 하와도 아니며 감시자들에게 있다는 것이다. 참고로 1에녹 1—16장은 아담과 하와의 잘못이나 카인의 죄에 대해서는 언급하지 않는다. 아담과 하와의 불순종 사건을 악마와 연결시킨 것은 더 후대의 일이다: 1에녹 69,6 참조. 아담과 하와의 생애 12—16장; 2에녹 31장; 3바룩 4,8에 비슷한 내용이 있다.

58 1에녹 6—7장은 하늘의 천사들이 땅의 여자들을 탐하여 지상에 내려와 아내로 삼은 이야기를 전한다. 창세 6,1-4, 하느님의 아들들과 사람의 딸들이 결합하여 거인족을 낳았다는 이야기를 참조하라. 학자에 따라 1에녹의 '타락한 천사' 이야기가 창세 6,1-4의 이야기를 모티프로 삼았다고도 하고, 그 반대로 설명하기도 한다. 두 이야기가 더 오래된 공통의 전승에 바탕을 두었다고 보는 학자들도 많다. 해제의 '6.2. 감시자들: 타락한 천사들'을 참조하라.

59 또는 "나만 큰 죄를 저지른 죄인이 되지 않겠소." 이 문장에서 죄에 대한 책임을 홀로 지지 않으려는 세미아자스의 비겁함이 엿보인다.

60 서약하다로 옮긴 ἀναθεματίζω는 서약 내용을 이행하지 않을 시 천벌에 준하는 저주를 받기로 약속하고 행하는 맹세를 가리킨다. 마르 14,71; 사도 23,12.14

께 맹세하며 그것을 두고 서로 서약하였습니다.

6 야렛 시대에 헤르모니에임 산꼭대기에 내려온 천사들은 이백
명이었습니다. 그들은 그 산을 헤트몸이라 불렀습니다.[61] 그들이 그것
을 두고[62] 맹세하며 서로에게 서약했기 때문입니다.

7 그들의 우두머리들의 이름은 이러합니다. 세미아자,[63] 이자가
그들의 최고 우두머리였습니다. 아라타크, 킴브라, 사마네, 다니엘, 아
레아로스, 세미엘, 요미엘, 코카리엘, 에제키엘, 바트리엘, 사티엘, 아
트리엘, 타미엘, 바라키엘, 아난트나, 토니엘, 라미엘, 아세알, 라키엘,
투리엘. 8 이들은 그들의 지도자들로서 각자 열 명씩 다스렸습니다.[64]

하늘의 아들들과 사람의 딸들이 결합하여 거인을 낳다.

7. 1 천사들은 각자 아내를 맞았습니다. 저마다 자기 아내를 고르고 그들
에게 들어가 그들과 몸을 더럽히기 시작한 것입니다. 천사들은 여자
들에게 약초와 주술, 그리고 뿌리 절단법을 가르쳤습니다. 또한 식물
에 관해서도 설명해 주었습니다.[65]

참조.

61 신명 3,8-9; 4,48; 여호 12,1; 시편 89,13; 133,3; 아가 4,8; 집회 24,13. 칠십인역에서는 Αερμων, 1에녹에는 Ἑρμώμ이라 되어 있다.

62 천사들이 내려온 산을 '헤르몸'이라고 부른 이유는 에티오피아어 본문을 읽어야 이해할 수 있다. 에티오피아어 본문은 '저주(herem)를 두고'라 읽는다. 저주에 해당하는 헤렘(herem)과 헤르몬(히브리어 חֶרְמוֹן: 신명 3,8 등) 산의 발음이 유사함에 주목하라.

63 1에녹에서 '세미아자스'는 '세미아자'라고도 한다.

64 직역: "열 명 위에 있었습니다." 세미아자(스)를 제외한 우두머리 스무 명이 저마다 열 명씩 총 이백 명의 천사를 지배한다. 그들 꼭대기에 세미아자(스)가 있다. 에티오피아어 본문에는 천사들의 이름이 다르게 제시된다.

65 1에녹의 저자는 식물 채집과 관련된 지식의 유래를 감시자들에게서 찾는다.

2 그 여자들은 임신하여 키가 삼천 페키스에[66] 달하는 거대한 거
인들을[67] 낳았습니다. 3 거인들은 사람들이 수고하여 얻은 것을 모두
먹어치웠습니다. 사람들이 그들에게 아무것도 내주지 못하자, 4 거인들
은 겁도 없이 사람들에게 덮쳐 그들을 먹어치웠습니다. 5 또한 새들과
짐승들과 파충류들과 물고기들과 죄를 지었으며,[68] 서로의 살을 먹기
시작하였습니다. 그리고 (서로의) 피를 마시곤 하였습니다.[69] 6 그러자
땅이 (그들에 의해 자행되는) 불법을 두고 호소하였습니다.

천사들의 가르침과 인류의 타락[70]

감시자들이 여자들에게 약초와 주술, 뿌리 절단법에 대해 가르치고 식물에 관해서도 알려 주었다는 것이다. 뿌리 절단 및 채집은 주술과 관련 있다: 1에녹 8,3 참조.

66 묵시 21,17을 참조하라. '페키스'를 천사들도 사용하는 측량 단위로 소개한다. 1페키스가 46센티미터 정도 되므로 천사들의 키는 1,380미터(=삼천 페키스)에 달한다.

67 고대의 거인들에 대해서는 창세 6,4 이외에 지혜 14,6; 집회 16,7; 바룩 3,26-28을 보라: "한처음에 오만한 거인들이 멸망할 때에도"(지혜 14,6); "그분께서는 자신들의 힘을 믿고 반역을 일으킨 고대의 거인들을 용서하지 않으셨다"(집회 16,7); "이름난 거인들이 예로부터 거기에서 났는데 그들은 키가 크고 싸움에 능하였다 … 그들은 예지가 없어 망하였고 생각이 모자라 망하였다"(바룩 3,26-28). 3마카 2,4; 희년서 7,22-23도 거인에 대해 언급한다.

68 거인족이 새, 짐승, 파충류, 물고기 들과 저질렀다는 죄가 무엇인지는 분명하지 않다. 이 구절은 창세 6,7 "사람뿐 아니라 짐승과 기어 다니는 것들과 하늘의 새들까지 쓸어버리겠다. 내가 그것들을 만든 것이 후회스럽구나!" 하는 하느님의 탄식이 나온 배경을 설명하는 듯하다.

69 천사와 땅의 여자가 낳은 거인들은 사람뿐 아니라 서로 잡아먹으면서 상대의 살과 피를 취하기도 했다. 고대 이스라엘에서는 피를 마시는 것이 금지되었다. 피는 곧 생명이라 여겼기 때문이다: 창세 9,4-5; 레위 7,26-27; 1사무 14,32-34; 사도 15,20; 희년서 7,28; 21,6.

70 1에녹 6,7의 타락한 천사들(=감시자들)의 우두머리 목록에는 아자엘(=아자

8. [1] 아자엘은[71] 사람들에게 칼과 무기와 방패와 갑옷 만드는 법을 가르쳐주고 천사들의 가르침을 전해 주었습니다. 그리고 금속과 금속제조법, 팔찌와 장신구, 아름다운 눈화장과 온갖 귀한 보석과 염료들을 보여 주었습니다. [2] 그러자 심각한 불경이 벌어지게 되었습니다. 사람들은 간음을 저지르고 오류에 빠졌으며 그들이 가는 모든 길에서 타락하였습니다.

[3] 세미아자스는 주술과 뿌리 절단법을, 아르마로스는 이완시키는 주술을, 바라키엘은 천문학을, 코키엘은 점성술을, 사티엘은 별 관측

젤)이 나오지 않았다. 그런데 1에녹 8,1-2에 느닷없이 아자엘이 등장한다. 10,4-8에서도 아자엘이 인류에게 재앙을 가져다준 장본인으로 제시되면서 그자가 감시자들의 우두머리임이 암시된다. 13,1-3도 참조하라. 쿰란 문헌 가운데에도 아자엘(=아자젤)을 감시자들의 우두머리로 제시하는 본문이 있다. 4Q180 단편 1에는 "사람의 딸들에게 내려와 거인들을 낳게 한 천사들과 아자젤에 관한 해석"이라는 내용이 나온다. 이에 따르면 아자젤은 사람들을 죄로 인도하고 모든 세대로 하여금 악을 물려받게 만들었다. 같은 내용이 4Q181 단편 2에도 나온다. 1에녹 8,1에 따르면, 천문학이나 점성술, 화장술과 무기 제조법을 비롯한 온갖 과학과 기술 문명은 인류 스스로 발전시킨 것이 아니라 아자엘을 필두로 천사들이 인류에게 가져다 준 것이다. 그 결과는 인류의 타락이다. 1에녹 저자는 과학과 기술 문명에 대해 부정적 관점을 견지한다. 이것들이 인류에게 온갖 불경과 타락을 가져왔다는 것이다. 이는 1에녹서가 집필되던 당시의 헬레니즘 문명은 물론 그 이전의 동쪽 강대국들, 곧 아시리아와 바빌론 및 페르시아 제국에서 유입된 각종 선진 문명에 대한 비판적 시각으로도 읽을 수 있다.

71 에티오피아어 본문에는 아자젤(*Azaz'el*)이라 되어 있다. 아자젤은 광야를 떠돌아다니는 귀신의 이름으로 레위 16장에 나온다. 레위 16장에 따르면, 속죄일에 백성을 위한 속죄 제물로 숫염소 두 마리를 준비해야 하는데, 하나는 주님을 위한 것이고 다른 하나는 아자젤을 위한 것이다. 아자젤을 위한 속죄 제물로 정해진 숫염소는 산 채로 주님 앞에 세워 두었다가 그 위에서 속죄 예식을 거행한 뒤 광야에 있는 아자젤에게 보낸다.

법을, 세리엘은 달의 행로를 가르쳤습니다.[72]
[4] 마침내 사람들이 죽었으며 울부짖는 소리가 하늘로 올라갔습
니다.

감시자들에 대한 대천사들의 고발

9. [1] 그때 미카엘과 우리엘과 라파엘과 가브리엘이 아래를 굽어보고 있었
습니다. 이들은 땅 위에 많은 피가 흘려지고 있음을 하늘에서부터 보
았습니다. [2] 그들은 서로 말하였습니다. "땅 위에서 울부짖는 소리가
하늘 문까지 닿았소. [3] 사람들의 영혼이 '지극히 높으신 분께 저희 소
송건을 가져다주십시오!' 하며 호소하고 있소!"
[4] 대천사들은 주님께 말하였습니다.[73] "당신께서는 주님들의 주님
이시며, 신들의 신이시며 시대들의 임금님이십니다.[74] 당신 영광의 옥
좌는 세세대대에 영원할 것입니다. 당신의 이름은 거룩하고 위대하며
영원히 찬양받을 것입니다.

— 그러자 지극히 높으신 분께서 거룩한 대천사들에게 명령을 내리셨습니다. 그리하여 대천사들은 우두머리 감시자들을 결박하고 심연 속에 던져 넣어 그들이 심판 날까지 있게 하였습니다. —[75]

---

72 아르마로스, 코키엘, 세리엘이라는 이름이 1에녹 6,7의 우두머리 목록에는 나오지 않는다. 에티오피아어 본문 8,3에 나오는 천사들의 이름이 그리스어 본문과 다르다. 에티오피아어 본문이라 하더라도 사본들마다 천사들의 이름을 조금씩 다르게 소개한다는 점을 유의하라.

73 사람들을 대신한 대천사들의 호소는 9,4부터 11절까지 이어진다.

74 신명 10,17: "주 너희 하느님은 신들의 신이시고 주님들의 주님이시며…"; 2마카 13,4: "임금들의 임금이신 분"; 1티모 6,15: "제때에 그 일을 이루실 분은 복되시며 한 분뿐이신 통치자 임금들의 임금이시며 주님들의 주님이신 분"; 묵시 17,14: "그분은 주님들의 주님이시며 임금들의 임금이시다."

75 타락한 천사들의 우두머리들을 결박하여 심판 날까지 심연에 가두었다는 생

[5] 당신께서 모든 것을 만드셨으며 모든 권한을 쥐고 계십니다. 모든 것이 당신 앞에 명백하며 숨겨지지 않습니다.

[6] 당신께서는 아자엘이 행한 모든 것을 보고 계십니다. 그자는 땅에서 온갖 불의를 가르쳤으며, 하늘에만 유보된 시대의 비밀들을 누설했습니다. 그리하여 사람들은 자기네가 추구하던 그 비밀을 알게 되었습니다.[76]

[7] 당신께서는 세미아자스에게 자기와 함께 있는 자들 위에 군림할 권한을 주셨습니다.

[8] 그들은 이 땅에 사는 사람들의 딸들에게 가서 그들과 한자리에 들어 자신을 더럽혔습니다. 그리고 그 여자들에게 온갖 죄악을 가르쳤습니다.

[9] 그 여자들은 거인들을 낳았는데 그 거인들 때문에 온 땅이 피와 불의로 가득 찼습니다.

[10] 자, 이제 보십시오! 죽은 자들의 영혼이 울부짖고 있으며 (그 소리가) 하늘의 문들까지 이르고 있습니다. 사람들의 신음소리가 (하늘로) 올라갔지만, 땅 위에서 벌어지는 무법한 행위들에서 벗어나기란 불가능합니다.

[11] 당신께서는 모든 것을, 그 일이 일어나기도 전에 다 아십니다.[77]

각은 신약 저자들에게도 알려져 있었다. 유다 6절: "자기 영역을 지키지 않고 거주지를 이탈한 천사들도 저 중대한 날에 심판하시려고 영원한 사슬로 묶어 어둠 속에 가두어 두셨습니다"; 2베드 2,4: "하느님께서는 죄를 지은 천사들을 그냥 보아 넘기지 않으시고, 어둠의 사슬로 지옥에 가두시어 심판을 받을 때까지 갇혀 있게 하셨습니다."

76 1에녹에서 아자엘은 인류에게 불의와 천상의 비밀을 가르친 자로 제시된다: 8,1-2; 10,8 참조. 인간에게 불 만드는 법을 가르쳐준 프로메테우스의 신화가 연상된다.

77 집회 17,15.19-20; 지혜 1,8-10; 솔로몬의 시편 14,8을 보라. 하느님께서는 모

그리고 이 일들을 보시고 허락하십니다. 그런데 당신께서는, 이 일들에 대해 저희가 어떻게 해야 할지 저희에게 아무것도 말씀해 주시지 않습니다."

하느님의 명령

10. [1] 그러자 지극히 높으신 분께서 이 일들에 관해 말씀하셨습니다.[78] 위대하시고 거룩하신 분께서 입을 열어 이스트라엘을[79] 라멕의 아들에게[80] 보내시며 말씀하셨습니다. [2] "'네 몸을 숨겨라' 하고 내 이름으로 노아에게 말하여라. 그리고 끝이 다가오고 있다고 알려 주어라. 온 땅이 파괴될 것이기 때문이다. 곧 온 땅에 홍수가 일어날 것이며[81] 그 안에 있는 모든 것이 파괴될 것이다. [3] 그에게는 도망갈 수 있도록 일러 주어라. 그리하여 그의 후손은 세세대대로 살아남을 것이다."

든 것을 보시며 모든 것을 알고 계시다는 것과, 죄인이 하느님의 심판을 피할 길이 없음을 선포한다.

78 1에녹 10,1-3에서는 몸을 숨겨 홍수의 재앙을 피하라는 명령이 노아에게 내려진다. 땅 위에 있는 모든 것이 홍수로 파괴될 것이며 노아의 후손만 이 재앙에서 살아남을 것이다. 창세 6,13-22; 7,1-5을 참조하라.

79 어떤 그리스어 사본에서는 노아에게 파견된 천사의 이름이 우리엘이다. 에티오피아어 본문은 사본에 따라 아수리알 등 다양한 이름이 제시된다. 이스트라엘이라는 이름은 바빌로니아 여신 이쉬타르와 엘(하느님)이 결합하여 생겼을 터다. 길가메쉬 서사시에서 이쉬타르는 대홍수 뒤에도 이 땅에 인류를 남겨두어야 한다는 마음에서 우타나피쉬팀(=바빌로니아의 노아)에게 인류가 처한 운명을 전하며 대홍수를 피하라고 경고한다: Dix, "The Seven Archangels and the Seven Spirits", 236-237 참조.

80 라멕의 아들은 노아를 가리킨다: 창세 5,28-30; 1역대 1,3-4; 루카 3,36.

81 마태 24,38-39; 루카 17,27; 2베드 2,5.

[4] 그분께서 라파엘에게 이르셨습니다.[82] "아자엘의 손과 발을 묶어 어둠 속에 던져라.[83] 그리고 다두엘에 있는 광야를 열어 그자를 그곳에 던져 버려라.[84]

[5] 그자에게 거칠고 뾰족한 바윗돌들을 얹고, 그자를 어둠으로 뒤덮어라. 그리고 그자로 하여금 영원히 그곳에서 살게 하여라. 그자의 얼굴을 가려서 빛을 보지 못하게 하라!

[6] 위대한 심판의 날에 그자는 타오르는 불길 속으로 인도될 것이다.

[7] 그러나 그 천사들이 파괴한 땅은 치유될 것이다. 그러니 너는, 땅의 치유를 선포하여라! 사람들이 상처를 치유하도록![85] 또한 사람들의 모든 아들들이, '감시자'들이 명하고 자기네 아들들에게 가르쳐 주었던 비밀 가르침으로[86] 멸망하지 않도록!

[8] 아자엘의 가르침이 가져온 일들로 온 땅이 파괴되고 황폐해졌다. 그러니 그자에게 (그자가 저지른) 모든 죄를 써 주어라!"[87]

---

82 1에녹 10,4-8은 아자엘의 죄와 그에 대한 벌이 선포된다. 아자엘은 인류에게 공개해서는 안 되는 천상의 비밀을 알려 준다. 아자엘의 가르침으로 온 땅은 황폐해지고 파괴된다. 아자엘은 마지막 심판이 있기 전까지 어둠 속에 갇혀 있을 것이다. 그리고 심판의 날에 아자엘은 타오르는 불길 속으로 던져질 것이다.

83 유다 6절을 보라. 비슷한 내용이 마태 8,12; 13,42; 22,13; 25,30; 2에녹 25,4-5; 솔로몬의 시편 14,9; 15,10에도 나온다.

84 아자엘(에티오피아어 본문의 아자젤)은 레위 16장에 나오는 광야의 귀신 아자젤을 가리키는 것이 분명하다.

85 치유를 선포하도록 명 받은 천사가 라파엘임을 주목하라. 히브리어 רְפָאֵל은 '하느님께서 치유하셨다'라는 뜻이다.

86 8장에서 언급한 무기 제조술 등 다양한 기술 문명과 점성술 및 천문학적 가르침을 뜻한다.

87 1에녹 9,4을 참조하라. 감시자들의 우두머리를 결박하여 어둠 속에 가둔 사

9 주님께서 가브리엘에게 이르셨습니다.[88] "사생아들에게, 비천한 자들
과 불륜의 아들들에게 가라! 그리고 '감시자'들의 아들들을 사람들에
게서 떼어내어 파멸시켜라! 그리고 그들을 파괴의 전쟁에 내보내라. 사
실 긴 수명은 그들의 것이 아니다.[89]

10 그들의 아버지들이 그들을 위해 올리는 어떤 탄원도 받아들여
지지 않을 것이다.[90] 그들은 자기네가 영원한 삶을 살 것이라고, 그리
고 저마다 오백 년씩 살 것이라고 희망하기 때문이다."

11 그분께서 미카엘에게 이르셨습니다.[91] "세미아자스와 그와 함
께 있는 다른 자들, 곧 여자들과 몸을 섞은 자들에게 가서 알려라! 그
들은 그 여자들과 함께 더러움으로 자신을 더럽혔다.[92]

12 그들의 아들들이 자기네끼리 죽일 때, 그들이 자기가 사랑하
는 자들의 파멸을 보게 될 때, 그들을 묶어서 일흔 세대 동안 땅 골짜
기에 가두어 두어라. 그들의 심판 및 종결의 날까지, 영원한 심판이 끝

실을 다시 언급한다. 그러면서 아자엘이 인류에게 가져다준 비밀 가르침이 결국 재앙만 불러일으켰음을 재차 강조한다.

88 1에녹 10,9-10에서는 감시자들의 후손인 거인들에게 내려지는 벌이 선포된다.

89 직역: "긴 날들(날들의 길이)은 그들의 것이 아니다."

90 직역: "그들의 아버지들에게는 그들을 위한 어떤 탄원도 없을 것이다." 그리스어 본문을 이해하기 어렵다. 14,7과 에티오피아어 본문을 참조하여 위와 같이 옮겼다.

91 1에녹 10,11-15은 세미아자스와 동료 감시자들에게 내리는 벌, 그리고 감시자들의 후손인 거인들에게 내리는 벌이 선포된다. 여자들과 몸을 섞은 세미아자스를 비롯한 감시자들은 심판 날까지 땅 속 골짜기에 갇혀 있을 것이다. 그들을 기다리는 것은 불과 고통과 영원한 감금이다. 감시자들의 후손은 사람들에게 불의를 저지른 죗값으로 파멸을 면치 못할 것이다.

92 희년서 4,22에도 같은 내용이 나온다.

날 때까지.[93]

[13] 그때 그들은 불의 혼란과 고통과 영원한 감금의 감옥으로 인
도될 것이다.[94]

[14] 그리고 지금부터 불에 타서 파괴되는 자는, 세대가 끝날 때까지
그들과 한데 묶여 있을 것이다.

[15] 비천한 자들의 모든 영들과 감시자들의 아들들을 파괴하여라.
그들이 사람들에게 불의를 저질렀기 때문이다.

평화의 선포[95]

[16] 땅에서 모든 불의를 없애라. 그리고 악의 결과물이 모두 사라지게
하라. 정의와 진리의 식물이 나타나게 하라, 영원히! 그 (식물)은 기쁨
과 함께 심어지리라!

[17] 이제 모든 의인들은 (재앙을) 피할 것이다.[96] 그리고 그들은 (자
녀들) 천 명을 낳을 때까지 살 것이다. 그들의 젊음의 모든 날들과 주
간들이 평화 속에 채워질 것이다.

[18] 그때에는 온 땅에 정의가 실현될 것이다. 그리고 그곳에 나무가
심어질 것이며 온 땅이 축복으로 가득할 것이다.

[19] 땅의 모든 나무가 기뻐할 것이다. 나무들이 심어질 것이다. 그
들은 포도나무를 심을 것이다. 그리고 그들이 심은 포도나무는 포도

---

93 1에녹 9,4 참조. 유다 6절도 보라. 세미아자스와 수하의 다른 감시자들은 심판 때까지 어둠 속에 갇혀 있을 것이다.

94 마태 25,41; 묵시 20,10을 보라. 악마와 그 부하들에게 영원한 불이 준비되어 있으며 그들이 불 속에서 영원한 고통을 받고 있다고 말한다. 루카 16,24-25도 참조하라. 죽은 부자의 영혼이 불길 속에서 고초를 겪는 것으로 묘사된다.

95 1에녹 10,16—11,2에서는 이 땅에 내려질 정의와 평화가 선포된다.

96 또는 "(재앙을 피해) 달아날 것이다."

주를 천 포대씩 만들어낼 것이다. 씨를 한 (항아리?)씩 만들어낼 것이
다.[97] 올리브를 열 항아리씩 만들어낼 것이다.

[20] 그러니 너는, 땅을 온갖 더러움과 온갖 불의와 온갖 죄와 불경에서
씻어라! 그리고 땅에 있는 온갖 더러움을 지워 없애라!

[21] 그러면 모든 백성이 경배하고 모두가 나를 찬양하고 숭배할 것
이다.

[22] 그리고 온 땅이 온갖 불결과 온갖 더러움과 진노와 병고에서
깨끗이 씻길 것이다. 그리고 나는 더 이상 그들에게 (그런 재앙들을)
보내지 않을 것이다, 세세대대로!

11. [1] 그때 나는 하늘에 있는 축복의 곳간을 열 것이다. 그리고 그것을 사
람들의 아들들이 들인 수고 위로, 그들이 한 일들 위로 내려 줄 것이
다.[98]

[2] 그리고 그때에는 진리와 평화가 한데 결합할 것이다.[99] 세상의
모든 날까지, 사람들의 모든 세대에 이르기까지!"

---

97 이사 5,10에서 선포되는 내용과 대조를 이룬다: "열흘 갈이 포도밭이 포도주 한 밧밖에 내지 못하고 한 호메르의 씨앗이 곡식 한 에파밖에 내지 못하리라." 2바룩 29,5은 메시아 시대에 있을 풍성한 수확에 대해 묘사한다. 이에 따르면, 그때가 되어 메시아가 출현하면, 땅이 만 배의 소출을 낼 것이다. 포도나무는 수많은 가지를 뻗고 수많은 포도송이를 맺어 거기서부터 엄청난 양의 포도주를 만들어낼 것이다.

98 신명 28,12 참조.

99 시편 85,11: "자애와 진실이 서로 만나고 정의와 평화가 입 맞추리라"; 이사 32,17: "정의의 결과는 평화가 되고 정의의 성과는 영원히 평온과 신뢰가 되리라."

에녹의 환시: 타락한 천사들의 죄와 벌[100]

12. [1][101] 이 말씀이 내리기 전에 에녹은 어디론가 이끌려갔다.[102] 그러나 사
람들 가운데 어느 누구도 그가 어디로 이끌려갔는지, 그리고 그가 어
디에 있으며 그에게 무슨 일이 일어났는지 알지 못하였다.
[2] 그의 일은 감시자들과 함께, 그의 날들은 거룩한 이들과 함께
였다.

[3] 나, 에녹은 위대하신 주님, 시대들의 임금님께 찬양을 드리며 서 있
었습니다. 그런데 바로 그때 위대하시고 거룩하신 분의 감시자들이 나
를 불렀습니다.
[4] "정의의 서기관[103] 에녹아! 가라. 그리고 높은 하늘, 영원한 성

---

100 12장부터 36장까지는 에녹이 환시로 본 내용이다.

101 1에녹 12,1-2은 3인칭 시점으로 에녹에게 일어난 일을 묘사한다. 3절부터 다시 에녹이 1인칭으로 말한다.

102 창세 5,24 참조.

103 서기관으로 옮긴 그리스어 γραμματεύς는 나중에 율법에 정통한 사람을 가리키는 말로 발전한다. 신약성경에 자주 등장하는 '율법 학자'가 바로 이들이다. 예수님 시대에 이들은, 율법(토라)을 연구·해석하고 가르친, 율법의 전문가들이었다. 이스라엘 역사에서 율법 학자의 기원은 왕정 시대까지 거슬러 올라간다. 국사(國事)와 관련된 일을 기록하던 왕정 서기관이 그 시작이다(2열왕 12,11 참조). 그러다가 유배 시대 때부터 이들 서기관은 토라를 올바로 해석해 줄 지혜로운 현자로 인식되었다. 에즈 7,6-26에 따르면 기원전 4세기 사제이자 서기관이었던 에즈라는 당시에 서기관에게 바랄 수 있는 이상을 실현했던 사람이었다. "사제이며 율법 학자, 곧 주님의 계명과 이스라엘에 내린 규정에 통달한 학자 에즈라"(에즈 7,11; 참조: 느헤 8,1-9). 기원전 180년경부터 율법 학자는 일종의 사회적 계급으로 분화되고 발전하였다. 이는 집회서에서 확인할 수 있다. 집회서 저자는 장인과 율법 학자를 비교하면서 장인이 세상일에 능통한 사람이라면, 율법 학자는 "조상의 지혜를 찾고 예언을 공부하는 데에 몰두한다"(39,1)고 묘사한다(집회 38,24—39,11). 마카베오 항쟁 당시에는 사제 출신의 율법 학자보다 평신도 율법 학자의 평판이 더 높았다. 사

소를 떠나 여자들과 몸을 더럽힌 하늘의 감시자들에게 말하라. 그들
은 땅의 아들들이 하는 그대로 하고 있다. 그들은 저마다 아내를 취
하였다.

'너희는 막대한 파괴로 땅을 파괴하였다.

5 너희에게는 평화도, 용서도 없을 것이다.'

자기네 아들들을 두고 기뻐하는 그들은 (이렇게 될 것이다).

6 그들은 사랑하는 이들이 살해당하는 것을 볼 것이다.[104] 그리고
자기네 아들들의 파멸 때문에 탄식하고 영원토록 (아들들을 위해) 탄
원할 것이다. 그러나 그들에게는 자비도 평화도 없을 것이다."

아자엘에 대한 경고 및 감시자들을 위한 탄원

13. 1 에녹이 아자엘에게 말하였습니다.[105] "가시오! 당신에게는 평화가 없

제 출신이 헬레니즘에 친화적이었던 반면 평신도 율법 학자들은 율법의 순수성을 보전하는 데 더 치중했기 때문이다(2마카 6,18-31). 예수님 시대에도 율법 학자들은, 이름 그대로 율법을 올바로 읽고 해석하고 가르치는 율법 전문가들로 통했다. 이들은 사제 출신도 있었고, 바리사이 출신도 있었으며 상업이나 노동 등 다른 직업을 가진 사람도 있었다: Twelftree, "Scribes", 1086-1089 참조. 모세 이전에 살았던 에녹에게 율법 학자라는 명칭은 어울리지 않는다. 따라서 여기서는 하느님의 말씀을 받아 적은 사람이라는 의미에서 서기관으로 옮겼다. 희년서 4,17-25에서는 에녹을 '서기관'이라 부르지는 않지만 비슷한 역할로 소개한다. 에녹이 사람들 가운데 맨 처음 쓰기와 지식과 지혜를 배웠으며 하늘의 징표를 책에 기록했다는 것이다(4,17). 곧 에녹은 자신이 목격한 것을 기록하여 사람들에게 증언한 최초의 인간이었다(4,18). 에녹이 증언하고 기록한 내용에는 감시자들의 이야기와 세상의 심판에 관한 예고도 포함된다(4,22-23).

104 또는, "자기가 사랑하는 이들의 살인을 볼 것이다." "자기가 사랑하는 이들"이 살해의 주체가 될 수도, 객체(대상)가 될 수도 있다. 문맥상 후자가 맞을 듯하다. 1 에녹 10,12; 14,6 참조.

105 주어(=에녹)가 3인칭으로 제시된다. 주어는 3절에서 다시 1인칭으로 바뀐다.

을 것이오. 당신에 대해, 당신을 결박하라는 엄중한 판결이 나왔소.
[2] 당신에게는 관용도 탄원 (가능성)도 없을 것이오. 당신이 보여준 불의한 행동들 때문이오. 당신이 사람들에게 가르쳐 준 그 모든 불경한 일들, 불의와 죄 때문이오."

[3] 그런 다음 나는 감시자들 모두에게 가서 말하였습니다.[106] 그러자 그들 모두 두려워하였고, 전율과 공포가 그들을 사로잡았습니다.
[4] 그들은 나에게, 자신들을 위해 탄원서를 작성해 달라고, 그리하여 자신들에게 용서가 내리게 해 달라고 간청하였습니다. 그리고 나에게 자신들을 위해 하늘의 주님 앞에서 탄원서를 낭독해 달라고 하였습니다. [5] 자신들은 더 이상 아무 말도 할 수 없으며 자신들이 죄짓고 단죄 받은 일로 인한 수치심 때문에 눈을 하늘로 들어 올릴 수도 없다는 것이었습니다.

[6] 그래서 나는 그들을 위한 탄원 기도와, 그들의 영들에 관한 청원, 그리고 자기들에게 용서와 긴 수명을 내리게 해 달라는 그들의 청원을 글로 작성하였습니다.

[7][107] 그리고 나는 길을 떠나 단 땅에 있는 단의 물가에 앉았습니다.[108]

106 1에녹 13,3-6은 감시자들이 에녹에게 자신들을 위해 하느님께 탄원서를 작성해 달라고 요청하는 내용이다. 천사였던 감시자들의 위상이 욕망 때문에 한순간에 추락한다. 인간을 내려다보며 지켜주던 그들이 이제는 인간에게 자기들을 위해 하느님께 탄원해 달라고 요청하는 것이다. 모든 인간이 에녹만큼 위상이 높다고는 할 수 없으나, 감시자들과 인간인 에녹의 위상이 뒤바뀐 것은 분명하다.

107 1에녹 13,7-10에서 에녹은 꿈에 환시를 본다. 환시에서 에녹은 감시자들에게 말씀을 선포하고 꾸짖으라는 목소리를 듣는다.

108 "단"은 이스라엘 왕국 북단에 위치한 도시로 단(Dan) 지파에 속한다. 이스라엘 남단에 위치한 브에르 세바와 함께 이스라엘 부족 소유의 땅 전체를 가리킨다. 판관 20,1; 1사무 3,20; 2사무 3,10; 17,11; 24,2.15; 1열왕 5,5: "유다와 이스라엘에

그곳은 헤르모네이에임 서쪽 오른편에 위치해 있습니다. 내가 그들의
탄원서를 읽고 있다가, [8] 잠이 들었을 때였습니다. 바로 그 순간 꿈들
이 내 위에 내리고 환시들이 내 위로 떨어졌습니다. 그리고 나는 진노
의 환시를 보았습니다. 그때 한 소리가 들려왔습니다. "하늘의 아들들
에게 말하고 그들을 꾸짖어라!"[109]

[9] 그리고 잠에서 깨어난 나는 하늘의 아들들을 찾아갔습니다. 그런데
모인 이들이 모두 에벨사타에 앉아 얼굴을 가린 채 애도하고 있었습니
다. 에벨사타는 레바논과 세니셀 한가운데 위치한 곳입니다.

[10] 나는 그들 앞에 서서, 꿈에서 본 모든 환시를 알려 주었습니다.
그리고 하늘의 감시자들을 꾸짖으며[110] 정의의 말씀을 선포하기 시작
하였습니다.

감시자들을 향한 선언[111]

14. [1] 정의의 말씀과 영원으로부터 존재하는 감시자들을 향한 꾸짖음을
담은 책. 환시를 통해 내려진 거룩하고 위대하신 분의 명령에 따른 것
입니다.

[2] 지금 내가 살로 된 혀와 내 입의 영으로 말하려 하는 것은, 바

서는 단에서 브에르 세바에 이르기까지." "단 강"은 '소(小) 요르단'이라 불리기도 했다: 요세푸스, 『유다 고대사』 5.3.1 참조.

109 이 구절에서 인간 에녹과 감시자들의 위상이 바뀐 것이 더욱 분명히 드러난다. 인간인 에녹이 천사인 감시자들을 꾸짖기도 해야 하는 것이다. 우리가 천사들을 심판하게 되리라고 말하는 1코린 6,3을 보라: "우리가 천사들을 심판하리라는 것을 모릅니까?"

110 1코린 6,3 참조.

111 1에녹 14,1-7에서는 에녹에 의해 감시자들의 최종 운명이 선포된다.

로 나 자신이 꿈에서 본 것이며, 위대하신 분께서 사람들에게 주신 것입니다. 그들 사이에서 그리고 마음의 지력에 대고 말하라는 것입니다.

[3] 그분께서는 (사람들을) 만드시고 (그들에게) 하늘의 아들들인 감시자들을 꾸짖을 권한을 주신 분입니다.

[4] 나는 천사들인 여러분의 탄원을 글로 썼습니다. 그런데 환시에서 내게 이것이 보였습니다. 여러분의 탄원은 받아들여지지 않았습니다.

[5] 여러분은 영원히 하늘로 올라가지 못할 것입니다. 그리고 세세대대로 여러분을 땅의 감옥에 가두어두라는 말씀이 내렸습니다.

[6] 우선 여러분은 여러분이 사랑하는 아들들의 파멸을 보게 될 것입니다. 그리고 여러분은 더 이상 아들들이 주는 기쁨을 누리지 못할 것입니다.[112] 오히려 아들들은 여러분 앞에서 칼에 떨어질 것입니다.

[7] 그리고 아들들을 위한 여러분의 탄원은 받아들여지지 않을 것입니다. 여러분 자신을 위한 탄원도 마찬가지입니다. 여러분은 울며 애원하면서도 내가 쓴 글에 담긴 말은 한마디도 하지 못하고 있습니다.[113]

에녹이 환시로 어좌에 앉아 계신 주님을 뵙다

[8] 환시로 내게 이렇게 보였습니다. 보십시오! 환시에서 구름이 나를 부르며 안개가 내게 소리쳤습니다. 그리고 별들의 흐름과 번개가 나를 몰아대고 나를 흔들었습니다. 그리고 바람이 환시 속에서 나를 돛처럼 활짝 펼쳐지게 했습니다.[114]

---

112 직역: "여러분에게는 더 이상 그들이 주는 기쁨이 없을 것입니다."

113 찰스는 "여러분은 울고 애원하면서 내가 쓴 글에 담긴 내용을 말하겠지만"으로 고쳐 읽는다: Charles, "The Book of 1Enoch", 197 참조.

114 구름과 바람은 종종 하느님께서 현현하시는 수단이 된다: 시편 18,10-11;

9 그리고 나를 위로 들어 올려 하늘로 데려갔습니다.[115] 나는 안으
로 들어가 수정으로 만들어진 건물의 벽에 이르기까지 다가갔습니다.
혀 같은 불길이 그 벽 주위를 감싸고 있었습니다. 나는 두려움에 휩싸
이기 시작했습니다.

10 나는 혀 같은 불길 속으로 들어갔습니다. 그리고 수정으로 만
들어진 큰 집 안으로 들어갔습니다. 그 집의 벽은 석판과 비슷했으며
모든 것이 눈雪으로 이루어진 것 같았고 바닥도 눈처럼 하얬습니다.[116]

11 지붕들은 마치 별들의 항로 같고 번개와도 같았습니다. 그것
들 사이에는 불타는 커룹들이 있었습니다. 그것들 위의 하늘은 물(과
같았습니다).[117]

12 벽 주변에는 불길이 타오르고 있었으며 문들이 불타고 있었

104,3을 보라. 2사무 22,11-12도 참조하라: "커룹 위에 올라 날아가시고 바람 날개 타고 나타나셨네. 어둠을 당신 주위에 둘러치시고 시커먼 비구름과 짙은 구름을 덮개로 삼으셨네." 예수님의 영광스러운 변모 사건 때도 구름 속에서 하느님의 목소리가 들려온다: 마태 17,5 참조.

115 창세 5,24에서 에녹은 하느님께서 데려가신 것으로 소개된다. 1에녹에서는 에녹이 살아생전에 하늘로 들어 올려져 환시로 엄청난 일을 보고 들은 것으로 나온다. 셋째 하늘까지 들어 올려진 사람에 대해 언급하는 2코린 12,1-10을 참조하라. 에제 40,1-4을 보라. 여기서는 주님의 손이 에제키엘 예언자에게 내리시어 환시 속에서 예루살렘 새 성전을 보여 주신다.

116 묵시 21,9-27에서 새 예루살렘을 묘사하는 대목을 보라.

117 구약성경에서 커룹들은 '하느님의 옥좌를 떠받치는' 존재로 묘사된다. 이를테면 시편 18,11에서는 주님께서 커룹 위에 올라 날아가신다고 하고, 1사무 4,4; 2사무 6,2에서는 만군의 주님께서 커룹들 위에 좌정해 계신다고 한다. 1역대 13,6; 2열왕 19,15; 시편 80,2; 99,1; 이사 37,16; 다니 3,55에도 주님께서 커룹들 위에 좌정하신다는 표현이 나온다. 커룹의 형상에 대한 묘사는 에제 1장과 10장에서 찾아 볼 수 있다. 이에 따르면 커룹들은 사람의 형상과 비슷하지만, 얼굴도 네 개(사자·황소·독수리·인간), 날개도 네 개다. 이 커룹들의 머리 위 궁창에 하느님의 어좌가 있다고 한다(에제 10,1; 참조: 에제 10,20).

습니다.

[13] 나는 그 집 안으로 들어갔습니다. 그것은 불처럼 뜨겁고 눈처럼 차가웠습니다. 그리고 그 안에는 생명에 필요한 먹을거리가 하나도 없었습니다. 두려움이 나를 뒤덮고 전율이 나를 사로잡았습니다.[118]

[14] 나는 벌벌 떨면서 공포에 사로잡혀 쓰러졌습니다. 그리고 환시 중에 보았습니다.

[15] 그러자 보십시오! 내 앞에서 다른 문이 열렸습니다. 그리고 먼젓번 집보다 더 큰 집이 (나타났는데), 집 전체가 혀 같은 불길로 지어져 있었습니다.

[16] 그리고 그 집은 모든 면에서, 곧 영광과 영예와 위엄에서 먼젓번 집보다 뛰어났습니다. 그 영광과 위엄에 관해 여러분에게 말로 표현할 수 없을 정도였습니다.[119]

[17] 그 집 바닥은 불로 되어 있었습니다. 그 위에는 번개와 별들이 흐르고 있었습니다. 그 집 지붕은 타오르는 불이었습니다.

[18] 나는 계속 지켜보았습니다. 그리고 높은 어좌를 보았습니다.[120] 그 어좌의 형상은 수정 같았습니다. 어좌의 바퀴는 마치 빛나는 태양과 같았고 커룹들의 산山과 같았습니다.[121]

[19] 어좌 아래쪽에서는 타오르는 불의 강이 흘러나오고 있었습니

---

118 하느님의 현현을 목격한 인간의 첫 번째 반응은 전율과 공포다. 베텔에서 야곱이 꿈속에서 하느님의 음성을 듣고 깨어난 뒤 두려움에 싸여 "이 얼마나 두려운 곳인가!" 하고 말하는 창세 28,10-17을 보라. 마태 17,6도 참조하라.

119 예루살렘에 내리는 주님의 영광에 대해 노래하는 이사 60,1-2을 참조하라.

120 이사 6,1-4; 에제 1,26을 보라. 이사야 예언자와 에제키엘 예언자가 환시로 어좌에 좌정해 계신 분을 본 사건을 전한다. 1열왕 22,19도 같은 내용을 전한다. 묵시 4,2-3에서도 요한 사도가 어좌에 앉아 계신 분을 뵙는다.

121 다니 7,9-10에서도 어좌가 바퀴 달린 모습으로 묘사된다. 에제 1,15-16도 참조하라.

다.[122] 그런데 나는 볼 수가 없었습니다.

[20] 그리고 위대한 영광께서 그 위에 좌정하셨습니다. 그분의 옷은 태양의 형상 같았으며 어떤 눈보다도 더 눈부시고 더 하얬습니다.[123]

[21] 그리고 어떤 천사도 이 집으로 들어가지 못했으며 그분의 얼굴을 보지 못했습니다. 그분의 영예와 영광 때문이었습니다. 그리고 어떤 육신도 그분을 쳐다볼 수 없었습니다.[124]

[22] 그분 주변으로 불이 타오르고 있었으며 큰 불이 그분 앞에 (기둥처럼) 서 있었습니다. 그리고 아무도 그분 가까이 다가갈 수 없었습니다. 그분 앞에 수억 명이 둥그렇게 서 있었는데도 말입니다.[125] 오직 그분께서만 말씀하셨습니다.[126]

[23] 천사들 가운데, 그분 가까이 있는 거룩한 이들은, 밤에도 그분을 떠나지 않고 그분 앞에서 물러나지도 않습니다.

[24] 그때까지 나는 얼굴을 바닥에 대고 엎드려 벌벌 떨고 있었습니

---

122 다니 7,9-10: "그분의 옥좌는 불꽃 같고 옥좌의 바퀴들은 타오르는 불 같았다. 불길이 강물처럼 뿜어 나왔다. 그분 앞에서 터져 나왔다."

123 마태 17,2 참조. 하느님이나 신적 존재의 옷은 대개 눈처럼 하얗게 빛나는 모습으로 묘사된다.

124 탈출 33,18-23. 하느님의 영광을 뵙게 해 달라는 모세의 청에 하느님께서는 아무도 당신의 얼굴을 볼 수 없다고 답하신다. "그러나 내 얼굴을 보지는 못한다. 나를 본 사람은 아무도 살 수 없다"(33,20).

125 1열왕 22,19 참조: "내가 보니, 주님께서 어좌에 앉으시고 하늘의 온 군대가 그분 오른쪽과 왼쪽에 서 있었습니다."

126 직역: "모든 말씀이 그분이 하신 것(업적)이었습니다." 하느님 외에 아무도 말을 할 수 없었다는 뜻. 또는 "그분의 말씀은 모두 업적이 됩니다." 그분의 말씀이 모두 그대로 실현된다는 뜻. 집회 42,15 참조: "주님의 업적은 그분의 말씀으로 이루어졌고… ." 하느님께서 말씀으로 모든 것을 창조하셨음을 전하는 창세 1장을 보라. 요한 1,1-3, 특히 "모든 것이 그분(말씀)을 통하여 생겨났고 그분 없이 생겨난 것은 하나도 없다"도 같은 뜻을 담고 있다.

다. 그때 주님께서 당신 입으로 나를 부르시고 내게 말씀하셨습니다. "이리 다가오너라. 에녹아! 그리고 내 말을 들어라!"

[25] 그러자 거룩한 천사들 가운데 하나가 내게 다가와 나를 일으켜 세웠습니다. 그리고 나를 문까지 데려갔습니다. 나는 얼굴을 아래로 숙였습니다.

에녹의 파견

15. [1] 그분께서 내게 말씀하셨습니다.[127] "오, 진실한 사람이여! 진리의 사람, 서기관이여!" 나는 그분의 소리를 들었습니다. "두려워 마라, 에녹아! 진실한 사람, 진리의 서기관이여! 이리 다가오너라. 그리고 내 말을 들어라!

[2] 가서 너를 보낸 자들에게[128] 말하여라. '너희가 사람들을 위해 탄원해야지, 사람들이 너희를 위해 탄원하는 게 아니다.

[3] 너희는[129] 왜, 영원하고 거룩한 높은 하늘을 저버리고 여자들과 한자리에 들었느냐? 그리고 왜 사람들의 딸들과 몸을 더럽혔느냐? 너희는 왜 땅의 아들들처럼 행동하고, 자기 아내를 취하여 자기 자식, 곧 거인들을 낳았느냐?

[4] 너희는 거룩했으며 영원히 살아 있는 영들이었다. 그런데 너희는 여자들의 피로 몸을 더럽혔으며, 살덩이의 피로 자식을 낳았고, 사람들의 피로 욕정을 부렸다. 살과 피를 만드는 그들처럼 말이다. 그들은 모두 죽고 썩는다.

[5] 그들에게 여자들을 준 것은 이 때문이었다. 곧 그들이 그 여

127 15,1에서 시작하는 하느님의 말씀이 16,4까지 이어진다.

128 하늘의 감시자들.

129 1에녹 15,3-7에 감시자들의 죄상이 요약되어 있다.

자들에게 씨를 뿌려 그 여자들에게서 자식을 낳게 하려는 것이었다.
땅 위에서 이루어진 어떤 일도 그들에게서 사라지지 않게 하기 위해
서였다.

6 그러나 너희는 영원히 살아 있는 영, 영원히 죽지 않는 존재였
다.

7 그래서 내가 너희에게 여자를 만들어 주지 않았던 것이다.[130]
하늘의 영들, 그들의 거처는 하늘에 있었다![131]

8 그러나[132] 이제, 영들과 살덩이(의 결합)에서 태어난[133] 거인들은 강력
한, 땅의 영들이다. 그들의 거처는 땅에 있을 것이다.[134]

9 그들의 몸에서 악령들이 나왔다.[135] 그들은 높은 곳에서 나왔으

---

130 본디 감시자들은 하늘에 속한 하늘의 영으로서 여자가 필요 없으며 영원히 사는 불멸의 존재였다. 이들이 여자들에게 마음을 품자 상황은 완전히 바뀐다. 이들은 더 이상 하늘로 올라갈 수도 영원히 살 수도 없다.

131 1에녹 15,6-7에서는 하늘과 땅의 경계가 분명히 드러난다. 감시자들은 하늘에 속했으며 지상으로 내려가서는 안 되는 존재들이었다. 그들이 이 경계를 넘어서는 순간 죄는 시작된다.

132 1에녹 15,8—16,1은 감시자들과 여자들 사이에서 태어난 거인들에 관해 묘사한다. 하늘의 영들과 땅의 살덩이 사이에서 태어난 이 거인들은 땅의 영들이라 불린다. 이들은 처음부터 땅에 속하기에 하늘로 올라갈 수 없는 운명이다. 거인들의 몸에서 나온 영들은 사악한 영, 곧 악령(πνεύματα πονηρά)이다. 이 악령이 나중에 신약성경의 마귀(δαιμόνιον) 또는 악령 개념으로 발전한다.

133 하늘의 아들들(영)과 땅의 딸들(살)의 결합을 가리킨다. 말하자면, 거인은 영과 육의 결합에서 나온 산물이다.

134 천사와 땅의 여자 사이에서 태어난 거인은 영적 존재로 그려진다. 그러나 이들은 하늘에 가지 못하고 땅에서 살게 된다. 영적 존재이기는 하지만 그들의 거처는 땅으로 제한된다. 하늘과 땅의 경계는 분명하기 때문이다.

135 악령(πνεύματα πονηρά)에 대해서는 레위의 유언 18,12에도 나온다. 여기

며, 거룩한 감시자들에게서 그들의 창조와 토대가 처음 시작되었다. 그들은 악령들이라 불릴 것이다.

[10] 하늘의 영들, 그들의 거처는 하늘에 있을 것이다. 그리고 땅에서 태어난 영들, 그들의 거처는 땅에 있을 것이다.

[11] 거인들의 영들은 구름 속에서 불의를 저지르고, 파괴하고 넘어지고 함께 싸우고 함께 땅에 내던진다. 거인들의 완고한 영들은 계속 일하면서, 아무것도 먹지 않는다. 그들은 음식을 끊은 채 목말라 하며 영들을 공격한다.

[12] 이 (거인들의) 영들은 남자의 아들들과 여자의 아들들을 거슬러 일어날 것이다. 그들이 이들에게서 나왔기 때문이다.[136]

16. [1] 학살과 파괴와 죽음의 날로부터, 거인들의 육신의 혼에서 영들이 나온 그날부터 그 영들은 재판도 없이 파괴할 것이다. 이렇게 그들은 완결의 날까지, 위대한 심판의 날, 위대한 시대가 완성될 그날까지 파괴를 일삼을 것이다.'[137]

서 레위는 마지막 때에 주님께서 일으키실 '새 사제'에 대해 선포하며 말한다: "벨리아르(=악마/사탄)가 그(새 사제)의 손에 결박될 것이다. 그리고 그 사제는 악령들을 짓밟을 권한을 자기 자녀들에게 줄 것이다."

136 누가 누구에게서 나왔다는 뜻인지 분명하지 않다. 주어가 명시되어 있지 않은 데다(동사 3인칭 복수), 문장 끝 전치사구도 대명사(3인칭 복수)로 표시되어 있기 때문이다. 거인의 영들이 자기네 뿌리에 해당하는 사람들을 반격한다는 의미로 읽으면 될 듯하다.

137 악령들은 마지막 날까지 이 땅에서 파괴를 일삼을 것이다. 희년서 10,1-11, 특히 5-11절에서 악령에 관한 중요한 정보를 얻을 수 있다. 노아가 감시자들과 악령들이 이 땅에서 벌인 죄악상을 고발하며 하느님께 이들을 심판의 장소로 데려가 달라고 청하자 하느님께서 다른 천사들을 불러 이들을 모두 결박하라고 지시하신다. 그러자 악령들의 우두머리인 '마스테마'(=사탄, 악마)가 주님께 와서 영들 가운데 십분의 일은 남겨달라고 청한다. 그들을 통해 사람들 사이에서 자신의 임무를 완

[2] 이제 자기들을 위해 탄원하라고 너를 보낸 감시자들에게 말하여라. 그들은 모두 하늘에 살았었다.

[3] '너희는 하늘에 있었다. 그런데 너희에게 공개되지 않았던 온갖 비밀과 하느님에게서 나왔던 비밀을 너희가 알게 되었다. 그리고 너희는 완고한 마음에서 이것을 여자들에게 알려 주었다. 이 비밀 가르침을 통해 여자들과 남자들은 땅에서 악을 늘려나갔다.'[138]

[4] 그러니 그들에게 말하여라. '평화가 없다!'"

에녹의 저세상 여행,[139] 첫 번째

수할 수 있게 해 달라는 것이다. 여기서 마스테마의 임무란 사람들을 그릇된 길로 이끌고 세상을 타락시키는 일이다(희년서 10,7-9). 그리하여 악령들 가운데 십분의 일은 지상에 남아 마스테마의 하수인으로서 일하게 된다(희년서 10,11). 마귀들이 예수님께 때가 되기도 전에 자신들을 괴롭힌다고 반박하는 마태 8,29도 참조하라: "하느님의 아드님, 당신께서 저희와 무슨 상관이 있습니까? 때가 되기도 전에 저희를 괴롭히시려고 여기에 오셨습니까?" 이 말은 아직 마귀에게 허락된 시간이 남아 있다는 의미이며 그때까지는 자신들이 활개를 치고 다닐 수 있음을 암시한다.

138 천상의 지식이 지상의 인간에게 전달된 것 자체가 재앙으로 여겨진다. 지상의 거주자들에게는 천상의 비밀 지식을 알 권리가 없었다. 그런데 감시자들로 인해 천상의 지식이 땅에 있는 사람들에게 공개된다. 감시자들로 인해 지식의 경계가 무너진 셈이다. 그런데 이것으로 다가 아니다. 감시자들이 인간에게 전해준 지식은 인간에게 유익을 가져다주는 대신 악을 늘려나가는 수단으로 작용한다. 감시자들이 전해 준 과학과 기술 문명은 인간의 삶을 윤택하게 만든 것이 아니라 악을 자행하는 도구가 되었을 따름이라는 것이 1에녹 저자의 생각이다.

139 1에녹 17—36장은 에녹의 저세상 여행을 다룬다. 환시를 통한 저세상 여행 테마는 1에녹을 비롯한 구약 외경뿐 아니라 후대 신약 외경에도 자주 사용된다. 바오로 묵시록과 베드로 묵시록이 대표적이다. 셋째 하늘까지 들어 올려진 이에 관해 언급하는 2코린 12,2-4도 참조하라. 이때 낙원까지 들어 올려진 그는 "발설할 수 없는 말씀을 들었는데, 그 말씀은 어떠한 인간도 누설해서는 안 되는 것"(2코린 12,4)이었다고 한다. 이 구절을 모티프 삼아 만들어진 것이 바오로 묵시록이다. 이

어둠과 빛물체들의 장소, 불의 강

17. 1 천사들은[140] 나를 낚아채어 어떤 장소로 데려갔습니다.[141] 그곳에 있
는 이들은 타오르는 불과 같았고[142] 본인들이 원할 때면 사람처럼 보
였습니다. 2 그들은 나를 칠흑 같은 장소와 산으로 데려갔는데, 그 꼭
대기는 하늘까지 닿아 있었습니다. 3 나는 빛물체들의 처소와 별과 천
둥의 곳간을 보았습니다. 그리고 공중의 심연으로 향했습니다. 그곳에
는 불 활과 화살들, 그들의 방패와 모든 번개가 있었습니다.
4 그들은 나를 물들과 서쪽의 불까지 데려갔습니다. 그곳은 일몰
을 담당하는 곳이었습니다.
5 그러고 나서 우리는 불의 강까지 갔습니다. 그곳에서는 불이 물
처럼 흐르며 서쪽의 큰 바다까지 흘러들어갔습니다.
6 나는 큰 강들을 보았습니다. 그러고 나서 나는 거대한 강과 거
대한 어둠에 이르렀습니다. 그러고는 그곳을 떠나 온갖 살덩이가 걸어
다니고 있는 곳으로 갔습니다.
7 나는 암흑에서 불어오는 겨울 바람과 심연에서 흘러오는 모든
물들을 보았습니다.
8 나는 땅에 있는 모든 강들의 입구와 심연의 입구를 보았습니다.

책은 셋째 하늘까지 들어 올려졌을 때 바오로가 보고 듣고 체험했다는 내용을 담고 있는데, 이때 바오로는 천사의 인도로 의인들의 처소와 죄인들의 처소를 둘러보았다고 한다. 베드로 묵시록도 비슷하다. 그 밖에 신약 외경에 속하는 많은 작품들이 저세상 여행을 소재로 삼고 있다.

140 문장의 주동사가 3인칭 복수이나 주어가 명시되어 있지 않아 에녹을 낚아채간 이들이 누구인지 분명하지 않다. 문맥상 '천사들' 또는 '대천사들'일 터다. 18,14에 천사가 에녹의 질문에 답하는 것으로 미루어 17,1의 주어를 '천사들'로 옮겼다.

141 1에녹 17—20장은 에녹의 첫 번째 저세상 여행을 담고 있다.

142 시편 104,4은 하느님께서 타오르는 불을 시종으로 삼으셨다고 한다.

바람들의 곳간과 하늘과 땅의 끝

18. [1] 나는 모든 바람들의 곳간을 보았습니다.[143] 또한 그분께서 그곳에다 온갖 피조물과 땅의 기초를[144] 장식해두신 것을 보았습니다. 그리고 땅의 모퉁잇돌도 보았습니다.[145]

[2] 나는 땅과 하늘의 궁창을 받치고 있는 네 바람을 보았습니다.

[3] 그것들은 땅과 하늘 사이에 서 있었습니다.

[4] 나는 태양의 바퀴와 모든 별들에게 신호를 주어 돌게 만드는 하늘의 바람들을 보았습니다.

[5] 나는 땅 위에서 구름을 지고 있는 바람을 보았습니다. 나는 땅의 끝, 저 위 하늘의 버팀대를 보았습니다.

[6] 나는 (그곳을) 지나 밤낮으로 불타오르고 있는 곳을 보았습니다. 그곳에는 값비싼 돌들로 이루어진 일곱 산이 있었습니다. 셋은 동쪽을, 셋은 남쪽을 향해[146] 있었습니다.

[7] 동쪽을 향한 산들은 유색 돌로 이루어져 있었습니다. 하나는 진주 석으로, 다른 하나는 치유의 돌로 되어 있었습니다. 그러나 남쪽을 향한 산은 붉은 돌로 되어 있었습니다.

[8] 가운데 산은 하늘을 찌르고 있었는데 마치 흑석으로 된 하느

---

143 묵시 7,1 참조. 여기서 요한은 환시로 네 천사가 땅의 네 모퉁이에 서서 땅의 네 바람을 붙잡고 있는 것을 본다.

144 2사무 22,16; 시편 18,16; 104,5; 잠언 8,29; 이사 48,13; 51,13 참조.

145 욥 38,4-6 참조: "내가 땅을 세울 때 너는 어디 있었느냐? 네가 그렇게 잘 알거든 말해 보아라. 누가 그 치수를 정하였느냐? 너는 알지 않느냐? 또 누가 그 위에 줄을 쳤느냐? 그 주춧돌은 어디에 박혔느냐? 또 누가 그 모퉁잇돌을 놓았느냐?"

146 산이 동쪽을 향해(εἰς ἀνατολάς) 또는 남쪽을 향해(εἰς νότον) 있다는 표현이 현대인의 관점에서는 어색할 수 있다. 그리스어로 동쪽 또는 남쪽에 있다고 표현할 때는 대개 전치사 πρός를 쓴다. 예를 들면 πρὸς ἀνατολάς(동쪽에 있는): 칠십인역 에제 48,2-7 참조.

님의 옥좌 같았습니다. 그 옥좌의 꼭대기는 청옥으로 되어 있었습니다.[147]

9 나는 타오르는 불을 보았습니다. 그리고 이 산들 너머를 (보았습니다).

10 그곳은 거대한 땅의 경계이며, 그곳에서 하늘들이 끝이 납니다.

11 그리고 나는 큰 구렁을[148] 보았는데, 불기둥들이 위에서 내려오고 있었습니다. 그 구렁은 깊이도, 높이도 측량할 수 없었습니다.

12 이 구렁 너머에 있는 어떤 곳을 보았습니다. 그곳에는, 위로는 하늘의 궁창도 없고 아래로는 떠받쳐줄 땅도 없었습니다. 그 아래에는 물도 없고 새도 없었습니다. 그곳은 황폐하고 끔찍한 곳이었습니다.

13 거기서 나는 일곱 개의 별을 보았는데 그것들은 마치 불타고 있는 거대한 산 같았습니다.

이것들에 관해 내가 질문하자, 14 천사가 말하였습니다.

"이곳이 하늘과 땅의 끝이다. 별들과 하늘의 권세들에게는 이곳이 감옥이 되었다.

15 불 속에서 빙빙 돌고 있는 별들은 — 하늘 바깥쪽은 비어 있다 — 떠오르기 시작할 때부터 주님의 명을 어긴 것들이다. 그들은 제 시간에 나가지 않았다.

16 그분께서 그들에게 진노하셨고 그들을 결박하여 그들의 죄가 완결될 때까지 수만년 동안 가두어 두셨다."[149]

---

147 에제 1,26에서는 청옥처럼 보이는 어좌 형상에 대해 언급한다.

148 구렁으로 옮긴 그리스어는 χάσμα다. 루카 16,26에 따르면 천국과 지옥 사이에 큰 구렁(χάσμα)이 가로놓여 있어 이쪽저쪽으로 건너다닐 수 없다.

149 묵시 20,2-3을 참조하라. 천사가 악마를 천 년 동안 움직이지 못하도록 결박하여 지하로 던지고서는 그곳을 잠갔다는 내용이 나온다. 천 년이 지나면 사탄은

타락한 천사들의 처소

19. [1] 우리엘이 나에게 말하였습니다. "여자들과 몸을 섞은 천사들이 여기
서 있을 것이다. 그들에게서 나온 여러 가지 형상을 지닌 영들이[150] 사
람들을 파괴하고 있다. 그들은 위대한 심판 때까지 마귀들에게 제물
을 바치도록 사람들을 유혹할 것이다.[151] 그러나 그때에 그들은 완전히

잠시 풀려날 수 있다고 한다.

150 직역: "여러 가지 형상을 지닌 그들의 영들." 1에녹 15,8에 따르면 땅에서 악을 조장하는 자들은 정확히, 감시자의 영들이 아니라 감시자와 여인들 사이에서 나온 거인의 영들이다. 거인의 영들의 뿌리는 감시자들이기에 19,1에서 '그들(감시자들)의 영'이라고 한 듯하다.

151 1에녹 19,1에서 마귀라 옮긴 단어는 δαιμόνιον이다. 제2성전 후기 유다교 작품과 신약성경에서는 마귀(demon)라는 표현을 쉽게 만날 수 있지만 히브리 성경에서는 그렇지 않다. 마귀가 언급되는 대표적 구절은 신명 32,17과 시편 106,37이다: "그들은 하느님이 아니라 잡신들에게 제물을 바쳤다. 그들이 알지도 못하던 신들 갓 들어온 새 신들 너희의 조상들은 두려워하지도 않던 신들이다"(신명 32,17); "자기네 아들과 딸들을 마귀들에게 바치며"(시편 106,37). 히브리어 성경에는 שֵׁד(복수형 שֵׁדִים)가 사용되며, 칠십인역에는 δαιμόνιον, 우리말 성경에는 잡신 또는 마귀라 옮겨져 있다. 이들 두 본문에서 저자는 하느님께 올려야 할 제사가 마귀들에게 잘못 바쳐지고 있음을 고발한다. 이 본문들은 구약성경 안에도 마귀 개념이 발달해 있음을 방증한다. 그리스어 δαιμόνιον은 칠십인역 이사 13,21; 34,14; 65,3에도 나온다. 그리스 세계에서 δαιμόνιον은 본디 악령을 의미하지 않았다. 플라톤에 따르면 다이모니온 또는 다이몬들은 신과 인간의 중간적 존재로서 하늘과 땅을 오가며 둘 사이의 소통을 매개하는 천사에 가까운 존재다(플라톤, 『향연』 202-203). 그러나 이 용어가 유다인들 사이에 들어오면서 악령 개념으로 바뀐 듯하다: Sullivan, "The Watchers Traditions in 1Enoch 8-16: The Fall of Angels and the Rise of Demons", 96. 다이모니온은 바룩 4,7.35; 토빗 3,8.17; 6,8.15.16.17; 8,3 등에도 나온다. 바룩 4,7에서 저자는 유배자들을 향해 "너희는, 하느님이 아니라 마귀들에게 제사를 바쳐 너희를 만드신 분을 분노하시게 하였다"라면서 마귀 숭배를 유배의 이유로 내세운다. 토빗 3,8은 더 구체적으로 들어가 사악한 마귀(πονηρὸν δαιμόνιον)의 이름을 아스모대오스로 제시한다. 다이모니온이 구체적 실체로 특정화된 것이

끝장날 때까지 심판을 받을 것이다.

[2] 잘못을 저지른 천사들의 아내가 된 여자들은 세이렌이[152] 될 것이다."

[3] 오직 나 에녹만이 이 광경들, 모든 것의 끝을 보았습니다. 사람들 가운데 단 한 명도 내가 본 것처럼 본 적이 없습니다.[153]

대천사들의 이름

20. [1] 권력의 천사들은 다음과 같습니다.

[2] 우리엘, 거룩한 천사들 가운데 하나, 땅과 타르타루스를[154] 다스리

다. 1에녹 19,1에서 다이모니온은 감시자들의 후손과 연결된다. 감시자들의 후손인 악령들이 마귀 숭배를 조장한다는 것이다. 1에녹 99,7에서도 악령과 마귀 숭배를 고발한다. 다이모니온들은 쿰란 문헌에도 등장한다. 이를테면 4Q510 단편 1.4-6; 4Q511 단편 10.1-2에는 제2성전기 후기 유다교 문학에 나오는 온갖 사악한 존재들이 총망라되어 있는데, 파괴를 일삼는 천사들의 영들, 사생아인 영들, 마귀들, 올빼미, 지식의 영을 그릇된 길로 이끄는 자들 등이 이에 해당한다: Alexander, "The Demonology of the Dead Sea Scrolls", 331-353 참조. 초대 그리스도교 문학에서도 다이모니온은 부정적인 모습으로 등장한다. 신약성경 복음서에서 마귀들은 매우 구체적인 역할을 지닌 것으로 묘사된다. 그들은 사악한 존재들로 한 인간에게 침투하여 그를 장악해서는 정신적·육체적 질병을 일으키기도 한다(마르 1,34). 다이모니온의 의미와 용례에 대해서는 Riley, "Demon", 235-240을 참조하라.

152 그리스 신화에 나오는 님프. 아름다운 여인의 얼굴에 새의 몸을 갖고 있다. 인어의 형상으로 표현되기도 한다.

153 이 구절에서는 에녹의 특권이 드러난다. 다른 어떤 사람도 에녹이 본 것과 같은 광경을 본 적이 없다는 것이다. 에녹이 본 것은 '모든 것의 끝'이라 불린다.

154 타르타루스는 그리스 신화에서 하데스보다 훨씬 더 깊은 곳에 있는 심연의 세계를 가리킨다. 신약성경에서 죽은 사람들의 처소인 저승은 대개 하데스(ᾅδης), 죽은 사람이 벌 받는 장소는 지옥(게헨나 γέεννα)으로 제시된다. 이 지옥이 타르타루스 개념에 가깝다: Mobely/Wray, *The Birth of Satan: Tracing the Devil's Biblical*

는 천사.

[3] 라파엘, 거룩한 천사들 가운데 하나, 사람의 영을 다스리는 천사.

[4] 라구엘, 거룩한 천사들 가운데 하나, 빛물체들의 세상을 위해 복수하는 천사.

[5] 미카엘, 거룩한 천사들 가운데 하나, 백성 가운데 착한 이들과 카오스를[155] 다스리도록 임명된 천사.

[6] 사리엘, 거룩한 천사들 가운데 하나, 영들을 — 영으로 죄를 짓는 모든 이 — 다스리는 천사.

[7] 가브리엘, 거룩한 천사들 가운데 하나, 낙원과 용들과[156] 커룹들을 다스리는 천사.[157]

천사들의 이름은 일곱입니다.[158]

에녹의 저세상 여행, 두 번째[159]

Roots, 88-90을 참조하라.

155 χάος. 태초의 우주 상태를 가리키는 말로 혼돈, 무질서를 뜻한다. 무한한 공간, 무한한 어둠, 땅속 심연을 가리키기도 한다.

156 요한 묵시록에서 용은 악마를 가리킨다: "그 천사가 용을, 곧 악마이며 사탄인 그 옛날의 뱀을 붙잡아 천 년 동안 움직이지 못하도록 결박하였습니다"(묵시 20,2). 묵시 12,3-4.7.9도 참조하라.

157 창세 3,24에서도 낙원과 커룹이 연결된다: "에덴 동산 동쪽에 커룹들과 번쩍이는 불 칼을 세워, 생명 나무에 이르는 길을 지키게 하셨다."

158 일부 사본에는, "레미엘, 거룩한 천사들 가운데 하나, 하느님께서 일어나는 이들 위에 세우신 천사"가 첨가되어 있다. 레미엘까지 포함시키면 권력의 천사가 일곱이 된다.

159 1에녹 21—36장은 에녹의 두 번째 저세상 여행을 다룬다. 이때 에녹은 타락한 별들과 천사들의 감옥과 죽은 이들의 처소를 둘러본다. 그 다음으로 천국을 여

주님의 명을 어긴 별들의 처벌 장소

21. [1] 나는 형태가 갖춰지지 않은 곳까지 갔습니다. [2] 그리고 나는 무시무시한 것을 보았습니다. 위의 하늘도 보지 못했고, 단단히 세워진 땅도 보지 못했습니다. 형태가 갖춰지지 않은 무시무시한 곳만 (보았습니다). [3] 거기서 나는 하늘의 별 일곱 개가 묶여 그곳에 던져져 있는 것을 보았습니다. 그 별들은 거대한 산 같았고 불에 타고 있었습니다. [4] 그때 나는 말했습니다. "무슨 이유로 이들이 결박되었습니까? 무엇 때문에 이곳에 던져졌습니까?"

[5] 그러자 우리엘이 말했습니다. — 그는 거룩한 천사들 가운데 하나로 나와 함께 있던 분입니다. 바로 그분이 천사들을 이끌고 있었습니다. 우리엘이 말하였습니다. — "에녹아, 무엇 때문에 묻느냐? 무엇 때문에 그토록 진실을 알아내려 하느냐? [6] 이들은 주님의 명을 어긴 하늘의 별들이다. 그들은 수만년 동안, 곧 그들의 죄의 시간이 채워질 때까지 이곳에 결박되어 있어야 한다."[160]

천사들의 감옥

[7] 나는 그곳에서 나와 그보다 더 무시무시한 곳으로 갔습니다. 그리고 더 무시무시한 것을, 그곳에서 타오르며 작렬하는 큰 불을 보았습니다. 그곳에는 심연까지 닿는 깊은 골이 있었습니다. 그곳에서는 수많은 불기둥이 위에서 아래로 내려오고 있었는데,[161] 그 크기나 넓이를 볼 수도 추측할 수도 없었습니다.

[8] 그래서 나는 말했습니다. "이곳은 얼마나 무시무시한지요! 보는

행한다. 에녹의 저세상 여행 이야기는 나중에 신약 외경 베드로 묵시록과 바오로 묵시록이 탄생하는 계기가 된다.

160 묵시 20,2-3 참조.

161 직역: "그곳은 위에서 내려오는 불기둥들로 가득했는데."

것만으로도 얼마나 끔찍한지요!"

[9] 나와 함께 있던, 거룩한 천사들 가운데 하나가 나에게 답했습니다. 천사가 나에게 말했습니다. "에녹아! 무엇 때문에 두려워하느냐? 그렇게 무서우냐?" 나는 답했습니다. "이 무시무시한 곳, 이 끔찍한 광경 때문입니다."

[10] 천사가 말하였습니다. "이곳은 천사들의 감옥이다. 그들은 영원히 이곳에 갇혀 있을 것이다."

깊은 구렁: 죽은 영혼들이 모이는 곳

22. [1] 나는 그곳에서 나와 다른 곳으로 갔습니다. 천사는 나에게 서쪽에 있는 또 다른 거대하고 높은 산을 가리켰습니다. 그 산은 단단한 바위로 이루어져 있었습니다. [2] 그 산에는 깊은 심연을 가진, 매우 미끄러운 구렁이 네 군데 있었는데, 그 가운데 셋은 어둡고 하나는 밝았습니다. 물이 나오는 샘이 그 한가운데에 있었습니다. 나는 말하였습니다. "이 구렁들은 얼마나 미끄럽고 깊습니까? 그리고 얼마나 어두워 보입니까?" [3] 그러자 거룩한 천사들 가운데 하나로서 나와 함께 있던 라파엘이 대답했습니다. 그가 내게 말했습니다. "이 구렁들은 죽은 영혼들의 영이 모이는 곳이다. 그들은 이곳에 오기로 정해졌다. 그래서 사람들의 모든 영혼이 이곳에 모이게 된다. [4] 이곳은 그들이 심판 날까지 그리고 분리의 때까지, 곧 그들에게 위대한 심판이 내리기로 정해진 시간까지 모여 있도록 만들어졌다."[162]

---

162 죽은 이들의 영혼이 모이는 곳. 히브리어로 셔올, 그리스어로 하데스에 해당한다. 고대 이스라엘에서는 죽은 이의 영혼이 모두 셔올에 간다고 믿었다. 셔올은 형벌 개념과는 무관하다. 의인과 악인 할 것 없이 죽은 사람의 영혼은 모두 이곳에 잠든다는 것이다. 셔올은 감옥, 구렁, 깊은 구멍 등의 상징적 언어로 표현되기도 한다. 셔올은 그리스어로 하데스로 옮겨진다. 형벌의 의미를 지니는 '지옥'과 달리 셔

[5] 나는 죽은 사람들이 호소하고 있는 모습을 보았습니다. 그런데 한 목소리가 하늘까지 올라가 호소하고 있었습니다. [6] 나는 나와 함께 있던 천사 라파엘에게 물었습니다. 그리고 그에게 말했습니다. "호소하고 있는 이 영은 누구의 영입니까? 무엇 때문에 그의 목소리가 이렇게 하늘까지 올라가 호소합니까?" [7] 라파엘이 나에게 답하며 말했습니다. "이 영은 자기 형 카인이 죽인 아벨에게서 나온 영이다.[163] 아벨은 카인의 씨앗이 땅 표면에서 사라지게 해 달라고, 그리고 그의 씨앗이 사람들의 씨앗들로부터 멸종하게 해 달라고 호소하고 있다."[164]

[8][165] 그 뒤 나는 구렁들에[166] 관해 물었습니다. "이것들은 무엇 때문에 서로 갈라져 있습니까?" [9] 그가[167] 나에게 답하며 말하였습니다. "이 세

올과 하데스는 중립적 개념으로 죽은 이들의 영혼이 모이는 곳, 저승 정도로 이해하면 된다. 참고로 신약성경에서 지옥을 가리킬 때는 '게헨나'라는 단어가 사용된다. 1에녹 20,2 타르타루스에 달린 각주 참조.

163 창세 4,8.

164 창세 4,10-11: "네 아우의 피가 땅바닥에서 나에게 울부짖고 있다. 이제 너는 저주를 받아, 입을 벌려 네 손에서 네 아우의 피를 받아 낸 그 땅에서 쫓겨날 것이다."

165 1에녹 22,8-13에 따르면 죽은 이들의 영은 모두 한 곳에 모이지만 영의 상태에 따라 세 구렁으로 나뉘어 들어간다. 첫째 구렁은 의인들의 영혼이 들어간다(22,9). 둘째 구렁은 살아서 벌을 받지 않은 죄인들의 영혼이 들어간다. 이들은 영원한 벌을 면치 못한다(22,10-11). 셋째 구렁은 살아서 벌을 받은 죄인들의 영혼이 들어간다. 이들은 영원한 벌을 받지는 않는다(22,12-13).

166 그리스어 본문에는 소용돌이(κύκλωμα)라 되어 있다. 죽은 이들의 영들이 모이는 '구렁'(κοίλωμα)을 언급한 1에녹 22,2을 참조하여 κοίλωμα(구렁)로 고쳐 읽었다: Charles, "The Book of 1Enoch", 203 참조. 소용돌이라 읽어도 큰 문제는 없을 듯하다. 소용돌이 형태로 만들어진 구렁일 수도 있다.

167 라파엘일 법하다. 1에녹 22,6 참조.

(구렁)은 죽은 이들의 영들을 갈라놓기 위해 만들어졌다. 먼저 의인들
의 영들을 위한 (구렁)이 따로 만들어졌다. 그 안에는 (의인들을 위한)
빛나는 물의 샘이 있다. [10] 죄인들의 (구렁)도 만들어졌다. 죄인들이 죽
어서 땅에 묻혔는데, 그들이 살아 있는 동안에는 심판이 내리지 않은
경우(를 위해서다). [11] 여기서 죄인들의 영들은 (다른 영들과) 따로 떨
어져 위대한 심판의 날까지 엄청난 고문을 받게 된다. 저주받은 자들
은 고통과 고문을 영원히 당할 것이다. 이것이 그 영들이 받게 될 보
상이다. 그들은 영원히 그곳에 묶여 있을 것이다.[168] [12] 호소하는 이들
의 영들을 위한 (구렁도) 따로 만들어졌다. 죄인들의 시대에 살해당한
그들은 (자기네가 입은) 파괴에 대해 고발하고 있다. [13] 이렇게 그곳은
경건하지 않은, 죄 많은 사람들의 영들을 위해 만들어졌다. 그들은 불
법을 일삼는 자들과 동반자가 될 것이다. 그러나 영적인 일을 말하자
면, 여기서 벌 받는 자들은 상대적으로 적은 벌을 받는다. 따라서 심
판 날에 영원한 벌을 받지는 않을 것이다. 그러나 거기서 일으켜지지
도 않을 것이다."[169]

[14] 그러자 나는 영광의 주님을 찬양하며 말하였습니다. "주님, 정의의 주님이시며 영원히 다스리시는 분이시여! 당신께서는 찬양받아 마땅한 분이십니다."

---

168 직역: "그것은 그들을 영원히 그곳에 묶어둘 것이다."

169 죄인들이 죽은 뒤에 받는 벌에는 차등이 있다. 영원한 벌을 받는 자들과 벌을 받기는 하나 영원한 벌은 면하는 자들로 나뉜다. 후자에 속하는 이들은 영원히 벌 받지는 않지만 부활의 혜택도 누리지 못한다. 1에녹이 기록되던 당시에 이미 부활에 대한 믿음이 있었음을 알 수 있다. 부활에 대한 믿음은 솔로몬의 시편 3,12; 예언자들의 생애 2,12; 2에녹 9—10장 등에도 나타난다. '서문, 4.3. 부활과 내세'를 참조하라.

하늘의 빛물체들

23. [1] 나는 그곳에서 나와 땅 끝, 서쪽에 있는 다른 곳으로 갔습니다. [2] 그리
고 빙글빙글 돌고 있는 불을 보았습니다. 불은 쉬지도 않고 궤도를 벗
어나는 법도 없이 밤낮으로 한결같이 (제 경로를) 지키고 있었습니다.
[3] 나는 물었습니다. "쉬는 법이 없는 이것은 무엇입니까?" [4] 그때 거룩
한 천사들 가운데 하나로 나와 함께 있던 라구엘이 내게 답했습니다.
"궤도를 그리고 있는 이 불, 서쪽을 향해 타오르고[170] 있는 이 불은 하
늘의 모든 빛물체들이다."

북서쪽의 일곱 산과 생명의 나무

24. [1] 그리고 라구엘은 나에게 밤중에도 타오르고 있는 불의 산들을 가리
켰습니다. [2] 나는 거기에서 좀 더 앞으로 나아가다가 일곱 개의 산을
보았습니다. 그 산들은 도두 영화롭고 하나하나 서로 달랐으며, 매우
아름다운 돌들로 이루어져 있었습니다. 모두 귀하고 영화롭고 아름다
운 모습이었습니다. 그 가운데 셋은 동쪽에 세워져 있었는데 하나 위
에 다른 하나가 놓인 형태였습니다. 다른 셋은 남쪽에, 하나 위에 다른
하나가 놓인 (형태로 되어 있었습니다). 그런데 깊고 거친 골짜기들이
있어서 한쪽이 다른 한쪽에게 다가가는 법은 없었습니다.

[3] 그리고 그 한가운데에는 일곱째 산이 있었습니다. 그 산은 높
이가 상당하여 어좌의 자리 같았으며 아름다운 나무들이 그곳을 둘
러싸고 있었습니다.

[4] 그 (나무들) 사이에 한 그루 나무가 있었는데 (거기서 나오는) 향을
나는 맡아본 적이 없었습니다. 다른 누구도 그 (향을) 누려본 적이 없

170 직역: "괴롭히고 있는."

습니다. 사실 다른 어떤 나무도 그와 비슷하지 않았습니다. 그 어떤 향료보다 더 달콤한 향을 가졌으며 그 잎과 꽃과 줄기는 영원히 시들지 않습니다. 그 열매는 한 송이 대추야자 같았습니다.

5 그때 나는 말했습니다. "이 나무는 얼마나 좋고 향기로운지요! 잎들도 아름답고 그 꽃들도 보기에 아름답습니다."

6 그러자 거룩한 천사들 가운데 하나로 나와 함께 있던 미카엘이 — 그가 이 천사들을 이끌고 있었습니다 — 내게 대답하였습니다.

25. 1 미카엘이 나에게 말하였습니다. "에녹아, 무엇을 묻느냐? 이 나무의
향기에 왜 놀라느냐? 그리고 무엇 때문에 진리를 알고 싶어 하느냐?"
2 그때 나는 답하였습니다. "모든 것에 대해 알고 싶습니다. 그러나 특
히 이 나무에 대해 가장 (알고 싶습니다)." 3 미카엘이 답하며 말하였
습니다. "꼭대기가 하느님의 어좌와 비슷한 이 높은 산은, 위대하신 주
님, 영광스럽고 거룩하신 분, 영원의 임금님께서 선한 마음으로 땅을
살피러 내려오실 때마다 좌정하시는 자리다. 4 그리고 향기로운 이 나
무로 말할 것 같으면, 위대한 심판 때까지 어떤 살덩이도 그것을 만질
권한이 없다. 모든 것의 처벌과 완성이 영원히 이루어질 그때까지 그러
하다. 그 다음에야 그것이 의로운 이들과 거룩한 이들에게 선사될 것
이다. 5 그 열매는 북쪽에서, 뽑힌 이들에게 생명의 양식으로 주어질
것이다. 그리고 그 나무는 영원의 임금이신 하느님의 집 곁에 있는 거
룩한 곳으로 옮겨져 그곳에 심길 것이다.

6 그때 그들은[171] 한없이 즐거워하고 기뻐하며 성소로 들어갈 것이다. 그 향기가 그들의 뼈 속에 스며들고, 그들은 너의 조상들처럼 오랜 삶을 살 것이다. 그리고 그들이 살아 있는 날들 동안에 고통과 재앙

171 의로운 이들과 거룩한 이들.

과 고난이 그들을 덮치지 않을 것이다."[172]

[7] 그때 나는 영광의 하느님, 영원의 임금님, 의로운 사람들에게 이런 것을 마련해 두신 분, 그것들을 만드시고 의인들에게 주겠노라고 말씀하신 분을 찬양하였습니다.

복된 곳, 예루살렘

26. [1] 그리고[173] 나는 그곳에서 나와 땅 한가운데로 가서 복된 곳을 바라보았습니다.[174] 그곳은 훼손되어 있었습니다. [2] 거기서 나는 거룩한 산을 보았습니다. 그 산 아래 동쪽에서 물이 흘러나와 서쪽을 지나 남쪽으로 흐르고 있었습니다. [3] 그리고 (그 산) 동쪽에 그 산보다 더 높은 다른 산을 보았습니다. 그 한가운데에는 깊은 골짜기가 있었는데 그리

---

172 생명 나무의 기원에 관해서는 창세 2,9; 3,22을 참조하라. 1에녹 25장은 마지막 심판 때 의로운 이들에게 생명의 나무가 선사될 것이라 말한다. 이 나무가 뽑힌 이들을 위한 생명의 양식이 된다는 것이다. 2바룩 73,1-2도 비슷한 생각을 전한다. 마지막 때에 이르러 기름부음받은이가 왕국의 어좌에 좌정할 때 '치유'가 이슬처럼 내려오고 모든 질병과 고통이 사라지며 기쁨과 안식이 가득하리라는 것이다. 마찬가지 개념을 전하는 4에즈 8,52-54은 마지막 때를 낙원이 열리고 생명 나무가 심겨지는 때로 묘사한다. 생명 나무의 기능에 관해서는 요한 묵시록 저자가 가장 풍요롭게 설명한다. 묵시 2,7: "승리하는 사람에게는 내가 하느님의 낙원에 있는 생명 나무의 열매를 먹게 해 주겠다"; 22,2: "(생명수의) 강 이쪽저쪽에는 열두 번 열매를 맺는 생명 나무가 있어서 다달이 열매를 내놓습니다. 그리고 그 나뭇잎은 민족들을 치료하는 데에 쓰입니다"; 22,14: "그들은 생명 나무의 열매를 먹는 권한을 받고, 성문을 지나 그 도성으로 들어가게 될 것이다."

173 1에녹 26,1-3은 성전에서 솟아 흐르는 물을 묘사한 에제 47,1-12을 연상시킨다.

174 세상 한가운데 있는 복된 곳이란 예루살렘을 가리킨다. 에제 5,5을 보라. 예루살렘이 뭇 나라에 둘러싸여 민족들 한가운데에 자리 잡고 있다고 한다. 에제 38,12도 예루살렘을 세상의 중심으로 표현한다. 희년서 8,12.19에서는 세상의 한가운데가 셈의 몫으로 주어졌다고 한다.

넓지는 않았습니다. 그곳으로 물이 흘러 산 아래쪽을 지나갔습니다.
4 서쪽에는 그보다 낮은, 그리 높지 않은 다른 산이 있었습니다. 그 산
들 사이에는 (물이 없이) 메마른 깊은 골짜기가 있었습니다. 세 산 꼭
대기에는 깊고 메마른 골짜기가 하나 더 있었습니다. 5 깊은 골짜기는
모두 단단한 바위로 되어 있었고, 나무 한 그루 심겨져 있지 않았습니
다. 6 나는 그 골짜기를 보고 놀랐습니다. 사실 상당히 놀랐습니다.

저주받은 골짜기

27. 1 나는 말하였습니다. "복된 이 땅은 온통 나무들로 가득한데, 이 골짜
기는 무엇 때문에 저주받았습니까?"[175] 2 "저주받은 땅은 영원히 저주
받은 자들을 위한 곳이다.[176] 저주받은 자들은 모두 이곳에 모일 것
이다. 그들은 자기 입으로 주님을 거슬러 부적절한 말을 지껄이는 자
들, 그분의 영광을 두고 거친 말을 내뱉는 자들이다. 그들은 이곳에 모
일 것이다. 그리하여 이곳이 그들의 거처가 될 것이다. 3 마지막 시대,
곧 의인들 앞에서 이루어질 참된 심판의 날에는 불경한 자들이[177] 이

175 구약성경에서 저주받은 골짜기는 '벤 힌놈 골짜기'다: 2열왕 23,10; 예레 7,31-32; 19,6 참조. 이 골짜기는 예루살렘을 서쪽과 남쪽에서 둘러싸고 있으며 '골짜기 문'(2역대 26,9)으로 접근할 수 있다. 이곳은 역겨운 종교 행사들이 벌어지는 주 무대였다. "그들은 '벤 힌놈 골짜기'에 토펫의 산당을 세우고 저희 아들딸들을 불에 살라 바쳤"다(예레 7,31; 참조: 2열왕 23,10). 그래서 이 골짜기는 저주받은 곳이 된다. "그때에는 그곳이 더 이상 토펫이나 벤 힌놈이 아니라 '살육의 골짜기'라 불릴 것이다. 그들이 묻힐 곳이 없어서 토펫에 시체를 묻게 될 것이기 때문이다"(예레 7,32). 이렇게 해서 벤 힌놈 골짜기는 저주받은 장소의 상징이 된다(마태 5,22 참조: 신약에서 지옥을 가리키는 데 사용된 그리스어 게헨나가 '벤 힌놈'에서 유래하였다).

176 에티오피아어 본문에는 거룩한 천사들 가운데 하나로, 에녹과 함께 있던 우리엘이 답한 것으로 되어 있다.

177 에티오피아어 본문은 "자비로운 이들"이라 읽는다. 찰스(Charles)는 οἱ ἀσεβεῖς(불경한 자들)를 οἱ εὐσεβεῖς(경건한 이들)로 바꾸어 읽는다: Charles, "The

곳에서 영광의 주님, 영원의 임금님을 끊임없이 찬양할 것이다. [4] 자기네 심판의 날에 그들은, 그분께서 자기들에게 나누어 주신 자비를 두고 찬양할 것이다."

[5] 나는 영광의 주님을 찬양하였습니다. 그리고 그분의 영광을 드러내며 장엄하게 찬가를 불렀습니다.

동쪽으로, 동쪽으로

28. [1] 나는 그곳에서 나와 만도바라 한가운데로 들어갔습니다.[178] 그리고
광야를 보았습니다. 오직 그것뿐이었습니다. [2] 그곳은 나무들로 가득
하였습니다. 그리고 비도 안 내리는데 (나무) 씨앗에서 물이 흘러내렸
습니다. [3] 그 물은 풍성한 물줄기로 북서쪽을 향해 힘차게 흐르면서 온
사방에 물방울과 이슬을 흩날렸습니다.

29. [1] 나는 다시 거기에서 나와 밥데라에 있는 다른 장소로 갔습니다. 나는
산[179] 동쪽에 이르렀습니다. [2] 그리고 나는 유향과 몰약의 향기를 내뿜
는 심판의 나무를 보았습니다. 그 나무들은 견과 나무와 비슷했습니
다.

30. [1] 나는 이것들을 지나 동쪽으로 더 나아갔습니다. 그리고 다른 장소,
곧 물이 흐르는 큰 골짜기를 보았습니다. [2] 그곳에 있는 나무는 껍질에
서 유향나무와 비슷한 향기가 났습니다. [3] 나는 그 골짜기들 옆에 (쭉
늘어선) 향기로운 계수나무들을 보았습니다. 나는 이것들을 통과하여

Book of 1Enoch", 206 참조.

178 에티오피아어 본문에는 "동쪽을 향해 광야의 산 한가운데로 들어갔습니다"로 되어 있다. 에녹의 여정이 지금부터 계속 동쪽을 향하게 된다.

179 1에녹 26,2의 "거룩한 산"을 가리키는 듯하다.

동쪽으로 더 나아갔습니다.

31. [1] 그리고 나는 다른 산들을 보았습니다. 그곳에는 나무숲이 있었습니다. 나무에서는 사라와 풍자향이라 불리는 진액이 흘러나왔습니다.

[2] 이 산들 너머로 다른 산을 보았습니다. 그것은 땅 끝의 동쪽을 향하고 있었습니다. 모든 나무가 순식간에 편도나무처럼 풍성해졌습니다. [3] 그 나무들은 문지를 때마다 그 어떤 향료보다 더 달콤한 향기가 났습니다.

32. [1] [나무 향을 맡은 뒤] 북동쪽을 향하여 일곱 개의 산을 바라보았습니다. 그 산들은 좋은 나르드와 유향나무, 계수나무, 후추나무들로 가득했습니다. [2] 나는 그곳에서 나가 이 모든 산에서 가장 높은 지점으로 갔습니다. 땅의 동쪽을 향해 멀리 떨어진 곳이었습니다.[180] 그리고 홍해를 건너 땅 끝 쪽으로[181] 계속 나아갔습니다. 그곳에서부터 조티엘[182] 위로 지나갔습니다. [3] 그리고 나는 정의의 동산에 이르렀습니다. 그곳의 나무들로부터 멀리 떨어진 곳에 수많은 큰 나무들이 보였습니다. 그곳에는 매우 크고 아름답고 화려하고 위엄 있는 나무 두 그루가[183] 있었습니다. 통찰의 나무는,[184] 거룩한 이들이 그 열매를 먹고 위대한 통찰을 얻습니다. [4] 그 나무는 높이가 전나무와 비슷했습니다. 그러나 그

---

180 직역: "그리하여 나는 땅의 동쪽을 향해 멀리 떨어지게 되었습니다."

181 또는 "높은 곳으로."

182 에티오피아어 본문에는 "천사 주투엘(*Zutu'el*)"이라 되어 있다. '정의의 동산'(1에녹 32,3: = 에덴 동산)을 지키는 천사를 가리키는 듯하다.

183 창세 2,9, 생명 나무와 선과 악을 알게 하는 나무를 참조하라.

184 창세 2,9; 3,5 참조. 통찰의 나무는 창세기에 나오는 '선과 악을 알게 하는 나무'를 가리킨다. 통찰로 옮긴 그리스어 단어는 φρόνησις다.

잎은 쥐엄나무와 비슷했으며 그 열매는 포도송이 같았고 빛깔이 매우 밝았습니다. 그리고 그 나무에서 향기가 흘러나와 멀리까지 퍼졌습니다. [5] 그때 나는 말하였습니다. "이 나무는 얼마나 아름다운지요! 그리고 보기에 얼마나 흐뭇한지요!" [6] 그러자 거룩한 천사들 가운데 하나로 나와 함께 있던 라파엘이 대답했습니다. "이것은 통찰의 나무다. 네 아버지가 그 나무에서 열매를 따 먹었다."[185] [...]

동쪽 여정 계속(33장); 북쪽 여정(34장); 서쪽 여정(35장); 남쪽 여정(36장)[186]

제2권 에녹의 비유: 비유의 책(37—71장)[187]

---

185 창세 3,6-7. 아담과 하와가 선과 악을 알게 하는 나무에서 열매를 따 먹고는 눈이 열려 자기들이 알몸인 것을 깨닫게 된다. 그 뒤 그들은 낙원에서 쫓겨난다. 통찰의 결과가 낙원추방이라는 사실은 인간이 알아서는 안 되는 천상의 비밀을 알게 된 것이 재앙의 시작이라고 보는 1에녹 6—16장의 관점과 일맥상통한다.

186 이어서 에녹은 동쪽 땅 끝, 북쪽 땅 끝, 서쪽 땅 끝, 남쪽 땅 끝까지 여행한다. 사방의 땅 끝이 모두 하늘에 맞닿아 있었으며 하늘로 들어가는 성문들이 나 있었다.

187 1에녹의 둘째 부분 곧 제2권에는 '에녹의 비유'라고 알려진 대목이 나온다(37—71장). 에티오피아어 본문에 따르면, 2권 도입부에 해당하는 37장은 "책 2, 에녹이 두 번째로 본 환시—야리드의 아들, 마하랄렐의 아들, 케난의 아들, 에노쉬의 아들, 셋의 아들, 아담의 아들인 에녹이 본 지혜의 환시"라는 제목으로 시작한다. 제목 뒤에는 '에녹이 이 땅에 사는 사람들에게 선포한 지혜의 말씀들'이라는 설명이 이어진다. 이에 따르면 에녹은 세 가지 일에 대한 가르침을 받았다. 제2권은 세 가지 비유로 이루어져 있어 '비유의 책'이라고도 불린다. 첫째 비유는 다가올 심판과 메시아적 인물에 대한 이야기, 우주의 비밀들을 다룬다(38—44장). 여기서 메시아적 인물이 '의로운 이', '사람의 아들', '선택받은 이' 등 다양한 이름으로 불린다. 둘째 비유는 영들의 주님을 부인하는 자들에 관한 비유, 메시아의 권능과 심판, 죽은 이들의 부활, 최후의 심판, 타락한 천사들이 받을 벌, 이스라엘과 그 적들이 벌이는 전쟁 등을 다룬다(45—57장). 셋째 비유는 의로운 이들과 뽑힌 이들에 관한

제3권 하늘의 빛물체에 관한 책(72—82장)[188]

제4권 꿈속 환시들(83—90장)[189]

첫 번째 환시: 대홍수에 관한 환시(83—84장)[190]

비유다(58—71장). 먼저 의로운 이들과 뽑힌 이들이 누릴 영원한 빛과 생명에 대한 축복이 나오고 이어서 낙원의 규모와 '선택받은 이'가 행할 심판에 관한 내용이 나온다. 그 뒤 지배층에 대한 단죄와 저주, 의로운 이들에 대한 축복이 나오고 대홍수에 대한 예언과 천사들과 임금들을 단죄하리라는 하느님의 약속이 이어진다. 불타는 집과 한처음(시간 이전의 시간)에 대한 환시가 2권 마지막을 장식한다(71장).

188 1에녹 제3권은 천문학과 관련된 내용을 담고 있다(72—82장). 해를 기준으로 시간을 재는 법, 삼백육십사 일짜리 태양력, 마지막 때에 벌어질 우주적 대혼란 등이 다뤄진다.

189 1에녹 제4권은 이른바 '꿈속 환시들' 대목에 해당한다(83—90장). 이스라엘과 세계의 미래 역사에 관한 환시를 담고 있다. 먼저 죄 많은 세상에 다가올 홍수에 관한 환시를 전한 다음, 아담에서 시작하여 마카베오 일가에 이르기까지 이스라엘 역사에 관한 환시를 예언 형식으로 전한다. 이때 은유적 표상들이 사용되는데, 이를테면 소는 사람, 별은 천사, 양은 충실한 이스라엘 백성, 짐승과 새들은 이스라엘을 억압하는 이방인들, 큰 뿔이 달린 양은 앞으로 일어날 유다인들의 지도자, 큰 뿔이 달린 흰 수소는 메시아를 상징한다. 타락한 천사들, 심판의 어좌, 새 예루살렘, 그리고 에녹이 예전에 본 환시와 관련된 내용들도 나온다.

190 꿈속 환시들은, 에녹이 아들 마투셀라에게 알려 주는 형식으로 되어 있다. 에티오피아어 본문은 이렇게 시작한다. "이제, 네가 태어나기 전에 내가 보았던 모든 광경을 너에게 알려 주겠다, 내 아들 마투셀라야! 내가 결혼하기 전에 보았던 다른 환시에 대해서도 말해 주겠다. 그 (둘은) 서로 다르다. 첫 번째 환시는 내가 쓰기를 배우던 무렵에 본 것이고 다른 환시는 네 어머니와 결혼하기 전에 본 것이다"(83,1-2). 첫 번째 환시는 천사들의 범죄로 말미암아 이 땅에 내릴 재앙에 대해 선포하고(83—84장), 두 번째 환시는 해당 인물들을 동물에 빗대어 이스라엘의 역사를 예언한다(85—90장). 85장은 "그 뒤 나는 다른 꿈을 꾸었다. 네게 모든 것을 알려 주겠다, 내 아들아!"(85,1)라는 말로 시작한다. 에녹이 환시로 본 내용을 아들에게 알

두 번째 환시: 이스라엘 및 세계 역사에 대한 환시(85—90장)[191]

소(아담과 하와, 카인과 아벨)**들**(85장); **소들 가운데 떨어진 별**(타락한 천사)**들**(86장); **네 명의 천상적 존재**(87장); **떨어진 별**(타락한 천사)**들이 받을 벌**(88장); **대홍수** (89,1-9); **대홍수 때부터 이집트 탈출 때까지**(89,10-27); **가나안 땅에 들어갈 때까지**(89,28-40)

판관들의 시대부터 성전 건립 때까지

89. [1-41] 42 개들이 양들을 먹기 시작했다. 그리고 양들의 주님께서 그 양
들 가운데 숫양 한 마리를 일으켜 세우실 때까지, 돼지들과 여우들도
양들을 잡아먹었다.[192] 43 그 숫양은 뿔로 들이받으면서 뒤쫓기 시작했
다. 그리고 여우에게 덤볐다. 그 다음에는 돼지에게 덤벼들었다. 그리
고 그 양은 수많은 돼지를 죽였다. 그 다음에는 개들을 공격하여 다치
게 했다. 44 눈이 열린 양들은, 그 숫양이 자기 길을 버리고 길이 없는

려 주는 형식이라 우리말로 옮길 때 경어체를 쓰지 않았다.

191 1에녹 85—90장은 이스라엘의 역사를 아담부터 시작하여 예언 형식으로 제시한다. 구성은 다음과 같다. 아담과 하와 및 카인과 아벨 85,1-9; 천사들의 타락 86,1-6; 대천사들 87장; 타락한 천사들의 처벌 88장; 대홍수 89,1-9; 대홍수 때부터 이집트 탈출 때까지 89,10-27; 가나안 땅에 들어갈 때까지 89,28-40; 판관들의 시대부터 성전 건축 때까지 89,41-50; 남북 왕국(북이스라엘과 남유다) 시대부터 예루살렘 멸망까지 89,51-67; 예루살렘 멸망 때부터 포로 귀환 때까지 89,68-72; 포로 귀환 때부터 헬레니즘 시대 시작 때까지 89,73—90,5; 마카베오 항쟁 때부터 메시아 왕국의 수립 때까지 90,6-42. 그리스어 본문은 89,42-49만 전한다.

192 개(κύνες), 여우(ἀλώπεκες), 돼지(ὕες) 들은 필리스티아인들을 비롯한 여러 이방 민족들을 가리킨다. 양들(πρόβατα)은 이스라엘 백성을, 숫양(κριός)은 백성의 지도자를 가리킨다. 이 문맥에서 숫양은 사울에 해당한다: 1사무 9장을 보라.

길로 나아가기 시작할 때까지[193] 양들 사이에 있는 숫양을 줄곧 지켜
보았다.
45 결국 양들의 주님께서 어린 양을 다른 어린 양에게 보내셨다.
그를[194] 자기 길을 버린 숫양을 대신하여, 양들의 지도자 자리에 (새)
숫양으로 세우시려는 것이었다.[195] 46 그 어린 양은 다른 어린 양에게
다가가 은밀히 그에게만 말하였다. 그리고 그를 숫양으로, 그리고 지도
자로, 그리고 양들을 이끄는 수장으로 세웠다.[196] 이 모든 일이 진행되
는 동안 개들은 계속해서 양들을 괴롭혔다.
47 첫째 숫양이 둘째 숫양을 뒤쫓자 둘째 숫양은 첫째에게서 달
아났다.[197] 그 뒤 나는 첫째 숫양이 개들 앞에 쓰러질 때까지 지켜보았
다.[198] 48 결국 둘째 숫양이 일어나 양들을 이끌고 나갔다.[199] 49 양들은
점점 자라났고 숫자도 늘어났다. 개들과 여우들은 모두 둘째 숫양에게

---

193 사울의 타락을 가리킨다. 하느님께서 사울을 백성의 지도자로 세우셨지만 나중에 사울은 초심을 잃은 채 하느님의 뜻을 거역하고 제 뜻대로 산다: 1사무 13장; 15장을 보라.

194 다른 어린 양.

195 사울이 타락하자 하느님께서 다윗에게 예언자 사무엘을 보내시어 다윗을 새 지도자로 삼으신 일을 가리킨다. 여기서 예언자 사무엘과 다윗 둘 다 어린 양(ἄρνα)으로 표현된 점을 주목하라. 사무엘을 만나기 전 다윗은 어린 양이었으나, 사무엘을 만난 뒤 숫양(κριός)으로 성장한다. 이렇게 다윗은 예언자 사무엘을 통해 어린 양에서 숫양으로, 곧 백성 가운데 한 명에서 백성의 지도자로 세워진다.

196 결국 다윗이 사울을 대신하여 이스라엘 백성의 새 임금으로 추대된다. 사무엘이 다윗에게 기름을 붓는 1사무 16,1-13을 보라.

197 다윗이 사울의 추격을 피해 피신한 사건을 가리킨다: 1사무 18장; 19장; 21장; 27장을 보라.

198 사울은 필리스티아인들과의 싸움 끝에 죽임을 당한다. 1사무 31장을 보라.

199 사울이 죽은 뒤 다윗이 유다의 임금이 되었음을 전하는 2사무 2장을 보라. 2사무 5장에서 다윗은 이스라엘과 유다 땅 전체를 다스리는 임금으로 추대된다.

서 달아났다. 그를 몹시 두려워했던 것이다.[200] […]

남북 왕국(북이스라엘과 남유다) 시대, 예루살렘의 멸망(89,51-67); 예루살렘 멸망 때부터 포로 귀환 때까지(89,68-72); 포로 귀환 때부터 헬레니즘 시대 시작 때까지(89,73—90,5); 마카베오 항쟁 때부터 메시아 왕국의 수립 때까지(90,6-42)

제5권 의인의 길과 죄인의 길(91—104장)[201]

에녹이 자녀들에게 내리는 권고(91—92장); 주간들의 묵시록(93장); 에녹이 자녀들과 의인들에게 보내는 충고(94장); 에녹이 죄인들에게 내리는 저주(95장); 의인들을 위한 희망과 죄인들을 향한 저주(96장)

죄인들의 최후

97. [1] 추위와[202] 눈과 서리가 그곳에서 영원히 떠나지 않을 것이라고, 그리

200 다윗은 이스라엘 왕국 전체의 임금이 된 뒤 필리스티아인들, 모압인들, 아람인들 등과 벌인 여러 차례의 전쟁에서 승리를 거둔다: 2사무 8장.

201 1에녹 제5권은 에녹의 유언 대목에 해당한다(91—104장). 유언 대목에서 에녹은 의인에게 내리는 영적 축복과 죄인들이 맞이할 비참한 최후를 유언 형식으로 선포한다. 에티오피아어 본문에 따르면 91장은 다음과 같이 시작한다. "내 아들 마투셀라야, 네 형제들을 모두 불러라. 그리고 네 어머니의 자녀들을 나를 위해 불러 모아라. 한 목소리가 나를 부르시고 내 위에 영이 부어져 영원까지 일어날 모든 일을 너희에게 알려 주게 하셨다"(91,1) 5권에는 이른바 '주간들의 묵시록'(91,12-17; 93,1-10)이 담겨 있는데, 여기서 에녹은 마지막 때에 이 땅에서 총 십주 동안 벌어질 일들을 예언한다. 5권은 에녹이 자녀들에게 유언하는 형식이지만 우리말로 옮길 때 경어체를 쓰기로 한다. 자녀들에게만 한정된 유언이라기보다는 모든 사람을 향한 보편적 유언이기 때문이다.

202 1에녹 97,1-5은 에티오피아어 본문과 그리스어 본문 사이에 상당한 차이가 있다. 에티오피아어 본문에서는 의인들을 향해, 죄인들은 수치를 당할 운명이며 심

고 이슬이 그 위에 다시는 내리지 않을 것이라고 그들이[203] 맹세하며 자기네 이웃을 두고 저주했던 산, 바로 그 산에, 위대한 심판의 날이 되기 전까지 이슬이 저주처럼 내릴 것입니다. 2 그때에 그 산은 불태워지고 낮아질 것입니다. 불태워져 불 앞에 밀초처럼 녹아내릴 것입니다. 이런 식으로 그는[204] 자신이 한 모든 일 때문에 태워질 것입니다.

3 이제 나는 사람들의 아들들인 여러분에게 말합니다. 큰 진노가 여러분에게, 그리고 여러분의 아들들에게 떨어졌습니다! 이 진노는, 여러분의 아들들이 학살될 때까지 여러분을 떠나지 않을 것입니다. 4 그리고 여러분이 사랑하는 이들이 파멸하고, 여러분에게 소중한 이들이 온 땅에서 죽어나갈 것입니다. 지금부터 그들의 수명은 백스무 해를 넘기지 못할 것이기 때문입니다.

5 여러분은 이제부터 더 오래 살리라고 생각하지 마십시오. 지금부터는 자신들 안에 도망칠 길이 하나도 없을 터이기 때문입니다. 모든 시대의 임금님께서 여러분에게 내리신 진노 때문입니다. 여러분이 이것들을 피할 수 있으리라고 생각하지 마십시오.

6 [···] 여러분이 저지른 범죄의 모든 내용이 여러분 면전에서, 거룩하고 위대하신 분 앞에서 낭독될 것입니다. 그때 그분께서는 범죄에 연루된 모든 일을 없애버리실 것입니다.

7 여러분은 불행합니다! 바다 한가운데, 그리고 메마른 땅에 있는 죄인들! 여러분에 대해서는 나쁜 기억만 있을 것입니다.

8 여러분은 불행합니다! 금과 은을 의롭지 않은 방식으로 얻는 사

판의 날에 파멸할 것이라고 선포한다.

203 죄인들. 죄인들의 비참한 운명을 선포하는 96장에 이어진다.

204 죄인을 두고 한 말일 터다.

람들! 여러분은 말할 것입니다. "우리는 재물로 부자가 되었소. 우리는
재산이 있고 또 사들였소. [9] 원하는 모든 것을 다 합시다. 우리가 창고
에는 은을, 집에는 좋은 물건을 많이 쌓아 두었으니 말이오![205] [10] 그것
은 물처럼 쏟아져서 버려질 것이오!"[206]

여러분은 잘못된 길에 들어섰습니다. 여러분의 재산은 머무르지 않고 재빨리 여러분 곁을 떠날 것입니다. 여러분이 모든 것을 불의한 방식으로 얻었기 때문입니다. 그리고 여러분은 엄청난 저주에 넘겨질 것입니다.

부자들의 방종, 죄의 기원

98. [1] 이제 나는, 어리석은 이들에게가 아니라 신중한 여러분에게[207] 맹세
합니다. 여러분은 이 땅에서 수많은 범죄를[208] 보게 될 것입니다. [2] 남
자들이 여자들처럼 아름답게, 처녀들보다 더 화려한 색깔로 치장하며
지배권과 위용과 권세를 뽐낼 것입니다. 그들에게는 은과 금이 양식이
될 것입니다. 그들의 집에서는 그것들이 물처럼 쏟아져서 버려질 것입
니다. [3] 그들이 식견도 통찰력도 갖고 있지 않기 때문입니다.

이처럼 여러분은[209] 여러분의 모든 재산과 모든 명예와 명성과 함

205 루카 12,16-21 어리석은 부자의 비유를 참조하라.

206 98,2 "그것들이 물처럼 쏟아져서 버려질 것입니다"를 참조하여 직접 인용문에 포함시켰다. 이 경우 '재산이 물처럼 쏟아져서 버려진다'는 표현은 재산이 물 쓰듯 쓸 수 있을 만큼 많다는 의미가 된다. 이 문장을 인용문에 포함시키지 않고 뒷문장과 함께 읽을 수도 있다. 이렇게 읽는다면, '재산이 물처럼 쏟아져서 버려진다'는 표현은 재산이 순식간에 사라질 수 있다는 의미로 해석된다.

207 에티오피아어 본문은 "어리석은 이들과 슬기로운 이들에게"로 읽는다.

208 또는 "불법."

209 청자가 "신중한 여러분"에서 갑자기 "어리석은 이들"로 바뀌었다. 에티오피아어 본문은 "그들"로 읽는다.

께 멸망할 것입니다. 그리고 [여러분의 영은] 큰 불명예 속으로, 무시무시한 학살로, [화덕 속으로 던져질 것입니다.

(4)[210] 범죄가 땅에 보내진 것이 아닙니다. 사[람들이[211] 스스로 그것을 만들어낸 것입니다. 이를 행하는 사람은 엄청난 저주에 이를 것입니다.[212]

5 그리고 어떤 여자에게 종살이가 주어진 것은 [⋯] 때문이 아닙니다. 손이 하는 일들 때문에 그리 되었습니다. 여종은 반드시 여종이 되어야 한다고 정해진 게 아니기 때문입니다. 종살이는 위에서 주어진 게 아니라 억압에서부터 생겨난 것입니다.[213] 이처럼 범죄도 위에서 주어진 게 아니라 법의 위반에서 생겨난 것입니다. 마찬가지로 아이 못 낳는 사람으로 만들어진 여자는 없습니다. 자기 잘못 때문에 무자식의 형벌을 받은 것뿐입니다. 그 여자는 자식 없이 죽을 것입니다.[214]

6 거룩하시고 위대하신 분을 거슬러 죄지은 여러분에게 맹세합니

---

210 그리스어 본문에는 4절이 98,3에 포함되어 있지만 에티오피아어 본문을 따라 98,3과 구분하여 실었다.

211 [ ]은 에티오피아어 본문을 참조하여 에반스가 복구한 것이다.

212 범죄(ἀνομία)가 외부에서 들어온 게 아니라 사람들 스스로 만들어낸 것이라 말한다. 이런 식으로 저자는 죄의 책임을 인간에게 돌리고 있다.

213 노예제도의 존재 이유를 하느님이 아닌 인간에게서 찾는다. 이 점에서 1에녹의 저자는 시대를 2000년 이상 앞서간 사람이라 할 수 있다. 신약성경에서도 노예제 자체는 인정한다. 실제로 세상에서 노예제도가 폐지된 것은 그리 오래된 일이 아니다. 아직도 지구상 어딘가에는 노예가 존재한다.

214 4절에 이어 5절에서도 죄의 책임을 인간에게 돌린다. 이는 1에녹 1권에서 죄의 기원을 천사들의 타락에서 찾는 것과 대조를 이룬다. 아무리 악의 기원이 천사들의 타락에서 비롯되었다고 해도 인간은 죄를 지은 데 대한 책임에서 벗어날 수는 없다.

다.[215] 여러분의 사악한 행업은 하늘에서 드러날 것입니다. 여러분의 어떤 불의한 행업도 숨겨진 채 있지 않을 것입니다. 7 여러분의 악행을 사람들이 알지 못하고 보지 못한다고 해서, 또 여러분이 그것들을 눈여겨보지 않는다고 해서, 지극히 높으신 분 앞에서 그것들이 기록되지도 않는다고는,[216] 영혼으로도 생각하지 말고 마음으로도 생각하지 마십시오.[217] (8)[218] 이제부터 여러분은 아십시오. 여러분의 모든 악행은 여러분의 심판 때까지 날마다 기록되고 있습니다.[219]

불행 선언[220]

---

215 또는 "거룩하고 위대하신 분을 두고, 죄인인 여러분에게 맹세합니다."

216 또는 "여러분의 악행을 사람들이 알지도 보지도 못하며, 여러분도 눈여겨보지 않으며, 지극히 높으신 분 앞에서 그것들이 기록되지도 않는다고는."

217 하느님 앞에 모든 것이 드러나 있다는 믿음은 신구약성경 전반에 걸쳐 나타난다.

218 그리스어 본문에는 8절이 98,7에 포함되어 있지만 에티오피아어 본문을 따라 98,7과 구분하여 실었다.

219 살아생전에 행한 모든 행업이 하늘의 장부에 낱낱이 기록되고 있다는 것은 오랜 믿음이다. 시편 56,9; 139,16도 살아생전의 일이 하늘의 책에 기록됨을 암시한다. 묵시 20,12에도 죽은 이들이 책에 기록된 대로 자기들의 행실에 따라 심판을 받는다고 적혀 있다.

220 οὐαὶ ὑμῖν("여러분은 불행합니다")로 시작하는 1에녹 98,9—99,16은 죄인들을 향한 불행 선언 또는 저주라 부를 수 있다. 같은 형식의 구문을 구약의 예언 문학과 시편 문학에서 쉽게 만날 수 있다. 이사 5,8-24; 집회 2,12-14을 보라. 신약에도 불행 선언이 나오는데, 대표적 예가 예수님께서 율법 학자들과 바리사이들을 꾸짖으시는 대목이다. "불행하여라, 너희 위선자 율법 학자들과 바리사이들아!…": 마태 23,23-36; 참조: 루카 11,42-52. 불행 선언은, 여러 죄를 열거하면서 그 죄에 해당하는 사람들에게 닥칠 심판이나 재앙을 예고한다는 점에서 일종의 '악덕 목록'이라고 볼 수도 있다. 이를 통해 1에녹 저자의 윤리관이 구체적으로 드러난다. 여기서는 '어리석음', '완고한 마음', '불법과 불의', '거짓과 오류', '우상 숭배' 등이 주요 악덕으

9 어리석은 여러분은 불행합니다! 여러분은 어리석음 때문에
멸망할 것입니다.[221] 여러분은 현명한 이들의 말을 듣지 않을
것입니다. 좋은 일은 여러분을 찾지 않고 나쁜 일들이 여러분을
덮칠 것입니다.
10 이제는 아십시오! 멸망의 날을 위해 (모든 것이) 여러분에게
준비되었습니다. 구원 받으리라는 희망은 갖지 마십시오,
죄인들이여! 여러분은, 위대한 심판의 날을 위해, [여러분의
영에] 더 큰 고통의 날을 위해 (모든 것이) 준비되었다는 것을
아는 채로 나가서 죽을 것입니다.

11 마음으로 목이 뻣뻣한 여러분은 불행합니다.[222] 여러분은

로 제시된다. 불행 선언 형식이든 다른 형식이든 악덕 목록은 구약의 지혜 문학이나 신약의 복음서와 서간문에서도 어렵지 않게 발견할 수 있다. 마르 7,21-22; 갈라 5,19-21 등이 대표적 예다. 불행 선언의 반대에 해당하는 것이 "Μακάριοι"(행복하여라)로 시작하는 이른바 '행복 선언'이다(토빗 13,14; 시편 119,1-3; 집회 14,1-2; 25,8-9; 마태 5,3-12).

221 어리석음(ἀφροσύνη)도 잘못이다. 구약, 특히 잠언을 비롯한 지혜 문학에서 저자들은 어리석음과 우둔함에 대한 경계를 늦추지 말라고 강조한다. 이를테면, 칠십인역 잠언 9,6에서는 "어리석음(ἀφροσύνη)을 버리고 살아라. 예지(φρόνησις)의 길을 걸어라" 하고 가르친다. 예수님께서 말씀하신, 사람에게서 나와 사람을 더럽히는 것들 가운데 어리석음도 포함된다. 마르 7,21-23을 참조하라: "안에서 곧 사람의 마음에서 나쁜 생각들, 불륜, 도둑질, 살인, 간음, 탐욕, 악의, 사기, 방탕, 시기, 중상, 교만, 어리석음(ἀφροσύνη)이 나온다. 이런 악한 것들이 모두 안에서 나와 사람을 더럽힌다."

222 구약에서 이스라엘 백성을 가리켜 목이 뻣뻣한(σκληροτράχηλοι) 백성이라 일컫는다. 탈출 33,3.5; 34,9; 신명 9,6.13; 느헤 9,16-17.29; 바룩 2,30을 보라. 목이 뻣뻣하다는 것은 쉽사리 하느님께 마음을 돌려 순명하지 않고 완고하게 자기 뜻을 고집하는 성향을 일컫는 표현이다. 잠언 29,1; 집회 16,11도 참조하라. 사도 7,51에서도 스테파노가 그리스도께 마음을 돌리지 않는 유다인들을 목이 뻣뻣한 사람들

악행을 저지르며 피를 먹습니다. 도대체 어디에서 여러분에게
좋은 일이 생기겠습니까? 여러분이 먹을 수 있도록 말입니다.
[…]
12 불의의 일들 […]. 무엇 때문에 여러분은 자신에게 아름다운
희망을 가집니까? 여러분이 의인들의 손에 넘겨지리라는 것,
그리고 그들이 여러분을 죽이고 살려두지 않으리라는 것을
이제는 아시기 바랍니다.[223]

13 의인들에게 닥친 재앙을 보고 기뻐하는 여러분은 불행합니다.
여러분을 위해 파일 무덤이 없을 것입니다.[224]
14 의인들의 말을 폐기하려[225] 하는 여러분은 불행합니다.
여러분에게는 구원의 희망이 없을 것입니다.

15 거짓된 말과 오류의 말을 기록하는 여러분은 불행합니다.[226]
저들은 (거짓을) 기록하고 있습니다. 그리고 자신들의
거짓말들로 많은 이를 오류로 이끌 것입니다.
16 여러분 자신이 오류에 빠졌습니다. 여러분에게는 기쁨이

이라고 부르며 비난한다.

223 직역: "… 살려두지 않으리라는 것이 여러분에게 인식되기 바랍니다!"

224 직역: "여러분의 무덤이 파지지 않을 것입니다." 죽어서 무덤에 묻히지 못하는 것은 재앙 중의 재앙으로 여겨졌다. 반면에 죽어서 조상들과 함께 묻히는 것은 최고의 행복이다. 솔로몬의 시편 4,19을 참조하라.

225 마태 15,6; 마르 7,13을 보라. 예수님께서 바리사이들과 율법 학자들이 인간의 전통을 빌미로 하느님의 말씀을 폐기한다고 비판하신다.

226 1에녹 98,15—99,2은 오류를 유발하고 진리와 영원한 계약을 왜곡하는 사람들을 비난한다.

없습니다. 여러분은 얼마 안 가서 멸망할 것입니다.

99. 1 오류를 일으키는 여러분은 불행합니다. 여러분은 거짓된 행동으로 명성과 영예를 얻고 있습니다. 여러분은 길을 잃었습니다. 여러분에게는 유익한 구원이 없을 것입니다.

2 진리의 말을 바꾸는 여러분은 불행합니다! 여러분은 영원한
계약을 왜곡시키고 있습니다. 그러고는 자신이 죄가 없다고
여깁니다. 땅이 그들을 삼킬 것입니다.[227]

3 그때에, 의로운 여러분은 준비하십시오. 그리고 여러분이
기억되도록 기도를 드리십시오.[228] 천사들 앞에 증거가 되도록
기도를 바치십시오. 천사들이 불의한 자들의 죄를 지극히
높으신 하느님 앞에 가져가 그 죄가 기억될 수 있도록 말입니다.
4 그때, 불의가 멸망하는 날에 그들은[229] 혼란에 빠질 것입니다.
5 그때에는 해산하는 여인들이 갓난아이를 던져 내다 버릴
것입니다. 아이를 밴 여인들은 유산을 할 것입니다. 젖을 먹이는
여인들은 자기 아이를 내다 버리고 자기 아기나 젖먹이에게
돌아가지 않을 것입니다. 그들을 살려두지도 않을 것입니다.[230]
[…]
6 […]

---

227 직역: "그들은 땅에 삼켜질 것입니다."

228 느헤 13,31: "저의 하느님, 저를 좋게 기억해 주십시오." 사도 10,4 참조: 카이사리아의 코르넬리우스는 환시 중에 천사가 자신에게 "너의 기도와 너의 자선이 하느님 앞으로 올라가 좋게 기억되고 있다"고 하는 말을 듣는다.

229 불의한 자들.

230 마태 24,19; 마르 13,17; 루카 21,23 참조.

7 […] 그리고 은과 금, 나무, 돌, 진흙으로 신상을 만드는 자들,
그리고 유령과 마귀와 혐오스러운 것과 악령과 모든 오류를
지각없이 숭배하는 자들! 여러분은 이들에게서 아무런 도움도
얻지 못할 것입니다.[231]
8 그들은 마음의 어리석음으로 오류에 빠질 것입니다. 그리고
꿈에 나타난 환상이 여러분을 오류로 인도할 것입니다.
9 여러분은 여러분이 만들고 돌에 새긴 거짓된 작품들과 함께
멸망할 것입니다.[232]
10 그때에는 현명한 이들의 말을 귀담아 들은 모든 이가
행복합니다! 그들은 현인들에게 배우고 지극히 높으신 분의
계명을 실천하며 그분 정의의 길 위를 걸을 것입니다. 그리고
오류로 인도하는 자들과 더불어 그릇된 길로 나아가지 않으며
구원을 받을 것입니다. […]

[11-12]

13 자신의 노고가 아닌 (남의 노고로) 집을 짓는 자들은
불행합니다. 여러분이 돌과 벽돌로 온 집을 짓지만 그것이 결코
여러분의 기쁨이 되지 않을 것입니다.
14 영원으로부터 자기 조상에게서 물려받은 상속재산과 토대를
무시하는 자들은 불행합니다. 오류의 영이 여러분을 뒤쫓을
것입니다. 여러분에게는 안식이 없습니다.
15 불법을 일삼고 불의에 일조하며 위대한 심판의 날까지 이웃을
죽이는 여러분은 불행합니다.

231 1에녹 99,7-9은 각종 우상 및 마귀 숭배자들을 겨냥한다. 1에녹 19,1에 딸린 각주를 참조하라.

232 직역: "여러분과 여러분이 만들고 돌에 새긴 거짓 작품들은 함께 멸망할 것입니다."

16 그때 그분께서 여러분의 명예를 해치고 여러분을 향해 진노를
일으키실 것입니다. 그분께서는 칼로 여러분을 모두 멸망시키실
것입니다. 그리고 모든 의인이 여러분의 불의를 기억할 것입니다.

마지막 심판[233]

100.[1] 그리고 그때에는 한곳에서 [… 죄인들의] 피가 [시내처럼 흐를 것입니
다].

[2] 그리고 어떤 사람도, 자기 아들이나 자기가 사랑하는 이를 죽이
려 드는 자기 손을 거두지 못할 것입니다.[234] 죄인이, 덕망 있는 사람이
나 자기 형제를 (죽이려 드는 자기 손을 거두지 못할 것입니다). 새벽부
터 해질 때까지 그들은 함께[235] 살해당할 것입니다.

[3] 말馬이 제 가슴팍까지 찬 죄인들의 피를 가로지르며 걸어갈 것
입니다. 병거는 그 굴대까지 잠길 것입니다.[236]

[4] 그날에는 천사들이 내려와 숨겨진 장소로 들어갈 것입니다. 불의에
일조했던 모든 자들이 한 장소에 모아들여질 것입니다.[237]

---

233 1에녹 100장은 마지막 날에 있을 참상과 심판에 관한 내용이다. 심판 때에 의인들은 어떻게 될지, 그리고 죄인들은 어떻게 될지 시각적 언어로 자세히 묘사한다.

234 직역: "어떤 사람도 자기 아들에게서나 자기가 사랑하는 이에게서나, 그를 죽이려 하는 자기 손을 거두지 못할 것입니다." 어느 누구도 살육하려 드는 자기 손을 막을 수 없다는 뜻. 자기 아들이나 사랑하는 이도 살육 대상에서 제외되지 않는다.

235 또는 "한 자리에서", "동시에."

236 1에녹 100,1-3은 마지막 때에 부모가 자식을, 형제가 형제를 죽이는 참상이 벌어질 것임을 선포한다.

237 또는, "그날에는 천사들이 내려와 숨겨진 장소로 들어갈 것입니다. 그들은 모두 불의에 일조했던 자들입니다. 그들은 한 장소에 모아들여질 것입니다." 또는, "그날에는 천사들이 내려와 숨겨진 장소로 들어갈 것입니다. (그리고) 불의에 일조

그리고 지극히 높으신 분께서 심판의 날에 일어나시어 모든 이에게 위대한 심판을 내리실 것입니다.

5 그리고 그분께서는 거룩한 천사들 가운데서 수호자를 뽑으시어
의롭고 거룩한 모든 이들 위에 세우실 것입니다. 그리하여 그들은[238]
재앙과 죄가 사라질 때까지 눈의 눈동자처럼 보호받을 것입니다. 그때
부터는 경건한 이들이 행복한 잠을 잘 수 있을 것입니다. 그리고 더 이
상 아무것도 그들을 두렵게 만들지 못할 것입니다.[239]
6 그때에 사람들 가운데 지혜로운 이들은 보게 될 것입니다. 그
리고 땅의 아들들은 이 편지의 말씀들을 묵상할 것입니다. 그리고 불
의가 무너지는 날 자기네 재산이 자신들을 구하지 못함을 깨달을 것
입니다.

7 불의한 여러분은 불행합니다! 여러분은 지독한 환난 때에 의인들을
괴롭히며 그들을 불 속에 가두어 두려 합니다. 여러분은 여러분이 한
행실대로 되돌려 받을 것입니다.[240]
8 마음이 완고한 여러분은 불행합니다! 여러분은 악을 꾀하며 깨
어 있습니다. 두려움이 여러분을 덮칠 터이나 아무것도 여러분에게 도

했던 모든 자들이 한 장소에 모아들여질 것입니다." 그리스어 원문은 이렇다. καὶ καταβήσονται ἄγγελοι καταδύνοντες εἰς τὰ ἀπόκρυφα ἐν ἡμέρᾳ ἐκείνῃ· οἵτινες ἐβοήθουν τῇ ἀδικίᾳ **καὶ** συστραφήσονται εἰς ἕνα τόπον. 굵은체로 표시한 καὶ의 위치가 애매해서 다양한 해석이 가능하다.

238 의롭고 거룩한 모든 이들. 이들은 수호천사에 의해 심판 때 있을 모든 재난에서 보호받는다.

239 직역: "더 이상 그들을 두렵게 만드는 것이 없을 것입니다."

240 100,7-9도 불행 선언에 해당한다.

움이 되지 못할 것입니다.

[9] 입이 하는 일들로 죄인이 된 여러분은 모두 불행합니다.

입에서 나오는 말들로, 그리고 손이 하는 일들로 죄인이 된 여러분은 모두 불행합니다. 여러분은 거룩한 일들에서 멀어져 그릇된 길로 빠졌습[니다.]

[10] [···]

[11] [···] 모든 구름과 안개, 이슬과[241] 비가 여러분의 죄[를 고발할 것입니다].

[12] 그러니 비에게 선물을 주십시오. 그래야 여러분에게 내리는 일을 방해받지 않을 것입니다. 그리고 이슬과 [구름과 안개]에게도 금을 선사하십시오. 그래야 여러분에게 내릴 것입니다.

[13] 눈과 서리와 그 냉기, 바람과 그 한기, 그 모든 채찍질이[242] 여러분에게 덮친다면, 여러분은 냉기와 그 채찍질 앞에서 견디지 못할 것이기 때문입니다.

자연의 가르침[243]

101. [1] 그러니 사람의 아들들이여! 지극히 높으신 분의 업적을 묵상해 보십시오.[244] 그리고 그분 앞에서 악을 저지르는 일을 두려워하십시오!

[2] 그분께서 하늘의 창을 닫으시고 여러분 때문에 이슬과 비가 내

---

241 δρόμος(경주) 대신 δρόος(이슬)라 읽었다. 12절을 참조하라.

242 휘몰아치는 바람.

243 101장은 피조물들을 통해 하느님의 뜻을 헤아리라고 권고한다. 시편 8편 참조.

244 시편 8,4 참조: “우러러 당신의 하늘을 바라봅니다, 당신 손가락의 작품들을 당신께서 굳건히 세우신 달과 별들을.”

리는 것을 막으신다면, 어떻게 하겠습니까?[245]

3 그분께서 여러분과 여러분의 일에 진노를 보내신다면 여러분은 그분께 애원하지 않겠습니까? 여러분은 왜 여러분의 입으로 그분의 위엄에 반하는 엄청난 거친 말들을 합니까?

4 바다를 항해하는 선장들과, 파도와 폭풍우 때문에 흔들리는 그들의 배를 보십시오.

5 폭풍에 시달릴 때 그들은 모두 공포에 질립니다. 그리고 온갖 좋은 물건과 재물을 바다로 내던집니다. 그리고 그들은 마음속으로 '바다가 이것들을 집어 삼키겠지. 이것들은 바다에서 사라지겠지' 하고 생각합니다.[246]

6 바다와 바닷물이 모두 지극히 높으신 분의 작품이 아닙니까? 그리고 그분께서 그 경계를 그어 가두어 두시고 그 둘레에 모래로 울타리를 치지 않으셨습니까?[247]

7 그들은 그분의 분노로 공포에 질리고 메말라 버립니다. 물고기들은 […].

8 땅과 그 안에 있는 모든 것이 […]?

바다에서 움직이는 모든 것에게 누가 지식을 주었습니까?

선장들은 바다를 두려워합니다.

심판의 날

102. 1 그분께서 타오르는 불길을 여러분 위에 던지실 때 여러분은 어디로 달아나서 목숨을 건지겠습니까? 그분께서 여러분에게 당신 목소리를

245 하느님께서 기후의 주재자이심을 선포하는 욥 38,22-30을 보라.

246 사도 27,13-20, 바오로가 탄 배가 바다에서 폭풍을 만나는 장면을 보라.

247 욥 38,8-18, 특히 8-11절을 보라. 하느님께서 바다의 주재자이심을 노래한다.

내리실 때면, [2] 여러분은 큰 소리에 덜덜 떨며 두려워할 것입니다. 그리
고 온 땅이 흔들리고 전율하며 요동칠 것입니다.

[3] 그리고 천사들은 자기들에게 내려진 명을 완수할 것입니다. 하
늘과 빛물체들은 흔들리며 전율할 것입니다.

땅의 모든 아들들과 죄인인 여러분은 영원히 저주받았습니다. 여러분에게는 기쁨이 없을 것입니다.

[4] 용기를 내십시오! 죽은 의인들, 정의롭고 경건한 이들의 영혼이여!

[5] 그리고 여러분의 영혼이 슬픔 중에 저승에 내려갔다고,[248] 거룩하게 살았던 여러분의 인생에서 육신으로 만족을 얻지 못했다고 슬퍼하지 마십시오! 여러분이 산 날들은, 이 땅에서 저주받은 자들과 죄인들의 날들이었기 때문입니다.[249]

[6] 여러분이 죽으면, 죄인들은 '경건한 이들이 숙명에 따라 죽었네!' 하고 말할 것입니다. 하지만 죄인들이 자기네가 한 일에서 무슨 이득을 얻었습니까?[250]

[7] 그들도 우리와 마찬가지로 죽었습니다. 그러니 슬픔과 어둠 속에서 그들이 어떻게 죽어가는지 보십시오! 그들에게 그 밖에 무슨 일이 더 일어났습니까?

[8] 지금부터 그들이 일어나 구원받았으면 좋겠습니다. 그러면 우리가 영원히 먹고 마시는 모습을 그들이 보게 될 것입니다.

---

248 죽은 사람의 영혼은 의인이든 죄인이든 상관없이 모두 저승(그리스어 하데스, 히브리어 셔올)으로 간다. 그곳에서 마지막 심판 때까지 기다려야 한다. 11절을 보라.

249 의인들이 살아온 지상의 날들은 죄인들이 활개 치는 날들이었다는 뜻.

250 직역: "죄인들에게 자기네가 한 일들로 무슨 이득이 생겼습니까."

[9] 어쨌든 지금은 그들이 훔치고 죄짓고 강도질하고 재물을 소유하면서 좋은 날들을 보고 있습니다.

[10] 그러나 의롭게 산 이들이여! 죄인들의 파멸이 어떠했는지 보십시오! 죽어서 썩을 때까지 그들에게서는 아무런 정의를 찾아볼 수 없었습니다.

[11] 그들은 존재하지 않는 자들처럼 되었고 그들의 영혼은 고통 속에서 저승으로 내려갔습니다. […]

의인의 운명과 죄인의 운명[251]

103. [1] 나는 여러분에게 맹세합니다. […]

[2] 나는 이 비밀을 알고 있습니다. 사실 나는 하늘의 판들을[252] 읽었고 필요한 책을 보았습니다. 나는 그 안에 기록된 내용과 여러분에 관해 거기 새겨진 내용을 알게 되었습니다.

[3] 죽은 경건한 이들의 영혼을 위해 좋은 것과 기쁨과 영예가 마련되었으며 또 기록되었습니다.

[4] 그들은 기뻐할 것입니다. 그리고 그들의 영은 결코 사라지지 않을 것입니다. 그 기억도 위대하신 분의 면전에서 영원무궁토록 사라

---

251 103—104장은 의인과 죄인의 운명이 서로 다름을 말한다. 살아 있는 동안에는 악을 일삼는 죄인들이 승승장구하고 심판이 없는 듯이 보인다. 그러나 그들의 종말은 파멸과 심판이다. 반면에 의인들은 살아 있는 동안 고난을 당하지만 그들을 기다리는 것은 행복이다. 저자는 이런 식으로 의인들에게 희망과 용기를 준다.

252 '판'으로 옮긴 πλάξ는 돌이나 점토로 된 넓고 평평한 판을 가리킨다. 모세 묵시록 1,1; 예언자들의 생애 2,11; 히브 9,4("계약의 판들")에도 비슷한 표현이 나온다.

지지 않을 것입니다. 그러니 저들의[253] 비난을 두려워하지 마십시오!

5 그리고 여러분, 죽은 죄인들이여! 여러분이 죽으면 (여러분과 비슷한)
그자들이 여러분을 두고 말할 것입니다. "복되어라, 죄인들이여! 그들
은 사는 동안 자기에게 주어진 모든 날을 보고 명예롭게 6 죽었네! 그
들이 사는 동안 심판도 내리지 않았네!"

7 그러나 여러분 자신은 압니다. 그들이[254] 여러분의 영혼을 저승
으로 데리고 내려가리라는 것을!

8 그리고 거기서 여러분의 영혼은 큰 곤궁과 어둠과 덫과 타오르
는 불꽃 속에 빠질 것입니다. 그리고 여러분의 영혼은 위대한 심판 안
에 들어갈 것입니다, 영원무궁토록!

여러분은 불행합니다. 여러분에게는 기쁨이 없습니다.

9 이 세상에서 거룩하게 살아가는 의인들이여, 이렇게 말해서는 안 됩
니다!

"환난의 날들 동안 우리는 몹시 고생하고 기진하여 보잘것없이 되
었네! 그런데도 도와주는 이 하나도 찾지 못하였네!

10 우리는 부서지고 무너졌으며 희망을 잃었네. 날이 가도 더는 구
원을 알 수 없네!

11 우리는 머리가 되기를 희망했는데 꼬리가 되었다네. 일하느라
고생했지만 품삯을 내 맘대로 조정할 수 없었지! 우리는 죄인들의 먹이
가 되었네! 무법자들이 우리에게 무거운 멍에를 씌웠다네!

12 (우리를) 내리 누르는 자들, 우리의 원수들이 우리를 못살게 굴

253 죄인들.

254 누구인지 분명하지 않다. 천사들일 법하다.

면서 우리를 둘러싸네! 우리는 새 기운을 얻고자 그들을 피해 어디로 달아날까 찾아다녔네! […]

13 […]

14 […] 우리를 내던지고 우리에게 폭력을 쓰는 이들에게 우리는 부르짖었네! 그러나 그들은 우리의 탄원을 들어주지 않았네! 우리 소리를 들으려고도 하지 않았네!

15 그들은 우리를 도와주지 않았으며, 우리에게 폭력을 쓰고 우리를 잡아먹는 자들(의 잘못)을 보지 않았네! 오히려 우리 위에 (군림하도록) 저들에게 힘을 실어 주었네!

저들이 우리를 죽이고 우리를 소수로 만들었다네! 그런데도 그들은 우리를 살해하는 자들에 관해 아무것도 드러내지 않네! 그리고 죄인들을 두고, 저들의 죄를 기억하지도 않네!"

104. 1 여러분에게 맹세합니다. 하늘의 천사들이 위대하신 분의 영광 앞에서 여러분에 관해 좋게 기억할 것입니다.

2 그러니 용기를 내십시오! 여러분이 재앙과 환난 속에서 오랜 시간을 보냈기 때문입니다.

여러분은 하늘의 빛물체들처럼 밝게 빛날 것입니다. 하늘의 창문들이 여러분에게 활짝 열릴 것입니다.

3 여러분의 울부짖음을 그분께서 들으실 것입니다. 여러분이 부르짖는 심판도 실현될 것입니다. 그때 그분께서 여러분이 당한 환난과 관련하여 여러분 편에 서실 것이며, 폭력을 휘두르고 여러분을 잡아먹은 자들과 한패였던 모든 자들에게 (추궁하실 것입니다.)

4 […]

5 여러분은 위대한 심판의 날에 있을 재난을 두려워하지 마십시오. 죄인들처럼 보이지도 마십시오!

그러나 죄인인 여러분은 두려워하십시오.[255] 영원한 심판이 영원히 여러분의 것이 될 것입니다.

6 의인들이여, 죄인들이 승리하고 번성하는 것을 보더라도 두려워하지 마십시오. 그들과 한패가 되지도 마십시오. 그들의 불의한 모든 행동을 멀리 하십시오!

7 죄인들이여, 여러분의 죄가 살아생전에는 조사받지 않으리라고 말하지 마십시오.

8 이제 빛과 어둠이 밤낮으로 여러분의 죄를 낱낱이 지켜보고 있음을 여러분에게 보여드리겠습니다.

9 마음으로 자신을 기만하지 말고 거짓말도 하지 마십시오. 진리의 말을 바꾸지도 말고 거룩하신 분의 말씀을 왜곡하지도 마십시오. 여러분의 우상들에게 찬송을 올리지도 마십시오. 어떤 거짓말과 어떤 오류도 의로운 행동으로 이끌지 않기 때문입니다. […]

10 […][256] 그들은 진리의 [말을] 바꿉니다. 그리고 죄인들은 사실과 반대되는 내용을 쓰고 많은 말을 바꿉니다. 그리고 거짓을 말하며 엄청난 이야기를 지어냅니다. 그리고 그들의 이름으로 책을 저술합니다.[257]

11 그들이 나의 말을 모두 자기네 이름으로 (쓰더라도) 사실에 입각하여 쓰기를 바랍니다. 그리고 그 말들을 하나라도 빼지도 말고 바꾸지도 말기를 바랍니다. 대신 내가 그들에게 증언하는 모든 것을 사

---

255 동사 σκυλήσεσθε의 뜻을 알 수 없다. 문맥상 '두려워하다'로 옮겼다.

256 훼손된 부분에 '나는 이 비밀을 알고 있습니다'라는 문장이 있었을 법하다. 에티오피아어 본문을 참조해도 그렇고 이어지는 12절에서 저자가 "나는 둘째 비밀도 알고 있습니다"라고 말한 사실에서도 그렇다.

257 하느님의 말씀을 왜곡하며 자기 말을 하느님 말씀인 것처럼 위장하여 책을 저술하는 사람들을 겨냥한다.

실 그대로 쓰기를 바랍니다.[258]

[12] 나는 둘째 비밀도 알고 있습니다. 내 책들은, 진리의 기쁨을 위해, 의롭고 거룩하고 현명한 이들에게 주어지리라는 것입니다.

[13] 그리고 그들은 내 책들을 믿고 그것들을 두고 기뻐할 것입니다. 그리고 모든 의인이 그 책에서 진리의 모든 길을 즐겨 배울 것입니다.

부록[259]

[105]

노아의 책[260]

106.[1] 얼마 뒤 나의 아들 마투살렉은 자기 아내를 맞이하였습니다.[261] 그리고 그녀가 아들을 낳아주자 그는 아들 이름을 라멕이라 지었습니다.[262] 그날에 이르기까지 정의는 치욕을 당하였습니다. 라멕이 나이

---

258 1에녹 저자의 증언을 자기 말인 양 훔쳐다 쓰는 사람들을 겨냥한다. 저자는 표절 자체를 반대하지는 않는다. 다만 자기 말에서 한 자도 빼지도 더하지도 말 것을 당부한다. 임의 변경은 금물이라는 것이다.

259 105—108장은 부록에 해당한다. 노아의 책(106—107장)과 1에녹 전체에 대한 편집자의 결론(108장)을 담고 있다.

260 노아 및 홍수와 관련된 내용이다. 노아는 다른 아이들과 달리 비상한 모습으로 태어났다. 이는 그의 운명이 다른 사람들과 다를 것임을 암시한다. 실제로 노아는, 지상에서 자행된 온갖 죄악에 대한 벌로 내릴 홍수에서 살아남은 이른바 '남은 자'가 될 것이다.

261 직역: "얼마 뒤 마투살렉은 내 아들(=마투살렉 자신)을 위해 아내를 맞이하였습니다."

262 창세 5장을 보라. 아담에게서 시작하여 노아의 세 아들까지 이르는 족보가 실려 있다. 아담, 셋, 에노스, 케난, 마할랄엘, 예렛, 에녹, 므투셀라, 라멕, 노아, 셈·함·야펫이 그 순서다. 이에 따르면 라멕의 아버지의 이름은 므투셀라다. 에티오피아어 본문에는 에녹의 아들이 므투셀라로 나온다. 칠십인역(창세 5,21)에는 마투살

가 들자 아내를 맞이하였고 그녀는 그에게 아이를 낳아주었습니다.[263]

2 그런데 아이가 태어났을 때 그 몸이 눈보다 더 희고 장미보다 더 붉었습니다. 온 머리카락이 하얗고 양털처럼 희고 곱슬곱슬하고 반짝거렸습니다. 아이가 눈을 떴을 때는 집이 태양처럼 빛을 발했습니다.[264]

3 아이는 산파의 손에서 일어나서는 입을 열어 주님을 찬양하기 시작하였습니다.

4 라멕은 아이에게 두려움을 느끼고 도망쳤습니다. 그리고 자기 아버지 마투살렉에게 가서 그에게 말하였습니다.

5 "(우리와) 다른 아이가 태어났습니다. 이 아이는 사람들과 비슷하지 않습니다. 대신 하늘의 천사들의 자녀들과 비슷합니다. 모습도 다르고 도통 우리와 닮지 않았습니다. 눈은 태양광선 같고 얼굴은 눈이 부시도록 영화롭습니다.

6 아이가 내게서 난 게 아니라 천사에게서 난 것 같습니다. 아이가 이 땅에 사는 동안 무슨 큰일이 일어나지 않을까 걱정입니다.

7 아버지, 부탁드리고 애원합니다. 우리의 아버지 에녹께 가서 여쭈어보십시오." [...]

8 [...] 마투살렉은 땅 끝으로 나를 찾아 와서는 내가 거기 있는

라(Μαθουσαλα)로 되어 있다. 창세 5장에 나오는 아담의 족보는 창세 4,17-24에 나오는 족보와 다르다. 여기서는 에녹, 이랏, 므후야엘, 므투사엘, 라멕 순으로 소개된다.

263 창세 5,28-30을 보라. 라멕이 백팔십이 세가 되어 낳은 아들이 노아다.

264 노아의 외관이 비상함을 표현한다. 흰색과 빛은 하느님 또는 그에 필적하는 신적 인물을 묘사할 때 쓰인다. 노아가 여느 사람들과 구별되는, 천사에 버금가는 인물임을 암시한다. "노아만은 주님의 눈에 들었"으며(창세 6,8), "노아는 당대에 의롭고 흠 없는 사람이었다. 노아는 하느님과 함께 살아갔다"(창세 6,9)는 성경의 묘사를 참조하라.

것을 보고 나에게 말하였습니다. "아버지! 제 소리를 듣고 제게 와 보십시오."

나는 마투살렉의 목소리를 듣고 그에게 갔습니다. 그리고 말했습니다. "보아라! 아들아 내가 여기 있다. 아들아, 무엇 때문에 나를 찾아 왔느냐?"

9 아들이 대답하며 말했습니다. "큰 문제 때문에 여기 왔습니다, 아버지!

10 내 아들 라멕에게 막 아이가 태어났습니다. 그런데 아이의 모습과 형상이 사람들과 비슷하지 않습니다. 아이의 살빛이 눈보다 희고 장미보다 붉습니다. 머리카락은 흰 양털보다 더 하얗습니다. 아이의 눈은 태양 광선과 흡사합니다.

11 그리고 그 아이가 산파의 손에서 일어나서는 입을 열어 영원하신 주님을 찬양하였습니다.

12 그래서 내 아들 라멕이 두려움을 느끼고 내게로 도망쳐 왔습니다. 그리고 아이가 자기 아들이라고 믿지 않고 천사들에게서 난 아이라 믿고 있습니다. [⋯] 아버지께서 아시는 대로 정확한 사실, 진실을 (말씀해 주십시오!)"

13 그리하여 나는 대답하며 말했습니다. "주님께서 이 땅 위에 새 명령을 내리실 것이다.[265] 같은 모양의 아이를 내가 (환시로) 보았고 네게 일러 주었다.

내 아버지 야렛의 세대 때에 (감시자들이) 하늘의 계약을 멀리하

265 홍수가 끝난 뒤 하느님께서는 노아와 계약을 맺으시고 새로운 명령을 내리신다: 창세 9장을 보라. 특히 "이제 내가 너희와 너희 뒤에 오는 자손들과 내 계약을 세운다. 그리고 너희와 함께 있는 모든 생물, 곧 방주에서 나와, 너희와 함께 있는 새와 집짐승과 땅의 모든 들짐승과 내 계약을 세운다"고 말하는 9,9-10을 참조하라.

고 주님의 말씀을 어겼다.[266]

[14] 보라! 그들은 죄를 짓고 관습을 거슬렀다. 그리고 여자들과 한
데 어울리며 여자들과 더불어 죄를 지었다. 그리고 여자들 사이에서
아내를 취하였다.[267]

[15] 이 땅에 큰 진노와 홍수가 내릴 것이다. 그리고 한 해 동안 엄
청난 파괴가 발생할 것이다.[268]

[16] 그때에 (네 아들에게서) 태어난 그 아이는 살아남을 것이다. 그
리고 그의 세 아들은 이 땅에서 죽어갈 사람들 사이에서 목숨을 구

---

266 주어가 명시되어 있지 않으나 '감시자들'로 주어를 특정하였다. 1에녹 6,6에 감시자들이 하늘에서 땅으로 내려온 시기를 야렛의 시대로 소개한다. 따라서 1에녹 106,13에서 말하는, 하늘의 계약을 멀리하고 주님의 말씀을 어긴 자들이란 타락한 감시자들을 가리키는 게 분명하다. 감시자들이 정해진 거처인 하늘을 떠나 지상에 내려온 데다 여자를 아내로 삼은 일을, 하늘의 계약을 멀리하고 주님의 말씀을 어긴 행위로 1에녹 저자가 해석한 셈이다. 이어지는 14절에서 그들이 여자들과 더불어 죄를 짓고 여자들 사이에서 아내를 취했다고 말하는 점도 하늘의 계약을 멀리하고 주님의 말씀을 어긴 자들이 '감시자들'이라는 해석에 무게를 싣는다. 그러나 그들이 이 땅의 사람들을 가리킬 수도 있다. 창세 6,1-12에 따르면 하늘의 아들들과 사람의 딸들이 결합한 이후 세상은 타락하고 폭력이 난무하는 곳이 된다. 창세 6,12은 "하느님께서 내려다보시니, 세상은 타락해 있었다. 정녕 모든 살덩어리가 세상에서 타락한 길을 걷고 있었다"고 하며 세상의 죄악상을 고발한다. 이 땅의 모든 사람이 하늘의 계약을 멀리하고 주님의 말씀을 어겼다는 뜻일 수도 있는 것이다.

267 직역: "그들 사이에서 (아내를 취해) 혼인하였다." 하늘의 아들들인 감시자들이 사람의 딸들과 결합한 사건을 가리킨다. 1에녹 6—16장을 보라.

268 창세 6장은 천사들이 여자를 아내로 삼은 일을 인류 타락의 직접 원인으로 제시하지 않으며 대홍수의 원인으로 여기지도 않는다. 반면 1에녹 6—16장에서는 인류 타락의 원인을 감시자들의 타락에서 찾는다. 그리고 감시자들의 후손인 거인들이 이 땅에서 저지른 온갖 불의와 폭력을 대홍수라는 대재앙을 불러오는 원인으로 제시한다. 106,13-15도 마찬가지다.

할 것이다.[269]

[17] 그리고 그들은 영과 비슷한 아이들이 아니라 육적인 아이들을 낳을 것이다.[270]

그분께서는 땅 위에서 일어날 파괴를 통해 땅을 길들이실 것이다.[271]

[18] 자, 이제 라멕에게 말하여라. '그 아이는 올바르고 거룩하게 만들어진, 너의 아이다. 그의 이름을 노아라 지어라. 그 아이는 너희 가운데 '남은 자'가 될 것이다.[272] 그 아이로 인해 너희는 안식을 얻을 것

---

269 창세 6,18-19 참조.

270 '영과 비슷한' 아이들과 '육적인'(또는 육으로 된) 아이들이 정확히 무슨 의미인지 분명하지 않다. 창세 6,3 참조: "사람들은 살덩어리일 따름이니, 나의 영이 그들 안에 영원히 머물러서는 안 된다. 그들은 백이십 년밖에 살지 못한다." 창세 6,3에 비추어 1에녹 106,17을 읽는다면, '영과 비슷한 아이'란 영이 머무른 상태, 육적인 아이란 영이 없는 아이를 가리키는 것으로 볼 수 있을 것이다. 여기서 영이 없다는 것은 인간의 수명이 짧아진 사실을 암시하는 듯하다. 공교롭게도 나중에 영지주의자들은 인간을 크게 영적 인간과 육적 인간으로 나눈다(혼적 인간을 더하여 세 부류로 보기도 한다). 영적 인간은 하느님의 영을 간직한 사람이자 그 사실을 깨달은 사람이며(혼적 인간은 영은 간직했으나 그 사실을 깨닫지 못한 사람) 육적 인간은 하느님의 영이 없는 사람이다.

271 에녹은 하느님께서 홍수와 파괴를 통해 땅을 길들이신다고 한다. 홍수와 파괴는 하느님의 훈육 수단이며 재앙으로 끝나지 않음을 짐작할 수 있다.

272 '남은 자' 개념은 구약성경에서 매우 중요하다. 이사 10,22을 참조하라: "이스라엘아, 네 백성이 설사 바다의 모래 같다 하여도, 그들 가운데 남은 자들만 돌아올 것이다. 파멸은 이미 결정된 것, 정의가 넘쳐흐를 것이다." '남은 자'를 뜻하는 히브리어 שְׁאָר는 그리스어 κατάλειμμα로 옮겨진다. 같은 그리스 단어가 1에녹 107,18에서도 사용되었다. 집회 44,17은 노아로 말미암아 '남은 자'가 있게 되었다고 전한다. "노아는 완전하고 의로운 이로 드러나고 분노의 시대에 세대의 교체를 이루었다. 홍수가 닥쳤을 때 노아로 말미암아 땅 위에 살아남은 자(κατάλειμμα)가 있게 되었다." 집회 47,22에서도 '남은 자' 개념이 사용된다. "그분께서는 몸소 선택하신

이다.[273] 그리고 그의 아들들은 이 땅의 파괴에서, 그리고 모든 죄인에게서, 그리고 땅 위에서 일어나는 모든 파국에서 (살아남을 것이다).'[274] […]

[19] 그분께서 (이 모든 것을) 내게 일러 주시고 알려 주셨다. 그리고 나는 하늘의 판들에서[275] 그것들을 읽었다. […]

107. [1] 그때 나는 그 판들 위에 기록된 내용을 보았다. 악인들의 세대가 거듭하여 이어지리라는 것이었다. 또한 정의의 세대가 일어나 악이 소멸되고 이 땅에서 죄가 사라지며 땅 위의 그들에게 좋은 일들이 오리라는 것까지 보았다.

[2] 그러니 아들아, 이제 가서 네 아들 라멕에게 일러주어라. 태어난 아이는 그의 아들이 맞으며 올바르게 거짓 없이 (태어난 아이라고)."

[3] 마투살렉은 자기 아버지 에녹의 말을 듣고 — 에녹은 마투살렉에게 신비로운 방식으로 알려 주었습니다 —, 되돌아가 라멕에게 그대로 알려 주었습니다. 아이의 이름은 '파괴 뒤에 이 땅을 기쁘게 하는 이'라

이의 후손들을 없애 버리시거나 당신을 사랑한 이의 자손들을 멸하지 않으셨다. 과연 그분께서는 야곱 집안에 남은 자를 허락하셨고 다윗에게도 그의 뿌리를 남겨 주셨다." 4에즈 3,11도 '남은 자' 개념을 담고 있다. 사람들의 범죄로 말미암아 홍수가 땅을 덮었지만 주님께서 노아와 그 일가, 그리고 그에게서 난 모든 의로운 이들만은 남겨두셨다고 한다.

273 노아가, 주님께서 저주하신 땅 때문에 고생하는 사람들을 위로해 주리라 예고하는 창세 5,29을 참조하라: "이 아이가 주님께서 저주하신 땅 때문에 수고하고 고생하는 우리를 위로해 줄 것이다."

274 창세 8,15–19 참조.

275 1에녹 103,2 "하늘의 판들"에 대한 각주 참조.

는 뜻으로 노아라 불렸습니다.[276]

에녹의 편지.

에녹의 맺음말(108장)[277]

276 창세 5,29 참조: "'이 아이가 주님께서 저주하신 땅 때문에 수고하고 고생하는 우리를 위로해 줄 것이다' 하면서. 그의 이름을 노아라 하였다."

277 에티오피아어 본문은 "에녹의 다른 책. 그의 아들 므투셀라와 그 뒤에 와서 마지막 날에 율법을 지킬 사람들을 위해 쓴 책"이라는 머릿글로 시작한다. 여기서 에녹은 환시를 통해 악인들에게 닥칠 끔찍한 재앙을 보았다고 한다. 이에 따르면, 하느님께서 예언자들을 통해 말씀하신 내용을 임의로 바꾸고 모욕하며 악을 일삼는 자들은 불 속에 던져질 것이다. 그러나 하느님의 거룩한 이름을 사랑하는 이는 눈부신 빛 속으로 들어갈 것이다. 하느님의 심판은 정의로우시기에 의인들은 악인들이 어둠 속에 던져지는 것을 보게 될 것이다. 반대로 악인들은 의인들이 눈부시게 빛나는 모습을 보며 울부짖을 것이다. 그리고 그들은 자신에게 마련된 곳으로 갈 것이다. 이렇게 1에녹은 죄인에 대한 경고와 의인에 대한 축복으로 끝을 맺는다.

2. 시편 문학

제2성전기 후반에 구약성경 시편과 비슷한 작품들이 만들어졌다. 구약성경 시편은 고대 이스라엘 역사상 여러 시기에 저술된 150편의 노래와 시를 모은 책, 곧 시선집이며 히브리어 구약성경의 성문서에 속한다. '시편'이라는 용어는 시 하나하나를 가리킬 뿐 아니라 150편의 시를 함께 모은 책 전체를 말하기도 한다. 후자의 경우 '시편집'이라고도 한다. 히브리어로 '시편'은 '찬가들'תְּהִלִּים이라 하고, '시편집'은 '찬가들의 책'סֵפֶר תְּהִלִּים이라 하였다. 그리스도교 시편psalm은 그리스어 프살모스 ψαλμός에서 유래했는데, 이 단어는 시편 머리글로 가장 많이 쓰인 미즈모르מִזְמוֹר에 대응한다. 미즈모르는 악기로 연주된 음악이나 노래를 가리킨다. 프살모스도 이와 비슷하게 현악기에 맞추어 부르는 노래를 일컫는다. 칠십인역 성경은 '시편집'을 시편들의 책 βίβλος ψαλμῶν이라 부른다. 구약성경에서 '시편'만 유일한 시편 문학은 아니다. 구약성경의 다른 책들에도 여러 시편들이 흩어져 있다. 모세의 노래(탈출 15,1-18), 한나의 노래(1사무 2,1-10) 등이 대표적이다.[1]

제2성전기 후기 유다교 작품 가운데 시편 형식으로 만들어진 기도와 찬가가 적지 않다. 그 가운데 솔로몬의 시편, 므나쎄의 기도, 솔로몬의 송가 등이 잘 알려져 있다. 이처럼 시편이 개별 작품으로 만들어진 경우도 있지만 기도문이나 찬가 형태로 묵시록, 유언집, 소설 등 다른 작품 안에 들어가 있는 경우도 있다. 이를테면 요셉과 아세넷에 나오는 아세넷의 참회 기도가 시편 형식을 빌렸다(요셉과 아세넷 12—13장). 욥의 유언과 바룩 2서에도 시(또는 시 형식의 기도)가 간간이 삽입되어 있다. 에녹 1서에 나오는 에녹의 기도(1에녹 84,2-6),[2] 마카베오 3서의 엘레아자르의 기도(3마카 6,2-5), 희년서에 나오는 여러 기도문들(희년서 22,11-23; 25,15-22; 31,15-20 등), 스바니야 묵시록에 나오는 스바니야의 기도(스바니야 묵시록 9,1-10; 12,5-10) 등이 모두 시편 형식이다. 사실

1 시편의 정의에 대해서는 이기락, 『성문서』, 10-11; 전봉순, 『시편 1-41편』, 17-18을 참조하라.

2 해당 본문은 에티오피아어로만 전한다.

기도나 찬가를 담는 데 시편만큼 적합한 문학 유형도 없을 터다.

구약 외경의 기도와 찬가들은 구약성경의 시편과 함께 신약성경과 그 이후 저자들에게 영감을 주었다. 주님의 기도(마태 6,9-13; 루카 11,2-4; 디다케 8장); 마리아의 노래(루카 1,46-55); 즈카르야의 노래(루카 1,68-79); 로고스 찬가(요한 1,1-18) 등이 그 산물이다. 신약 외경 가운데에도 시편 형식의 찬가나 기도문을 담은 작품들이 종종 눈에 띈다. 토마 행전이 진주의 찬가를(토마 행전 108-113장), 요한 행전이 주님의 찬가를(요한 행전 94-96장) 담고 있다.[3] 바오로 행전에는 시편 형식의 행복 선언이 담겨 있다(5-6장).[4]

『구약 외경 1』에서는 솔로몬의 시편을 소개한다.

---

3 Charlesworth, "Prayers, Psalms, and Odes", 607 참조.

4 토마 행전·요한 행전·바오로 행전은 송혜경, 『신약 외경 하권: 행전·서간·묵시록』을 참조하라.

솔로몬의 시편

The Psalms of Solomon

솔로몬의 시편은 총 열여덟 편으로 된 시 모음이다. 첫째 시편을 제외한 나머지 열일곱 편에 솔로몬의 이름이 붙어 있어(솔로몬의 시편, 솔로몬의 찬가, 솔로몬의 담화 등) 이 제목으로 부르지만 단 한 편도 다윗의 아들 솔로몬을 저자로 내세울 수 없다. 사실 열여덟 편 모두 솔로몬이나 그가 통치하던 시절과 관련이 없다. 각 시편은 시간을 두고 두 명 이상의 저자가 만들었으며 나중에서야 수집되어 한 작품으로 묶였을 것이다. 그리고 그 시편들은 '경건한 이들의 모임'(συνέδριον ὁσίων 솔로몬의 시편 4,1; 참조: 10,6; 17,16)에서 기도나 찬가를 드릴 때 사용되었을 법하다.[1]

솔로몬의 시편은 형식과 내용이 구약성경의 시편과 흡사하다.[2] 구약의 시편에 나오는 어휘와 표현법들도 드물지 않게 눈에 띈다. 각 시편들은 찬가나 탄원시의 형태로 선과 악, 죄와 구원, 위협과 해방 등 다양한 주제를 노래한다. 전형적 감사 시편도 다수를 차지한다. 구약의 시편에서처럼 솔로몬의 시편 저자도 '나' 또는 '우리'의 이름으로 하느님께 기도와 찬양을 드리거나 자신들의 현재 처지를 한탄하며 도우심을 청한다.[3] 그리고 하느님께서 의인들과 죄인들을 어떻게 대하시는지, 그리고 이스라엘과 이방 민족을 어떻게 대하시는지 숙고하고 성찰한 바를 경건한 이들을 향해 선포한다.[4]

솔로몬의 시편의 역사적 배경은 기원전 1세기 로마인들의 예루살렘 점

---

1 De Jonge, "The Psalms of Solomon", 159.

2 구약성경 시편에 대한 개관은 전봉순, 『시편 1-41편』, 17-61을 보라.

3 솔로몬의 시편 저자는 이스라엘 백성으로서의 자의식을 강하게 드러낸다. 곧 '우리' 이스라엘(솔로몬의 시편 7,8; 8,26.28.34; 9,1-2.8.11; 10,5-8; 11,1.6-9; 12,6; 14,5; 16,3; 17,4.21.42.44; 18,1.3.5)을 이방인들(ἔθνη: 솔로몬의 시편 1,8; 2,2.6.19; 7,3.6; 8,23.30; 9,2.9; 17,14.22.29)과 철저히 구분한다.

4 De Jonge, "The Psalms of Solomon", 159-160; Wright, "Psalms of Solomon", 639.

령이다.[5] 저자(들)는 경건한 유다인들이 이 사건을 바라보는 시각과 해석을 시에 담아 표현하였다. 이에 따르면 유다인들은 예루살렘과 성전이 재앙을 당한 이유를 자신들의 죄 탓으로 여긴다. 그리고 유다 백성 전체가 죄를 지었음을 고백한다. 그러면서 정치·종교 지도자들을 향한 비판의 소리를 아끼지 않는다. 지도자들, 말하자면 마카베오 일가가 불법적으로 권력을 장악하여 그 힘을 남용했다는 것이다(솔로몬의 시편 1편; 2편; 8편; 17편). 이들은 결국 외국인 침략자들 손에 처형당하거나 쫓겨난다. 유다 백성이 이방인들의 손에 넘어간 것은 하느님 뜻이었지만 그들의 횡포는 말로 표현할 수 없을 정도로 심각했다. 무엇보다 침략자들은 유다인들에게 이방의 문화와 관습을 강요하고 성전을 유린하여 유다교 신앙을 훼손한다. 이로써 유다 백성과 땅은 순수성을 잃고 더럽혀진다. 유다 백성이 외국인의 압제에서 벗어나기란 현실적으로 불가능해 보인다. 침략자들의 힘이 너무 강하기 때문이다. 그러나 '하느님을 경외하는 이들'은 절망하지 않는다. 그리고 자신들의 과오를 반성하고 하느님께 참회의 기도를 올린다. 아울러 하느님께서 다시 이스라엘을 기억하시어 로마인들의 압제에서 구해주시리라는 희망을 품는다. 이러한 희망에는 이 희망을 이루어줄 구세주, 메시아에 대한 기대도 포함된다. 이에 따르면 언젠가 다윗 가문에서 적법한 임금이 출현하여 유다 백성을 인도하며 봉기를 일으킬 것이다. 그리고 마침내 유다 땅에서 침략자들을 몰아내고 유다인들의 왕국을 건설할 것이다.

솔로몬의 시편 가운데 이러한 메시아 기대가 가장 잘 표현된 곳이 17편이다. 이 시편은 적법한 임금, 곧 다윗 가문의 기름부음받은이(메시아)의 통치를 묘사한다. 다윗의 후손 가운데에서 임금이 나와 외국인들에게 더럽혀진 예루살렘 성전을 정화하고, 이 땅에서 외국인을 몰아내며 억눌린 유다 백성을 해방시키리라는 것이다. 솔로몬의 시편 17편이 표방하는 메시

---

5 더 자세히는 이어지는 '3. 저술 시기' 항목을 참조하라.

아 기대는 신약성경의 메시아 사상을 이해하는 데 중요한 실마리가 된다.

1. 필사본

솔로몬의 시편은 열한 개의 그리스어 필사본과 네 개의 시리아어 필사본에 전문全文 또는 일부로 전해진다. 현존 필사본들은 10세기에서 16세기 사이에 만들어졌다.[6]

솔로몬의 시편에 대한 첫 언급은 4세기 필사본 알렉산드리아누스 사본Codex Alexandrianus에서 확인할 수 있다. 코덱스 첫 부분에 있는 목록에는 "열여덟 편의 솔로몬의 시편"이 들어 있으나 시편 본문을 실었을 법한 사본 말미는 소실되고 없다. 6세기 차명-아타나시우스의 『성경 개관』*Synopsis Sanctae Scripturae*에는 솔로몬의 시편이 마카베오기, 수산나 등과 함께 구약의 '논란이 되는 작품들'ἀντιλεγόμενα 목록에 나온다. 6세기 시나이의 아나스타시우스Anastasius Sinaita의 『질의응답』*Quaestiones et Responsiones* 말미에 있는 "60권" 위경Pseudepigrapha 목록에도 솔로몬의 시편이 포함되어 있다. 9세기 니케포루스의 스티코메트리아Stichometry에서는[7] 교회에서 정경으로 인정하지 않는 책 가운데 하나로 소개된다.

현존하는 필사본에는 절수가 표기되어 있지 않다. 절을 구분하고 숫

---

6 Charlesworth (ed.), *The Old Testament Pseudepigrapha Vol.2*에 실린 번역문은 라이트(Wright)가 그리스어 필사본들을 기초로 만든 비평본이 대본으로 사용되었다: Wright, "Psalms of Solomon", 639.

7 콘스탄티노플의 니케포루스의 『연대기』(*Chronography of Nicephorus of Constantinople*)에 부록 형식으로 덧붙여져 있다. 신구약성경 및 외경 목록과 함께 각 작품의 행수가 소개되어 있다.

자를 붙인 것은 랄프스A. Rahlfs가 한 일이다.[8] 여기 사용한 그리스어 대본도 랄프스의 절 구분을 따르고 있다.[9]

2. 원문의 언어

솔로몬의 시편 원문은 현재 그 본문이 전해지지 않지만 본디 히브리어로 쓰였을 것이라는 게 학자들 대부분의 견해다.[10] 본문은 처음에 히브리어로 쓰였고, 곧바로 이를 대본으로 삼아 그리스어로 번역되었으며, 다시 이 그리스어 본문에서 시리아어로 옮겨졌을 법하다. 지금 전하는 그리스어 본문은 번역문임이 거의 확실하다. 어휘 수도 비교적 적고 히브리어 문장을 그대로 그리스어로 옮긴 듯한 문장들이 많다. 가령 히브리어 전치사 구문을 별 고민 없이 그리스어 전치사 구문으로 옮겨 무슨 뜻인지 불명확한 경우들이 더러 있다.[11]

어쨌든 기원후 1세기 말엽 이전에 그리스어로 쓰인 바룩서가 솔로몬의 시편을 인용하는 것으로 보아 이 시편의 그리스어 번역본이 그 전부터

---

8 Rahlfs (ed.), *Septuaginta: id est Vetus Testamentum Graece*.

9 알렉산드리아누스 사본에는 솔로몬의 시편이 구약성경과 신약성경 다음에 소개된다. 그러나 현존하는 그리스어 필사본에서는 솔로몬의 시편은 모두 지혜 문학 작품들 사이에 위치한다. 지혜 문학 작품들이 하나같이 솔로몬의 작품으로 여겨졌었기 때문이다.

10 De Jonge, "The Psalms of Solomon", 159; Wright, "Psalms of Solomon", 640.

11 Wright, "Psalms of Solomon", 640을 참조하라.

존재했으리라 짐작된다.[12]

3. 저술 시기

솔로몬의 시편의 저술 시기에 대한 외적 증거는 이 작품이 언급된 알렉산드리아누스 사본이 제공한다. 이 필사본이 4세기 것이니 솔로몬의 시편 그리스어 본문은 늦어도 4세기 이전에 만들어졌음에 틀림없다. 바룩서와의 관계를 고려하면 그리스어 본문의 저술 시기는 적어도 기원후 1세기 이전이다.

이 작품의 저술 시기를 가늠할 수 있는 근거는 무엇보다 본문에서 얻을 수 있다. 솔로몬의 시편 본문, 특히 2편, 8편, 17편에 언급된, 유다인들이 겪은 민족적 혼란과 외세 침략에 대한 묘사들이 저술 연대 추정의 주요 실마리가 된다. 후기 이스라엘 역사에서 유다 백성이 내적·외적으로 혼란을 겪은 시기가 많지만 하스모네아 왕조 말기, 곧 기원전 1세기 중반부터 후반에 이르는 시기에 내적 혼란이 특히 심했다.[13] 그래서 솔로몬의 시편을 이 시기와 연관 짓는 시도가 매우 설득력 있다. 우선 솔로몬의 시편은 다윗의 후손이 아닌 자들이 불법으로 왕권을 찬탈했다고 비판하는데 이는 마

12 Wright, "Psalms of Solomon", 640을 참조하라.

13 De Jonge, "The Psalms of Solomon", 160-161; Wright, "Psalms of Solomon", 640-641. 이 시편에서 자주 다루는 죄인들과 의인들 사이의 갈등은 시대와 관련이 없어 이 작품의 저술 시기를 추정하는 데 별 도움이 되지 않는다. 단 2편과 8편 및 17편은 서술 내용이 구체적이라 시편의 저술 시기를 추정하는 데 매우 유용하다.

카베오 일가의 항쟁과 왕조 설립을 두고 한 말일 터다.[14] 이들이 하느님과의 옛 계약을 무시하고 성전과 제사를 더럽혔다고 비난하는 것(솔로몬의 시편 2,3) 또한 차독의 후손만 맡을 수 있는 대사제직을 자기네가 맡은 마카베오 일가를 겨냥한 것으로 보인다.[15]

외국인 침략자에 대한 묘사 역시 이 작품의 저술 시기를 유추하는 데 큰 도움이 된다. 학자에 따라 이 침략자는 안티오코스 에피파네스,[16] 헤로데 대왕, 폼페이우스, 티토 등으로 내세운다. 그러나 이 시편의 침략자와 가장 잘 들어맞는 사람은 로마의 폼페이우스 장군이다.[17]

사실 솔로몬의 시편에 담긴 여러 표현이 기원전 63년 폼페이우스가 예루살렘을 점령할 당시의 역사적 상황과 일치한다. 요세푸스는 폼페이우스에 대해 이렇게 기록하고 있다(『유다 고대사』 14.1-7). 이방인이자 외국인인(솔로몬의 시편 17,13 참조) 폼페이우스 장군이 처음에는 예루살렘 주민들 — 적어도 일부 — 에게 환영을 받고 쉽게 예루살렘 도성에 진입했다(『유다 고대사』 14.4.1; 참조: 솔로몬의 시편 8,16-19). 그러나 도성에 진입한 뒤부터는 강력한 저항

---

14 솔로몬의 시편 17,5-6 특히 6절 참조: "그들은 왕국을 자기네 영광을 위해 호화롭게 세웠습니다. 오만으로 다윗의 왕좌를 황폐하게 만들었습니다."

15 솔로몬의 시편의 공격이 특별히 하스모네아 왕가를 겨냥하는 것은 아니라는 의견도 있다. 이를테면 솔로몬의 시편 2편과 8편이 지도자들부터 여자에 이르기까지 이스라엘 백성 전체를 향한 일반적 비판이라는 것이다: Eckhardt, "The Psalms of Solomon as a Historical Source for the Late Hasmonean Period", 19.

16 시리아 임금 안티오코스 에피파네스가 예루살렘 성전을 모독하고 유다인들을 박해하며 이교예식을 강요한 사실은 2마카 5,11—7,42에 자세히 소개되어 있다.

17 폼페이우스(Gnaeus Pompeius Magnus: 기원전 106-48년)는 로마 공화정 말기의 장군이자 정치인이다. 로마 공화정 말기 원로원파(귀족파)의 지도자로 루키우스 코르넬리우스 술라의 부관이자 그의 손녀사위였다. 술라 사후 마르쿠스 리키니우스 크라수스와 가이우스 율리우스 카이사르와 함께 삼두정치체제를 이끌었으며 한때 카이사르와 동맹을 맺었지만 카이사르와의 내전에서 패하고 이집트에서 죽었다.

을 만나 공성철퇴까지[18] 사용할 정도로 성전 점령에 애를 먹었다(『유다 고대사』 14.4.1-2; 참조: 솔로몬의 시편 2,1). 실제로 폼페이우스 장군은 도성을 포위한 지 석 달째에 접어들어서야 도성 주민과 아리스토불루스의 추종자들을 처형하고 성전을 점령했다(요세푸스, 『유다 고대사』 14.4.4). 성전에 들어간 폼페이우스와 그의 군대는 대사제 외에 아무도 보아서는 안 되는 것을 보며 성전을 유린했다(『유다 고대사』 14.4.4; 참조: 솔로몬의 시편 2,1-2[19]).[20]

그 밖에 솔로몬의 시편은 외국인 침략자의 죽음에 대해 그 시신이 바다에 버려져 매장도 되지 않았다고 하는데(2,26-27),[21] 이는 플루타르코스가 전하는 폼페이우스 장군의 죽음과 비슷하다. 이에 따르면 폼페이우스는 기원전 48년 파르살루스 전투에서 카이사르에게 대패한 뒤 배로 이집트 상륙을 시도하다가 측근자들에 의해 칼에 찔려 죽었다. 죽은 폼페이우스는 목이 잘려진 뒤 옷이 벗겨진 채 알몸으로 배 바깥에 던져졌다(『영웅전』, 「폼페이우스」 78-80).

요세푸스나 플루타르코스의 기록과 비교해 보아도 솔로몬의 시편이

18 성벽이나 성문을 부수는 데 사용한 고대 무기. 요세푸스는 폼페이우스 장군이 이 기계를 티로에서 들여왔다고 전한다(『유다 고대사』 14.4.2).

19 “그 죄인은 오만에 가득 차 단단한 벽을 공성철퇴로 무너뜨렸으나, 너는 막지 못했네! 낯선 이방인들이 너의 제단 위로 올라가 오만하게도 신발을 신은 채 짓밟았다네!”(솔로몬의 시편 2,1-2).

20 폼페이우스는 종교에 대한 예의를 갖춰 부하들에게 예루살렘 성전 안에 있는 어느 것도 만지지 말라고 명했다고 한다(『유다 고대사』 14.4.4). 그러나 외국인 군대가 성전에 들어간 사실만으로도 유다 백성의 눈에는 성전 유린 행위였을 것이다.

21 “그는 이집트의 산 위에서 찔리고, 땅과 바다에서 가장 미천한 자보다 더 멸시를 당했습니다. 그자의 시체가 큰 수치를 당하며 물 위를 떠다녔지만, 그자를 묻어 줄 자 아무도 없었습니다. 그분께서 그자를 수치와 멸시거리로 만드셨기 때문입니다”(솔로몬의 시편 2,26-27).

묘사하는 외국인 침략자는 로마 장군 폼페이우스일 가능성이 크다.[22] 그렇다면 이 시편은, 기원전 63년 폼페이우스 장군의 예루살렘 침공을 전후하여 벌어진 일련의 사건을 토대로 만들어졌으리라는 추정이 가능하다.

그런데 이 시편의 최종 편집 시기는 언제일까? 이 시편의 최종 편집 시점을 예측하게 해 주는 구절들이 있다. 이를테면 이 시편에서는 외국인 침입자에 의해 예루살렘이 더럽혀진 사실은 언급되지만 아직 예루살렘이 파괴되었다는 말은 나오지 않는다. 이는 최종 편집자가 예루살렘의 멸망을 목격하지 않았음을 시사한다. 따라서 이 시편이 최종 형태로 편집된 것은 늦어도 기원후 70년 예루살렘 멸망 이전이었을 것이다.[23]

4. 저술 장소와 저자

솔로몬의 시편의 저술 장소는, 예루살렘 도성이 작품 전반에 걸쳐 그 중심에 놓여 있는 점으로 미루어 보아 예루살렘일 가능성이 높다. 그리고 이 작품은 기원전 1세기 유다 공동체의 전승에서 유래했을 것이다. 따라서 저자를 공동체 전체로 보아도 무방할 듯하다. 솔로몬의 시편은 어느 한 개인의 이야기라기보다는 공동체가 겪은 박해와 공동체의 미래에 대한 희망을 표현한다. 작품이 드러내는 관심사도 어느 한 개인의 관심사라기보다는 공동

22 De Jonge, "The Psalms of Solomon", 161; Wright, "Psalms of Solomon", 640-641; Flusser, "Psalms, Hymns and Prayers", 573을 참조하라.

23 Wright, "Psalms of Solomon", 641. 안티고누스(기원전 40-37년 예루살렘 통치)나 헤로데 대왕(기원전 40-37년 예루살렘 통치)에 대한 언급이나 암시가 없는 것으로 미루어 솔로몬의 시편 최종 편집 시기를 기원전 40년 이전으로 보기도 한다: De Jonge, "The Psalms of Solomon", 161.

체 전체의 공통 관심사가 주를 이룬다.

이 시편을 솔로몬의 작품으로 돌린 사람은 편집자일 것이다. 솔로몬의 시편 17편과 솔로몬이 지은 시로 알려진 구약 시편 72편 사이의 유사성이 이 작품의 저자를 솔로몬에게 돌린 근거가 되었을 법하다. 무엇보다 구약에서 솔로몬은 수많은 노래를 지은 것으로 알려져 있었다(1열왕 5,12). 게다가 솔로몬의 시편 17편과 18편이 다윗 가문에서 지혜로운 임금(메시아)이 나올 것이라 노래한 사실이 크게 작용했을 것이다.[24]

이 책의 저자가 솔로몬이 아니라 기원전 1세기경의 유다교 공동체라면 이 시편에서 '의인들'로 일컬어지는 이들, 곧 저자 공동체는 정확히 어떤 사람들 또는 어떤 집단을 가리키는 것일까?[25] '의로운 이들'이 누구인지 알아내기란 그리 쉬운 일이 아니다. 그런데 이들이 누구인지 알아내는 데에 그들과 반대편에 선 자들이 누구인지 밝히는 것이 도움이 된다. 이 시편에서는 '이방인들'과 '죄인들'이 '의로운 이들'의 적대자로 등장한다. 먼저 '이방인들'은 앞서 말했듯이 로마 폼페이우스 장군과 그가 이끄는 군대를 가리킨다. 이들은 이스라엘의 죄를 벌하시려 하느님께서 보내신 자들이다. 다음으로 '죄인들'은 마카베오 사제가문, 넓게는 사두가이파 사람들을 가리킨

24 De Jonge, "The Psalms of Solomon", 159 참조. 사실 솔로몬과 메시아 사이의 유사점은 주목할 만하다. 우선 둘 다 다윗의 후손이다. 둘 다 국경을 넓히고 예루살렘을 복구하여 아름답게 꾸미며 야훼 숭배를 수호한다. 둘 다 지혜와 정의로 온 땅을 다스린다(1열왕 5,9-14 참조). 솔로몬은 예루살렘에 하느님 성전을 지었으며(1열왕 6장) 메시아는 더럽혀진 성전을 정화하고 복구할 것이다. 그러나 둘 사이에는 차이점도 있다. 솔로몬은 금과 은, 전차와 말, 배 숫자를 늘리고 오만과 억압의 죄악을 저지른 죄인이었다(1열왕 11장). 반면 이 시편의 메시아는 아무런 죄도 짓지 않을 터다. 뿐만 아니라 거룩한 백성을 정의로 인도하며 더 이상 불의가 그들 가운데 머물지 못하게 할 것이다. 그리하여 악을 아는 어떤 자도 그들 가운데 살지 못할 터다. 그는 말과 기수나 활에 희망을 두지 않으며 전쟁에 쓰려고 금이나 은을 모아두지도 않고 수많은 병력에 희망을 두지도 않는다(솔로몬의 시편 17,26-33).

25 이들은 '경건한 이들', '하느님을 경외하는 이들', '거룩한 이들'이라고도 불린다.

다. 이들은 다윗의 후손도 아니면서 불법적으로 왕권을 찬탈했으며(솔로몬의 시편 17,5-8.22), 전례를 더럽히고 전례 규정을 준수하지도 않았다(솔로몬의 시편 1,8; 2,3.5; 7,2; 8,12; 17,45). 또한 이교인들의 관습들에도 쉽게 물들었다(솔로몬의 시편 8,22).[26]

그렇다면 의인들은 크게 보아 사두가이파 사제 계급이 아닌 예루살렘의 유다인들이라 할 수 있다. 그들은 사두가이파 사제 또는 하스모네아 왕가를 반대하던 이들로서 다윗 왕조의 부활을 꿈꾸었을 법하다. 학자에 따라 이들을 바리사이파로 보기도 하고 예루살렘에 자리 잡은 에세네파 유사 집단으로 보기도 한다.[27] 사실 이 시편의 신학과 신정론은 에세네파와도 바리사이파와도 맥을 같이한다. 가령 주님이 임금이시라는 표현에서 보이는 신권정치 개념(솔로몬의 시편 2,30.32; 5,18-19; 17,1.34.46), 거룩한 율법(솔로몬의

---

26 유다 마카베오는 기원전 164년 예루살렘을 탈환하고 성전을 정화한다. 그가 죽은 뒤 아들 요나탄이 기원전 153/2년에 시리아(셀레우코스 왕조) 임금에 의해 대사제로 임명된다(1마카 10,1-21). 그 뒤를 이은 시몬은 유다 백성의 지도자이자 대사제로 임명된다. "참된 예언자가 나올 때까지 시몬이 계속 그들(유다 백성)의 지도자와 대사제가 된다"(1마카 14,41)는 데 모든 유다인들과 사제들이 동의한 것이다. 이어서 시몬의 후계자 요한 히르카누스는 지도자, 대사제, 예언자의 세 직책을 자임한다(요세푸스, 『유다 고대사』 13.299). 시몬이 민족 지도자이자 대사제로 임명될 때 만들어진 "참된 예언자가 나올 때까지"라는 유보조항을 무효화한 셈이다. 나아가 시몬의 뒤를 이은 아리스토불루스는 스스로 '임금'이라 칭한다(기원전 105-104년, 요세푸스, 『유다 고대사』 13.301-319). 마카베오 가문이 주도한 봉기는 본디 이 민족의 헬라화 정책과 압제에 맞서 일으킨 독립투쟁이었다. 그러나 점차 그들은 자신들의 권력 기반이던 유다 백성과 하시드인들과 멀어졌으며 그들의 왕국은 종국에 가서 헬라주의 제국과 유사한 국가 형태를 취하게 되었다: 타이쎈/메르츠, 『역사적 예수: 예수의 역사적 삶에 대한 총체적 연구』, 204-214 참조.

27 Wright, "Psalms of Solomon", 642 참조. 실제로 솔로몬의 시편과 쿰란에서 발견된 작품들 사이에 유사점이 많다. 이에 대해서는 Eissfeldt, "The Psalms of Solomon", 610-613; Dupont-Sommer, *The Essene Writings from Qumran*, 296을 참조하라.

시편 10,4; 14,2), 하느님의 섭리(솔로몬의 시편 5,3.4) 개념들은 모두 바리사이파와 에세네파가 공통적으로 강조하던 개념들이다. 이 시편을 만들어낸 사람들을 바리사이파 또는 에세네파로 한정짓기보다는 이들과 비슷한 신학을 가진 예루살렘 유다인들로 보면 될 듯하다.[28]

5. 신학

솔로몬의 시편은 기원전 1세기 중반, 유다 백성이 내부 분열과 외부 세력의 침입이라는 이중고에 시달리고 있었던 상황을 드러낸다. 또한 예루살렘의 의인들이 정치·종교적 지도자들의 부패와 타락상을 목격한 뒤, 로마 군대의 침입과 점령, 그에 뒤이은 성전 유린 등 일련의 내적·외적 사건을 지켜보면서 자신들이 처한 역사적 현실을 어떻게 성찰하고 해석했는지 보여준다. 이들의 해석과 성찰의 결실은 이른바 '묵시적 메시아 사상'Apocalyptic messianism이다. 이들은 현재의 위기와 난국을 하느님의 징계 또는 벌로 생각하고(솔로몬의 시편 14,1; 16,11), 조만간 현 상황이 뒤집힐 것을 확신한다(솔로몬의 시편 2,34-35). 언젠가 하느님께서 보내신 다윗 가문의 기름부음받은이, 곧 메시아에 의해 모든 적이 섬멸되고 하느님의 통치가 시작되리라는 것이다. 다시 말해 죄인들은 불법으로 왕권을 찬탈하고 성전 제사를 더럽혔으며 탐욕과 부정으로 물들어 결국 외국인의 침략을 가져왔다. 이러한 위기를 헤쳐 나갈 돌파구로 제시된 것이 이른바 '메시아'에 대한 기대다.

---

28 솔로몬의 시편은 특정 분파의 성향을 거의 드러내지 않는다. 이 작품이 바리사이파에서 유래했다거나 다른 특정 분파에서 만들어졌다고 볼 근거는 별로 없는 듯하다: De Jonge, "The Psalms of Solomon", 160 참조.

5.1. 메시아 사상

솔로몬의 시편은 그리스도교가 시작되기 전, 기원전 2-1세기에 유다인들 사이에서 메시아 사상이 어떤 꼴을 갖추고 있었는지 보여 주는 대표적 사례로 꼽힌다. '메시아'는 구약성경에서는 적법하게 기름부음을 받은 임금이나 사제를 가리키는 일반 용어였다. 그러다가 차츰 이 용어가 현재에 이루어지지 않은 온갖 희망을 실현시켜줄 미래의 이상적 인물을 가리키는 데 사용되기 시작했다. 그리하여 솔로몬의 시편에서는 '메시아'가 다가올 시대에 하느님의 통치를 실현할 '특정' 인물로서 제한되고 그 역할과 특징이 상세히 서술된다. 사실 이 시대 유다교 저작물 가운데 솔로몬의 시편만큼 메시아를 구체적으로 기술한 작품은 없는 듯하다.[29] 이 시편에서 메시아는 다윗의 아들(후손)로서 영원한 하느님의 나라를 세우러 올 인물로 그려진다. 초자연적 존재는 아닐지언정 그는 물론 그가 다스릴 의인들도 모두 죄가 없을 것이다. 그는 지혜와 정의와 자비와 힘으로 다스릴 것이다. 갈라진 열두 지파를 다시 복구하고 정의와 충성을 회복시킬 것이다. 그리고 흩어진 이스라엘 백성을 정화된 조국 땅에 다시 모아들일 것이다. 그러면 온 땅의 온갖 민족들이 모여와서 예루살렘과 그 임금에게 엎드려 절할 것이다(솔로몬의 시편 17—18편).[30]

29 Charlesworth, "The Concept of the Messiah in the Pseudepigrapha", 188-218을 참조하라.

30 솔로몬의 시편에서는 '메시아' 개념이 '주님' 개념과 결합되어 나타나기도 한다. 이는 나중에 루카 복음에 영향을 미쳐 예수님을 '주 그리스도'라 부르게 된다(루카 2,11). 이는 '그리스도 주님' 개념으로 발전하여 신약신학의 주요 주제로 자리 잡는다.

구약의 예언서들이 그렇듯 솔로몬의 시편도 국가와 민족의 위기상황에서 나왔다. 이스라엘이 외세의 침략을 받아 범민족적 위기를 맞을 때마다 예언자들이 출현하여 그들이 왜 이런 파국을 겪게 되었는지 알려준다. 모든 위기의 원인은 한결같이 정치·종교 지도자들과 백성의 죄악으로 꼽혔다(이사 3,13-15; 9,13-15; 28,7-10). 그 대표적 죄악은 우상 숭배(호세아; 이사 17,9-11)와 약자에 대한 억압과 착취(아모스; 이사 10,1-2)였다.

정의로우신 하느님께서는 이들의 죄악을 못 본 체하지 않으시고 억압받는 이들의 외침을 흘려듣지 않으신다. 그분께서는 반드시 정의를 실현하시는 분이기 때문이다. 따라서 이스라엘 백성이 처한 위기는 하느님의 심판과 처벌의 일환으로 해석된다(이사 22,1-14). 그러나 심판과 처벌은 그 자체로 끝나지 않는다. 심판의 끝에는 항상 새로운 희망이 약속된다. 새 희망의 내용은 대략 이러하다. 하느님께서는 죄 때문에 갈라진 열두 지파를 다시 합치시고 온 세상에 흩어진 당신 백성을 다시 모아들이실 것이다. 유다 땅을 점령하고 더럽힌 외세를 몰아내시고 다시 다윗 왕국을 일으키실 터다. 그때 다시 모인 백성은 복구된 예루살렘 성전에서 함께 거룩한 제사를 바칠 것이다(이사 11,1-16; 27,12-13; 35장). 구약의 예언자들이 공통적으로 선포한 예언이 바로 이런 것이었다.

솔로몬의 시편도 같은 선상에 있다. 기원전 1세기 예루살렘은 로마군에게 점령되고 성전이 더럽혀진다. 이 시편 저자는 이를 당시 정치·종교 지도부인 하스모네아 왕가의 죄 탓으로 돌린다. 이들은 다윗 왕조가 아닌 국가를 불법으로 세웠으며, 외국의 문물과 관습을 들여와 예루살렘 성전과 그 제사를 더럽혔다. 로마군이 쳐들어와 예루살렘을 점령한 것은 이들의 죄악상에 대한 하느님의 징벌로 해석된다(솔로몬의 시편 17,5-7). 정의의 하느님께는 모든 것이 드러난다. 그분께서는 어떤 죄도 그냥 지나치지 않으시며 사람의 행업에 따라 그대로 갚아 주신다. 따라서 죄인들의 끝은 심판과 멸망이요, 의인들의 끝은 구원이다.[31] 이러한 하느님의 구원 계획과 맞물려 있는 인물, 하느님의 구원 계획을 실현할 인물이 바로 다윗 가문의 임금 '메시아'다.

이처럼 솔로몬의 시편 저자는 이스라엘에 내리신 징벌이 하느님의 정의에 따른 것임을 인정하는 한편, 그분께서 이민족을 이스라엘의 징벌 수단으로 사용하신다는 점도 인정한다. 이민족이 이스라엘을 파괴하도록 하느님께서 허락하셨다는 것이다.[32] 저자는 이런 인식을 바탕으로, 이스라엘이 하느님의 백성이며 영원한 계약의 수혜자임을 하느님께 아뢰면서(솔로몬의 시편 7,8-9; 9,8-11; 11,7; 14,5; 17,4) 이민족이 당신 백성을 영원히 차지하지 못하도록, 그리고 그들이 당신 백성을 거슬러 영원한 승리를 거두지 못하게 해 달라고 간청한다(솔로몬의 시편 2,22-25; 7,3-5; 8,27-31). 저자는 이 기도를 실현시켜 줄 수단 또는 해결책으로, 마지막 때에 출현할 메시아와 메시아의 왕국에 대한 희망을 제시한다(솔로몬의 시편 17편; 18,5-9; 참조: 7,9-10; 15,12).

---

31 솔로몬의 시편에서는 의인들의 구원과 죄인들의 처벌이 내세로 미루어지지 않는다. 하느님께서는 이 세상에서 정의를 실현하실 것이다. 의인들은 이 땅에서 번영을 누리고 죄인들은 이 땅에서 벌을 받을 것이다. 의인의 번영과 죄인의 처벌은 하느님 정의의 눈에 보이는 표지다. 이스라엘에 닥친 재앙은 자신의 죄 때문이다. 위기와 재앙은, 이스라엘의 숨은 죄를 밝히 드러내고 하느님이 의로운 심판관이시며 그 누구도 그분의 눈길을 벗어나지 못한다는 것을 가르쳐 준다(솔로몬의 시편 2,8; 9,1-3; 17편).

32 하느님께서 이스라엘 백성을 심판하시기 위해 이민족들을 이용하신다는 생각은 유배 이전부터 예언서들 안에 자리잡혀 있었다. 이사야는 하느님께서 이스라엘을 거슬러 이방 민족들의 선두에서 공격해 오실 것이라 선포한다(이사 28장). 예레미야는 바빌론 임금 네부카드네자르를 주님의 종이라 선포하기까지 한다(예레 27,6-8: "이제 나는 이 모든 나라를 나의 종 바빌론 임금 네부카드네자르 손에 맡겼고, 들짐승까지도 그에게 맡겨 그를 섬길 것이다. 모든 민족들이 그와 그의 아들과 손자를 섬길 것이다. …").

솔로몬의 시편에서 메시아는 마지막 때와 연결된다(17,21; 18,5). 사실 메시아와 더불어 마지막 때가 시작된다. 그때가 되면 다윗의 후손 가운데서 기름부음받은 임금, 메시아가 나올 것이다. 하느님께서 이스라엘과 온 세상을 다스리시는 임금이시라는 사실을 알리려, 메시아는 이방인 침략자들을 이스라엘에서 몰아내고, 모든 죄인과 모든 이방인을 쫓아낼 것이다. 그리고 정화된 이스라엘 백성을 모아 의로움과 정의와 지혜로써 다스릴 것이다(솔로몬의 시편 17,23-25). 온 세상에 흩어진 이스라엘 백성이 다시 조국에 돌아오고(솔로몬의 시편 8,28; 11편; 17,31), 그들에게 지파별로 땅이 분배될 것이다(솔로몬의 시편 17,28). 예루살렘과 성전은 정화되어 다시 거룩하게 될 것이다(솔로몬의 시편 17,30-31). 또한 모든 민족이 이스라엘의 임금(메시아)에게 복종하며 이를 통해 예루살렘과 이스라엘의 하느님이 영광을 받으실 것이다(17,30-31).

이처럼 솔로몬의 시편에서 메시아 왕국에 대한 희망은 마지막 때와 연결되지만 이 희망은 먼 미래를 향한 막연한 희망이 아니다. 메시아를 통한 하느님 왕국(또는 통치)의 도래는 아주 임박한 미래에 이루어질 구체적 희망, 손에 잡히는 희망이다. 또한 이 시편이 드러내는 마지막 날에 대한 기대, 종말론적 희망은 개인과 민족(국가) 전체를 아우른다. 지금 이스라엘은 고통과 박해의 상황에 놓여 있다. 개인적 차원에서는 의인들이 죄인들에 의해, 집단적 차원에서는 유다 백성이 이방인 침략자들에 의해 고통을 받고 있다. 이러한 고통과 박해가 종식되려면 종말론적 그날이 하루바삐 도래해야 한다.[33] 이스라엘의 고통이 끝날 수 있는 유일한 방법은 하느님께서 역사에

33 솔로몬의 시편의 저자는 '다가올 시대'라는 모티프를 통해 의인들이 당하고 있는 현재의 고통을 위로함과 동시에 죄인들에게 즉각 악의 길에서 벗어나라는 강력한 경고의 메시지를 보낸다. 죄악은 사람을 파멸로 인도할 뿐이며, 죄인은 다가올 시대에 심판과 처벌을 면하지 못한다는 것이다. 이러한 경고는 마지막 날 도래할 하

개입하시어 그 흐름을 바꾸어 놓으시는 것이기 때문이다(솔로몬의 시편 15,12; 11,1.6). 실제로 마지막 심판의 날에 죄인들은 파멸을 면치 못할 것이며(솔로몬의 시편 2,31.34; 15,12), 의인들은 생명으로 들어 높여질 것이다(솔로몬의 시편 2,31; 3,12).[34] 그리고 이 마지막 때는 임박했으며 곧 도래할 것이다.

메시아-임금

솔로몬의 시편에서 메시아는 그 무엇보다 '임금'으로서의 기능과 역할이 부각된다. 이민족을 이스라엘 땅에서 몰아내고 이스라엘 백성을 정의로 다스리는 통치자로서 메시아 개념은 다소 현세적이고 정치적 성향도 강하게 띤다. 그러나 이 시편에서 메시아의 영적 측면도 강조된다는 점을 지나쳐서는 안 된다. 이를테면 그는 무엇보다 죄가 없으며(솔로몬의 시편 17,36) 거룩한 영으로 무장했다(솔로몬의 시편 17,37). 그는 임금이지만 백성을 지배하는 일반적 역할에 머물지 않는다. 그는 백성을 정화하고 그들에게 거룩한 지혜를 나누어 주는 특별한 임금이다(17,42-46).

5.2. 민족주의

솔로몬의 시편에서 이방인들ἔθνη은 범법자들이며 하느님께 받아들여지지 않는 자들로 그려진다(솔로몬의 시편 17,11: "무법자가 저희 땅을 아무도 살지 못하도록 황폐하게 만들었습니다. 저들은 젊은이와 노인과 그들의 자녀를 모조리 죽였습니다!"; 참조:

느님 나라를 위해 의인을 준비시키는 역할도 한다.

34 죄인들은 결코 부활에 동참하지 못할 것이다(솔로몬의 시편 3,9-12; 14,9-10).

2,2.19.25; 7,1-3; 8,23; 17,13-15). 이들은 예루살렘을 짓밟고 성전을 더럽힌, 이스라엘의 적이다. 하느님께서 때로 당신 백성을 꾸짖는 수단으로 이방인들을 이용하기도 하시지만(솔로몬의 시편 8편), 그렇다고 이들의 위상에 변화가 생기지는 않는다. 예루살렘에 그들이 설 자리는 없다. 사실, 메시아 시대가 되면 이방인들은 이스라엘에서 쫓겨날 것이다(솔로몬의 시편 17,27-28). 하느님께서는 모든 민족들 위에 둘 민족으로 이스라엘을 선택하셨으며 이 선택은 영원하다(솔로몬의 시편 9,8-11). 이스라엘은 이민족이 받지 못하는 특별한 관심과 사랑을 하느님에게서 받는다.

이처럼 솔로몬의 시편에서 이스라엘과 이민족(이방인)의 위상은 근본적으로 차이가 난다. 구원은 무엇보다 하느님 백성, 그것도 의인들에게 내리는 하느님의 선물이다. 솔로몬의 시편은 이방인들에게 구원의 가능성을 거의 열어 두지 않는다.[35] 따라서 이민족에 대한 선교 가능성도 제한된다. 이러한 민족주의적 시각은 비슷한 시기에 저술된 헬라계 유다인들의 작품들, 이를테면 아리스테아스의 편지나 마카베오기 4서, 필론의 작품들이 표방하는 '보편주의' 시각과 크게 차이가 난다.

6. 신구약성경과의 관계

솔로몬의 시편은 구약성경의 시편을 모방하여 만든 것으로, 찬가(솔로몬의 시편 3편), 탄식(솔로몬의 시편 2,19-25; 7편; 8,27-34; 16,6-15), 감사(솔로몬의 시편 15,1-2; 16,1-5), 교훈(솔로몬의 시편 3,3-12; 5편) 등 다양한 요소로 이루어진다. 내용 면

35 그날 땅 끝에서 이방인들이 주님의 영광을 보러 오리라고 선포하는 솔로몬의 시편 17,31은 예외다.

에서는 구약의 시편은 물론 예언서들의 영향도 많이 받았다. 특히 솔로몬의 시편 17편은 전체적으로 구약 시편 72편과 매우 흡사하다. 그리고 구약의 시편 28편의 영향은 솔로몬의 시편 곳곳에서 감지할 수 있다. 그 밖에도 바룩서 및 이사 11장이 솔로몬의 시편과 유사한 점이 많다. 사실 솔로몬의 시편은 전체적으로 구약성경의 그늘 아래 있다. 주님의 성소를 짓밟는 원수들에 대한 묘사(이사 63,18; 솔로몬의 시편 2편), 이스라엘을 하느님께서 심으신 나무(의 햇순)에 비유하며 그들이 영원히 땅을 차지할 것이라 선포함(이사 60,21; 솔로몬의 시편 14,3-4), 고통 중에 하느님께 부르짖음(시편 120,1; 130,1-2; 솔로몬의 시편 1,1), 주님께서 당신 얼굴을 감추신다는 표현(시편 13,2; 22,25; 이사 64,6[36]; 에제 39,23-24; 솔로몬의 시편 2,8), 의인의 운명과 악인의 운명을 비교함(잠언 24,16; 솔로몬의 시편 3,9-12) 등 그 예는 무궁무진하다.

다른 한편 솔로몬의 시편은 신약성경 복음서들에 영향을 주었다. 루카 복음 1장에 나오는 찬가들이 이 시편을 닮았다. 특히 메시아와 다윗 가문의 연결이 주요 공통점이다. 사실 다윗의 후손이라는 메시아 칭호의 뿌리는 구약성경에 있다. 이를테면 이사야서와 예레미야서에서는 다윗 가문이, 에제키엘서에서는 '하느님의 종 다윗'이 왕좌에 오르리라고 예언한다. 그러나 유다교 문학에서 '다윗의 후손'이 하나의 '칭호'로서 가장 먼저 쓰인 것은 솔로몬의 시편에서다(17,21). 신약성경 공관 복음서에서 이 칭호는 숱하게 등장한다. 다윗의 후손이라는 칭호 자체도 중요하지만 메시아로서 그가 맡은 역할도 중요하다. 예수님의 예루살렘 입성 장면은 임금의 입성을 연상시키고 성전 정화 사건은 메시아가 더럽혀진 예루살렘 성전을 정화하리라는 솔로몬의 시편 예언과 연결된다. 성전에서 장사꾼들을 몰아내시는 예수님의 모습을 본 사람들 가운데 솔로몬의 시편을 떠올리는 사람도 없지 않

36 『성경』에는 "당신께서 저희를 외면하시고"라 옮겨져 있다. 히브리말을 그대로 옮기면 '당신께서 당신 얼굴을 저희에게서 감추시고'이다.

았을 법하다.

한편 신약성경에서 선호하는 메시아의 칭호 '주 그리스도'가 신약성경 바깥에서는 오직 솔로몬의 시편 17,32에만 나온다.[37] 이 사실만 놓고 보아도 솔로몬의 시편과 신약성경 복음서 사이의 관련성을 무시할 수 없을 것이다. 그리고 솔로몬의 시편이 하느님을 믿는 거룩한 이들을 '무죄한 양'으로 표현한 것처럼(솔로몬의 시편 8,23) 신약성경 복음서도 곳곳에서 의인들을 '양'에 비유한다. 의인을 '사랑받는 아들' 또는 '맏아들'처럼 꾸짖으신다는 표현(솔로몬의 시편 13,9)이나 이스라엘을 외아들로서 훈육하신다는 표현(솔로몬의 시편 18,4)도 신약성경 독자들에게 그리 낯설지 않다(묵시 3,19 참조).

7. 신학적 의의

솔로몬의 시편은 구약성경과 신약성경을 잇는 가교 역할을 한다. 메시아에 대한 희망과 염원이 그 구심점이 된다. 메시아 희망의 근거는 다윗과 맺은 하느님의 계약에 있다. 곧 다윗 가문에서 임금이 나와 영원한 하느님의 왕국을 세우리라는 하느님의 약속에서(2사무 7,1-17; 1역대 17,1-15) 영원한 다윗 왕조에 대한 기대가 생겨났고 이 기대가 역사와 더불어 메시아에 대한 염원으로 발전했다. 결국 다윗과 하느님의 계약을 현실로 만들 인물이 바로 메시아라는 것이다. 이렇게 해서 기름부음을 통해 임명되는 사제와 임금에게 두루 적용되던 '기름부음받은이' 칭호가 단 한 명의 종말론적 인물에게로 향하게 된다. 구약에는 '기름부음받은이'가 여럿 있었다면, 마지막 때에는 다윗 가문에서 나올 임금, 단 한 사람의 메시아뿐이다. 메시아가 한 인

37 '주 그리스도' 칭호에 대해서는 이어지는 '신학적 의의' 항목을 참조하라.

물로 구체화되고 특정화된 셈이다. 그리고 이 개념은 종말에 대한 특정한 기대나 희망과 연결된다. 이로써 종말론적 메시아 개념이 탄생한다. 그리고 이 종말론적 메시아는 '다윗의 후손' 더 정확히는 '다윗의 아들'로 소개된다.

다윗의 후손, 더 정확히 '다윗의 아들'은 단순히 다윗 가문에서 나올 지배자나 임금을 가리키는 데서 그치지 않는다. '다윗의 아들'은 이를 넘어서서 마지막 때에 나타날 묵시적·종말론적 임금을 가리킨다. 그는 이상적 통치자에 걸맞은 덕을 고루 갖추었으며, 예전의 숱한 임금들이 이루지 못했던 모든 일을 성취할 것이다(솔로몬의 시편 17—18편). 그리고 이 다윗의 후손 메시아는 신약성경에서 예수 그리스도로 나타난다. 가브리엘 천사가 마리아에게 선포한 예언이 이를 잘 드러낸다. "보라, 이제 네가 잉태하여 아들을 낳을 터이니 그 이름을 예수라 하여라. 그분께서는 큰 인물이 되시고 지극히 높으신 분의 아드님이라 불리실 것이다. 주 하느님께서 그분의 조상 다윗의 왕좌를 그분께 주시어, 그분께서 야곱 집안을 영원히 다스리시리니 그분의 나라는 끝이 없을 것이다"(루카 1,31-33). 신약성경에서 예수님이 그리스도(기름부음받은이, 곧 메시아를 뜻하는 그리스어)라 불리시고 다윗 가문과 연결되는 이유가 바로 이 때문이다. 솔로몬의 시편 덕분에 신약의 '예수 그리스도'에 대한 믿음이 구약(2사무 7장; 1역대 17장)에 연결되어 있음을 더 쉽게 이해할 수 있다.

솔로몬의 시편에 사용된 메시아와 관련된 호칭으로 다윗의 후손 말고도 '주 그리스도'χριστὸς κύριος라는 호칭이 있다(17,32).[38] 이 호칭은 '기름부음받은이' 칭호와 '주님' 칭호가 결합된 이중적 호칭이다. 전자는 '기름부음'을 통해 하느님의 대리자로 성별된 세 범주의 '기름부음받은이'(사제·예언자·임금)를 가리키고, 후자는 주권과 통치권을 가지신 분을 의미한다. 따라서 이 이

38 솔로몬의 시편 18,1.7도 참조하라. 여기서는 '주 그리스도'로 볼 수도 있고 '주님의 그리스도'로 볼 수도 있다. 18,1 각주 참조.

중적 호칭으로 불릴 인물은 지상에서 사제이자 예언자이자 임금으로서 하느님을 대신하여 주권을 행사할 것이다. 다시 말해 하느님께서는 우주만물을 다스리시는 주님이시며, 그분의 지상 대리자는 '주 그리스도'시다. 곧 하느님께서는 '주 그리스도'를 통하여 우주만물을 다스리신다. 이런 뜻이 이 칭호 속에 함축되어 있다. 같은 호칭이 루카 복음에도 나온다. 천사가 목자들에게 예수님의 탄생을 알리는 대목에서 이 호칭이 사용된 것이다. "오늘 너희를 위하여 다윗 고을에서 구원자가 태어나셨으니, 주 그리스도Χριστὸς κύριος 이시다"(루카 2,11). 이렇게 솔로몬의 시편은 또 한 번 구약신학과 신약신학을 긴밀히 연결한다

8. 솔로몬의 시편

대본: Bible Works 9이 제공하는 OPG(Old Testament Greek Pseudepigrapha): *The Greek Pseudepigrapha*. Electronic text prepared by Craig A. Evans. Morphologically tagged by Rex A. Koivisto. Copyright © 2008 Craig A. Evans. Copyright © OakTree Software, Inc.

1 [1] 나는 부르짖었네! 몹시 괴로울 때 주님께,[39]
죄인들이 덮칠 때 하느님께!
[2] 갑자기 내 앞에 전쟁 소음이 들려왔다네!

39 시편 120,1; 130,1 참조.

나는 말하였네, "그분께서 내 기도를 들어주시리라! 나는 의로움으로
가득 차 있으니!"

3 나는 마음속으로 생각하였네. '나는 의로움으로 가득 차 있네.
번성하고 자녀도[40] 많이 두었으니!'[41]

4 그들의[42] 부가 온 땅에,
그들의 영광이 땅 끝까지 퍼졌다네!
5 그들은 별들이 있는 곳까지 높여졌다네.
그들은 말하였네, 넘어지지 않으리라고.[43]

---

40 예루살렘의 아들딸들, 곧 예루살렘 주민들을 가리킨다.

41 번성하여 자녀를 많이 둔 것이 의로움의 징표라는 뜻. 신명 7,12-14에서 주님께서는 주님의 법규들을 지키고 실천할 때 번성하여 많은 자녀를 얻게 될 것이라 약속하신다.

42 '그들'은 1절의 '죄인들'을 가리키는 듯하다. 죄인들이 정확히 누구인지는 분명하지 않다. 예루살렘 주민들, 또는 마카베오 일가를 가리키는 말일 수도 있다. 그렇다면 솔로몬의 시편 1,4-8은 예루살렘 주민들 또는 마카베오 일가가 부와 영광으로 오만해져 하느님께 마땅한 경배를 드리지 않았을 뿐더러 이민족의 관습을 받아들여 주님의 성전을 속되게 만들었음을 비판하는 내용으로 읽힌다. 2절에 전쟁의 소음이 들려왔다는 표현이 나오는 것을 보아 '죄인들'은 예루살렘을 침공한 이민족 사람들을 가리킬 수도 있다. 여기서는 폼페이우스 장군과 그 군대가 이들에 해당한다.

43 이사 14,13-15 참조. 이사야 예언자는 페르시아에 패망한 바빌론 임금을 두고 민족들을 쳐부수던 자가 땅으로 내동댕이쳐졌다고 조롱한다. "너는 네 마음속으로 생각했었지. '나는 하늘로 오르리라. 하느님의 별들 위로 나의 왕좌를 세우고 북녘 끝 신들의 모임이 있는 산 위에 좌정하리라. 나는 구름 꼭대기로 올라가서 지극히 높으신 분과 같아져야지.' 그런데 너는 저승으로, 구렁의 맨 밑바닥으로 떨어졌구나." 솔로몬의 시편 저자도 예루살렘을 침공한 이민족 사람들, 또는 마카베오 일가를 향하여 그들의 오만을 비웃는다. 죄인들은 언젠가 넘어지게 되어 있기 때문이다.

6 그들은 재산으로 오만해져
(하느님께) 예물을 드리지 않았네![44]
7 그들의 죄가 숨겨져 있어 나조차 알지 못하였네.
8 그들의 불법은 그들 이전의 이방인들을 능가하여,[45]
주님의 성전을[46] 철저히 속되게 만들었다네.[47]

2 1 시편. 솔로몬. 예루살렘에 관하여.[48]

---

44 시편 29,1: "하느님의 아들들아, 주님께 드려라…"; 96,7-8: "주님께 드려라, 뭇 민족의 가문들아. … 제물을 들고 그분 앞뜰로 들어가라" 참조.

45 솔로몬의 시편 2,9; 8,13; 17,15에도 같은 주제가 나온다. 예루살렘의 아들딸들의 죄가 이민족 사람들의 죄를 능가했다는 뜻이다.

46 '주님의 성전'이라 옮긴 τὰ ἅγια κυρίου는 "주님의 거룩한 것들"로 성소에서 벌어지는 의례나 제사를 가리킬 수도 있고(칠십인역 레위 19,8: τὰ ἅγια κυρίου 주님에게 거룩한 것), '성전'이나 '성소'를 가리킬 수도 있다(칠십인역 에제 5,11 τὰ ἅγιά μου; 23,38). 성전과 그곳에서 거행되는 제사를 아우르는 뜻으로 이해하면 될 듯하다.

47 솔로몬의 시편 2,2; 8,12.22도 보라. 유다인들의 땅에 쳐들어온 이방인들이 하나같이 저지르는 잘못은 주님의 성전을 더럽히는 일이다. 이사 63,18에서 이사야 예언자는 원수들이 주님의 성소를 짓밟고 있음을 한탄한다. 시편 79,1도 참조하라. 폼페이우스 장군과 그 군대도 예루살렘 성전을 점령하고 유린하였다: 요세푸스, 『유다 고대사』 14.4.4에 해당 내용이 나온다. 여기서 솔로몬의 시편 저자는 마카베오 일가도 성전을 더럽혔다고 고발하는 듯하다. 차독의 후손들만 차지할 수 있는 대사제직을 마카베오 일가가 찬탈한 일을 두고 한 말일 것이다.

48 솔로몬의 시편 2편은 8편 및 17편과 함께 이 시편이 만들어진 시대를 추정할 실마리가 된다. 2편에 담긴 여러 표현들은 기원전 63년 폼페이우스가 예루살렘을 점령할 당시의 역사적 상황과 일치한다. 2편에서 말하는 예루살렘에 침입한 이방인은 폼페이우스 장군일 터다. 자세한 내용은 해제, '3. 저술 시기' 항목을 참조하라. 솔로몬의 시편 2편에서 죄인이라 불린 상대는 로마 제국이 아니라 폼페이우스 장군 개인인 듯하다. 요세푸스에 다르면, 폼페이우스를 죽음에 이르게 한 카이사

그 죄인은 오만에 가득 차 단단한 벽을[49] 공성철퇴로 무너뜨렸으나,[50]
너는 막지 못했네![51]
2 낯선 이방인들이[52] 너의 제단 위로 올라가
오만하게도 신발을 신은 채 짓밟았다네![53]
3 예루살렘의 아들들이[54] 주님의 성전을 더럽히고,
불법한 행위로 하느님의 예물들을 속되게 만들었기 때문이라네.[55]
4 이 때문에 그분께서 말씀하셨네.
"그것들을 내게서 멀리 치워버려라. 그것들에서는 좋은 점을 찾을 수 없다."[56]

르는 예루살렘을 특별히 배려하여 폐허가 된 성전 성벽을 재건하는 일도 허락했다(『유다 고대사』 14.8.5).

49 성전 주변을 둘러싼 벽.

50 해제, '3. 저술 시기' 항목의 "공성철퇴"에 달린 각주를 참조하라.

51 폼페이우스 장군은 별 저항을 받지 않은 채 예루살렘에 입성했다: 요세푸스, 『유다 고대사』 14.4.2(=14.62). 솔로몬의 시편 8,16-19 참조.

52 솔로몬의 시편에서 이방인들은 범법자들이며 하느님께 받아들여지지 않는 자들로 그려진다(솔로몬의 시편 2,2.19.25; 7,1-3; 8,23; 17,13-15). 이들은 예루살렘을 짓밟고 성전을 더럽힌, 이스라엘의 적이다. 이방인에 대한 시각은 해제, '5.2. 민족주의' 항목을 참조하라.

53 이사 63,18; 시편 79,1 참조. 요세푸스, 『유다 고대사』 14.4.4 참조.

54 이 문맥에서는 성전과 성전 전례에 봉사하는 사제들을 가리킨다.

55 솔로몬의 시편 1,8; 8,11-13을 보라. 예루살렘의 아들들이 저지른 죄, 곧 그들이 성전을 더럽히고 예물을 속되게 만든 죄가 이민족의 침범과 성전 유린을 가져왔다는 뜻.

56 주님께서 유다의 모든 주민을 당신 앞에서 쫓아내시겠다고 말씀하신 예레 7,15을 참조하라.

5 그녀가[57] 지닌 영광의 아름다움이 하느님 앞에서 모욕을 당했네.[58]
몹시 심각한 치욕을 당했네.

6 아들과 딸 들은[59] 혹독한 포로 생활을 하고,
목에는 낙인이 찍혔으며[60] 이방인들 사이에서 구경거리가 되었네.[61]
7 그분께서 그들 죄에 따라 그들에게 행하셨네.[62]
그분께서 그들을 힘센 자들의 손에 맡기셨네.
8 그분께서 당신 얼굴을 그들에 대한 자비심으로부터 끝내 돌리셨네.[63]
젊은이와 노인, 그리고 그 자녀들에게서까지.
그들이 끝끝내 악행을 저지르며 그분의 말씀을 듣지 않았기
때문이라네.
9 그들을 하늘은 짓누르고
땅은 능멸하였다네.
그들이 저지른 일을 땅 위의 어떤 사람도 행한 적이 없기 때문이라네.

---

57 예루살렘.

58 솔로몬의 시편 2,19.21 참조.

59 예루살렘의 아들딸들.

60 고대 시대 노예들에게는 대개 목이나 손에 낙인을 찍어 노예 신분임을 표시하였다. 이스라엘 백성의 목에 낙인이 찍혔다는 것은 이들이 노예 신분이 되었음을 뜻한다: 3마카 2,29; 아리스테아스의 편지 22 참조. 낙인에는 주인의 이름이 새겨진 도장이 사용되었다.

61 직역: "눈에 띄었네."

62 호세 4,9 참조: "나는 그들이 걸어온 길에 따라 벌하고 그들의 행실에 따라 갚으리라."

63 주님께서 당신 얼굴을 감추신다(돌리신다)는 표현은 구약성경에 자주 나온다: 시편 13,1; 22,25; 이사 64,6; 에제 39,23-24을 참조하라.

10 땅은 당신의 정의로운 모든 심판을 알게 될 것입니다, 하느님![64]
11 저들은[65] 예루살렘의 아들들을 조롱거리로 세웠습니다. 그곳의
창녀들 때문입니다.
지나는 이 모두 벌건 대낮에[66] 그곳에 들어갔습니다.
12 저들은, 자기네가 저지른 일과 비교하며 이들의[67] 불법을
비웃었습니다.
저들은, 이들의 불의를 태양 앞에 조소거리로 내세웠습니다!
13 예루살렘의 딸들은, 당신의 판결에 따르면, 속됩니다.
이들이 문란한[68] 성생활로 자신을 더럽혔기 때문입니다.
14 제 속과 제 심장이[69] 이 일들로 시달립니다.[70]
15 저는 올곧은 마음으로 당신께서 의로우신 분임을 드러낼 것입니다,
오 하느님![71]
당신의 심판에는 정의가 있기 때문입니다, 오 하느님![72]
16 당신께서 죄인들에게, 그들의 행실에 따라,

---

64 솔로몬의 시편 2,15; 5,1; 8,7-8; 9,5; 17,10을 보라.

65 예루살렘에 침입한 이방인들: 솔로몬의 시편 2,1-2.6 참조.

66 직역: "해가 있을 때."

67 예루살렘의 아들들.

68 또는 "무질서한."

69 직역: "내장." 이사 16,11; 예레 4,19; 애가 1,20을 참조하라.

70 솔로몬의 편지 2,6-14은 유다 백성이 겪은 모든 고초는 그들이 지은 온갖 죄 때문이었음을 강변한다. 에제 5,7-12; 16,33-42 참조.

71 의인이 하느님의 의로우심을 입증한다는 개념은 이 작품 곳곳에서 드러난다: 솔로몬의 시편 3,5; 4,8; 8,7-8.26. 루카 7,29에서는 사람들이 요한의 설교를 듣고 하느님께서 의로우시다는 사실을 받아들였다고 한다.

72 하느님의 심판과 판결은 공정하다는 생각은, 시편 51,6 참조: "판결을 내리시더라도 당신께서는 의로우시고 심판을 내리시더라도 당신께서는 결백하시리이다."

몹시도 사악한 그들의 죄에 따라, 갚아주셨기 때문입니다.
17 당신께서는 그들의 죄를 훤히 드러내시어
당신의 심판이 명백히 드러나게 하셨습니다.
당신께서는 그들에 대한 기억을 땅에서 지워버리셨습니다.
18 하느님께서는 의로운 심판자시며 (사람들) 얼굴을 봐주지 않으실
것입니다.[73]

19 이방인들이 예루살렘을 짓밟으며 모욕하였고,
그녀의[74] 아름다움은 영광의 옥좌에서 끌어내려졌습니다.[75]
20 예루살렘은 아름다운 옷 대신 자루를,
머리에는 왕관 대신 밧줄을 둘렀습니다.[76]
21 그녀는 하느님께서 자기에게 둘러 주신 영광의 쓰개를 벗어버렸으며,
그녀의 아름다움은 오욕 속에서 땅 위에 내동댕이쳐졌습니다.[77]

---

73 '얼굴을 봐주다'로 옮긴 θαυμάζω πρόσωπον은 '…에게 존경을 표시하다(얼굴을 세우다)', 그리하여 '…의 요구를 들어주다'라는 뜻이다. 칠십인역 창세 19,21; 신명 10,17; 유다 16절에 같은 문구가 쓰였다. 하느님은 정의로운 분이시기에 정당한 이유 없이 특정한 이의 얼굴을 세우시거나 그의 요구를 들어주시지 않는다는 의미다.

74 예루살렘.

75 솔로몬의 시편 2,5.21 참조.

76 예루살렘 여인들을 향해 경고하는 이사 3,24을 참조하라: "… 허리띠 대신 밧줄이 감기리라. 곱게 땋았던 머리가 대머리가 되고 호사로운 옷 대신 자루 조각이 감기리라." 자루는 회개의 상징이다. 솔로몬의 시편 2,20-21은 자루옷을 두르고 하느님께 부르짖으리라고 말하는 바룩 4,20을 떠올리게 한다.

77 애가 2,1 참조: "아, 주님께서 진노하시어 딸 시온을 먹구름으로 뒤덮으셨다. 이스라엘의 영광을 하늘에서 땅으로 내던지시고…."

22 저는 보았습니다. 그리고 주님 면전에 대고 간청하며 말하였습니다
"주님, 이방인들을 끌어들이시어 당신 손으로 예루살렘을 짓누르는[78]
일을 멈추어 주십시오!
23 그들이 조롱하며, 분노와 화와 격노를 참지 않았습니다.
주님! 당신께서 그들을 당신 진노로 꾸짖지 않으신다면, 그들은
끝장을 볼 것입니다.
24 그들이 약탈하며 우리에게 자기네 분노를 쏟아 부은 것은,
열정이 아니라 마음의 욕망으로 인한 일이었습니다.[79]
25 오 하느님, 지체하지 마시고
그들 우두머리들에게 되갚아 주소서![80]
용의[81] 오만을 수치라 선포하시기를![82]

26 하느님께서 저에게 그자의[83] 재난을 보여주시기까지 오래 기다리지

---

78 솔로몬의 시편 5,6; 시편 32,4 참조: "낮이고 밤이고 당신 손이 저를 짓누르신 까닭입니다."

79 하느님께서는 당신 백성을 계도하시기 위해 가끔씩 이민족들을 이용하신다(이사 10,5-11; 에제 5,8-13; 16,36-41). 이민족이 이스라엘 백성을 깨우치는 도구, 하느님의 정의를 실현하는 도구가 되는 셈이다. 그러나 여기서는 이민족들이 그 한도를 넘어섰음을 뜻한다. 그들의 약탈은 하느님의 정의를 실현하는 차원이 아니라 욕망과 분노의 발산일 따름이다.

80 예레 51,35 참조.

81 구약성경에서 용은 종종 이스라엘의 적국 수장을 가리킨다. 이를테면 이집트의 파라오(에제 29,3; 참조: 시편 74,13)나 바빌론 임금 네부카드네자르(예레 51,34)를 용에 빗댄다. 여기서 용은 로마 장군 폼페이우스일 법하다.

82 호세 4,7 참조: "그들이 많아질수록 이렇듯 나에게 죄를 지었으니 나도 그들의 영광을 수치로 바꾸어 버리리라."

83 여기서 '그자'는 25절의 용, 곧 로마 장군 폼페이우스를 가리킨다. 실제로 26-27절에 묘사된 내용은 플루타크([그리스어] 플루타르코스)가 전하는 폼페이우

않았습니다.
그는 이집트의 산 위에서 찔리고, 땅과 바다에서 가장 미천한 자보다
더 멸시를 당했습니다.
27 그자의 시체가 큰 수치를 당하며 물 위를 떠다녔지만,
그자를 묻어 줄 자 아무도 없었습니다.
그분께서 그자를 수치와 멸시거리로 만드셨기 때문입니다.
28 그자는 자신이 사람이라는 것을 생각지 않았습니다. 뒤에 일어날
일을 생각하지 않았습니다.
29 그자는 말하였습니다. "내가 땅과 바다의 주인이 될 것이다."
그자는 알지 못했습니다. 하느님께서 위대하심을, 크나큰 힘을
지니신 강하신 분이심을.

30 그분께서는 하늘들 위의 임금이시며, 임금들과 고관들을 심판하시는
분입니다!
31 그분께서는 나를 일으켜 세우시어 영광스럽게 만드시며,[84]

스 장군의 죽음과 비슷하다. 폼페이우스는 기원전 48년 파르살루스 전투에서 카이사르에게 대패한 뒤 배로 이집트 상륙을 시도하다가 측근자들의 칼에 죽었다. 죽은 폼페이우스는 목이 잘려진 뒤 옷이 벗겨진 채 알몸으로 배 바깥에 던져졌다: 플루타크, 『영웅전』, 「폼페이우스」 78-80 참조. 솔로몬의 시편에서 폼페이우스의 죽음은 하느님의 업적으로 여겨진다(2,26-29.32-35).

84 '일으켜 세운다'로 옮긴 ἀνίστημι는 '부활'에 대한 암시로 읽을 수도 있다. 하느님께서 "오만한 자들"은 "영원한 멸망"으로 이끄실 터이나 '의로운 나'는 '부활'로 인도하시리라는 것이다. 솔로몬의 시편 3,12, "주님을 경외하는 이들은 영원한 생명으로 다시 일어날 것입니다"와 함께 읽는다면 이 작품이 만들어지던 시기에 이미 육신의 부활 개념이 어느 정도 발전되어 있었음을 짐작할 수 있다. 솔로몬의 시편 3,12에 달린 각주를 보라. 실제로 ἀνίστημι 동사는 신약성경에서 '부활하다'라는 뜻으로 사용된다: 마르 8,31; 9,9.10; 16,9; 루카 16,31; 24,7.46; 요한 20,9; 사도 10,41 등 참조. 관련 명사 ἀνάστασις는 부활을 가리킨다: 마태 22,28; 요한 11,25;

오만한 자들을 수치 속 영원한 멸망으로 이끄는 분이십니다.
그들이 그분을 알지 못했던 까닭입니다.

32 이제, 땅의 고관들이여, 주님의 심판을 알라![85]
그분께서는 하늘 아래 모든 것을 심판하시는 위대하시고 의로우신
임금이시라네.
33 하느님을 찬양하라, 마음으로 주님을 경외하는 이들이여![86]
심판과 함께, 주님의 자비가 그분을 경외하는 이들 위에 내리기
때문일세.
34 그분께서는 의인과 죄인을 갈라놓으시고, 죄인들에게는 그들의
행실에 따라 영원히 되갚아 주시네.
35 의인에게는 자비를 베푸시고 죄인의 모욕에서 떼어놓으시나,
죄인에게는 그가 의인에게 행한 그대로 되갚아 주신다네.

1코린 15,12.13.21.42; 묵시 20,5 등.

85 시편 2,10 참조.

86 '주님을 경외하는 이들'(οἱ φοβούμενοι τὸν κύριον)은 무엇보다 신실한 이스라엘 백성을 가리키는 말이다. 곧 이스라엘의 하느님에 대한 신앙을 전제로 하여 그분과 맺은 계약에 충실하고 그분의 계명을 실천하는 참된 백성을 일컫는다: 칠십인역 시편 21,24; 65,16; 113,19; 117,4; 118,74.79; 127,1; 134,20; 집회 2,7.8.9.15.16.17; 6,16; 10,19.20; 32,16. 주님을 경외함은 지혜의 시작이기도 하다(집회 1,14). 솔로몬의 시편 저자는 의인들을 일컬어 '주님을 경외하는 이들'이라 부른다: 솔로몬의 시편 3,12; 4,23; 5,18; 12,4; 13,12; 15,13을 참조하라. 한편 열왕기 하권에서는 사마리아인들이 주님을 경외하면서도 이민족의 관습에 따라 여러 신을 함께 섬겼다고 한다(2열왕 17,32-33). 신약성경에서 '주님을 경외하는 이들'은, 유다교로 개종하지는 않았지만(곧 할례를 받지는 않았지만) 유다교 하느님을 받아들인 비 유다인(이방인)을 가리킬 때도 사용된다: 사도 10,2; 13,16.26; 18,7. 묵시 19,5에서는 같은 용어가 넓은 의미로 사용되어 하느님을 믿고 그 계명을 따르는 참된 신자를 가리킨다(콜로 3,22 참조).

36 주님께서는 끊임없이 당신을 부르는 이들에게 자애로우시며,[87]
당신의 경건한 이들에게는[88] 당신 자비에 따라 행하시고, 언제나
강한 힘으로 그들을 당신 앞에 데려가신다네.

37 주님은 영원토록 당신 종들 앞에서 찬양받으소서!

3 1 시편. 솔로몬. 의인들에 관하여.
영혼아, 무엇 때문에 잠들었느냐? 그리고 왜 주님을 찬양하지 않느냐?
찬미하올 하느님께 새로운 노래로 찬송하라![89]
2 찬송하라! 그분께서 깨어 계시니 너도 깨어 있어라! 하느님께 드리는
좋은 찬송은 좋은 마음에서 나오느니.

3 의인들은 언제나 주님을 기억합니다.

---

87 솔로몬의 시편 9,6을 보라.

88 '경건한 이'로 옮긴 그리스어 ὅσιον은 히브리어 하시드에 해당한다. 하시드라는 단어에서 하시딤이 유래하였다. '하시딤'(하시드인들)은 경건한 사람들이란 뜻이다. 하시딤은 마카베오 가문과 동맹관계였다 "그때에 한 무리의 하시드인들이 그들(마카베오 일가)과 합류하였다. 그들은 이스라엘의 용맹한 전사들이며 모두 율법에 헌신하는 이들이었다"(1마카 2,42). 셀레우코스 왕조에 반기를 들고 일어난 유다 저항운동의 중추세력으로 묘사되기도 한다(2마카 14,6). 마카베오기는 히브리어 하시딤을 소리 나는 대로 옮겨 Ασιδαῖοι(하시드인들)라고 적는다. 하시딤은 처음에 마카베오 가문과 연대했지만 나중에는 동맹관계에서 이탈한다. 바리사이파와 에세네파가 하시딤에서 유래했다는 설이 유력하다: 타이쎈/메르츠, 『역사적 예수: 예수의 역사적 삶에 대한 총체적 연구』, 206-212. 한편 솔로몬의 시편의 '경건한 이들'이 반드시 하시드인이라는 특정 집단을 가리킨다고 말할 수는 없다. 의인을 가리키는 다른 말로 보면 된다.

89 동사가 2인칭 복수로 되어 있다. 실수인 듯하다.

주님의 심판이 옳음을 드러내고 고백하면서!
4 주님께 훈련받는 의인은 그 무엇도 가벼이 여기지 않으며
그의 기쁨은 언제나 주님 앞에 있습니다.

5 의인은 걸려 넘어져서도 주님의 의로움을 드러냈습니다.[90]
그는 넘어지면 하느님께서 그에게 무엇을 해 주실지 기대하고, 그분의
구원이 어디서 올지 지켜봅니다.[91]
6 의인들의 진실은 그들의 구원자 하느님에게서 나옵니다.
의인의 집에서는 죄 위에 죄가 머물지 않습니다.
7 의인은 언제나 자기 집을 살펴봅니다.
자기 잘못으로 인한 불의를 없애기 위해서입니다.
8 그는 단식과 영혼의 낮춤으로 무지를 속죄하였습니다.[92]
그리고 주님께서는 경건한 모든 사람과 그의 집을 깨끗이
씻어주십니다.

9 죄인은 넘어지면, 자기 삶과 태어난 날과 어머니의 산통을

---

90 의인이 주님의 의로우심을 드러낸다는 표현에 대해서는 솔로몬의 시편 2,15 각주를 참조하라.

91 시편 121,1 참조.

92 무지(ἄγνοια)도 속죄의 대상이 된다. ἄγνοια는 '무지', '이해 부족'이라는 뜻 외에 '무지로 인한 잘못이나 실수'라는 뜻도 있다. 칠십인역 레위 5,18을 참조하라. 모르고 저지른 잘못(ἄγνοια)에 대한 속죄 예식과 보상 제물을 다룬다. 칠십인역 에제 40,39; 42,13; 44,29; 46,20도 모르고 저지른 잘못을 속죄하기 위한 보상 제물(τὰ ὑπὲρ ἀγνοίας 또는 τὰ περὶ ἀγνοίας)을 다룬다. 다른 사람들이 아팠을 때 그들을 대신하여 자루옷을 입고 단식으로 고행하며 기도했다는 시편 35,13을 참조하라.

저주합니다.[93]

10 그는 자기 삶에 죄를 더하고 또 더했습니다.[94]

그가 넘어지면, 그의 넘어짐은 도가 지나쳐, 다시 일어나지 못할

것입니다.[95]

11 죄인의 멸망은 영원합니다. 그리고 그분께서 의인들을 보살피실 때,

그는 기억되지 않을 것입니다.[96]

12 죄인들의 몫은[97] 영원히 그러합니다.

그러나 주님을 경외하는 이들은 영원한 생명으로 다시 일어날

것입니다.[98] 그들의 생명은 주님의 빛 속에 있으며 다시는 사라지지

93 욥 3,1-10 참조. 불행과 재앙을 당했을 때 죄인만 태어난 날을 저주하지는 않는 듯하다. 의인 욥도 "차라리 없어져 버려라, 내가 태어난 날, '사내아이를 배었네!' 하고 말하던 밤!"이라 말하며 자신이 태어난 사실 자체를 한탄하고 저주한다. 예레미야 예언자도 마찬가지다. 예언자가 자신이 태어난 날을 저주하는 예레 20,14-18을 참조하라.

94 이사 30,1 참조.

95 의인과 악인을 비교하는 잠언 24,16을 참조하라: "의인은 일곱 번 쓰러져도 일어나지만 악인은 불행 속으로 넘어지기 때문이다." 의인도 죄인도 모두 넘어진다. 차이라면 넘어진 뒤 어떻게 대처하느냐다. 의인은 넘어져도 주님의 의로우심을 드러내고 구원의 희망을 잃지 않아 다시 일어서지만(솔로몬의 시편 3,5-8) 죄인은 넘어진 채 다시 일어서지 못한다(3,9-11).

96 솔로몬의 시편 3,11-12; 14,9-10은 의인과 죄인의 상반된 운명을 묘사하고 있다.

97 '몫'이라 옮긴 그리스 단어는 μερίς다. 히브리어 חֵלֶק과 상응한다. 두 단어 모두 '사람이 마땅히 받게 되는 몫'이라는 뜻에서 '운명'이라는 의미로도 해석된다: 욥 20,29: "이것이 악한 사람이 하느님에게서 받을 운명이며"; 27,13. 시편 49,14도 참조하라.

98 "다시 일어나 영원한 생명을 누릴 것입니다"로 옮겨도 된다. 솔로몬의 시편 13,11 참조. 솔로몬의 시편 3,12에 나오는 '다시 일어난다'는 표현이 무슨 뜻인지 정확히는 알 수 없다. 육신의 부활을 뜻하는지, 영혼 불멸을 뜻하는지 분명하지 않으

않을 것입니다.

4 [1] 담화. 솔로몬. 사람의 마음에 들려고 애쓰는 자들에게.[99]
속된 자여, 너는 무엇 때문에 경건한 이들의[100] 모임에 앉아 있느냐?
그러면서 왜 네 마음은 주님에게서 멀리 떨어진 채 범법으로 이스라
엘의 하느님을 진노케 하느냐?
[2] 말은 지나치게 많고 겉모습은 누구보다 눈에 잘 띄는구나!
재판에서는 가혹한 말로 죄인들을 심판하네!
[3] 열심에서 우러난 것인 양 그의 손이 맨 먼저 죄인에게 가닿지만,[101]

며, 저자가 이 둘을 구분했는지도 확실하지 않다. 그러나 영혼 불멸보다는 육신의 부활에 가까운 표현 같다. 영혼 불멸이나 육신의 부활 개념은 비교적 후대에 발달한 개념이다. 이스라엘 백성은 처음에는, 사람이 죽으면 모두 '셔올'에 간다고 믿었다. 이 셔올은 보상이나 처벌과는 무관한 개념으로 그저 '모든 죽은 이들이 가는 곳' 정도를 뜻했다. 그러다가 바빌론 유배를 통한 주변 종교와의 접촉, 그 이후 이어진 페르시아 종교와 헬레니즘 문화의 유입을 겪으면서 사후 운명에 대한 이해가 달라진다. 그리하여 영혼 불멸이라든가 육신의 부활, 사후 상벌 개념이 발전한다. 그 결과 다니 12,2에서는 부활이 명시적으로 언급되어 있다: "땅 먼지 속에 잠든 사람들 가운데에서 많은 이가 깨어나(칠십인역 ἀνίστημι) 어떤 이들은 영원한 생명을 얻고 어떤 이들은 수치를, 영원한 치욕을 받으리라." 그 밖에 2마카 7,9.14에서도 주님께서 죽은 이를 다시 일으키시리라(ἀνίστημι)는 표현이 나온다. 이런 맥락에서 솔로몬의 시편 2,31과 3,12에 나오는 '다시 일어난다'(ἀνίστημι)는 영혼 불멸보다는 부활의 희망과 기대에 더 가까운 표현인 듯하다. '서문, 4.3. 부활과 내세' 항목을 참조하라.

99 솔로몬의 시편 4편은 포퓰리즘을 겨냥한다. 대중의 찬사와 인정을 좇는 정치·종교 지도자들의 위선을 날카로운 어조로 비판한다. 4편은 온갖 기만과 거짓으로 사람들을 속이고 약탈하는 불의한 지도자들에게 심판과 파멸이 내릴 것을 기원하는 저주 시편이기도 하다.

100 솔로몬의 시편 2,36 "경건한 이들"에 대한 각주를 참조하라.

101 신명 13,7-12에서 우상 숭배를 독려하는 자들을 받아들여서는 안 되며 그들

자기야말로 갖가지 죄와 방종에 묶여 있다네!
4 그의 눈은 이 여자 저 여자 가리지 않고 모든 여자를 향하며, 그의
혀는 맹세로써 계약할 때 거짓을 말한다네!
5 밤에는, 그리고 숨어서는, 마치 남들 눈에 띄지 않는 것처럼 죄를
짓는다네. 눈으로 사악한 눈짓을 하며 모든 여자에게 말을 걸고,
마치 선량한 사람처럼 쾌활하게 모든 집에 재빠르게 들어간다네.

6 하느님께서는 위선 속에 사는 자들을 경건한 이들 사이에서
가려내시기를! 그의 몸은 썩고 그의 생명은 궁핍해지기를!
7 하느님께서는 사람의 마음에 들려고 애쓰는 자들의 일을 훤히
드러내시기를! 그의 일들을 조롱과 멸시거리로 만드시기를!
8 경건한 이들이 저들에 대한 하느님의 심판이 의롭다는 것을
드러내기를![102]
의인의 면전에서 죄인들과, 율법을 거짓되게 이야기하면서 사람
마음에 들려고 애쓰는 자가 제거될 때 그러하리라.

9 그들의 눈은, 범법의 말로 상대의 지혜를 파괴하는 뱀처럼,[103] 다른
사람의 평온한 집을 향합니다!

을 반드시 죽여야 한다고 가르친다. 그리고 그를 죽일 때 누구보다 먼저 손을 대라고 한다: "너희는 오히려 그를 반드시 죽여야 한다. 그를 죽일 때에는 너희가 먼저 손을 대고, 온 백성이 그 뒤를 따라야 한다"(신명 13,10). 솔로몬의 시편 4,1-3은 열심을 가장하여 죄인들을 재판하고 벌하는 이른바 '속된 자' 자신이야말로 죄와 방종으로 가득 차 있다고 비난한다.

102 솔로몬의 시편 곳곳에서 하느님 심판의 의로우심에 대해 이야기한다: 솔로몬의 시편 2,10; 3,3; 5,1; 8,7-8; 9,5; 10,5.

103 창세 3장 낙원 설화를 연상시킨다.

10 그의 말들은 불의한 욕망을 채우려는 기만의 말들입니다. 그는 다른
사람들을 고아들처럼 모두 흩트릴 때까지 물러서지 않았습니다.
11 그는 불법적 욕망으로 인해 남의 집을 약탈했습니다.
그리고 말로써 기만했습니다. "보시고 심판하시는 분이 아무도
계시지 않네!" 하고 말합니다.
12 한 곳에서 범법으로 배를 채우고 나면 그의 눈은 곧장 다른 집으로
향했습니다. 소란한 말로 그 집을 파괴하기 위해서였습니다.
13 그의 영혼은, 저승처럼, 이 모든 것들로도 만족할 줄 모릅니다.[104]

14 주님, 당신 앞에서 그의 몫이 치욕이 되게 하소서![105]
한숨지으며 나갔다가, 저주하며 들어오게 하소서![106]
15 그의 삶이, 고뇌와 가난과 괴로움 가운데 있게 하소서, 주님!
그로 하여금 슬픔 가운데 잠들고, 괴로움 가운데 깨어나게
하소서![107]
16 밤에는 그의 눈가에서 잠이 사라지게 하소서!
자기 손이 하는 모든 일에서 치욕스레 넘어지게 하소서!
17 그로 하여금 빈손으로 귀가하게 하소서!
그의 집을 모든 것이 부족한 곳으로 만드소서! 그의 영혼을 채우지
못하도록!
18 죽을 때까지[108] 그의 노년을 자식 없는 고독 속에 보내게 하소서!

---

104 잠언 27,20 참조.

105 솔로몬의 시편 4,14-22은 일종의 저주에 해당한다. 비슷한 내용이 시편 69,23-29; 109,6-15에도 나온다.

106 직역: "그의 외출은 한숨 속에, 귀가는 저주 속에 이루어지게 하소서!"

107 직역: "그의 잠은 슬픔 중에, 그의 깨어남은 괴로움 중에 이루어지게 하소서!"

108 직역: "들어 올려질 때까지." 들어 올려진다는 표현에는 '들어 올려짐'을 뜻하

19 사람의 마음에 들려고 애쓰는 자들의 살들이 짐승들에게 갈가리
찢기게 하소서!
무법한 자들의 뼈가 태양 앞에 치욕스레 드러나게 하소서![109]
20 까마귀들이 위선자들의 눈을 뽑아버리게 하소서![110]
그들이 다른 사람들의 수많은 집들을 치욕 속에 황폐하게
만들었으며 자신들의 욕망으로 그들을 흩어버렸기 때문입니다.
21 그들은 하느님을 기억하지 않았으며 이 모든 일을 저지르면서
하느님을 두려워하지 않았습니다. 또한 하느님을 진노케 하고
노여움에 빠뜨렸습니다.
22 이 땅에서 그들을 없애버리소서!
그들은 선량한 이들의 영혼을 거짓말로 속였습니다.[111]
23 행복합니다, 선량한 마음으로 주님을 경외하는 이들!
주님께서 사기꾼들과 죄인들에게서 그들을 구해주실 것입니다. 또한
범법의 모든 걸림돌에서 우리를 구해주실 것입니다.[112]
24 하느님께서는 오만 속에 온갖 불의를 저지르는 자들을 없애

는 명사 ἀνάλημψις가 사용되었다. 이 단어는 루카 9,51에서 예수님의 승천을 가리킨다. 솔로몬의 시편 4,18에서는 그저 '죽음'을 에두르는 표현인 것 같다. 나중에 이 단어는 에녹이나 다른 예언자들이 하늘로 들어 올려진 사건을 가리키는 데 사용된다(4에즈 6,26; 8,19).

109 사람의 주검이 땅에 묻히지 못하고 밖에 노출되는 것은 예나 지금이나 큰 저주요 공포다. 시편 53,6; 79,2를 보라. 신명 28,26; 예레 7,33; 8,1-2; 14,16; 15,3; 16,4.6; 에제 6,5; 29,5에서도 비슷한 생각이 드러난다.

110 잠언 30,17에서는 부모를 비웃고 순종하지 않는 자의 눈은 까마귀들이 쪼아 내고 독수리 새끼들이 쪼아 먹는다고 한다.

111 거짓말과 허황된 말로 백성을 잘못 인도하는 거짓 예언자들은 하느님의 준엄한 심판을 피할 수 없다. 예레 23,32 참조.

112 시편 141,9 참조.

주시기를!
정의로우신 우리 주 하느님께서는 위대하시고 강력하신 심판자시니!
25 주님, 당신을 사랑하는 모든 이에게 당신의 자비가 내리기를
빕니다![113]

5 1 시편. 솔로몬.
주 하느님! 기뻐하며 당신 이름을 찬미하리다!
당신 심판이 공정함을[114] 아는 이들 한가운데서!
2 당신께서는 인자하시고 자비로우시며, 가난한 이의 피난처가
되십니다.[115]
제가 당신께 부르짖을 때 제게 침묵하지 마소서![116]

3 힘센 사람에게서는 아무도 노획물을 얻지 못할 것입니다. 그러니,

---

113 솔로몬의 시편 6,6; 10,3 참조.

114 직역: "당신의 의로운 심판을."

115 구약성경은, 주 하느님이 곤경에 빠진 이들이 찾아드는 피난처이심을 고백한다. 2사무 22,2-3에서 다윗은 사울의 손아귀에서 구해주신 주님께 아뢴다. "주님은 저의 반석, 저의 산성, 저의 구원자, 저의 하느님, 이 몸 피신하는 저의 바위, 저의 방패, 제 구원의 뿔, 저의 성채, 저의 피난처, 저를 구원하시는 분. 당신께서는 저를 폭력에서 구원하셨습니다." 같은 개념이 시편 9,10; 18,3; 31,5; 32,7; 46,2; 59,17; 91,2; 예레 16,19에서도 발견된다. 한편 가난한 이에 대한 하느님의 특별한 사랑은 구약성경 전반에 걸쳐 다뤄진다: 시편 9,19: "가난한 이는 영원히 잊히지 않고 가련한 이들의 희망은 영원토록 헛되지 않으리라"; 34,7; 잠언 22,22-23 등. 특히 시편 14,6은 주님이 가난한 이(עָנִי, πτωχός)의 피난처이심을 노래한다: "가난한(『성경』 가련한) 이의 뜻을 너희가 수치스럽게 만들지만, 주님께서 그의 피신처이시다": 이사 25,4 참조. 가난한 이들에 대한 하느님의 특별한 관심은 솔로몬의 시편 5,11; 10,6; 15,1; 18,2에도 나타난다.

116 시편 28,1; 39,13; 83,2; 109,2 참조.

당신께서 만드신 것을 누가 빼앗아 가겠습니까?[117] 당신께서 주시지
않으신다면 말입니다!
4 사람과 그의 운명이 당신 앞 저울 위에 놓여 있습니다.[118] 그는 당신의
판결에 (다른 판결을) 더 보태지 못할 것입니다, 오 하느님!

5 괴로울 때 저희는 당신께 도움을 청합니다.[119] 그러면 당신께서는
저희의 애원을 저버리지 않으십니다. 당신이야말로 저희의
하느님이시기 때문입니다.
6 당신 손으로 저희를 짓누르지 마소서![120] 저희가 환난 때문에 죄짓는
일이 일어나지 않도록!
7 당신께서 저희를 돌아보지 않으신다 해도, 저희는 돌아서지 않고
당신께 갈 것입니다.[121]

8 제가 굶주린다면 참으로 저는 당신께 부르짖을 것입니다. 오, 하느님.
그러면 당신께서 제게 먹을 것을 주실 것입니다.[122]
9 당신께서는 새와 물고기들을 먹여 주시고, 새순이 돋을 때까지

---

117 이사 49,24-25 참조.

118 '운명'이라 옮긴 그리스 단어 μερίς에 대해서는 솔로몬의 시편 3,12 "몫"에 붙은 각주를 참조하라. 인간의 운명은 하느님 손에 달렸다: 시편 31,16 참조: "당신 손에 제 운명이 달렸으니 제 원수들과 박해자들의 손에서 저를 구원하소서." 1사무 2,3에서는 "주님은 정녕 모든 것을 아시는 하느님이시며 사람의 행실을 저울질하시는 분이시다"라고 한다. 저울 개념은 집회 1,22에서도 발견된다.

119 솔로몬의 시편 1,1; 15,1.

120 솔로몬의 시편 2,22.

121 시편 80,19 참조.

122 시편 107,5-9 참조.

광야에 비를 내려주십니다![123]

10 당신께서는 광야에서 살아 있는 모든 것들에게 먹을 것을
마련해주셨습니다. 그러니 그들이 굶주리게 된다면 그들은 당신께
자기네 얼굴을 들어 올릴 것입니다.[124]

11 임금들과 고관들과 백성들을 당신께서 먹여 주십니다, 오 하느님![125]
가난한 이와 빈곤한 이의 희망이, 당신이 아니시라면 누구겠습니까,
주님![126]

12 당신께서는 저희 기도를 들어 주실 것입니다. 사실 당신 말고 누가
인자하고 온유합니까? 누가 자비로이 팔을 벌리며 비천한 이의
영혼을 기쁘게 하겠습니까?[127]

13 사람의 친절은 인색하고 다음날에야 베풀어집니다.[128] 불평 없이 두
번 베푼다면, 이 또한 놀랍습니다.

14 그러나 당신의 선물은 인자함으로 가득하고 양도 풍성합니다. 희망을
당신께 두는 이는 선물에 부족함이 없을 것입니다.

15 당신의 자비는 온 땅에 가득합니다, 인자하신 주님!

16 하느님께서 기억하시어 적절한 양만큼 내려주시는 이는 행복합니다!

---

123 마태 6,26; 루카 12,24 참조.

124 시편 145,15-16 참조. 탈출 16장 하느님이 광야에서 굶주린 백성에게 만나와 메추라기를 내려 주신 사건을 반영한다. 민수 11장도 참조하라.

125 시편 145,15-16 참조. 지혜 16,25-26은 사람을 먹여 살리시는 분이 하느님이심을 고백한다.

126 솔로몬의 시편 5,2 각주를 참조하라.

127 시편 86,4-6 참조.

128 사람은 친절을 잘 베풀지도 않을 뿐더러 베푸는 시기도 너무 늦다는 뜻.

사람이 너무 풍족하면 죄를 짓게 됩니다.[129]
17 정의롭게 주어진 적당한 부만으로 충분합니다. 여기에 주님의 축복이
정의롭고 충만하게 내립니다.

18 주님을 경외하는 이들은 좋은 것들로 기뻐할지어다!
당신의 인자하심이 당신의 나라 이스라엘에 있나이다!
19 주님의 영광은 찬미 받을지니! 그분께서 우리의 임금이시네!

6 1 희망 속에서. 솔로몬.
행복합니다, 그 마음이 주님 이름을 부를 채비가 된 사람!
그가 주님의 이름을 기억할 때 구원을 얻을 것입니다.
2 그의 길들은 주님의 인도를 받을 것입니다.
그의 손이 하는 일들은 자기 주 하느님의 보호를 받을 것입니다.[130]
3 그의 영혼은 나쁜 꿈에서 본 일로[131] 동요하지 않을 것입니다.[132] 강을
건너고 바다 물결을 만나도 겁내지 않을 것입니다.

---

129 잠언 30,8-9을 참조하라: "저를 가난하게도 부유하게도 하지 마시고 저에게 정해진 양식만 허락해 주십시오. 그러지 않으시면 제가 배부른 뒤에 불신자가 되어 '주님이 누구냐?' 하고 말하게 될 것입니다. 아니면 가난하게 되어 도둑질하고 저희 하느님 이름을 더럽히게 될 것입니다."

130 시편 90,17 참조.

131 또는 "나쁜 꿈을 꾸었다고."

132 꿈은 하느님의 계시 수단이기도 하지만(요엘 3,1; 다니 2장; 4—5장; 마태 1,20; 2,12-13.19.22; 사도 2,17), 어리석은 이들과 주님의 적을 공포에 떨게 만들기도 한다. 지혜 18,17에서는 이스라엘 백성의 적인 이집트인들을 두고, "무서운 꿈 속에서 환상들이 나타나 저들을 혼란에 빠뜨리고 예기치 않던 공포가 저들을 덮쳤"다고 한다. 욥 7,14 참조: "당신께서는 꿈으로 저를 공포에 떨게 하시고 환시로 저를 소스라치게 하십니다."

4 그는 잠에서 깨어나 주님의 이름을 불렀습니다. 마음이 평온할 때면
자기 하느님의 이름을 찬양하였습니다.
5 그리고 자기 집안사람 모두를 위해 주님 면전에 탄원했습니다.
주님께서는 하느님을 경외하는 모든 이의 기도를 들어주셨습니다.

6 주님께서는 당신께 희망을 두는 영혼의 모든 청을 이루어 주십니다.
진실하게 당신을 사랑하는 이들에게 자비를 베푸시는 주님은
찬미받으소서![133]

7 1 솔로몬. 회복.[134]
저희에게서 멀어지지 마소서, 오 하느님!
까닭 없이 저희를 미워한 자들이 저희를 공격하지 못하도록![135]
2 당신께서 그들을 물리치셨으니, 오 하느님!
그들의 발이 당신 성소의 유산을 짓밟지 못하게 하소서![136]
3 당신 뜻에 따라 몸소 당신께서 저희를 꾸짖으소서![137] 그러나

133 주님께서는 당신을 사랑하는 이에게는 자애를 지키시는 분이시다: 신명 7,9; 느헤 1,5; 시편 116,1; 145,20; 집회 34,19; 다니 14,38; ; 1코린 8,3; 야고 1,12; 2,5.

134 7편은 이스라엘의 회복에 대한 희망을 노래하는 시편이다. 이스라엘 백성이 다시 하느님께 돌아서서 그분의 가르침과 그분의 멍에 아래에 들게 되리라는 기대가 담겨 있다. 유배 이후에 만들어진 구약성경의 예언서들도 하느님께서 이스라엘을 회복시키시리라는 희망을 선포한다. 가령 에제키엘은 마른 뼈의 환시로 이스라엘의 재생을 보여 준다(에제 37장). 이사 54,11-12; 예레 31,31; 하까 2,20-23; 즈카 4장도 참조하라.

135 시편 35,19 참조.

136 솔로몬의 시편 2,2; 8,12; 17,22.

137 솔로몬의 시편 저자는 하느님의 꾸짖음을 기꺼이 받을 준비가 되어 있다. 그분의 꾸짖음은 회개로 인도하기 때문이다. 사실 하느님께서 의인들을 꾸짖으신다

이방인들에게 저희를 내주지는 마소서!
4 사실 당신께서 죽음을 보내신다면,
당신 몸소 저희에 관한 지침을 죽음에게 내리실 것입니다.
5 당신께서는 자비로우시며 저희를 모조리 없애실 만큼 진노하지는
않으실 터이기 때문입니다.[138]
6 당신 이름이 저희 가운데 머무르기에,
저희는 자비를 입을 것입니다. 그리하여 이방인이 저희를 대적하지
못할 것입니다.
7 당신께서 저희의 보호자시기 때문입니다.
저희는 당신을 부를 것이며 당신께서는 저희 기도를 들어 주실

는 테마는 솔로몬의 시편 곳곳에서 반복적으로 나타난다(솔로몬의 시편 7,9; 8,26; 10,1-3; 16,11; 18,7). 이때 의인은 개인을 가리키기도 하고(솔로몬의 시편 13,7-10; 14,1-3), 이스라엘 백성 전체를 가리키기도 한다(솔로몬의 시편 7,6-10). 예루살렘이 재앙을 맞이한 것은 다름 아닌 그들의 죄 때문이다. 하느님께서는 잘못을 저지른 그들을 묵과하지 않으시고 꾸짖으신다. 그러나 의인들이 받는 꾸짖음은 죄인들이 받는 심판과 다르다. 꾸짖음의 목적은 다시 살리기 위해서지만 심판의 목적은 파멸시키기 위해서기 때문이다(솔로몬의 시편 13,10-11). 의인의 꾸짖음 개념은 구약성경에서 물려받았다. 구약성경에서 훈계와 가르침은 주님께서 당신 백성을 인도하시는 수단이다. 신명 8,5; 시편 94,12("주님, 행복합니다, 당신께서 징계하시고 [παιδεύσῃς] 당신 법으로 가르치시는 사람!")을 보라. 주님께 훈계를 청하기도 한다. 예레 10,24에서 예언자는 "주님, 저를 바르게 고쳐 주소서(παίδευσον), 단 공정하게!(『성경』: 저를 고쳐 주시되 공정하게 해 주소서) 저를 진노로 다루지 마시어 저를 없애지 마소서" 하고 기도한다. 신약성경에서도 주님의 훈계는 회개를 가져오는 것으로 여겨진다. 묵시 3,19에서 주님께서는 "내가 사랑하는 사람들을 나는 책망도 하고 징계도 한다. 그러므로 열성을 다하고 회개하여라" 하고 말씀하신다.

138 이스라엘 백성이든 이방인이든 죄를 지으면 하느님의 꾸짖음을 면할 수 없다. 그러나 괴멸될 정도로 하느님의 진노를 입는 것은 이방인만의 몫이다. 이스라엘 백성은 그분의 진노를 입어도 모조리 사라지지는 않을 것이다. 예레 10,24-25도 비슷한 생각을 전한다.

것입니다.

8 당신께서는 이스라엘 백성을 영원토록 가엾이 여기시고 그들을 당신 면전에서 물리치지 않으실 것입니다.

9 그리고 저희는 당신의 영원한 멍에와 당신 꾸짖음의[139] 채찍 아래 있을 것입니다.[140]

10 당신 도움의 때에 당신께서는 저희를 인도하시고, 당신께서 약속하신 날에 야곱 집안에 자비를 베푸실 것입니다.[141]

8 1 솔로몬. 승리를 위하여.[142]
제 귀가 고통과 전쟁 소리를 들었습니다. 학살과 파괴를 알리는 나팔 소리를![143]

2 거친 바람 소리 같은 많은 사람의 소리,
광야로 퍼져 나가는 커다란 불길 같습니다![144]

---

139 또는 '가르침.' παιδεία는 꾸짖어 바로잡는 일, 바르게 가르치는 일을 뜻한다. 솔로몬의 시편 7,3에 붙은 각주를 참조하라.

140 마태 11,29-30에서 예수님께서는 당신의 멍에를 메고 당신께 배우라고 말씀하신다.

141 하느님께서 언젠가 흩어진 이스라엘 백성의 운명을 되돌리시리라는 믿음이 구약성경 전반에 걸쳐 확인된다: 시편 53,7: "… 하느님께서 당신 백성의 운명을 되돌리실 때 야곱이 기뻐하고 이스라엘이 즐거워하리라." 예레 29,14: "내가 너희 운명을 되돌려 주어, 내가 너희를 쫓아 보낸 모든 민족들과 모든 지역에서 너희를 모아 오겠다"; 신명 30,3도 참조하라.

142 2편; 17편과 함께 8편은 폼페이우스가 예루살렘을 침공하던 당시 상황을 알려 준다. 예루살렘이 함락된 뒤 로마군에 의한 학살과 파괴가 자행된다. 8,1-22은 역사적 상황 묘사, 23-34절은 하느님께 도움을 청하는 내용이다.

143 솔로몬의 시편 1,2.

144 예레 4,11-13 참조.

3 저는 마음속으로 말하였습니다.
"하느님께서 그자를 어디에서 심판하실까!"

4 저는 거룩한 도성 예루살렘에서 나는 소리를 들었습니다.
5 그 소리에 제 허리가 꺾이고 제 무릎이 약해졌으며, 제 마음은 겁에
질리고 제 뼈는 심지처럼 흔들렸습니다.[145]
6 저는 말하였습니다.
"그들은 자기네 길을 의롭게 걸어갑니다!"[146]

7 저는 하늘과 땅이 창조되던 때부터 이루어진 하느님의 심판을
묵상하였습니다. 그리고 하느님께서 한처음부터[147] 심판에
의로우심을 깨달았습니다.[148]
8 하느님께서 그들의 죄를[149] 태양 앞에 드러내셨습니다.[150] 온 땅이
하느님의 심판이 의롭다는 것을 알게 되었습니다.

---

145 이사 21,3; 예레 23,9; 다니 5,6; 나훔 2,11에서 공포에 사로잡힌 이를 묘사하는 데 비슷한 이미지를 사용한다.

146 솔로몬의 시편 8,6의 '그들'은 이스라엘 백성, 더 좁게는 정치·종교 지도자들을 가리키는 듯하다. 저자가 보기에 의로운 길을 걷는 듯한 그들이 사실은 그렇게 하지 않았다는 뜻일 터다. 그들의 죄는 하느님에 의해 낱낱이 밝혀진다(솔로몬의 시편 8,8).

147 직역: "영원으로부터."

148 솔로몬의 시편 곳곳에서 하느님 심판의 의로우심을 이야기한다: 2,15; 3,3; 4,8; 8,7-8.23.26; 9,2 등.

149 솔로몬의 시편 8,8-14의 '그들'은 이스라엘 정치·종교 지도자들, 더 정확히는 마카베오 일가를 가리키는 듯하다.

150 하느님께서 사람들이 은밀히 저지른 죄를 드러내신다는 생각은 솔로몬의 시편 2,17; 4,7에도 나온다.

9 은밀한 땅속에서 그들의 범법 행위가 (주님의) 격노 속에[151]
자행되었습니다. 아들이 어머니와, 아버지는 딸과 어울렸습니다.
10 그들 모두 저마다 이웃의 아내와 간음을 저질렀습니다.[152] 그들은 이
일에 관해 맹세로써 서로 협약을 맺었습니다.[153]
11 그들은 하느님의 성소를 약탈했습니다. 마치 그곳을 구할 상속자가
없는 것처럼![154]
12 그들은 온갖 부정함으로 주님의 제단을 짓밟았습니다. 그리고 희생
제물을 속된 고기인 양 달거리 피로 더럽혔습니다.
13 그들이 지은 죄 가운데 이방인들을 넘어서지 않은 것은 단 하나도
없었습니다.[155]

14 이 때문에 하느님께서 그들에게 방황의 영을 섞어 놓으시고,[156]

---

151 은밀히 이루어지던 그들의 범법 행위는 하느님의 격노를 불러일으킨다. 그들의 죄는 9-12절에 부모와 자식 간의 근친상간, 간음, 성전의 약탈과 유린 등으로 요약된다.

152 솔로몬의 시편 4,4-5.

153 간통 혐의를 받는 여자에 관한 규정이 나오는 민수 5,16-31을 참조하라. 혐의를 받는 여자는 사제에게 가서 저주를 부르는 쓴 물을 마시며 맹세해야 한다. 이를 통해 그 여자는 저주를 받거나 혐의를 풀거나 둘 중 하나가 된다.

154 마카베오 가문은 다윗의 후손이 아닌데도 왕좌를 차지했을 뿐만 아니라 차독의 후손에게 돌아가야 할 대사제직까지 겸한다(1마카 10,1-21; 14,30; 14,35: "그리하여 백성은 … 그[시몬]를 자기들의 지도자와 대사제로 모셨다."); 요세푸스, 『유다 고대사』 13.299; 13.301-319. 이러한 행위는 보수적 유다인들에게 불법으로 간주되었으며 그들의 비판을 피할 수 없었다.

155 또는, "그들은 단 하나의 죄도 빠뜨리지 않았으며, 그것도 이방인들보다 더 심하게 지었습니다." 솔로몬의 시편 1,8; 2,9 참조.

156 이사 19,14 참조. 하느님께서 혼란의 영을 섞어 놓으시자 이집트가 주정꾼처럼 비틀거리는 꼴이 되었다고 한다.

그들에게 물 타지 않은 포도주를 취하도록 마시게 하셨습니다.[157]
15 그리하여 그분께서는 땅 끝에서부터 그자를, 세차게 내려칠
그자를 데려오셨습니다. 그리고 예루살렘과 그 땅에 전쟁을
선포하셨습니다.[158]
16 그 땅의 고관들이 기쁘게 그자를 맞으며 그에게 말했습니다. "당신의
길이 축복받기를! 자 어서, 편안히 들어오십시오."[159]
17 그들은 그가 들어오기 전에 길을 평평하게 닦고, 예루살렘 성문을
열었습니다. 그리고 그 성벽을 화관처럼 장식했습니다.[160]
18 그는, 아들 집에 들어가는 아버지처럼 예루살렘에[161] 편안히
들어갔으며, 매우 안전하게 두 발을 내려놓았습니다.[162]
19 그는 예루살렘 성벽과 그 요새를 점령했습니다.[163] 그들이 혼란한

---

157 이사 51,17을 참조하라. 예루살렘이 주님의 손에서 진노의 술잔을 받아 마시고 취했다고 말한다.

158 전쟁을 선포한 주체가 하느님일 수도 있고 땅 끝에서 온 그자일 수도 있다. 후자라면, "그리고 그자는 예루살렘과 그 땅에 전쟁을 선포하였습니다"가 된다. 여기서 그자는 로마 장군 폼페이우스일 터다.

159 요세푸스, 『유다 고대사』 14.2.3(=14.29-33); 14.3.1-4(14.34-53). 이스라엘 지도자들(아리스토불루스 2세와 히르카누스 2세)이 저마다 자신의 입지를 공고히 다지기 위해 폼페이우스 장군과 결탁하려 애썼다.

160 폼페이우스 장군을 맞이하기 위해 사람들이 성벽 위에 줄지어 서 있었다고 한다.

161 본문에는 없지만 문맥 상 매끄럽게 '예루살렘에'를 넣었다.

162 요세푸스, 『유다 고대사』 14.4.1-2(=14.54-59).

163 솔로몬의 시편 2,1. 아리스토불루스 반대파들이 폼페이우스 장군에게 성문을 열어주어 예루살렘 도성은 물론 왕궁까지 내어 준다: 요세푸스, 『유다 고대사』 14.4.2(=14.59). 아리스토불루스 파는 성전 안에 머물면서 석 달 간 저항하다가 쫓겨난다. 이로써 로마군이 성전을 완전히 장악하게 된다.

틈을 타 하느님께서 그를 안전하게 데려오신 까닭입니다.[164]
20 그는 그들의 지도자들과 의회의 현자들을 모두 없애버렸습니다.
예루살렘 주민들의 피를 더러운 물처럼 쏟아 부었습니다.[165]
21 그들이 속되게 낳은 아들딸들을 그가 데리고 나갔습니다.[166]
22 그들이 자기네 조상들처럼 부정한 일을 저질렀으며,[167] 예루살렘과
하느님의 이름에 봉헌된 것들을 더럽혔기 때문입니다.[168]
23 그러나 하느님께서 의로우시다는 사실은 이 땅의 이방인들에게
내려진 심판으로 판명되었습니다.[169]
하느님의 경건한 이들은 그들 가운데서 무죄한 양들 같았습니다.
24 온 땅을 공정하게 심판하시는 주님은 찬미받으소서!

---

164 정치·종교지도자들이 저지른 죄가 이민족의 침입을 허용하게 만들었다는 의미다. 저자는 로마 군대가 예루살렘을 함락한 일을 하느님의 벌로 인식한다. 하느님께서 이스라엘 백성을 심판하시기 위해 이민족들을 이용하신다는 생각은 구약성경에서 쉽게 찾아 볼 수 있다. 이사야는 하느님께서 이스라엘을 거슬러 이방 민족들의 선두에서 공격해 오실 것이라 선포한다(이사 28장). 예레미야는 바빌론 임금 네부카드네자르를 주님의 종이라 선포하기까지 한다(예레 27,6). 예레 5,15-19도 참조: "이스라엘 집안아 내가 먼 곳에서 한 민족을 너희에게 불러들이리라. … 그들은 네가 거둔 곡식과 양식을 먹어 치우고 네 아들딸들도 집어삼키리라 …."

165 시편 79,3 참조.

166 요세푸스, 『유다 전쟁사』 1.7.5. 이때 수많은 예루살렘 주민들이 로마군에 의해 예루살렘 밖으로 쫓겨났다. 또한 많은 유다인들이 포로로 끌려가 폼페이우스 장군의 개선행렬에 동원되었다(『유다 고대사』 14.4.4).

167 직역: "부정함에 의거하여 행했습니다."

168 예루살렘 성전을 더럽힌 죄에 대해서는 솔로몬의 시편 1,8; 2,3을 참조하라. 아마 이 구절들에서 성전을 더럽힌 '그들'은 마카베오 일가일 터다. 이들의 죄가 폼페이우스 군대의 침입이라는 대재앙을 불러들였다는 의미다. 8,11에 달린 각주 참조.

169 이방인들도 하느님의 심판을 피할 수 없다.

25 이제, 보소서, 오 하느님! 당신께서 저희에게 당신의 공정한 심판을
보여 주셨습니다. 저희의 눈이 당신의 심판을 보았습니다, 오 하느님!
26 저희는 영원히 공경하올 당신의 이름이 의로우시다는 사실을
드러냈습니다. 당신께서는 이스라엘을 꾸짖음으로 심판하시는,
정의의 하느님이시기 때문입니다.

27 오, 하느님! 당신의 자비를 저희에게 되돌리소서!
저희를 가엾이 여겨주소서!
28 자비와 인자함으로 이스라엘의 흩어진 백성을 다시 모아주소서!
당신의 성실하심이 저희와 함께 있기 때문입니다.[170]
29 저희가 저희 목을 뻣뻣하게 만들었지만[171] 당신께서 저희를 꾸짖어

170 하느님께서 온 세상에 흩어진 이스라엘 백성을 다시 모아들이시리라는 희망은 솔로몬의 시편 11,2-3에도 표현된다. 하느님께서 흩어진 백성을 다시 모아들이시리라는 믿음은 구약성경 전반에 걸쳐 나타난다: 신명 30,3: "… 주 너희 하느님께서는 또 너희를 가엾이 여기시어, 주 너희 하느님께서 너희를 흩어 버리신 모든 민족들에게서 너희를 다시 모아들이실 것이다"; 예레 29,14: "… 내가 너희 운명을 되돌려 주어, 내가 너희를 쫓아 보낸 모든 민족들과 모든 지역에서 너희를 모아 오겠다 …"; 2마카 1,27: "흩어진 저희 겨레를 한데 모으시고 이민족들 사이에서 종살이하는 이들을 해방시켜 주시며 배척받고 멸시받는 이들을 굽어보시어, 당신께서 저희 하느님이심을 이민족들이 알게 해 주소서" 등. 2바룩 78,7에서도 같은 생각을 드러내고 있다.

171 이스라엘 백성은 자주 주님께 목이 뻣뻣한 백성이라 야단맞는다. 목이 뻣뻣하다는 말은 하느님 명령을 거부하고 듣지 않는다는 뜻이다: 탈출 32,9; 33,3.5; 34,9; 신명 9,6.13; 10,16; 2열왕 17,14; 2역대 36,13; 느헤 9,17.29; 예레 7,26 참조. 사도 7,51에서 스테파노는 같은 표현을 써서 예수 그리스도를 부정하는 유다인들을 비난한다. "목이 뻣뻣하고 마음과 귀에 할례를 받지 못한 사람들이여, 여러분은 줄곧 성령을 거역하고 있습니다. 여러분도 여러분의 조상들과 똑같습니다."

바로잡으십니다.[172]
30 저희를 못 본 체하지 마시옵소서! 저희를 속량해 주실 분이 안 계신
듯 이방인들이 저희를 집어삼키지 못하도록!
31 당신께서는 처음부터 저희의 하느님이시며, 저희의 희망은 당신께
있습니다, 주님!
32 저희는 당신에게서 멀어지지 않을 것입니다. 저희에 대한 당신의
심판은 인자롭기 때문입니다.[173]

33 당신의 호의가 저희와 저희 자녀들에게 영원히 있기를!
주 저희의 구원자시여! 영원토록 저희는 흔들리지 않을 것입니다!
34 심판하실 때 주님께서는, 경건한 이들의 입을 통해 찬미받으소서!
이스라엘은 영원히 주님의 축복을 받을지어다!

9 1 솔로몬. 증명을 위해.
이스라엘이 이국땅에 포로로 끌려갔을 때, 그들이 자신을 속량해 주
신 주님에게서 멀어졌을 때, 그들은 주님께서 주신 상속권에서 내쳐
졌습니다.[174]
2 이스라엘 백성이 온 이방인들 사이에 흩어진 것은 하느님 말씀에
따른 일이었습니다.[175] 저희 불법에 대한 당신의 의로운 처사로

---

172 직역: "저희의 교사십니다." "저희를 꾸짖어 바로잡는 분이십니다."

173 하느님의 심판이 정의로움은 솔로몬의 시편 곳곳에서 드러난다. 그러나 하느님 심판의 또 다른 측면도 간과해서는 안 된다. 하느님은 정의로우시면서 인자롭기도 하시다.

174 예레 16,13; 22,26 참조.

175 솔로몬의 시편 8,28; 11,2-3에서도 이스라엘 백성이 온 세상에 흩어져 간 사실을 언급한다.

당신의 의로움을 드러나게 하려는 것이었습니다, 하느님!
당신께서 땅의 모든 백성들 위에 계신 정의로운 심판자시기
때문입니다!
3 불의를 저지르는 자는 누구도 당신 지식을 피해 숨을 수 없을
것입니다.[176]
그리고 당신의 경건한 이들의 정의는 당신 앞에 있습니다, 주님!
오 하느님! 사람이 당신 지식을 피해 어디에 숨겠습니까?

4 저희의 일은 저희 영혼의 선택에 달렸으며 저희 권한 아래 있습니다.
저희 손이 하는 일로 정의를 행할지 불의를 행할지도 그러합니다.[177]
그리고 당신께서는 사람의 아들들을 정의로 보살피십니다.
5 정의를 행하는 이는 자기를 위해 주님 곁에 생명을 쌓아둡니다.
불의를 행하는 자는 영혼 파멸의 책임이 그 자신에게 있습니다.
사실 주님의 심판은 사람과 그 집안이 어떠하냐에 따라 의롭게
이루어집니다.

---

176 여기서 '지식'은 인간의 숨은 생각까지 알아차리시는 하느님의 통찰을 가리킨다. 시편 139,1-2.7 참조: "주님, 당신께서는 저를 살펴보시어 아십니다. 제가 앉거나 서거나 당신께서는 아시고 제 생각을 멀리서도 알아채십니다. … 당신 얼을 피해 어디로 가겠습니까? 당신 얼굴 피해 어디로 달아나겠습니까?" 하느님께서 우리의 모든 것을 아시며 그분의 눈길과 심판을 피할 수 없다는 생각은 신약성경에도 나타난다. 히브 4,12-13, 특히 13절을 참조하라: "하느님 앞에서는 어떠한 피조물도 감추어져 있을 수 없습니다. 그분 눈에는 모든 것이 벌거숭이로 드러나 있습니다. 이러한 하느님께 우리는 셈을 해 드려야 하는 것입니다."

177 솔로몬의 시편 9,4-5은 인간의 자유 의지를 인정한다. 정의를 택하든 불의를 택하든 결정권은 인간에게 있다는 것이다. 그러나 하느님께서는 이런 사람들을 정의로 보살피신다고 한다. 하느님의 섭리와 인간의 자유 의지를 조화시키려는 저자의 노력이 엿보인다.

6 오, 하느님! 주님을 부르는 이들에게가 아니라면 당신께서 누구에게
인자하시겠습니까?[178]
당신께서는 죄를 고백하고 시인하는 영혼을 죄에서 씻어주십니다.
이 모든 일로 인해 치욕이 저희와 저희 얼굴 위에 있습니다.
7 죄를 지은 자에게가 아니라면 당신께서 누구에게 죄를 용서해
주시겠습니까?
당신께서는 의로운 이들을 축복하시고, 그들이 저지른 죄에 대해
꾸짖지 않으십니다. 또한 당신의 인자하심은 회개하는 죄인들 위에
내립니다.[179]
8 그러니 당신은 하느님, 저희는 당신께서 사랑하신 백성입니다!
보소서! 이스라엘의 하느님, 저희를 가엾이 여기소서! 저희가 당신의
것이기 때문입니다.
당신의 자비를 저희에게서 거두지 마소서! 그들이 저희를 공격하지
못하도록!
9 당신께서 아브라함의 후손을 모든 민족들 위에 선택하시고 당신의
이름을 저희에게 붙여 주셨기 때문입니다, 주님!
당신은 영원히 저희를 물리치지 않으실 것입니다.
10 당신께서는 저희를 두고 저희 조상들과 계약을 맺으셨습니다.
그리하여 저희 영혼은 당신께 돌아가며 당신께 희망을 둡니다.
11 주님의 자비가 이스라엘 집안에 영원무궁토록 내리기를![180]

---

178 솔로몬의 시편 2,36을 보라.

179 회개하는 죄인들에게 내리는 하느님의 인자하심은 신약성경의 일관된 정신이기도 하다. 돌아온 탕자나, 회개한 죄녀에 대한 비유를 보라. “건강한 이들에게는 의사가 필요하지 않으나 병든 이들에게는 필요하다. 나는 의인이 아니라 죄인을 부르러 왔다”(마르 2,17) 하신 예수님 말씀도 참조하라.

180 솔로몬의 시편 10,6; 11,9; 12,6.

10 1 찬가. 솔로몬.
행복합니다, 주님께서 질책으로써 기억하시고, 채찍질로 악의 길에서
보호하신 사람! 그의 죄가 늘어나지 않도록 그를 죄에서 씻어주시려
는 것이었다네![181]
2 채찍에 기꺼이 등을 내미는 이는 깨끗이 씻기리라! 주님께서는
꾸짖음을 견디는 이들에게 인자하시네![182]
3 그분께서는 의인들의 길을 곧게 만들어 주시고, 꾸짖음으로 그들의
길을 구부리지 않으십니다! 사실 주님의 자비는 그분을 진실하게
사랑하는 모든 이에게 내립니다![183]
4 주님께서는 자비로 당신 종들을 기억하시리라! 영원한 계약의
율법 안에[184] 그 증언이 있네! 주님의 증언은 그분께서 보살피시는
사람들의 길 위에 있다네!

5 우리 주님께서는 심판에 의로우시고 공정하시네, 영원토록!
이스라엘은 기쁨으로 주님 이름을 찬미하리라!

---

181 의인도 죄인과 마찬가지로 주님의 질책(ἐλεγμός)을 피할 수 없다. 그러나 주님의 질책은 멸망시키시려는 것이 아니라 죄악에서 지켜주시려는 것이다. 주님의 질책과 시련을 잘 견디는 이들에게 자비가 내릴 것이다. 솔로몬의 시편 13,8-10; 16,13-15을 참조하라. 솔로몬의 시편 7,3에 달린 '꾸짖음'(παιδεύω)에 대한 각주도 참조하라.

182 '주님의 종'의 셋째 노래, 특히 이사 50,6 참조: "나는 매질하는 자들에게 내 등을, 수염을 잡아 뜯는 자들에게 내 뺨을 내맡겼고 모욕과 수모를 받지 않으려고 내 얼굴을 가리지도 않았다."

183 솔로몬의 시편 10,1-3은 시련과 채찍이 의인을 정화하여 구원으로 인도함을 보여 준다.

184 주님께서 모세에게 계명을 내리시며 약속하셨다. "나를 사랑하고 내 계명을 지키는 이들에게는 천대에 이르기까지 자애를 베푼다"(신명 5,10).

6 경건한 이들이 백성의 모임에서 고백하리라!
이스라엘이 기뻐하는 가운데, 하느님께서 가난한 이들에게 자비를
베푸시리라![185]
7 하느님께서 영원토록 인자하시고 자비로우시기 때문이라네!
이스라엘의 회중은 주님 이름을 찬양하리라!
8 영원한 기쁨 속에, 주님의 구원이 이스라엘 집안에 내리리라!

11 1 솔로몬. 대망에 차서.[186]
거룩한 이들을 위해 신호나팔을 불어라, 시온에서!
기쁜 소식을 전하는 이의 소리를 선포하라, 예루살렘에서![187]
하느님께서 이스라엘을 찾아오시어[188] 자비를 베푸셨네!

2 예루살렘아, 높은 곳에 서라! 그리고 보아라, 주님께서 동쪽과

---

185 '가난한 이들'에 대한 하느님의 특별한 사랑을 다룬, 솔로몬의 시편 5,2 각주를 참조하라.

186 솔로몬의 시편 11편은 하느님께서 흩어진 이스라엘 백성을 불러 모으시리라는 희망을 노래한다. 같은 희망을 드러내는 바룩 5장과 전체적으로 매우 유사하다. 옷, 산과 언덕, 숲과 나무의 이미지를 사용한 점도 똑같다. 학자들은 대체로 바룩 5,5–8이 솔로몬의 시편 11,2–5의 영향을 받았다고 여긴다: Wright, "Psalms of Solomon", 648–649 참조. 위로와 구원을 선포하는 이사 40,1–11도 참조하라.

187 이사 52,7 참조: "얼마나 아름다운가, 산 위에 서서 기쁜 소식을 전하는 이의 저 발! 평화를 선포하고 기쁜 소식을 전하며 구원을 선포하는구나. '너의 하느님은 임금님이시다.' 하고 시온에게 말하는구나." 이사 40,9도 보라.

188 ἐπισκοπή는 '방문', '감독', '보살핌', '지켜봄' 등의 뜻도 있다. 따라서 "하느님께서 이스라엘을 지켜보시고 자비를 베푸셨네!"로도 옮길 수 있다. 이 단어는 하느님께서 이스라엘의 역사에 몸소 개입하시어 그 운명을 바꾸어 놓으시리라는 희망을 표현한다. 솔로몬의 시편 10,4; 11,6과 비교하라.

서쪽에서부터 한데로 모아들이시는 네 자녀들을![189]
3 그들의 하느님께서 기뻐하시는 가운데, 그들이 북쪽에서 오고
있다네! 하느님께서 먼 섬에서 그들을 모아들이셨네![190]
4 그들을 위해 높은 산들을 낮추어 평지로 만드셨네! 언덕들은 그들이
들어오기 전에 달아났네![191]
5 그들이 지나갈 때 숲은 그들에게 그늘을 드리워 주었네! 하느님께서
향기 나는 온갖 나무를 그들을 위해 세워주셨네![192]
6 이스라엘이 하느님 영광의 보살핌[193] 속에서 지나가기 위해서였네!

---

189 솔로몬의 시편 11,2-6은 하느님께서 흩어진 백성을 다시 모아들이시리라 노래한다. 유배자들의 귀향을 예언한 이사 11,10-16; 43,5-7과 예레 16,14-15; 23,3.8도 참조하라. 사실 솔로몬의 시편 11,2-5은 특히 바룩 5,5-8과 유사하다. 범위를 조금 더 넓혀 솔로몬의 시편 11편을 바룩 4,36—5,9과 연결시키는 학자도 있다. 바룩 5,5 참조: "예루살렘아, 일어나 높은 곳에 서서 동쪽으로 눈을 돌려 보아라. 네 자녀들이 거룩하신 분의 말씀을 듣고 하느님께서 기억해 주신 것을 기뻐하면서 해 지는 곳에서 해 뜨는 곳까지 사방에서 모여드는 것을 보아라."

190 하느님께서 흩어진 이스라엘을 모아들이시리라는 희망은 솔로몬의 시편 8,28에도 표현된다. 바룩 4,36-37; 5,6; 2마카 2,18; 토빗 13,13 참조. 특히 예레 3,18; 16,15; 23,8은 하느님께서 이스라엘 자손들을 북쪽 땅에서 데려오시리라는 내용이다. 2바룩 78,7에도 흩어진 백성을 모으시리라는 희망이 표현된다.

191 바룩 5,7: "하느님께서는 이스라엘이 당신 영광 안에서 안전하게 나아가도록 높은 산과 오래된 언덕은 모두 낮아지고 골짜기는 메워져 평지가 되라고 명령하셨다." 이사 40,4 참조: "골짜기는 모두 메워지고 산과 언덕은 모두 낮아져라. 거친 곳은 평지가 되고 험한 곳은 평야가 되어라."

192 바룩 5,8 참조: "하느님의 명령으로 숲들도 온갖 향기로운 나무도 이스라엘에게 그늘을 드리우리라."

193 ἐπισκοπή를 여기서는 '보살핌'으로 옮겼다. 이 단어에는 '방문'이라는 뜻도 있다. 따라서 이 구절을 "이스라엘이 그들 하느님 영광의 방문을 받는 중에 지나가기 위해서였네!"로 옮겨도 된다. 솔로몬의 시편 11,1 "이스라엘을 찾아오시어"에 달린 각주를 참조하라.

7 예루살렘아, 네 영광의 옷을 입어라! 네 거룩한 예복을 준비하라![194]
하느님께서 이스라엘에 번영을 선포하셨네, 영원무궁토록![195]

8 주님께서는, 이스라엘과 예루살렘에 선포하신 대로 행하시기를!
주님께서는, 당신 영광의 이름으로 이스라엘을 일으켜 세우시기를!
9 주님의 자비가 이스라엘에, 영원무궁토록!

12 1 솔로몬. 범법자의 혀에 관하여.
주님! 범법을 일삼는 악인에게서, 범법과 중상을 일삼고 거짓과 기만
을 말하는 혀에서, 제 영혼을 구하소서![196]
2 악인의 혀에서 나오는 말들은 현란하게 꼬여 있습니다! 백성
가운데서 아름다움을 태우는 불처럼!
3 그자의 방문은,[197] 거짓된 혀로 집들을 불태우고, 범법자를 태우는
기쁨의 나무를 잘라버립니다. 중상하는 입술로 집안을 전쟁에
빠뜨립니다.

4 하느님께서는, 혼란에 빠진 범법자들의 입술을 무죄한 이들에게서
떼어 놓으시기를!
중상자들의 뼈가 주님을 경외하는 이들에게서 멀리 흩어져 버리기를!
타오르는 불길로, 중상하는 혀가 경건한 이들에게서 떨어져 파멸해

194 바룩 5,1-2.

195 바룩 5,4.

196 시편 120,2 참조: "주님, 거짓된 입술에서 속임수 혀에서 제 목숨을 구하소서."

197 방문으로 옮긴 그리스어 παροικία는 자기 집이나 거주지가 아닌 낯선 곳에 머무는 것을 뜻한다. 여기서 '그자'가 낯선 자임을 알 수 있다.

버리기를![198]

5 주님께서는, 불의한 자들을 미워하는 고요한 영혼을 지켜주시기를!
주님께서는 집안에 평화를 이룩하는 사람을 인도해 주시기를!

6 주님의 구원이, 당신의 종 이스라엘에 영원히 내리기를!
죄인들은 주님 면전에서 완전히 멸망하기를! 주님의 경건한 이들은
주님의 약속을 상속받기를!

13 1 솔로몬. 시편. 의인들을 향한 위로.
주님의 오른손이 나를 보호하셨네! 주님의 오른손이 우리를 구하셨
네![199]

2 주님의 팔이, 지나가는 칼에서, 굶주림과 죄인들의 죽음에서 우리를
구원하셨네!

3 못된 짐승들이 그들을 뒤쫓고, 이빨로 그들의 살을 찢어발기며
맷돌로 그들의 뼈를 바수었네!

4 그러나 주님께서는 이 모든 것에서 우리를 구해 주셨네![200]

---

198 주님께서 간사한 입술과 허황된 것을 말하는 혀를 잘라 버리시리라 믿는 시편 12,3-5을 참조하라. 주님의 말씀은 흙 도가니 속에서 정제된 순은에 비길 만큼 순수하다(시편 12,7).

199 솔로몬의 시편 13,1-2은 시편 98,1을 연상시킨다: "… 그분께서 기적들을 일으키셨다. 그분의 오른손이, 그분의 거룩한 팔이 승리를 가져오셨다." 지혜 5,16 참조: "… 그분께서는 당신의 오른손으로 그들을 감싸 주시고 당신의 팔로 그들을 지켜 주실 것이다."

200 솔로몬의 시편 13,1-4에 언급된 재앙은 에제 14,13-23을 연상시킨다. 에제키엘에 따르면 주님께서 예루살렘에 네 가지 해로운 심판, 곧 칼과 굶주림과 사나운 짐승들과 흑사병을 보내신다 하더라도 살아 남을 의인들이 있을 것이다. 그들이 걸어온 길과 행실은 재앙을 당한 이스라엘 백성에게 위로가 될 것이다.

5 신실한[201] 이가 자기 잘못 때문에 몹시 괴로워하였네! 죄인들과 함께
끌려갈까 보아서였네!
6 죄인의 재앙이 끔찍하기 때문이라네!
그러나 이 모든 것 가운데 어느 하나도 의인을 건드리지는 않으리라!
7 무지 중에 잘못한 의인들이 받는 꾸짖음과,[202] 죄인들이 받는 재앙이
같지 않기 때문이네![203]
8 의인은 은밀히 꾸짖음 받는다네, 죄인이 의인을 두고 즐거워하지
못하도록!
9 의인에게는, 그분께서 사랑하는 아들을 훈계하듯 훈계하시리라![204]
그가 받는 꾸짖음은 맏아들이 받는 꾸짖음과 같다네![205]
10 주님께서는 당신의 경건한 이들을 구하시며, 꾸짖음으로써 그들의
잘못을 없애주시는 것이라네!

---

201 ὁ εὐσεβής가 쓰였다. εὐσεβής는 행동거지가 반듯한 고귀한 이들, 하느님을 향해 경건한 태도와 신심을 간직한 이들을 가리키는 말이다. 칠십인역 이사 24,16; 26,7은 히브리어 צַדִּיק(의로운)을 εὐσεβής로 옮겼다.

202 또는 "가르침."

203 의인들도 죄인들과 마찬가지로 자신이 저지른 잘못에 대해서는 주님의 견책과 벌을 피할 수 없다. 그러나 죄인들이 받는 벌과 의인들이 받는 벌은 차원이 다르다. 의인들이 받는 벌은, 자식이 잘되길 바라는 어버이의 훈계와도 같은 것이다. 곧 교정을 위한 벌이지, 파멸을 위한 벌은 아니다. 솔로몬의 시편 18,4에도 같은 생각이 표현되어 있다.

204 솔로몬의 시편 18,4. 지혜 11,10 참조: "당신께서는 자식들을 훈계하는 아버지처럼 그들을 시험하셨지만…."

205 다윗의 후손을 두고 나탄이 예언한 내용 가운데 2사무 7,14을 참조하라. 주님께서 다윗의 후손에게 "나는 그의 아버지가 되고 그는 나의 아들이 될 것이다. 그가 죄를 지으면 사람의 매와 인간의 채찍으로 그를 징벌하겠다"고 말씀하신다.

11 의인들의 생명은 영원하다![206]
죄인들은 파멸로 사라지고 말리라! 그들에 대한 기억을 다시는
찾아볼 수 없으리라![207]

12 주님의 자비가 경건한 이들 위에 내리기를, 그분의 자비가 그분을
경외하는 이들에게 내리기를!

14 1 찬가. 솔로몬.[208]
주님께서는 성실하십니다, 진실로 당신을 사랑하는 이들에게, 당신의
꾸짖음을 견디는 이들에게,
2 그분 명령의 의로움 안에서 걷는 이들에게,
그분께서 우리 생명을 위해 내리신[209] 율법 안에서 걷는 이들에게![210]
3 주님의 경건한 이들은 그 안에서 영원히 살리라![211]

---

206 지혜 5,15 참조: "의인들은 영원히 산다." 솔로몬의 시편 13,11의 "의인들의 생명은 영원하다"는 표현은 죽음이 끝이 아니며 그 뒤에도 삶이 계속되리라는 희망을 드러낸다. 이 문장 뒤에 이어지는 '죄인들은 파멸로 사라지리라'와 대비해서 읽으면 이 사실이 더 분명해진다. 그러나 여기 내포된 내세에 대한 희망이 '영혼 불멸'을 가리키는지 '부활'을 가리키는지는 정확히 알 수 없다. 솔로몬의 시편 3,12과 함께 읽는다면 '부활'의 의미로 받아들일 수 있을 법하다. 3,12의 "다시 일어날 것입니다"에 딸린 각주를 참조하라.

207 솔로몬의 시편 3,11에서도 죄인의 멸망은 영원하며 그들은 하느님의 기억에서 사라지리라고 말한다.

208 솔로몬의 시편 14편은 전체적으로 시편 1편을 모델로 삼았다. 경건한 이와 악인의 운명을 대조한 점을 눈여겨보라.

209 또는 "우리가 살도록 우리에게 내려 주신."

210 시편 1,2 참조.

211 또는 "주님의 거룩한 이들은 그분 안에 영원히 살리라!" 주님 안에 산다는 뜻도 되고, 주님의 율법으로 살리라는 뜻도 된다. 레위 18,5 참조: "너희는 내 규칙과

그분의 경건한 이들은 주님의 낙원, 생명의 나무들이어라![212]
4 그들의 초목은 영원히 뿌리내리리라! 하늘의 모든 날 동안 뽑히지
않으리라![213]
5 이스라엘이 하느님의 몫과 유산이기 때문일세![214]

6 그러나 죄인들과 범법자들은 그렇지 않다네! 그들은 죄와 함께 보낸
세상의 날들을[215] 사랑했다네!
7 그들 욕망은 무의미한 부패 속에 있고, 그들은 하느님을 기억하지
않았다네!
8 사람의 길은 언제나 그분 앞에 드러나 있고, 마음의 비밀은 생기기도
전에 그분께 알려진다네.[216]
9 그러므로 그들의 유산은 저승과 어둠과 파멸이라네.[217]
의인들을 위한 자비의 날에 그들을 찾아볼 수 없으리라!

내 법규들을 지켜야 한다. 그것들을 실천하는 이는 그것들로 살 것이다."

212 의인을 나무에 비유하는 이사 61,3: "… 그래서 사람들이 그들을 '정의의 참나무' '당신 영광을 위하여 주님께서 심으신 나무'라 부르도록 하셨다"; 시편 92,13을 보라. 의로운 이의 결실을 생명의 나무라 일컫는 잠언 11,30; 15,4도 참조하라.

213 이스라엘은 주님께서 심으신 나무의 햇순이며 영원히 땅을 차지하리라고 말하는 이사 60,21을 참조하라.

214 신명 32,9: "주님의 몫은 당신의 백성"; 에스 4,17⑨: "이집트 땅에서부터 당신 자신을 위하여 속량하신 당신의 몫"; 4,17⑯ 참조.

215 문맥상 '세상의'를 집어 넣었다.

216 집회 17,15 참조: "그들의 길은 언제나 그분 앞에 드러나고 그분의 눈앞에서 감추어지지 않으리라." 지혜 1,8-10; 1에녹 9,11도 같은 생각을 표현한다.

217 죄인들이 어둠으로 쫓겨난다는 표현에 대해서는 마태 8,12; 13,42; 22,13; 25,30; 솔로몬의 시편 15,10을 참조하라.

10 그러나 주님의 경건한 이들은 기쁨으로 생명을 상속받으리라![218]

15 1 시편. 솔로몬. 송가를 곁들여.[219]
괴로움에 빠졌을 때 저는 주님의 이름을 불렀습니다!
야곱의 하느님의 도우심에 희망을 걸었고 저는 구원 받았습니다![220]
당신께서 가난한 이들의 희망이며 피난처시기 때문입니다, 하느님![221]

2 하느님, 진실로 당신께 감사하는 이가 아니라면, 그 누가 강합니까?
당신 이름에 감사드리는 일 말고 사람이 할 수 있는 일이
무엇입니까?[222]

3 기쁜 마음으로, 송가와 새로운 찬가를 올려라!
잘 조율된 악기인 혀로 입술의 열매를, 경건하고 의로운 마음에서
나오는 입술의 첫 열매를 바쳐라![223]

---

218 솔로몬의 시편 14,9-10은 같은 시편 3,11-12와 비교하라. 둘 다 의인과 죄인의 운명을 비교하면서 의인에게는 생명이, 죄인에게는 파멸이 닥칠 것을 예언한다. 1에녹 1,1과도 비교하라. 하느님께서 심판하실 그날은 의인에게는 '자비의 날'이지만 죄인에게는 '재앙의 날'이다.

219 솔로몬의 시편 15편도 의인들과 죄인들의 상반된 운명을 묘사한다.

220 시편 3,5 참조.

221 솔로몬의 시편 5,2 각주를 참조하라.

222 또는 "하느님, 진실로 당신을 찬양하는 이가 아니라면 누가 강합니까? 그리고 당신의 이름을 찬양하는 것 말고 사람이 무엇을 할 수 있습니까?" 본문에서 '감사하다'로 옮긴 ἐξομολογήσασθαι는 '고백하다', '찬양하다', '감사하다' 등의 뜻으로 두루 해석할 수 있다.

223 호세 14,3 참조: "죄악은 모두 없애 주시고 좋은 것은 받아 주십시오. 이제 저희는 황소가 아니라 저희 입술을 바치렵니다."

4 이를 실행하는 이는 영원히 악인에게 흔들리지 않으리라!
불의한 자들을 향한 불꽃과 진노가 그를 건드리지 못하리라!
5 죄인들의 계획을 쳐부수려, 그것이[224] 주님의 얼굴에서 나와
죄인들에게 다가갈 때, 그를 건드리지 못하리라!
6 구원을 위한 하느님의 표식이[225] 의인들 위에 내리기 때문일세!
7 굶주림과 칼과 죽음은 의인들에게서 멀리 있다네!
그것들은 전쟁에서 쫓기는 자들처럼 경건한 이들에게서 멀리
달아나리라!
8 그러나 그것들은[226] 죄인들을 뒤쫓아 가 그들을 붙잡으리라!
불법을 저지르는 자들은 주님의 심판을 피하지 못하리라!
9 그들은 전쟁에 능숙한 자들에게 잡히듯, 붙잡히고 말리라!
그들 이마 위에는 파멸의 표식이 있기 때문일세!

10 죄인들의 유산은 파멸과 어둠![227]
그들의 불법은 저 아래 저승까지 그들을 뒤따라가리라!
11 그들의 재산은 자녀들에게 상속되지 못하리라!
죄가 죄인들의 집안을 황폐하게 만들기 때문일세!
12 죄인들은 주님 심판의 날에, 하느님께서 심판하시러 이 땅에
찾아오실 때,[228] 영원히 멸망하리라!

---

224 불꽃과 진노.

225 9절 죄인들의 이마에 찍히는 파멸의 표식과 비교하라. 요한 묵시록에는 하느님 종들의 이마에 인장을 찍는다는 표현이 나온다: 7,3; 9,4.

226 굶주림과 칼과 죽음.

227 마태 8,12; 13,42; 22,13; 25,30; 솔로몬의 시편 14,9을 보라.

228 '찾아오다'로 옮긴 ἐπισκέπτηται는 '방문하다', '감독하다', '보살피다' 등으로 옮길 수 있다. 이 단어는 하느님께서 이스라엘의 역사에 몸소 개입하시어 그 운명

13 그날에 주님을 경외하는 이들은 자비를 입으리라! 그들 하느님의
자비 안에서 살게 되리라!
그러나 죄인들은 영원토록 멸망하리라!

16 1 찬가. 솔로몬. 경건한 이들에게 내리는 도우심을 노래하며.
제 영혼이 주님에게서 떨어져 나와 깜빡 잠들었다가
자칫 하느님과 멀리 떨어진, 잠든 자들의 구렁에 떨어질 뻔했습니
다![229]
2 제 영혼은 거의 죽음에 내던져졌고, 죄인과 함께 저승 문턱에
다가갔습니다.[230]
3 제 영혼이 이스라엘의 주 하느님에게서 멀리 떨어졌을 것입니다,
주님께서 당신의 영원한 자비로 저를 도와주지 않으셨다면![231]
4 그분께서는 말馬을 깨우려 침을 찌르시듯이 저를 찌르셨습니다.
저의 구원자이시며 매 순간 저의 도움이신 분께서 저를
구원하셨습니다!

5 당신께 감사드릴 것입니다, 하느님![232]

을 바꾸어 놓으시리라는 희망을 표현한다. 솔로몬의 시편 10,4; 11,6과 비교하라.

229 솔로몬의 시편 16,1-5은 이사 52,13—53,12, '주님의 종'의 넷째 노래를 연상시킨다. 이사야는 처참하게 무너져 가장 밑바닥까지 내려간 '주님의 종'에게 하느님께서 자비를 베푸시어 그 누구도 기대하지 못했던 데까지 다시 올려 주실 것임을 노래한다.

230 이사 53,12을 참조하라.

231 '제 영혼이 이스라엘의 주 하느님에게서 멀리 떨어졌을 때, 주님께서 당신의 영원한 자비로 저를 도와주지 않으셨다면 (어떻게 되었겠습니까)!'로 옮겨도 된다.

232 또는 "당신께 찬양을 드릴 것입니다, 하느님!"

당신께서 저를 도우시어 구원하셨으며, 저를 죄인들과 함께 파멸할
자로 헤아리지 않으셨기 때문입니다!

6 당신 자비를 제게서 거두지 마소서, 하느님!
죽을 때까지 제 마음에서 당신의 기억을 거두지 마소서!
7 저를 붙잡으시어, 하느님!
사악한 죄에서, 어리석은 자를 걸려 넘어지게 하는 모든 사악한
여인에게서 지켜주소서![233]
8 범법하는 여인의 아름다움이나,
무익한 죄 아래 있는 자의 아름다움이 저를 속이지 않게 하소서!
9 당신 처소에서 제 손이 하는 일들을 인도해 주소서!
제 발걸음을 지켜주시어, 당신을 기억하며 나아가게 하소서!
10 제 혀와 입술을 진실의 말들로 감싸 주소서!
격노와 어리석은 분노가 제게서 멀어지게 하소서!
11 괴로움을 당할 때 불평과 낙담이 제게서 멀어지게 하소서!
제가 죄를 짓는다면, 당신께 돌아가도록 꾸짖어 주소서![234]

12 호의와 기쁨으로 제 영혼을 굳건히 세우소서!
당신께서 제 영혼을 강하게 만드실 때, 저는 당신께 받은 것으로
만족할 것입니다!
13 당신께서 강하게 만들지 않으신다면, 빈곤 속에서 누가 꾸짖음을
견디겠습니까?

---

233 지혜 문학에서 여인을 조심하라는 훈계를 찾기란 어려운 일이 아니다: 집회 9,1-9; 잠언 6,24-25 참조.

234 의인에게 내리는 하느님의 꾸짖음에 대해서는, 솔로몬의 시편 7,3 각주를 참조하라.

[14] 영혼이 부패로써 벌을 받을 때,
당신의 시험은 그의 살 속에, 빈곤의 고통 속에 있습니다![235]
[15] 의인이 이런 일들을 견뎌낼 때, 주님의 자비를 입을 것입니다!

17 [1] 시편. 솔로몬. 임금님께 드리는 송가를 곁들여.[236]
주님, 저희의 임금은 당신이십니다, 영원무궁토록!
하느님, 저희 영혼이 당신에게서 긍지를 느낍니다!
[2] 이 땅에서 사람의 수명이 얼마나 되겠습니까? 사는 동안[237] 사람의
희망은 자기 자신에게 있습니다!
[3] 그러나 저희는 저희의 구원자 하느님께 희망을 둡니다!
저희 하느님의 힘과 자비가 영원하기 때문입니다.
또한 저희 하느님의 나라는 영원하며,
심판과 함께 이방인들 위에 군림하기 때문입니다.[238]

---

235 하느님께서는 신체적인 고통과 물질적 궁핍을 통해 의인들을 시험하시고 단련하신다. 하느님의 시험에 어떻게 반응하느냐에 따라 운명이 달라진다. 시험과 시련을 견뎌낼 때 자비를 입을 것이다.

236 17편은 2편 및 8편과 함께 이스라엘의 역사적 상황을 묘사한다. 17편에는 역사에 대한 성찰도 담겨 있다. 먼저 하느님의 성실하심을 찬미한 뒤 부도덕한 지도자들과 이민족의 지배하에 놓인 공동체의 역사를 서술한다. 그리고 마지막으로 해방과 구원에 대한 종말론적 기대와 희망을 노래한다. 곧 이민족이 쫓겨나고, 흩어진 하느님의 백성이 되돌아오고, 예루살렘이 다시 세워지며 메시아의 영도 아래 영원한 평화가 세워지리라 희망한다. 17편은 다윗의 후손인 메시아를 다윗의 아들 솔로몬에 빗대어 표현한 것 같다. 솔로몬이 지은 것으로 알려진 구약의 시편 72편과 비교하라.

237 직역: "그의 시간 동안."

238 시편 145,13 참조: "당신의 나라는 영원무궁한 나라 당신의 통치는 모든 세대에 미칩니다."

4 주님, 당신께서 몸소 다윗을 이스라엘의 임금으로 뽑으셨습니다![239]
그리고 당신께서 그 후손을 두고 그에게 맹세하셨습니다. 그의
왕국이 영원히 당신 앞에서 사라지지 않으리라고![240]
5 그러나 죄인들이 저희가 저지른 죄 때문에 저희를 거슬러
일어났습니다.[241]
그들은 저희를 공격하고, 저희를 몰아냈습니다.
그들에게 주시기로 약속하시지 않은 것을 그들은 강제로
빼앗았으며,[242]

---

239 솔로몬의 시편 저자는 하느님께서 이스라엘 백성과 맺으신 '계약'에 대한 관심을 잊지 않는다. 저자는 아브라함과 맺으신 계약(9,9-10; 18,3)이나 모세와 맺으신 계약(10,4)도 언급하지만 다윗 가문을 두고 맹세하신 계약을(참조: 2사무 7장; 1역대 17장) 가장 중요하게 다룬다. 무엇보다 메시아에 대한 희망이 다윗과의 계약을 토대로 전개된다. 이 시편 곳곳에서 저자는, 마카베오 일가가 왕조를 설립한 일을 왕권의 불법적 찬탈로 묘사한다. 같은 맥락에서 17편은 메시아-임금이 다윗 가문에서 나올 것임을 명시한다. 다윗의 후손이 세울 영원한 나라에 대한 하느님의 약속이(2사무 7,8-16) 이 메시아를 통해 실현되리라는 것이다. 예루살렘이 지금 현재는 물론 다가올 시대에도 특별한 위상을 차지하리라는 사실도 다윗 왕조와 무관하지 않다. 이를테면 예루살렘은 거룩한 도성 곧 하느님께서 머무시는 특별한 장소이자(솔로몬의 시편 2,19-21; 8,4), 마지막 때에 흩어진 하느님 백성이 모여들 곳이기도 하다(솔로몬의 시편 11편).

240 2사무 7장. 나탄이 다윗의 왕조를 두고 한 예언을 보라. 특히 2사무 7,8.16을 보라. 예레 23,1-8도 다윗 가문에서 나올 미래의 임금 메시아에 대해 선포한다. 시편 145,13도 참조: "당신의 나라는 영원무궁한 나라, 당신의 통치는 모든 세대에 미칩니다."

241 여기서 죄인들은 마카베오 일가(=하스모네아 왕조)를 가리킨다. 솔로몬의 시편 저자는 이 왕가의 반대편에 서 있다.

242 솔로몬의 시편 저자는 하스모네아 왕조를 부정한다. 그들은 차독의 후손이 아님에도 대사제직을 맡았을 뿐더러(대사제직은 아론의 후손이 맡아야 했다. 솔로몬 시대 이후 대사제직은 아론의 후손 가운데 차독 계열에 돌아갔다), 다윗의 후손

공경하올 당신 이름을 찬양하지 않았습니다.
6 그들은 왕국을 자기네 영광을 위해 호화롭게 세웠습니다.
오만으로 다윗의 왕좌를 황폐하게 만들었습니다.[243]

7 그러나 하느님, 당신께서 몸소 그들을 내쫓으시고 이 땅에서 그들의
후손을 몰아내실 것입니다.
우리 민족이 아닌 외국인이 그들을 거슬러 일어났기 때문입니다.[244]

이 아님에도 왕권까지 차지하였다. 솔로몬의 시편 17,5에서 말하는, 하느님께서 그들에게 주시기로 약속하지 않으신 것이 바로 대사제직과 왕권일 터다.

243 마카베오 일가는 안티오코스 에피파네스의 과도한 헬라화 정책에 맞서 유다교 신앙의 순수성을 지키려는 열정으로 봉기를 일으켰다. 그러나 시간이 갈수록 신앙의 열정은 사그라지고 그 자리에 정치적 야망이 들어섰다. 처음에는 마카베오 가문이 대사제직을, 뒤이어 대사제직뿐 아니라 민족의 통치권, 그 다음에는 예언직까지 합하여 대사제, 지도자, 예언자라는 세 임직을 모두 차지한다. 급기야 아리스토불루스 대에 이르러서는 자신에게 '임금'이라는 호칭까지 붙인다. 이러한 행동은 유다교 전통을 수호하려는 이들이 볼 때 불법으로 규정된다. 솔로몬의 시편 17,5-6에서 저자는 마카베오 일가가 왕조를 세운 것은 자기네 영광을 위해서였으며, 그렇게 그들이 불법으로 왕권을 쥠으로써 다윗의 왕좌를 황폐하게 만들었다고 비판한다.

244 로마 폼페이우스 장군의 부상(浮上)을 가리킨다. 얀내우스의 뒤를 이어 왕권을 물려받았던 살로메가 죽자 그의 아들 히르카누스 2세와 아리스토불루스 2세가 세력 다툼을 벌였다. 한편 시리아 셀레우코스 왕조가 붕괴된 후 이 지역에서는 로마의 세력이 커져 가고 있었다. 히르카누스 2세와 아리스토불루스 2세는 둘 다 정치적·군사적 통찰력이 부족했으며, 이 사태의 심각성을 파악하지 못했다. 기원전 63년에, 두 사람은 다마스쿠스에 있던 로마 장군 폼페이우스에게 자신들의 세력 다툼을 중재해 줄 것을 요청했다. 바로 그해 폼페이우스는 군대를 이끌고 진격하여 예루살렘을 장악했고, 이로 인해 마카베오 왕조의 몰락이 시작되었다: 요세푸스, 『유다 고대사』 14.3.1-4. 기원전 37년, 예루살렘은 이두매아 출신의 헤로데에게 넘어갔으며, 로마 원로원은 헤로데를 '유다인들의 임금', '로마인들의 협력자이자 벗'으로 승인했다. 이렇게 해서 마카베오 일가의 하스모네아 왕조는 막을 내리게 된다: 요세푸스, 『유다 고대사』 14.14.1-6.

8 당신께서 그들의 죄에 따라 그들에게 되갚아 주실 것입니다, 하느님!
그들이 행한 대로 그들에게 이루어지도록!
9 하느님께서는 그들에게 자비를 베풀지 않으셨습니다.
그들의 후손을 찾아내어 그들 가운데 한 명도 그냥 내보내지
않으셨습니다.
10 주님께서는 땅에서 행하시는 당신의 모든 심판에 성실하십니다!

11 무법자가 저희 땅을 아무도 살지 못하도록[245] 황폐하게 만들었습니다.
저들은 젊은이와 노인과 그들의 자녀를 모조리 죽였습니다!
12 격한 진노로[246] 그는 그들을 서쪽으로 내쫓았습니다.
그리고 이 땅의 지도자들을 하나도 남김없이 조롱거리로
만들었습니다.[247]
13 외국인인 그 적은 오만을 부렸습니다.
그의 마음은 저희 하느님과 거리가 멀었습니다.
14 그가 예루살렘에서 저지른 모든 일은, 다른 이방인들이 자기네가
권력을 잡은 도시에서 저지른 일들과 같았습니다.[248]

15 그리고 계약의 아들들이 이방인들과 섞여 그들보다 더한 짓을
저질렀습니다.

---

245 또는 "저희 땅을 주민들에게서 (빼앗아)." 이민족이 이스라엘 땅을 폐허로 만들어 아무도 살지 못하게 만들었다는 내용에 대해서는 예레 2,15을 참조하라.

246 직역: "그의 아름다운 진노로."

247 이 땅에서 지도자들을 내몬 주체가 '폼페이우스 장군'인지 '하느님'인지 명확하지 않다. 둘 다 가능하다. 11절의 주어 '무법자'와 맞추어 '그'로 옮겼다.

248 솔로몬의 시편 17,11-14은 로마 폼페이우스 장군과 그 군대가 저지른 악행을 고발한다. 요세푸스, 『유다 고대사』 14.4.1-5 참조.

그들 가운데 단 한 명도 예루살렘에서 자비와 진리를 실천하지
않았습니다.[249]

16 경건한 이들의 모임을 사랑하는 이들은, 둥지를 떠나는 참새들처럼,
그들에게서 달아났습니다.[250]
17 그들은 광야에서 헤매었습니다. 자기 영혼이 악에서 구원되도록 하기
위해서였습니다.
망명자인 그들 눈에는, 그들 가운데 살아남은 단 하나의 영혼도
소중했습니다.
18 불법을 일삼는 자들에 의해 그들은 온 땅에 흩어졌습니다.
비가 땅에 내리지 못하도록 하늘이 비를 가두어 두었기 때문입니다.
19 늘 흐르던 샘이 막혔습니다. 심연에서도, 높은 산에서도!
그들 가운데 정의와 공정을 실천하는 이가 하나도 없었기
때문입니다.
20 그들의 지도자에서부터 가장 미소한 백성에 이르기까지, 모두가 온갖

---

249 시편 14,3 참조. 솔로몬의 시편 저자는 로마 장군 폼페이우스가 저지른 만행과 함께 이스라엘 백성이 저지른 죄도 잊지 않고 고백한다.

250 솔로몬의 시편 17,16-18은 경건한 이들이 예루살렘에서 달아나 광야에서 헤맨 사실을 언급한다. 쿰란 문헌 『공동체 규칙서』도 사람들이 악한 무리를 떠나 주님의 길을 준비하러 광야에 들어간 이야기를 전한다. "이스라엘에서 이들이 공동체가 될 때 그들은 거짓의 사람들에게서 떨어져 나와 주님의 길을 준비하러 광야로 걸어갈 것이다. '너희는 광야에 주님의 길을 닦아라. 우리 하느님을 위하여 사막에서 길을 곧게 내어라!'(이사 40,3) 하고 기록된 대로다"(1QS 8.12-14): Charlesworth et al. (eds.), *The Dead Sea Scrolls: Hebrew, Aramaic, and Greek Texts with English Translations, vol.1, Rule of the Community and Related Documents*, 34-36. 거짓의 무리를 피해 광야에 모인 이들이 쿰란 공동체를 형성했다는 뜻으로 파악된다. 두 본문은 에세네파의 뿌리를 '하시드인들'(경건한 이들)에게서 찾는 학자들의 의견에 힘을 싣는다.

죄에 빠져 있었습니다.
임금은 범죄에, 재판관은 불순종에, 백성은 죄에 빠져 있었습니다.

21 보십시오, 주님! 그들에게 그들의 임금을 일으켜 주소서![251]
하느님 당신께서 선택하신 그 시간에,[252] 당신 종 이스라엘을 다스릴
다윗의 후손을![253]
22 그에게 힘을 둘러 주소서![254]
불의한 지도자들을 쳐부수고,
이방인들을 몰아내어 예루살렘을 정화하도록!
그들은 예루살렘을 짓밟으며 파멸로 몰아가고 있습니다!
23 정의의 지혜로써 죄인들을 상속재산에서 내치고,
죄인들의 오만을 도자기 그릇처럼 깨부수도록![255]

---

251 솔로몬의 시편 17,21-25는 전체적으로 이사 11,1-5과 연결되며, 다윗 가문에서 나올 메시아에 대한 기대를 드러낸다. 특히 22-25절은 하느님께서 임금으로 세우실 다윗의 후손이 그분께 부여받은 힘으로 해낼 일들을 열거하고 있다. 메시아-임금이 수행할 임무는 부정사 형태로 소개된다. 모두 '…하도록'으로 옮겼지만 미래형으로 옮겨도 된다. 이 기대는 솔로몬의 시편 17,26-43까지 이어진다.

252 종말론적 시간에 대해서는 시편 75,3; 즈카 14,1을 참조하라.

253 시편 89,4-5 참조: "나는 내가 뽑은 이와 계약을 맺고 나의 종 다윗에게 맹세하였노라. '영원토록 네 후손을 굳건히 하고 대대로 이어질 네 왕좌를 세우노라.'" 솔로몬의 시편 17편이 드러내는 메시아 상은 무엇보다 임금-메시아이다. 임금-메시아의 주된 임무는 예루살렘에서 이민족을 몰아내고 정화하는 일이다. 신약성경 복음서에서 예수님을 다윗의 자손이라 부르는 대목이라든가(마태 9,27; 12,23; 15,22; 20,30-31; 22,42 등), 예수님의 임금다운 예루살렘 입성 장면(마태 21,1-11 및 병행), 성전 정화 장면(마태 21,12-17 및 병행)은 이런 배경에서 이해할 수 있다.

254 이사 11,5 참조: "정의가 그의 허리를 두르는 띠가 되고 신의가 그의 몸을 두르는 띠가 되리라."

255 솔로몬의 시편 17,23-24은 이사 11,4에서 영감을 받았을 터이다: "… 그는 자

24 쇠막대기로 그들의 모든 재산을 흩어버리고,
범죄를 일삼는 이방인들을 그의 입에서 나오는 말로 괴멸시키도록!
25 그의 위협으로 이방인들이 그의 면전에서 달아나고,
죄인들의 마음에서 나오는 말을 두고 그들을 질책하도록!

26 그는 거룩한 백성을 모아 정의로 인도할 것입니다.
또한 주 하느님께 성별된 백성의[256] 지파들을 심판할 것입니다.
27 그리고 더 이상 불의가 그들 가운데 머물지 못하게 할 것입니다.
그리고 악을 아는 어떤 자도 그들 가운데 살지 못할 것입니다.
그는 그들이 모두 자기네 하느님의 아들들임을 알 것입니다.
28 그리고 그는 이 땅에서 그들을 그들의 지파에 따라 나눌 것입니다.[257]
그러면 이방인도 외국인도 더는 그들과 함께 살지 못할 것입니다![258]
29 그는 정의의 지혜로 백성들과 이방인들을 심판할 것입니다. 셀라.
30 그리고 이방의 백성들로 하여금 그의 멍에를 메고서 그를 섬기게 할

기 입에서 나오는 막대로 무뢰배를 내리치고 자기 입술에서 나오는 바람으로 악인을 죽이리라." 시편 2,9 참조: "너는 그들을 쇠 지팡이로 쳐부수고 옹기장이 그릇처럼 바수리라."

256 직역: "주 하느님에 의해 거룩하게 된 백성." 예레 2,3은 이스라엘을 "주님께 성별된" 그분 수확의 맏물이라 표현한다. 예레 1,5; 2마카 1,25: "… 저희 조상들을 선택하시어 거룩하게 하신 분"도 참조하라.

257 다시 모은 백성들에게 지파에 따라 땅을 나누어 준다는 의미로 보인다. 에제 45,8: "… 이 땅을 지파에 따라 이스라엘 자손들에게 나누어 줄 것이다"; 47,13.21을 참조하라.

258 마지막 때에 메시아가 이스라엘 땅에서 이민족을 몰아내고 예루살렘을 정화하리라는 것은, 이미 구약성경에서 발전한 주제다. 느헤 13,3; 에제 44,9; 요엘 4,17 등을 참조하라.

것입니다.[259]
그는 또한 온 땅의 이름난 곳에서 주님을 찬양할 것입니다.
예루살렘을 정화하여 태초의 것처럼 거룩하게 만들 것입니다.
31 그리하여 땅 끝에서 이방인들이
그의 영광을 보러,
주님의 영광을 보러,
예루살렘의 지친 자녀들을 선물처럼 데리고 올 것입니다.[260]
— 하느님께서 같은 영광으로 예루살렘을 영광스럽게
만드셨습니다.[261]
32 바로 그가, 하느님께서 그들 위에 세우시고 가르치신 의로운
임금입니다.[262]
그가 그들 가운데서 보내는 날들에는 불의가 없을 것입니다.

---

259 이민족들이 메시아의 멍에를 메고 메시아를 섬기게 되리라는 뜻이다. 마태 11,29-30 참조: "나는 마음이 온유하고 겸손하니 내 멍에를 메고 나에게 배워라. 그러면 너희가 안식을 얻을 것이다. 정녕 내 멍에는 편하고 내 짐은 가볍다."

260 이방인들이 흩어진 이스라엘 백성을 데리고 이스라엘 땅에 오리라는 희망을 표현한다. 그날 모든 민족들이 예루살렘에 모여 들리라는 희망에 대해서는 예레 3,17이 잘 드러내고 있다: "그때에 그들은 예루살렘을 '주님의 옥좌'라 부를 것이고, 모든 민족들이 주님의 이름을 찾아 예루살렘에 모일 것이다." 예레 16,19도 참조하라.

261 하느님께서 다시 이스라엘을 드높이시고 영광스럽게 만드실 때 이방인들이 이를 보러 오리라는 희망이다. 이사 55,5: "보라, 네가 알지 못하는 나라를 네가 부르고 너를 알지 못하는 나라가 너에게 달려오리니 주 너희 하느님 이스라엘의 거룩하신 분 그분께서 너를 영화롭게 하신 까닭이다"; 이사 2,2-4에도 같은 생각이 드러난다.

262 솔로몬의 시편 17편이 표방하는 메시아는 무엇보다 '임금' 메시아다. 특히 솔로몬의 시편 17,32-42은 메시아와 그가 다스릴 평화의 왕국을 노래하는 이사 11,1-9과 비슷하다.

모든 이가 거룩할 터이기 때문입니다.
그는 그들의 임금, 주 그리스도이십니다.[263]
33 그는 말과 기수나 활에 희망을 두지 않을 것입니다.
전쟁에 쓰려고 자기를 위해 금이나 은을 모아 두지도 않을 것입니다.
전쟁 때를 위한 수많은 병력에도 희망을 두지 않을 것입니다.[264]
34 — 주님이 그의 임금이시며
하느님에 대한 희망으로 강해진 이의 희망이십니다. —

그는 두려워하며 자기 앞에 선 모든 이방인들에게 자비를 베풀
것입니다.
35 그는 자기 입에서 나오는 말言로써 땅을 영원히 내리치고,[265]

---

263 또는 "모든 이가 거룩할 터이기 때문입니다. 그들의 임금 주 그리스도도 (마찬가지입니다)." 그리스도는 히브리어 메시아에 해당한다. 이 칭호는 종말 때 오기로 된 임금을 가리킨다. 루카 2,11에서는 '주 그리스도'가 메시아의 칭호로 사용된다. 찰스(Charles)는 χριστὸς κύριος를 χριστὸς κυρίου로 고쳐 '주님의 그리스도'로 읽는다: Charles, "The Psalms of Solomon", 650. 그에 따르면 χριστὸς κύριος(주 그리스도)는 히브리어 연계형 משיח יהוה(또는 משיח אדון)의 잘못된 번역이며 χριστὸς κυρίου(주님의 그리스도)가 올바른 번역이라는 것이다. 그러면서 애가 4,20을 그 증거로 제시한다(히브리어 성경: משיח יהוה[주님의 그리스도]; 칠십인역: χριστὸς κυρίου). 그러나 이 시편의 모든 그리스어 사본과 시리아어 사본이 공통적으로 17,32의 이 구문을 χριστὸς κύριος로 읽는다는 점과 17편에서 메시아가 주권과 통치권을 갖춘 이, 곧 '주님'(κύριος)으로 그려진다는 점을 고려한다면 굳이 '주님의 그리스도'로 바꾸어 읽을 필요 없이 그대로 '주 그리스도'로 읽어도 될 듯하다. Wright, "Psalms of Solomon", 667-668을 참조하라.

264 시편 33,16-17 참조. 메시아가 세울 나라는 더 이상 전쟁이 필요 없는 나라, 평화의 왕국이다.

265 메시아가 말(λόγος)로써 심판한다는 솔로몬의 시편 17,35-36은 이사 11,4을 연상시킨다: "그는 자기 입에서 나오는 막대로 무뢰배를 내리치고 자기 입술에서 나오는 바람으로 악인을 죽이리라."

지혜와 기쁨으로 주님 백성을 축복할 것입니다.

36 그는 죄 없이 깨끗합니다.
그리하여 그는 큰 백성을 다스릴 수도,
지도자들을 꾸짖을 수도,
말言의 힘으로 죄인들을 몰아낼 수도 있을 것입니다.

37 살아 있는 날들 동안 그는 자기 하느님 덕분에 약해지는 법이 없을 것입니다.
하느님께서 거룩한 영으로 그를 힘 있게 만드시고,
슬기의 경륜과 용맹과 정의로 그를 지혜롭게 만드실 것이기 때문입니다.[266]

38 주님의 축복과 힘이 그와 함께 있을 것입니다.
그리하여 그는 약해지지 않을 것입니다.[267]

39 그의 희망은 주님께 있습니다.
그러니 누가 그와 대적할 수 있겠습니까?

40 그는 일에는 유능하고 하느님을 두려워하는 데는 강합니다.[268]
성실과 정의로[269] 주님의 양 떼를 돌보고, 그들 가운데 단 한 명도

---

266 솔로몬의 시편 17,37은, 이사이의 그루터기에서 돋아날 햇순 곧 다윗의 후손을 두고 예언한 이사 11,2을 연상시킨다: "그 위에 주님의 영이 머무르리니 지혜와 슬기의 영 경륜과 용맹의 영 지식의 영과 주님을 경외함이다." 비슷한 표현이 쿰란 문헌『축복의 규칙』(1QSb) 5,25에도 나온다: "그분께서 [너에게 경륜의 영] 영원한 용맹, 지식의 영, 하느님을 경외함을 주시리라."

267 또는 "쓰러지지 않을 것입니다."

268 또는 "하느님에 대한 두려움으로 강합니다."

269 이사 11,5: "정의가 그의 허리를 두르는 띠가 되고 신의가 그의 몸을 두르는 띠가 되리라";『축복의 규칙』(1QSb) 5,26: "정의는 [네 허리를 두르는] 띠가 되고 [신의]는 네 몸을 두르는 띠가 되리라."

자기네 목장에서 쓰러지지 않게 할 것입니다.[270]
41 그는 그들을 모두 평등하게 다스릴 것입니다.
그들 가운데에는 교만이 없을 것이며
그들 가운데 어느 누구도 억눌리지 않을 것입니다.
42 이스라엘의 임금에게 어울리는 미덕이란 바로 이런 것입니다.
하느님께서는 이를 아시고 이스라엘 집안 위에 그를 세우시어
가르치게 하셨습니다.

43 그의 말言은 최상의 금보다 더 순도 높게 제련되었습니다.
회당에서 그는 성별된 백성의[271] 지파들을 심판할 것입니다.
그가 하는 말은 성별된 백성 가운데 있는 거룩한 이들의[272] 말과
비슷합니다.

44 행복합니다, 그때 있을 사람들!
그들은 지파들의 모임에서 하느님께서 마련해 주실 이스라엘의
영화를 보게 될 것입니다.
45 하느님께서는 하루빨리, 이스라엘에 당신 자비를 베푸시기를! 속된
적들의 더러움에서 저희를 구해주시기를!
46 주님이야말로 저희의 임금이십니다, 영원무궁토록!

---

270 되찾은 양의 비유를 참조하라: 루카 15,1-7; 마태 18,12-14.

271 성별된 백성으로 옮긴 λαός ἡγιασμένου는 정확히 '거룩하게 된 백성'이다. 본디부터 거룩한(ἅγιος) 것이 아니라 하느님께서 거룩하게 만드신 백성이라는 뜻이다.

272 시편 89,6; 욥 5,1 참조.

18 1 시편. 솔로몬.[273] 주님의 그리스도에 관하여.[274]
주님, 당신의 자비가 당신 손이 하시는 일 위에 영원히 있습니다!
당신의 인자하심이 풍요로운 선물과 함께 이스라엘에 내립니다!
2 당신의 눈이 그들을 지켜보고 계시니, 그들 가운데 아무도 부족함이 없을 것입니다.
당신의 귀는 희망 가운데 올리는 가난한 이들의 기도를 듣고 있습니다![275]
3 당신의 심판이 자비와 함께 온 땅 위에 있나이다!
당신의 사랑이 이스라엘의 아들들, 아브라함의 자손들에게 내리나이다!
4 저희에게 내리시는 당신의 꾸짖음은 맏아들이자 외아들에게 내리는 꾸짖음처럼[276]

---

273 솔로몬의 시편 18편도 유다교 문학의 메시아 사상을 이해하는 데 도움이 된다. 그리스도라는 호칭을 사용하면서 그리스도가 오실 날에 대한 기대를 드러낸다. 그날은 "자비의 날" 또는 "선택의 날"로 불린다(솔로몬의 시편 18,5). 하느님께서 그리스도를 일으키실 그날 그리스도는 사람들을 인도하여 하느님 앞에 세우게 될 것이다.

274 "주님의 그리스도"로 옮긴 τοῦ χριστοῦ κυρίου는 '주님의 그리스도'인지 '주 그리스도'인지 분명하지 않다. ὁ χριστὸς κυρίου라면(소유격 κυρίου는 χριστός를 소유한 주체를 가리킴) '주님의 그리스도'가 된다: 루카 2,26 참조. 그렇다면 이는 주님(=하느님)께서 보내신 메시아라는 뜻이다. ὁ χριστὸς κύριος라면(κύριος와 χριστός가 동격) '주 그리스도'가 된다: 루카 2,11; 로마 16,18 등 참조. 그렇다면 이는 '주님이자 그리스도'라는 뜻이다. 여기서는 하느님께서 "당신의 그리스도"를 일으키시리라는 18,5을 근거로 전자를 택해 '주님의 그리스도'로 옮겼다.

275 '가난한 이들'을 향한 하느님의 각별한 관심에 대해서는 솔로몬의 시편 5,2에 딸린 각주를 참조하라.

276 솔로몬의 시편 13,9을 보라. 의인에게 내리시는 하느님의 꾸짖음은 사랑하는 아들에게 내리는 꾸짖음과도 같다. 4에즈 6,58에서도 이스라엘을 하느님의 맏아들

순종하는 영혼을 무지와 어리석음에서 되돌리려는 것입니다.
5 하느님께서, 이스라엘을 정화하시기를!
축복 속에 있을 자비의 날을 위해, 당신의 그리스도를 일으키실
선택의 날을 위해!
6 행복하여라, 그날 살아 있을 사람들!
그들은 다가올 세대에게 행하실, 주님의 선하심을 보게 되리라!
7 주 그리스도는[277] 자신의 꾸짖음의 지팡이로,[278]
자기 하느님에 대한 경외심 안에서,
영과 정의와 힘 들의 지혜 안에서,
8 정의의 행업으로 하느님을 경외하며,
사람들을 인도하고 그들 모두를 주님 앞에 세우리라!
9 자비의 날, 하느님에 대한 경외심으로 살아갈 선한 세대여! 셀라

10 우리 하느님은 위대하시고 영화로우시며 높은 데 좌정해 계시도다![279]
그분께서는 별들에게 행로를 정해주시어 시간과 계절을 알게 해
주셨네!
별들은 그분께서 명하신 길에서 벗어난 적이 없다네![280]
11 그들의 길은 날마다 하느님에 대한 경외 속에 있네!
하느님께서 그들을 창조하신 그날부터 영원까지!

이자 외아들로 소개한다.

277 또는 "주님의 그리스도." 18,1과 같은 상황이다.

278 직역: "(그리스도는) 주 그리스도의 꾸짖음의 지팡이로"

279 이사 33,5; 57,15.

280 솔로몬의 시편 18,10-12은 하느님께서 우주의 질서를 마련하시고 다스리시는 분임을 드러낸다. 이런 생각은 구약성경 곳곳에서 확인할 수 있다: 욥 38,32-33; 이사 40,26; 예레 5,22-24; 31,35; 바룩 3,35; 6,59 참조.

12 그들은 다른 길로 벗어난 적이 없다네!
그분께서 그들을 창조하신 날부터!
그들은 태곳적 이래로 자기네 길을 버린 적이 없다네!
하느님께서 당신 종들을 통해 그들에게 명하신 때가 아니라면![281]

281 하늘의 해와 달을 멈추게 한 경우: 여호 10,12-13; 아하즈의 해시계를 뒤로 돌린 경우: 이사 38,8을 참조하라.

3. 설화와 전설

제2성전기 유다교는 토라, 곧 모세오경에 깊이 결부되어 있었으며 이를 중심으로 발전해 나갔다고 해도 지나치지 않다. 토라는 하느님께서 역사를 통해, 특히 이스라엘 백성의 역사와 사건 안에서 당신을 계시하신다고 가르친다. 당신을 계시하시는 하느님과 그 백성의 이야기는 토라뿐 아니라 구약성경 전체에 녹아들어 있다.

제2성전기 후반 유다 백성은 회당이나 집에 모여 자기네 삶의 중심부를 차지하는 성경을 함께 봉독했다. 이때 봉독한 성경 이야기들을 설명하고 해석하는 일을 담당하는 사람들도 생겨났다(이들이 나중에 라삐로 성장한다). 이런 과정에서 구약성경에 나오는 인물을 둘러싼 새로운 일화나 전설적 이야기들이 만들어지기도 했다. 이 이야기들이 처음에는 구전으로 전해지다가 점차 문서로 기록되기 시작했다.

이 범주에 속하는 작품들은 대체로 유다교의 우수성을 설파하는 내용을 담고 있다. 주권 없이 오랜 세월 동안 다른 강대국의 지배를 받아온 이스라엘 백성에게 그들이 믿는 하느님이 얼마나 위대하신지 그리고 조상들에게 물려받은 자기네 종교가 얼마나 위대한지 상기시킨다. 동시에 이방인들에게 유다교 하느님과 율법에 대해 알리고 설명하려는 목적도 띠고 있다. 헬레니즘과 유다교의 조화를 모색하거나 반대로 헬레니즘에 맞서 유다교의 정체성을 수호하려는 목적에서 기록된 작품들도 있다.

제2성전기 후기 유다교 작품 가운데 이렇게 만들어진 설화나 전설적 이야기들이 적지 않다. 이 작품들은 대개 구약성경에 나오는 인물이나 일화의 확장판이라 할 수 있다. 아리스테아스의 편지, 희년서, 이사야의 순교와 승천, 요셉과 아세넷, 아담과 하와의 생애, 차명-필론, 예언자들의 생애, 야곱의 사다리, 바룩 4서, 야고보와 얌브레, 요셉 이야기 등이 있다.[1] 이 범

1 희년서나 4바룩, 이사야의 순교와 승천(특히 6—11장)은 묵시 문학 작품으로

주에 속한 작품들은 비슷한 시기에 만들어진 구약 제2경전으로 분류되는 작품들이나, 알렉산드리아의 필론, 요세푸스의 역사서들, 쿰란 문서들과 함께 읽을 때 그 풍성한 의미가 한껏 살아날 것이다.[2]

『구약 외경 1』에서는 요셉과 아세넷, 예언자들의 생애, 아리스테아스의 편지를 소개한다. 셋 모두 그리스어 본문이 잘 보존되어 있을 뿐더러 역사·신학적으로 중요도가 상대적으로 더 높다고 판단했기 때문이다. 요셉과 아세넷은 창세기에 등장하는 요셉과 그 아내 아세넷의 사랑과 혼인을 둘러싼 이야기다. 예언자들의 생애는 구약성경 예언서의 저자로 알려진 여러 예언자들과 그 밖에 다른 예언자들의 출신지와 생애, 그리고 죽음과 장례에 대한 정보를 간단히 소개한다. 아리스테아스의 편지는 엄밀히 말해서 구약성경의 연장판은 아니다. 칠십인역으로 알려진 그리스어 구약성경이 만들어진 경위를 둘러싼 이야기를 담고 있다.

분류되기도 한다.

2 Charlesworth, "Expansions of the Old Testament and Legends", 5; 송혜경, 「신구약 중간기 문학」, 117-119 참조.

요셉과 아세넷

Joseph and Aseneth

이 작품은 창세 37—50장 요셉 이야기에 바탕을 두고 만든 일종의 연애소설이다. 구약성경에는 파라오가 온의 사제 페테프레스의 딸 아세넷을[1] 요셉에게 아내로 주었다는 기록이 나온다(창세 41,45). 그런데 이스라엘 백성의 시각에, 곧은 신앙과 정결의 상징인 요셉이 이방 사제의 딸을 아내로 맞이했다는 것은 설명이 필요한 사건이었다. 유다인들은 혼종혼에 대해 대체로 엄격한 자세를 유지했다(에즈 9,1-4; 10,7-17). 혼종혼이 이교신앙을 들여올 위험을 내포한 까닭이다. 그들은 요셉과 아세넷의 혼인을 정당화할 필요를 느꼈을 것이다. 그리하여 익명의 저자는 창세 41,45을 확장하여 다소 긴 이야기를 만든다. 이렇게 해서 탄생한 것이 요셉과 아세넷이다.

1. 작품 구조와 줄거리

소설 형식으로 된 요셉과 아세넷은 크게 두 부분으로 나뉜다. 1부는 1—21장에 해당하며 요셉과 아세넷이 만나 결혼하기까지의 내용이다. 신실한 유다인 요셉이 이집트인 이교 사제의 딸 아세넷과 혼인하게 된 경위가 소개된다. 아세넷이 요셉을 향한 사랑 때문에 자기가 섬기던 우상을 버리고 이스라엘의 하느님께 돌아서자 이를 받아들인 하느님께서 아세넷을 요셉의 아내로 주셨다는 것이다.

2부에 해당하는 22—29장은, 파라오의 아들이 아세넷을 납치하려 했다가 실패하여 죽고 결국 이집트 왕위가 요셉에게 돌아갔다는 이야기다. 파

1 두 사람의 이름이 히브리어 성경에는 '포티 페라'(פּוֹטִי פֶרַע) '아스낫'(אָסְנַת), 칠십인역 성경에는 '페테프레스'(πετεφρης), '아세넷'(Ασεννεθ)이라고 되어 있다. 여기서 대본으로 삼은 '요셉과 아세넷' 그리스어 본문은 칠십인역 그리스어 성경을 따라 '페테프레스', '아세넷'이라 읽는다.

라오의 아들이 요셉에게서 아세넷을 빼앗는 한편 파라오와 요셉을 죽이고 이집트의 최고 권력을 차지하려 음모를 꾸민다. 그 계획은 실패로 돌아가고 그 과정에 왕자도 죽고 이에 상심한 파라오도 죽는다. 그리하여 요셉이 왕위를 물려받아 사십팔 년 동안 이집트를 다스렸다는 것이다.

요셉과 아세넷의 자세한 내용과 줄거리는 다음과 같다. 배경이 된 때는 이집트에 대풍이 든 일곱 해 가운데 첫째 해, 장소는 헬리오폴리스다. 파라오는 곡물을 거두러 요셉을 헬리오폴리스로 파견한다. 그곳에는 파라오의 자문이자 사제이기도 한 페테프레스라는 고관이 있었는데 그 고관의 딸이 바로 아세넷이었다. 그녀는 열여덟 살 난 아리따운 처녀로 그 미모에 대한 소문이 온 땅에 파다했다. 파라오의 맏아들을 비롯한 수많은 남자들이 그녀에게 구애했으나 그녀는 줄곧 그들을 조롱하며 구애를 거절한다. 사실상 어떤 남자도 그녀를 실제로 본 일이 없었다. 그녀가 높은 탑 꼭대기에서 지냈기 때문이다. 그녀는 자기 방에 이집트의 온갖 신들을 모시고 숭배했다(요셉과 아세넷 1—2장).

그러던 차에 곡물을 거두러 이집트를 순시하던 요셉이 페테프레스의 집을 방문한다는 소식이 들려온다(3장). 페테프레스는 아세넷한테 요셉과 혼인시키겠다고 말하지만 아세넷은 아버지의 제안을 일거에 거절한다(4장). 그런데 아세넷은 집에 들어서는 요셉을 보고 첫눈에 반한다(5—6장). 하지만 하느님을 공경하는 신실한 유다인 요셉이 이방 처녀를 아내로 맞이할 리 없다. 아세넷에게 누이로서 입을 맞추라는 페테프레스의 청을 거절하며 요셉이 내건 구실은 이렇다. “하느님을 경외하는 남자, 곧 자신의 입으로 살아 계신 하느님을 찬양하고 축복받은 생명의 빵을 먹고, 축복받은 불사의 잔을 마시고, 축복받은 불멸의 기름으로 도유된 남자가 낯선 여자에게 입을 맞추는 것은 온당치 않소. 그녀는 자기 입으로 말하지 못하는 죽은 우상을 찬양하고, 우상의 제단에 차려진 질식의 빵을 먹으며, 그들에게 바쳐진 매복의 잔을 마시고, 파멸의 기름으로 도유되고 있소”(8,5).

자신의 말에 몹시 슬퍼하는 아세넷을 본 요셉은 아세넷을 위해 하느님께 이렇게 기도드린다. "그로 하여금 당신 생명의 빵을 먹게 하시고, 당신 축복의 잔을 마시게 하소서!"(8,11). 그러고 나서 요셉은 여덟째 날, 곧 한 주 뒤에 다시 방문하기로 하고 다른 곳으로 순시를 떠난다(9장). 아세넷은 모든 우상들을 파괴하고 일주일 동안 회개와 속죄의 시간을 보낸다(10—13장). 여덟째 되는 날 하느님의 천사가 아세넷에게 나타나 그녀가 새로 태어났음을 알리며 하느님께서 아세넷을 요셉에게 신부로 주셨음을 선포한다(14—15장). "용기를 내어라, 아세넷! 보라, 주님께서 네가 고백하는 말들을 들으셨다! 용기를 내어라, 아세넷! 보라, 네 이름이 생명의 책에 기록되었으며 영원히 지워지지 않을 것이다. 보라, 오늘부터 너는 다시 새로워지고 다시 빚어지며 다시 생명을 얻을 것이다. 그리고 생명의 빵을 먹고 불사의 잔을 마실 것이며, 불멸의 기름으로 도유될 것이다. 용기를 내어라, 아세넷! 보라, 주님께서 너를 요셉에게 신부로 주셨다. 그리고 요셉은 너의 신랑이 될 것이다"(15,2-5). 그리고 천사는 아세넷이 '피신의 도시'라는 이름으로 불리며 회개하는 이들의 수호자가 될 것임을 알린다. "너는 이제 더 이상 아세넷이라 불리지 않을 것이다. 네 이름은 '피신의 도시'가 될 것이다. 많은 민족이 네게 피신하고, 많은 백성이 네 날개 아래 은신하며, 회개를 통해 하느님 곁에 머무는 많은 이들이 네 성벽 안에서 보호 받을 것이기 때문이다"(15,6). 이 일이 있은 뒤 천사가 예고한 대로 요셉이 돌아와 아세넷과 혼인을 올린다. 주례는 파라오가 맡았다(18—21장).

그로부터 여덟 해가 흐른 뒤 우연히 아세넷과 마주친 파라오의 아들은 옛 열정이 다시 끓어올라 그녀를 손에 넣으려는 계획을 세운다. 먼저 요셉의 두 형 시메온과 레위에게 접근한다. 자기를 도와 아세넷을 납치한 뒤 파라오와 요셉을 죽여 자기가 이집트에서 권력을 잡게 해 달라고 꾄 것이다(23장). 시메온과 레위가 그의 제안을 거절하자 다른 형제인 단과 가드에게 접근한다(24장). 파라오의 아들은 그들에게 군사를 내주고 아세넷을 납치할 계획을 세운다. 마차를 타고 상속지로 향하던 아세넷을 잡으려 그들이 매복하지만(25—26장), 마차에 같이 타고 있던 벤야민이 파라오의 아들에게 돌을 던져 상처를 입히고 수행원들을 죽인다. 레위는 이런 사태가 벌어질 것을 미리 알고 다른 형제들과 함께 단과 가드를 막으러 달려온다. 단과 가드는 아세넷을 죽이려 들지만 그들의 칼이 기적처럼 손에서 빠져나간다(27장). 사흘 뒤 파라오의 아들이 죽고 곧이어 비탄에 젖은 파라오도 죽는다. 그 뒤 요셉이 왕위를 물려받아 사십팔 년 동안 이집트를 다스린다(29장).

2. 본문과 원어

요셉과 아세넷은 열여섯 개의 그리스어 사본은 물론 시리아어, 아르메니아어, 라틴어, 슬라브어, 에티오피아어 등 여러 역본으로도 전해진다. 이 역본들은 모두 그리스어 대본을 바탕으로 만들어졌다.[2] 그리스어 사본들에는 대중적 코이네 그리스어가 사용되었으며 신약성경의 언어와 유사한 수준을 보인다.

대부분의 학자들은 이 작품이 본디 그리스어로 저술되었을 것이라 추정한다. 처음에 히브리어로 쓰였을 것으로 보는 학자도 있지만, 현재로서는 고대 히브리어나 아람어 문학 작품 가운데에서 '요셉과 아세넷'을 언급한 예를 찾을 수 없다. 그리고 이 작품은 팔레스티나 본토나 바빌로니아 디아스포라보다는 이집트 디아스포라나 초대 그리스도교 작품과 더 가까워 보인다. 가령 생명의 빵이니, 불사의 잔이니 하는(8,5; 15,4), 헬레니즘이나 그리스도교와의 친화성을 드러내는 표현들이 그렇다. 따라서 요셉과 아세넷은 헬라계 유다인이 그리스어로 쓴 작품으로 보면 될 듯하다.

2 요셉과 아세넷의 사본들에 대한 정보는, Burchard, "Joseph and Aseneth: A New Translation and Introduction", 178-181을 참조하라.

3. 저술 시기와 장소

요셉과 아세넷은, 예수님 시대 또는 그보다 이른 시기에 만들어진 유다교 작품이며, 후대 편집인에 의해 그리스도교적 색채가 더해졌다는 게 학자들의 일반적 견해다. 저술 시기는 학자에 따라 빠르게는 기원전 200년에서 늦게는 기원후 200년으로 잡는다. 저자가 칠십인역을 알고 있던 것으로 보아[3] 이 책은 빨라도 기원전 100년경 이후에 만들어졌을 것이다. 그리고 회개한 아세넷을 "피신의 도시"(15,6)라 부르면서 개종자들의 어머니로 드높인 점으로 미루어 보건대, 이 책은 아직 헬라계 유다교가 이방 세계에 영향력을 행사하던 때, 그리고 그리스도교가 그 자리를 대체하기 전에 만들어졌을 법하다. 따라서 그 시기는 늦게 잡아도 기원후 2세기 초, 로마의 하드리아누스 황제(117-138년 재임)가[4] 할례를 금지하기 전이었을 것이다.[5]

---

3 '페테프레스'나 '아세넷'의 명칭이 칠십인역을 따른 것이다.

4 하드리아누스(Publius Aelius Hadrianus Augustus), 로마 제국 황제(76-138년). 예루살렘이 로마군에게 함락된 뒤 성전은 파괴되고 희생 제의가 금지되었으며 유다인들은 도시 밖으로 쫓겨났다(70년경). 이에 더하여 하드리아누스 황제는 예루살렘을 아일리아 카피톨리나(Aelia capitolina)로 개명하고 유피테르에게 봉헌된 이교 도시로 재건한다. 유다인이 이 도시에 들어오거나 그 주변에 오면 사형에 처한다고 하였다. 로마 제국 전체에서 할례도 금지하였다. 이는 명백한 유다교 탄압이었다. 예루살렘을 이교 도시로 만들고 할례를 금한 하드리아누스의 정책은 바르 코크바 항쟁을 불러왔다(=제2차 유다 항쟁, 132-136년). 이 항쟁의 실패로 유다인들은 예루살렘에서 완전히 쫓겨나고 예루살렘은 638년 아랍인들의 침공 때까지 계속 아일리아 카피톨리나로 불린다. 예루살렘이 이교인들의 도시였다는 뜻이다: https://www.britannica.com/story/what-was-hadrians-relationship-with-his-jewish-subjects.

5 Burchard, "Joseph and Aseneth: A New Translation and Introduction," 187을 참조하라.

저술 장소는 이집트로 보는 추세다. 무엇보다 작품 배경이 이집트 헬리오폴리스인데다 여주인공 아세넷이 이집트 사람이다. 게다가 이 책이 전체적으로 그리스어를 쓰는 헬라계 유다인들의 입장을 대변하는 점도 이 관점을 지지한다. 이방인(아세넷)의 회개와 개종을 칭송하는 한편 회개한 아세넷을 모든 개종자들의 어머니 격으로 추앙한 사실이 이를 잘 드러낸다. 그러나 이 작품이 본디 셈어(히브리어나 아람어)로 만들어졌으리라 추정하는 학자들은 팔레스티나나 시리아를 저술 장소로 꼽는다.[6]

4. 신학적 의의

이 책의 메시지는 무엇보다 회개와 개종의 찬양이라 할 수 있다. 이방인 아세넷이 신실한 유다인 요셉을 만나 사랑에 빠진다. 그 사랑은 단순한 연애 감정으로 끝나지 않고 그녀를 회개로 인도한다. 그리고 마침내 아세넷은 참 하느님께 이른다. 그녀가 요셉을 만나기 전에 믿었던 우상들은 사람을 죽음과 파멸로 이끌지만 이스라엘의 하느님은 생명으로 이끄신다는 진리를 깨달은 것이다.

아세넷의 회개는 혼자만의 회개로 머물지 않는다. 그녀는 다른 모든 개종자들의 어머니로서 '피신의 도시'라 불리게 된다. 아세넷의 모범을 따라 회개한 이방인들은 그녀와 마찬가지로 하느님께 보호받는다. 그리고 아세넷에게서 피신처를 구하는 모든 이가 그녀의 후손으로 여겨지며 그녀 안에서 생명에 이르게 된다(15,6).

---

6 Burchard, "Joseph and Aseneth: A New Translation and Introduction," 187을 참조하라.

개종자에게 구원이 보장되는 이유는 그들이 회개를 통해 유다인들처럼 하느님과 특별한 관계를 맺게 되기 때문이다. 요셉이 표상하듯이, 유다인들은 하느님 가까이 살면서 천상의 양식을 나누는 특별한 백성이다. 하느님의 자녀인 유다인들은 이방인들과는 다른 존재, 그들과 섞일 수 없는 존재다. 이방인과 한 식탁에 올라서도 안 되고, 입을 맞추어서도 안 되며, 결혼을 해서는 더더욱 안 된다. 요셉이 아세넷에게, 혼인은 물론 누이로서의 입맞춤도 허락하지 않은 이유도 그래서다. 이방인(아세넷)이 유다인들만 누릴 수 있는 하느님 자녀로서의 특권을 나누어 가지는 길은 '회개와 개종'뿐이다. 그리하여 이방인인 아세넷은 회개를 통해 유다인처럼 하느님 자녀로 다시 태어난다.[7] 아세넷의 회개는 말로만 이루어지는 것이 아니다. 이집트 신상을 파괴하는 일에서부터 자신의 소중한 재물을 가난한 이들에게 나누어 주는 일, 눈물로써 드리는 참회 기도로 표현된다.

회개의 의미는 요셉이 아세넷을 위해 하느님께 바친 기도(8,10-11)에서도 잘 드러난다. 회개는 죽음에서 생명으로 넘어가는 일이다. 그래서 회개는 새로 태어나고 새로 빚어지는 일에 견주어진다.

8. 10 "주님, 제 아버지 이스라엘의 하느님! 지극히 높으신 분, 능력이 대단하신 분, 만물에게 생명을 주시어 어둠에서 빛으로, 오류에서 진리로, 죽음에서 생명으로 불러내신 분이시여! 주님, 당신께서 몸소 이 동정녀에게 생명을 주시고 축복을 내리소서!

---

7 이방인에 대한 관점 또는 유다인과 이방인의 혼종혼에 대한 요셉과 아세넷 저자의 관점은 양가적이다. 한편으로는 유다인들에게만 주어진 하느님 자녀로서의 특권을 강조하는 한편, 이방인도 회개와 개종을 통해 유다인처럼 될 수 있음을 암시한다. 이로써 이 작품은 제2성전기 후반, 보편주의로 나아가는 유다교의 한 갈래를 보여준다. 룻기가 표방하는 보편주의와 맥을 같이한다. 유다인과 이방인의 혼종혼을 엄격히 금하는 에즈라서 9장과 대조를 이룬다.

[11] 이 동정녀를 당신의 영으로 다시 새롭게 만드시고, 당신의 숨겨진 손으로 다시 빚으시며, 당신의 생명으로 새로운 생명을 내려주소서! 그로 하여금 당신 생명의 빵을 먹게 하시고, 당신 축복의 잔을 마시게 하소서! 당신께서는 그가 태어나기도 전에 그를 뽑으셨나이다! 또한 그가, 당신의 선택받은 이들을 위해 마련해 두신 당신의 안식처에 들어가게 하소서!"[8]

요셉과 아세넷의 저자는 회개 외에 다른 윤리적 덕목들도 중시한다. 저자가 제시한 하느님을 경외하는 이가 지켜야 할 일들은 다음과 같다. 그들은 이방인과 같이 음식을 먹어서도 입을 맞추어서도 안 된다(8,5-7; 20,8). 악을 악으로 갚아서는 안 되며(23,9; 29,3) 하느님 앞에서 악을 저질러서도 안 된다(23,10-11). 원수라도 사람을 죽여서는 안 된다(29,3-4). 요셉과 아세넷을 통해 저자는 하느님을 경외하는 유다인들이 어떻게 살아야 하는지, 그리고 회개한 개종자들의 삶은 어떠해야 하는지 뚜렷하게 제시하고 있다. 저자가 제시한 윤리적 이상은 그리스도교 윤리와 크게 다르지 않다. 요셉과 아세넷의 독자들에게는 원수를 사랑하라는 예수님 말씀이 결코 낯설게 느껴지지 않을 것이다.

한 가지 더 짚고 넘어갈 사항이 있다. 요셉과 아세넷에서 요셉은 하느님을 경외하는 이스라엘 사내를 가리켜 "축복받은 생명의 빵을 먹고, 축복받은 불사의 잔을 마시고, 축복받은 불멸의 기름으로 도유된 남자"(8,5)라고 설명한다. 여기서 "생명의 빵", "불사의 잔", "불멸의 기름"을 과연 무슨 의미로 받아들여야 하는가다. 이는 그저 당시 유다인들의 일상적 식사 문화에 근거한 표현일 수도 있고 특정한 예배 의식과 관련된 표현일 수도 있다. 그

8 요셉과 아세넷 15,4; 27,8도 참조하라.

리스도인들이 후대에 가필한 표현이라 보는 학자들도 있다.[9] 어쨌든 '생명의 빵', '불사의 잔', '불멸의 기름'은 신약성경 특히 요한 복음에 나오는 '생명의 빵' 개념이나 최후의 만찬 그리고 초대 교회의 성찬례를 연상시키는 표현임은 부정할 수 없다.[10] 신약성경 주석가들이나 그리스도교 성찬례의 탄생과 역사를 공부하는 학자들은 대개 요셉과 아세넷을 중요하게 생각한다.[11] 특히 이방인 아세넷이 율법의 준수를 통해서가 아니라 회개를 통해 하느님께 받아들여졌다는 점, 그리고 신비적 체험(천사와의 만남)을[12] 하면서 천상의 양식을 받아먹고 생명의 빵과 불사의 잔을 마시는 유다인으로 거듭나게 되었다는 점 등이 그리스도교 회개와 성체 개념에 영향을 미쳤을 법하다.[13]

5. 요셉과 아세넷

대본: Bible Works 9이 제공하는 OPG(Old Testament Greek Pseudepigrapha):

---

9 Holtz, "Christliche Interpolationen in 'Joseph und Aseneth'", 482-497; Richardson, "Supplementary Essay", 343-347 참조.

10 요셉과 아세넷 8장과 요한 복음 6장 및 1코린 10—11장의 관계를 논하는 Burchard, "The Importance of Joseph and Aseneth for the Study of the New Testament", 119-128을 참조하라.

11 Burchard, "The Importance of Joseph and Aseneth for the Study of the New Testament", 105-109.

12 사울의 회심 사건과도 닮았다. 그리스도를 믿는 이들을 박해하던 사울이 다마스쿠스에서 부활하신 그리스도를 만나게 되면서 회심하여 그리스도교 복음의 전파에 앞장서게 된다(사도 9장).

13 Burchard, "The Importance of Joseph and Aseneth for the Study of the New Testament", 102-134.

I. 아세넷의 개종과 혼인

1. 등장인물과 배경

인물소개

1. 1 때는 대풍이 든 일곱 해[14] 가운데 첫째 해, 둘째 달, 닷샛날이었다. 파
라오가 요셉을 파견하여 이집트 전 지역을 둘러보게 하였다. 2 첫째 해,
넷째 달, 열여드레 날, 요셉은 헬리오폴리스 지역에 갔다.[15] 3 그리고 그
땅의 곡식을 바다의 모래처럼 모아들였다.[16]

4 그 도시에 한 사내가 있었는데 그는 파라오의 제후였다. 그는
파라오의 모든 제후와 고관들의 우두머리에 해당했다. 5 이 사내는 상
당한 부자로서 현명하고 관대하였다. 그는 파라오의 자문이었으며, 그

---

14 창세 41,14-36을 참조하라. 요셉이 파라오의 꿈을 풀이한 대로 이집트에는 일곱 해 동안 대풍이, 그 다음 일곱 해 동안 기근이 든다. 대풍의 일곱 해는 전자를 가리킨다.

15 '태양의 도시'라는 뜻인 헬리오폴리스(Ἡλιούπολις)는 태양신 '라'를 섬기던 고대 이집트 도시 '이우누'(*îwnw*)의 그리스어 이름이다. 히브리어 성경에는 온(אן)이라 되어 있다. 창세 41,45-46을 참조하라.

16 창세 41,47-49 참조.

이름은 페테프레스였다. 그리고 파라오의 사제이기도 했다.[17] 6 페테프
레스에게는 열여덟 살 된 딸이 있었다. 그는 키가 크고 아리따운 처녀
로, 자태가 그 땅의 다른 모든 처녀들보다 더 아름다웠다. 7 이집트인
들의 딸들과 비슷한 점이 하나도 없었으며, 오히려 모든 점에서 히브
리인들의 딸들과 비슷했다. 8 그리고 사라처럼 키가 컸으며 레베카처
럼 아리땁고 라헬처럼 아름다웠다. 그 처녀의 이름은 아세넷이었다.[18]
9 아세넷이 아름답다는 소문은 그 나라 전역, 국경에까지 퍼졌다. 그리
하여 고관들과 제후들, 임금들의 모든 아들들과 모든 젊은이들이 아
세넷을 아내로 맞아들이고 싶어 하였다. 10 그리하여 아세넷을 두고 그
들 사이에 큰 경쟁이 벌어졌다. 그들은 아세넷 때문에 서로 싸움을 벌
이기도 하였다.

11 파라오의 맏아들도 아세넷에 관한 소문을 들었다. 그리고 자기
아버지에게 아세넷을 아내로 맞이하게 해 달라고 간청하였다. 12 아들
이 아버지에게 아뢰었다. "헬리오폴리스의 사제 페테프레스의 딸을 제
게 아내로 주십시오." 13 그의 아버지 파라오가 아들에게 말하였다. "너
는 왜 너보다 못한 여자를 원하는 게냐? 너는 온 세상의 임금이 아니
냐? 14 안 된다. 자, 요아킴 임금의 딸이 이미 네게 청혼하였다. 그 여자
는 공주인데다 매우 아름다우니 그녀를 아내로 맞아들이도록 하라!"

아세넷의 방들

2. 1 아세넷은 모든 남자를 업신여기고 조롱하였다. 사실 어떤 남자도 아
세넷을 본 적이 없었다. 페테프레스의 집에는 매우 크고 높은 탑이 있
었다. 2 탑 상부에는 꼭대기 층이 있었는데 그곳에 방이 열 개 있었다.

---

17 창세 41,45 참조. 히브리어 이름은 '포티 페라'다. 칠십인역에는 '페테프레스'로 되어 있다. 칠십인역 창세기를 따라 여기서는 페테프레스로 소개한다.

18 창세 41,45 참조. 히브리어 이름은 '아스낫'이다.

[3] 첫째 방은 크고 멋있었다. 방바닥에는 자색 돌이 깔렸으며, 벽은 여러 가지 값진 돌들로 장식되어 있었다. [4] 방 천장은 금으로 되었고, 방 내부에는 수많은 이집트 신상들이 놓여 있었는데, 모두 금과 은으로 되어 있었다. [5] 아세넷은 이 신상들을 모두 경배하였다. 그리고 이들을 두려워하여 그들에게 제물을 바쳤다. [6] 둘째 방에는 아세넷의 온갖 장식품과 상자들이 보관되어 있었다. [7] 방 안에 많은 금과 은, 금실로 짠 옷, 값비싼 보석들과 고운 아마포가 있었다. [8] 거기에는 아세넷이 처녀임을 드러내는 온갖 장신구도 있었다. [9] 셋째 방에는 그 땅에서 나는 온갖 좋은 곡식과 재물이[19] 있었다. 그곳은 아세넷의 곳간에 해당했다. [10] 나머지 방 일곱 개는 일곱 처녀가 저마다 하나씩 머물렀다. [11] 처녀들은 아세넷의 시중을 들었는데 모두 같은 나이였다. 아세넷과 같은 날 밤에 태어났기 때문이다. 처녀들은 하늘의 별처럼 몹시 아름다웠다. 그리고 어떤 남자도, 어린 사내아이조차 이들과 이야기를 나눈 적이 없었다.[20]

[12] 아세넷의 큰 방에는 창이 세 개 나 있었는데, 그곳에서 아세넷의 처녀성이 길러졌다. [13] 창 하나는 동향으로 뜰에 면해 있었다. 북향인 둘째 창은 길에 면해 있었다. 셋째 창은 남향이었다. [14] 방 안에는 금 침대가 동쪽을 향해 놓여 있었다. [15] 침대에는 자옥과 아마사로 장식된, 금실로 수놓은 자색천이 깔려 있었다. [16] 그 침대에서는 아세넷 혼자 잠을 잤다. 아세넷을 빼고는, 어떤 남자도, 어떤 여자도, 그곳에

---

19 τὰ ἀγαθὰ는 재물이나 곡식 등 온갖 좋은 것을 아우른다: 칠십인역 이사 1,19; 루카 12,18을 참조하라.

20 아세넷의 동정성을 강조하기 위해 아세넷의 시녀들까지 동정으로 소개한다. 신약 외경인 야고보의 원복음에서 어린 마리아를 시중든 히브리 처녀들이 동정으로 소개되는 것(야고보 원복음 6)이 요셉과 아세넷의 영향인 듯하다. 송혜경, 『신약 외경 상권: 복음서』, 369쪽을 참조하라.

앉은 적이 없었다.
17 그 집 둘레에는 큰 뜰이 있었다. 그리고 뜰 주변에는 네모난 큰
돌들로 쌓은, 매우 높은 벽이 둘러쳐 있었다. 18 뜰에는 쇠로 도금한
대문 네 개가 나 있었는데, 각 문마다 건장한 젊은이 열여덟 명이 무
장한 채 지키고 있었다. 19 뜰 안에는 온갖 종류의 아름다운 과실나무
가 벽을 따라 심겨 있었는데 나무에 달린 열매가 모두 무르익어 있었
다. 바야흐로 수확 철이었던 것이다. 20 뜰 오른편에는 물이 넘쳐나는
샘이 있었다. 샘 아래에는 샘물을 받는 큰 저수조가 있었다. 거기에서
부터 도랑물이 흘러 뜰 한가운데를 가로지르며 뜰에 있는 모든 나무
에 물을 대었다.

2. 페테프레스가 아세넷을 요셉에게 아내로 주려 하다

요셉이 페테프레스를 방문하기로 하다

3. 1 넷째 달 열여드레 날, 요셉은 헬리오폴리스 지역에 가게 되었다. 2 그
도시에 가까이 다다랐을 즈음 요셉은 헬리오폴리스의 사제 페테프레
스에게 부하 열둘을 먼저 보내어 말을 전하게 하였다.[21] 3 "오늘 그대의
집에서 묵어야겠소. 정오인데다 식사 시간이기도 하고, 햇살이 상당히
뜨겁소. 당신네 지붕 아래에서 기운을 북돋우고 싶소." 4 페테프레스가
이 말을 듣고 크게 기뻐하며 말하였다. "요셉의 주 하느님은 찬미받으
소서!" 5 페테프레스는 자기 집 관리인을 불러 그에게 말하였다. 6 "서둘
러 집을 정돈하여라. 그리고 큰 잔치를 준비하여라. 오늘 하느님의 능
력자 요셉이 우리에게 오신다."

---

21 직역: "요셉은 자기에 앞서 부하 열둘을 헬리오폴리스의 사제 페테프레스에게 보내며 말하게 하였다."

7 아세넷은 아버지와 어머니가 영지에서 돌아왔다는 소식을 듣고
기뻐하며 말하였다. 8 "가서 아버지와 어머니를 뵈어야겠다. 우리 영지
에서 집으로 돌아오셨다니까." 9 아세넷은 서둘러 금실로 수놓은, 아마
로 된 옥빛 겉옷을 입고, 황금 띠를 허리에 둘렀다. 손과 발에 팔찌와
발찌를 두르고 황금 바지를 입었다. 그리고 목둘레에는 장신구를 걸었
다. 10 아세넷은 온몸을 값비싼 보석으로 치장했는데, 팔찌와 보석 곳
곳에 이집트 신들의 이름이 새겨져 있었다. 그리고 보석에는 우상의
얼굴도 각인되어 있었다.[22] 11 아세넷은 머리에 관을 쓰고 이마에 띠를
두른 뒤 베일로 머리를 가렸다.

요셉과 혼인하라는 아버지의 제안을 아세넷이 거절하다

4. 1 아세넷은 서둘러 계단을 타고 꼭대기 층에서 내려와 자기 아버지와
어머니를 만나러 가서 그들에게 인사하였다. 2 페테프레스와 그 부인
은 딸 아세넷을 보고 크게 기뻐하였다. 양친의 눈에 딸이 신의 신부처
럼 아름답게 치장하고 있었기 때문이다. 3 부모는 영지에서 가져온 온
갖 좋은 것을 내놓으며 딸에게 주었다. 4 아세넷은 좋은 물건들과 과일,
포도와 대추야자, 비둘기와 석류와 무화과를 보고 기뻐하였다. 모두가
탐스러웠기 때문이다. 5 페테프레스가 딸 아세넷에게 "얘야!" 하고 말하
자 딸이 대답하였다. "보세요, 저예요, 주군님!" 그가 딸에게 말하였다.
"우리 가운데 앉아라. 네게 할 말이 있다."

6 그리하여 아세넷은 아버지와 어머니 사이에 자리를 잡고 앉았
다. 7 아버지 페테프레스는 자기 오른손으로 딸의 오른손을 잡고 말하

22 3,10에 아세넷이 찬 팔찌와 보석에 이집트 신들의 이름이 새겨져 있었으며, 보석에 우상의 얼굴도 각인되어 있었다고 한다. 이집트 여인 아세넷이 우상을 섬겼음을 부각시키고 있다. 아세넷이 자신의 방에 이집트 신상들을 모셔놓고 그 신상들을 경배하며 제물을 바쳤다고 하는 2,4-5도 참조하라.

였다. “얘야!” 그러자 아세넷이 답하였다. “네, 말씀하세요, 저의 주군 이신 아버지!” 8 페테프레스가 딸에게 말하였다. “보아라! 하느님의 능력자 요셉이 오늘 우리 집에 오신다. 이분은 이집트 전역을 다스리는 통치자시다.[23] 파라오께서 그분을 우리나라 전체를 다스리는 통치자로 임명하셨다.[24] 바로 그분이 온 나라에 양식을 공급하시면서, 다가올 기근에서 우리를 구하고 계신다.[25] 9 요셉은 하느님을 경외하는 사람으로서[26] 신중하시고 지금 너처럼 동정이시다. 게다가 지혜와 식견이 뛰어난 분이시다. 또한 하느님의 영이 그분께 내리시고, 주님의 은총이 그분과 함께 머무신다.[27] 10 그러니, 자, 얘야! 너를 그분에게 아내로 주려

---

23 창세 45,26.

24 창세 41,41-44 참조.

25 창세 47,13-26.

26 요셉과 아세넷에서 ‘하느님을 경외하는 사람’(θεοσεβής)은 중요한 개념으로 8,5.6; 20,8; 23,9.10; 28,4; 29,3 등에도 나온다. 이 단어는 일종의 전문용어로서 ‘하느님을 유일신으로 경배하며 이에 합당한 윤리적 지침(율법)을 실천하는 유다인’을 가리킨다. 칠십인역 탈출 18,21; 욥 1,1.8; 2,3; 유딧 11,17; 4마카 15,28; 16,12. 신약성경에서는 요한 9,31에 나온다.

27 요셉을 칭송하는 내용인 4,9에는 나라의 지도자가 갖춰야 할 덕목들이 열거되어 있다. 여기서 저자의 윤리관이 잘 드러난다. 유다교적 사고방식과 스토아 윤리의 결합이 엿보인다. 하느님을 경외함(θεοσεβής), 신중함과 정결(σώφρων καὶ παρθένος), 지혜(σοφία)와 식견(ἐπιστήμη), 하느님의 영(πνεῦμα θεοῦ)과 주님의 은총(χάρις κυρίου)이 함께함 등이 그것이다. 그 가운데 첫째가 하느님을 경외함(탈출 18,21; 욥 1,1.8; 2,3)이다. 신중함은 신약에서도 중요한 덕목으로 꼽힌다. 이는 특히 교회 지도자 역할을 수행할 사람에게 반드시 필요한 덕목이다: 1티모 3,2; 티토 1,8; 2,2. 지혜와 식견도 중요하다: 창세 41,39; 유딧 8,29. 하느님의 영이 그와 함께 머물러야 한다: 창세 41,38; 칠십인역 다니 4,15; 6,4; 루카 2,25; 사도 6,5. 솔로몬의 시편 17,37-41에 따르면 메시아가 갖춰야 할 덕목도 이와 비슷하다. 특히 이 시편 17,37은 메시아를 두고 “하느님께서 거룩한 영으로 그를 힘 있게 만드시고, 슬기의 경륜과 용맹과 정의로 그를 지혜롭게 만드실 것”이라고 말한다. 17,40에서는

한다. 너는 그분의 신부가 되고 그분은 영원히 네 신랑이 될 것이다!"[28]
11 아세넷이 자기 아버지의 말을 들었을 때, 많은 양의 붉은 땀이
흘러나왔다.[29] 그리고 몹시 화가 나서 아버지를 보고 눈을 흘기며 말
하였다. 12 "저의 주군이신 아버지께서 무엇 때문에 이렇게 말씀하시는
건가요! 저를 다른 종족 사람, 그것도 도망자이자 팔려온 자에게 포로
처럼 넘기려 하시는 건가요? 13 그자는 가나안 땅 출신인 목자의 아들
이며 그 목자에게 버림받지 않았던가요? 14 그자는 자기 여주인과 함께
잠자리에 든 자가 아니던가요? 그래서 그 주인이 어둠의 감옥에 처넣지
않았던가요?[30] 그리고 파라오의 꿈을 해석한 까닭에 파라오께서 그자
를 감옥에서 꺼내지 않으셨던가요?[31] 15 싫습니다. 저는 임금님의 맏아
들과 혼인하겠습니다. 그분이야말로 온 땅의 임금이시니까요." 16 이 말
을 들은 페테프레스는 요셉을 두고 딸과 계속 말하는 일이 부끄러워졌
다. 아세넷이 오만과 분노에 찬 대답만 했기 때문이다.

요셉이 페테프레스의 집에 도착하다

5. 1 그때 페테프레스의 하인 가운데 한 젊은이가 급히 나와서 아뢰었다.
"보십시오! 요셉이 우리 뜰 문 앞에 계십니다!" 2 그러자 아세넷은 급히

메시아가 "일에는 유능하고 하느님을 두려워하는 데는 강합니다. 성실과 정의로 주님의 양 떼를 돌"볼 것이라 묘사한다.

28 영원한 혼인 개념에 대해서는 토빗 7,11을 참조하라: " … 하늘에서도 사라는 네 사람이라고 이미 판결이 내려졌다. … 오늘부터 사라는 영원히 네 사람이다."

29 루카 22,44 참조.

30 포티파르의 아내가 요셉에게 죄를 뒤집어 씌워 감옥에 갇히게 한 일화를 전하는 창세 39,7-20 참조.

31 요셉을 둘러싼 소문을 전하는 아세넷의 말(4,12-14)은 창세 37—41장을 참조하라.

아버지와 어머니에게서 물러나 꼭대기 층으로 올라가 자기 방으로 들어갔다. 그리고 자기 아버지의 집으로 들어오는 사람을 보려고 동쪽으로 난 큰 창가에 섰다. [3] 페테프레스와 그 부인, 그리고 온 친척이 요셉을 맞으러 나갔다. [4] 동쪽으로 난 뜰의 대문들이 열리고 요셉이 파라오의 두 번째 병거를[32] 타고 들어왔다. [5] 병거에는 눈처럼 흰 말 네 필이 황금 재갈을 문 채 매여 있었으며, 병거가 온통 금으로 만들어져 있었다. [6] 요셉은 흰 색의 특별한 옷을 입고 있었다. 겉에 두른 옷은 자색 아마로 되어 있었으며 금이 수놓아져 있었다. 머리에는 황금 관을 썼는데, 관 둘레에 열두 개의 보석이 박혀 있었으며 그 보석에서 열두 개의 황금 빛살이 뻗어 나오고 있었다. 그리고 오른손에 왕홀을[33] 쥐고 있었다.[34] [7] 또한 그는 쭉 뻗은 올리브 나뭇가지를 들고 있었는데, 거기에는 많은 열매가 달려 있었다. [8] 요셉이 뜰 안으로 들어서자, 대문들이 닫혔다. [9] 낯선 사람은 남자든 여자든, 모두 바깥에 남았다. 수문장들이 문을 닫았기 때문이다. [10] 페테프레스와 그 부인, 그리고 그들의 딸 아세넷을 제외한 모든 친척이 나와서 요셉을 향해 땅에 엎드려 절

---

32 창세 41,43. 파라오는 요셉이 자기 꿈을 해석하자 자기의 두 번째 병거에 타게 하며 이집트 온 땅을 요셉의 발 아래 두었다.

33 왕권과 통치의 상징.

34 요셉은 왕족의 옷차림을 하고 있다. 창세 41,42에 근거했을 법하지만 세부 내용은 에스 8,15에 더 가깝다. 비교: 창세 41,42 "파라오는 손에서 인장 반지를 빼어 요셉의 손에 끼워 주고는, 아마 옷을 입히고 목에 금 목걸이를 걸어 주었다"; 에스 8,15 "모르도카이는 자주색 모직과 하얀 천으로 된 왕실 의복에 커다란 금관을 쓰고 아마와 자홍색 양모로 된 겉옷을 입고 어전에서 물러 나왔다." 요셉이 쓴 관, 곧 열두 개의 보석이 박히고 거기서 빛살이 뻗어 나오는 관은, 그리스 신화에 나오는 태양신 헬리오스가 쓴 관을 연상시킨다. 신화에 따르면 해무리 왕관을 쓴 헬리오스가 매일 황금 병거를 몰고 하늘을 가로지른다. 이런 관은 천상의 인물에 걸맞다. 묵시 12,1 "열두 개 별로 된 관을 쓴 여인"도 참조하라.

하였다. 11 요셉은 병거에서 내려 오른손을 들어 그들에게 인사하였다.

아세넷이 요셉을 보고 반하다

6. 1 아세넷은 요셉을 보고는 영혼이 찔리고 애간장이 찢어졌으며 무릎은
힘이 빠지고 온몸이 떨렸다. 그리고 큰 두려움에 빠져 한숨을 쉬며 말
했다. 2 "어디로 갈까? 그분의 얼굴을 피해 어디에 숨어야 할까? 하느님
의 아들 요셉이 나를 어떻게 보실까? 내가 그분을 두고 좋지 않게 말
했으니! 3 어디로 달아나 숨을까? 그분이 숨겨진 모든 것을 아시며, 그
분 안에 있는 큰 빛 때문에 어떤 비밀도 그분께 숨겨진 것이 없으니 말
이야.[35] 4 이제 요셉의 하느님께서 나를 너그럽게 봐주시기를! 내가 무
지해서[36] 나쁜 말을 했으니! 5 그러니 나는 이제 무엇을 보게 될까, 가
련한 나! 나는 '가나안 땅 출신 목자의 아들인 요셉이 오고 있다!' 하고
말하지 않았던가? 그런데 봐, 이제 하늘의 태양이 병거를 타고 우리에
게 오셨어.[37] 오늘 우리 집에 들어오신 거야. 6 나는 어리석고 오만해!
그분을 업신여기고 그분에 관해 나쁜 말을 했어. 요셉이 하느님의 아
들이심을 알지 못했어. 7 어떤 남자가 이토록 잘생긴 이를 낳을 수 있
을까? 어떤 태가 이런 빛을 낳을 수 있을까? 나는 가련하고 어리석어!
내 아버지께 그분을 두고 나쁜 말을 해댔으니! 8 하지만 이제 내 아버

---

35 시편 7,10; 욥 28,24; 34,21-22; 집회 23,19-20; 42,18-20; 루카 20,23; 묵시 2,23 참조. 모든 것을 보고, 모든 것을 아는 것은 하느님 고유의 특성이다. 요셉이 이 특성을 지녔다고 해서 반드시 신적 존재라는 뜻은 아니다. 그러나 적어도 예언자적 통찰을 지녔다는 의미는 될 터다.

36 아세넷의 잘못은 무지로 인한 것이다. 누구나, 심지어 의인들도 무지로 인해 죄지을 수 있다. 사도 3,17; 13,27; 17,30; 1티모 1,13을 참조하라.

37 여기서 아세넷은 요셉을 태양신 헬리오스에 비긴다.

지께서 나를 요셉에게 시녀나 여종으로 주셨으면![38] 그러면 그분을 영원히 섬길 거야!"

요셉이 아세넷을 만나기로 하다.

7. 1 요셉은 페테프레스의 집에 들어가 의자에 앉았다. 그리고 발을 씻은
뒤 홀로 식탁을 차렸다. 이집트인들과 함께 음식을 먹지 않으려는 것이
었다.[39] 이것이 그에게는 혐오스러운 일이었던 까닭이다.[40] 2 요셉이 페
테프레스와 그의 모든 친척에게 물었다. "저 꼭대기 층 방, 창가에 서
있는 저 여인은 누굽니까? 이 집에서 나가게 해주십시오!" 3 요셉은 그
여인이 자신에게 문제를 일으킬까 두려웠다. 사실 이집트 전역의 고관
들과 제후들의 부인과 딸들이 모두 요셉과 잠자리에 들려고 귀찮게 굴
곤 했던 것이다. 4 이집트인들의 부인과 딸들 가운데 숱한 이들이 요
셉을 보고서는 그의 아름다움에 반해 몹시 힘들어 하였다. 그들은 인

---

38 루카 15,19 '되찾은 아들의 비유' 속 탕자의 독백을 보라. 탕자는 아들의 신분을 포기하고 종으로라도 아버지 집에 머물고 싶어 한다. 아세넷도 무지에서 비롯된 잘못을 뉘우치며 배우자가 아닌 노예로라도 요셉 곁에 머물고 싶어 한다.

39 누군가와 함께 식사를 한다는 것은 특별한 의미를 지닌다. 루카 15,2; 사도 10,41; 11,3; 1코린 5,11; 갈라 2,12. 예수님은 죄인들과 함께 음식을 먹으며 어울린다는 비난을 받았다.

40 이교인의 음식을 멀리하고 이방인들과 함께 음식을 먹지 않음은 헬라 시대 유다인들에게 매우 중요했다. 이방인과의 식사에는 유다교 음식 규정을 어길 위험이 내포되어 있다. 음식 규정은 이스라엘 백성이 유다인으로서의 정체성을 지킬 수 있는 주요 수단이 되었다: 칠십인역 에스 4,17㉘; 희년서 22,16; 3마카 3,4.7; 시빌의 신탁 4,24-30. 이방인과의 식사 문제나 음식규정 문제는 신약 시대 유다인들이 넘어야 할 산이 되었다. 그리스도교 신앙이 유다인의 경계를 넘어 이방인에게 퍼져가기 위해서는 할례나 안식일 문제와 함께 음식 규정도 해결해야 할 과제였다. 사도 10—11장; 15장; 갈라 2,11-14에 드러난 히브리계 이방인과 헬라계 유다인의 갈등이 결국 음식규정에서 비롯된 일이었다.

편으로 금과 은과 값비싼 선물들을 그에게 보냈다. [5] 요셉은 사람들을 돌려보내며 위협과 조롱을 섞어 말했다. "나는 이스라엘의 하나님 앞에서 죄짓지 않을 것이오!"[41] [6] 요셉은 항상 눈앞에 자기 아버지 야곱의 얼굴을 떠올리며 아버지의 명을 기억하였다. 야곱이 요셉과 자기 형제들에게 "얘들아, 낯선 여인에게서 너희 자신을 꿋꿋하게 지키며 그 여자와 관계 맺지 않도록 조심하여라. 그것은 파멸이요 부패다."[42] 하고 말하곤 했기 때문이다. [7] 이 때문에 요셉이 '저 여인이 이 집에서 나가게 하시오!' 하고 말했던 것이다.

[8] 페테프레스가 요셉에게 말하였다. "주군님! 주군께서 보신 꼭대기 층에 있는 저 여자는 낯선 사람이 아니라 저희 딸입니다. 모든 남자를 싫어하는 처녀지요. 다른 남자는 한 번도 그 아이를 본 적이 없습니다. 오늘 주군님이 유일하십니다. [9] 원하신다면, 딸이 나와서 주군께 아뢸 것입니다. 저희 딸은 주군님의 누이입니다." [10] 그러자 요셉은 크게 기뻐하였다. 페테프레스가 '모든 남자를 싫어하는 처녀지요' 하고 말했기 때문이다. [11] 요셉이 페테프레스와 그 부인에게 말하였다. "두 분의 따님이라면, 나오라고 하십시오. 제 누이이기도 하니까요. 그러면 오늘부터 따님을 제 누이로서 사랑하겠습니다."

---

41 하느님 앞에 죄를 짓는다는 표현은 탈출 10,16; 루카 15,18.21; 요세푸스, 『유다 전쟁사』 1.32.3; 『유다 고대사』 19.6.4에도 나온다.

42 이스라엘 백성은 구약 시대부터 타민족과의 혼인을 경계했다. 이종혼 또는 혼종혼을 통해 이교 신앙에 물들 위험이 있기 때문이다. 따라서 이스라엘 백성은 혼종혼 자체를 차단함으로써 유다교 신앙의 순수성을 지키려 했다. 이런 노력은 창세 24,3-4; 28,1.6; 신명 7,3-4; 느헤 13,23-29; 토빗 4,12; 희년서 30,7-17; 요세푸스, 『유다 고대사』 8.7.5; 필론, 『세부 규정』 3.29 등에 나타난다.

요셉이 아세넷의 개종을 기원하다

8. [1] 아세넷의 어머니는 꼭대기 층에 올라가 아세넷을 데리고 요셉에게 왔다. 그러자 페테프레스가 딸 아세넷에게 말하였다. "네 오라버니에게 인사드려라. 이분도 지금 너처럼 동정이시고, 네가 낯선 모든 남자를 싫어하듯이 이분도 낯선 모든 여자를 싫어하신다." [2] 아세넷이 요셉에게 말하였다. "안녕하세요, 주군님! 지극히 높으신[43] 하느님의 축복을 받으시는 분이시여!" 그러자 요셉이 아세넷을 향해 말하였다. "만물에 생명을 주신 하느님께서 그대를 축복하시기를!" [3] 페테프레스가 아세넷에게 말하였다. "가까이 다가가서 네 오라버니께 입을 맞추어라!" [4] 아세넷이 요셉에게 입을 맞추려고 다가갔을 때 요셉은 오른손을 뻗어 그녀의 가슴팍에 대며 말하였다.

[5][44] "하느님을 경외하는 남자, 곧 자신의 입으로 살아계신 하느님을 찬양하고 축복받은 생명의 빵을[45] 먹고, 축복받은 불사의 잔을 마시고, 축복받은 불멸의 기름으로 도유된 남자가 낯선 여자에게 입을 맞추는 것은 온당치 않소. 그녀는 자기 입으로 말하지 못하는 죽은 우상을 찬양하고, 우상의 제단에 차려진 질식의 빵을 먹으며, 그들에게

---

43 요셉과 아세넷에서는 하느님을 종종 '지극히 높으신 분'이라 부른다. 8,10; 15,8; 17,5; 21,4도 보라. 칠십인역이나 다른 헬레니즘 시대 유다교 문학에서 하느님을 '지극히 높으신 분'(ὁ ὕψιστος)으로 묘사하는 경우가 많다. 칠십인역 창세 14,20; 신명 32,8; 2사무 22,14; 토빗 1,13; 시편 17,14; 45,5 등; 집회 12,6; 23,18; 34,19; 1에녹 9,4; 10,1; 레위의 유언 4,2; 요셉의 유언 1,4.6; 9,3; 10,3 등을 보라.

44 요셉과 아세넷 8,5-7은 하느님을 경외하는(θεοσεβής) 남녀에게 온당한 일과 그렇지 못한 일을 제시한다. 한마디로 요약하면 하느님을 경외하는 유다인이 우상을 숭배하는 다른 이방인과 섞이지(입 맞추지도) 말아야 한다는 것이다. 사도 10,28을 참조하라: "유다 사람에게는 다른 민족 사람과 어울리거나 찾아가는 일이 불법임을 여러분도 알고 있습니다."

45 요한 6,35.48 참조.

바쳐진 매복의 잔을 마시고, 파멸의 기름으로 도유되고 있소.[46] 6 하
느님을 경외하는 남자라면, 자기 어머니, 자기와 같은 지파 출신의 친
척 누이, 그리고 자기와 잠자리를 같이 하는 부인하고만 입을 맞출 것
이오. 이 여자들은 모두 자기 입으로 살아계신 하느님을 찬양한다오.
7 마찬가지로 하느님을 경외하는 여자가 낯선 남자와 입을 맞추는 것도
온당치 않소. 이것은 하느님 앞에 혐오스러운 짓이오."

8 요셉의 말을 들은 아세넷은 몹시 슬퍼져 깊이 탄식하며 요셉을
뚫어져라 쳐다보았다. 아세넷의 눈에는 눈물이 가득 고여 있었다. 9 그
모습을 본 요셉은 아세넷이 몹시 가엾게 여겨졌다. 요셉이 따뜻하고 자
비로우며 주님을 경외하는 사람이었기 때문이다. 요셉은 아세넷의 머
리 위로 오른손을 들어 올리며 말하였다.

10 [47] "주님, 제 아버지 이스라엘의 하느님! 지극히 높으신 분, 능력이

---

46 요셉과 아세넷 8,5에서 빵(ἄρτος), 잔(ποτήριον), 기름(χρῖσμα), 이 세 가지는 유다인과 이방인을 구별하는 잣대가 된다. 유다인들에게 생명(ζωή)의 빵, 불사(ἀθανασία)의 잔, 불멸(ἀφθαρσία)의 기름이 있다면, 이방인들에게는 질식(ἀγχόνη)의 빵, 매복(ἐνέδρα)의 잔, 파멸(ἀπώλεια)의 기름이 있다. 빵과 잔과 기름, 이 셋이 일상적인 식사와 관련된 것인지, 예배에 수반되는 성찬과 관련되는 것인지는 분명하지 않다. 신약에서는 빵과 잔과 기름이 예배와 연결된다. 최후의 만찬을 참조하라. 요셉과 아세넷 8장을 요한 6장 및 1코린 10—11장과 연결시킨 논문 Burchard, "The Importance of Joseph and Aseneth for the Study of the New Testament", 119-128을 참조하라.

47 요셉과 아세넷 8,10-11에 나오는 요셉의 기도는 만물에게 생명을 주신 창조주 하느님께 바쳐진 기도다. 12장도 이와 비슷한 기도를 담고 있다. 창조주께 바치는 기도는 구약 및 신약성경에도 있다: 2열왕 19,15; 이사 37,16; 느헤 9,6; 에스 4,17②-④; 사도 4,24. 다른 구약 외경도 참조하라: 3마카 2,2-3; 1에녹 84,2-3; 희년서 12,19. 이 기도에서 요셉은, 만물에게 생명을 주신 창조주 하느님께 아세넷이 새로운 생명으로 다시 태어날 수 있게 해 달라고 청한다. 인간에게 생물학적 생명을 주시는 분도 하느님이시요, 신앙을 통해 그 사람에게 '새로운 생명'을 주시는 분도 하느님이시다.

대단하신 분, 만물에게 생명을 주시어[48] 어둠에서 빛으로,[49]
오류에서 진리로,[50] 죽음에서 생명으로[51] 불러내신 분이시여!
주님, 당신께서 몸소 이 동정녀에게 생명을 주시고 축복을
내리소서!
11 이 동정녀를 당신의 영으로 다시 새롭게 만드시고,[52] 당신의
숨겨진 손으로 다시 빚으시며, 당신의 생명으로 새로운 생명을
내려주소서! 그로 하여금 당신 생명의 빵을 먹게 하시고, 당신
축복의 잔을 마시게 하소서![53] 당신께서는 그가 태어나기도 전에
그를 뽑으셨나이다![54] 또한 그가, 당신의 선택받은 이들을 위해
마련해 두신 당신의 안식처에[55] 들어가게 하소서!"

아세넷이 우상에게서 돌아서다

9. 1 아세넷은 요셉의 축복을 듣고 매우 크게 기뻐하였다. 그리고 서둘러
자기 숙소인 꼭대기 층으로 올라갔다. 그리고 기진해서 침대에 쓰러졌

---

48 느헤 9,6; 1티모 6,13.

49 필론, 『덕』 179; 사도 26,18; 1베드 2,9; 『클레멘스의 첫째 편지』 59,2.

50 『클레멘스의 첫째 편지』 59,2.

51 요한 5,24; 1요한 3,14; 참조: 루카 15,24.32; 요셉과 아세넷 16,7-9.

52 하느님의 영으로 새로워진다는 개념은 신약성경에 그대로 이어진다. 티토 3,5; 로마 7,6; 2코린 3,6을 참조하라.

53 아세넷이 개종하게 해 달라는 기도다. 여기서 생명의 빵과 축복의 잔은 신약의 최후만찬을 연상시킨다.

54 시편 33,12; 에페 1,4.

55 시편 95,11을 보라. 안식이라는 뜻의 κατάπαυσις가 여기서는 장소 개념에 가까운 듯하다. 곧 이 단어는 구원받을 이들을 위해 하늘에 마련된 곳을 가리킨다. 그래서 안식처라 옮겼다. 이 개념은 '하느님께서 주시는 안식'을 이야기하는 히브 3,7—4,13을 이해하는 열쇠가 된다.

다. 지극히 높으신 하느님의 이름으로 자기에게 해준 요셉의 말을 들었을 때, 기쁨과 슬픔 그리고 많은 두려움이 교차하면서 땀을 계속 흘렸기 때문이다. [2] 아세넷은 비통한 심정으로 크게 울며 자기가 그동안 숭배했던 신들에게서 마음을 돌렸다. 그러고는 저녁이 될 때까지 기다렸다.

요셉이 길을 떠나며 다시 오기로 약속하다

[3] 요셉은 식사를 마친 뒤[56] 자기 하인들에게 말하였다. "말들을 병거에 매어라." 그가 일렀다. "가서 온 도시와 시골을 둘러보아야겠다!" [4] 그러자 페테프레스가 요셉에게 말하였다. "주군님, 오늘밤은 여기서 묵으시고 내일 일찍 길을 떠나시지요!" [5] 요셉이 말했다. "안 됩니다. 오늘 떠나야 합니다. 오늘이 하느님께서 당신의 일을 시작한 날이기 때문입니다.[57] 나는 여덟째 날[58] 다시 여러분에게 돌아오겠습니다. 그때는 여기서 묵겠습니다."

---

56 직역: "먹고 마신 뒤."

57 히브리인들의 한 주는 일요일부터 시작한다. 하느님께서는 첫날(일요일) 창조를 시작하시어 일곱째 날(안식일) 쉬셨다.

58 '여덟째 날'은 한 주가 다시 시작되는 첫날로, 부활을 상징한다. 예수님께서 부활하신 안식일 다음날이 바로 '여덟째 날'이다: Staats, "Ogdoas als ein Symbol für die Auferstehung", 29-52.

3. 아세넷의 참회

아세넷이 참회를 준비하다

10. 1 그때 페테프레스와 그의 친척은 자기네 몫의 영지로 떠났다.
2 동정녀들과 홀로 남은 아세넷은 힘없이 쓰러져서 해가 질 때까지 울
었다. 그리고 빵도 먹지 않고 물도 마시지 않았다. 모두가 잠든 가운데
홀로 깨어 있었다. 3 방문을 열고 대문까지 내려가 보니 여자 문지기가
자기 아이들과 함께 잠들어 있었다. 4 아세넷은 망설임 없이 문에서 가
죽 휘장을 걷어 내려 거기에다 재를 가득 담았다. 그리고 꼭대기 층에
가지고 올라가 바닥에 내려놓았다. 5 그녀는 문을 굳게 닫고 양 옆에 쇠
빗장을 채웠다. 그리고 큰 한숨과 눈물로 탄식하였다.

시녀들이 아세넷을 염려하다

6 아세넷이 모든 처녀들 가운데 가장 사랑한 처녀가 제 여주인의 탄식
소리를 듣고 다른 처녀들을 깨웠다. 그러고 나서 그들이 아세넷의 방
에 가보니 문이 굳게 닫혀 있었다. 7 처녀는 아세넷의 탄식과 울음소리
를 듣고 말하였다. "무엇 때문에 슬퍼하십니까, 아가씨? 무엇이 아가씨
를 괴롭히나요? 문 좀 열어 주세요. 저희가 아가씨를 뵐 수 있게!" 8 아
세넷은 문을 걸어둔 채 안에서 그들에게 말하였다. "머리가 너무 아파
서 침대에서 쉬고 있다. 온몸이 아파 지금은 너희에게 문을 열어 줄 힘
이 없구나. 모두들 각자 자기 방으로 돌아가거라."

아세넷의 참회

9 그러고 나서 아세넷은 일어나 조용히 방문을 열고 자기의 장신구 상
자가 있는 둘째 방에 들어갔다. 그리고 작은 상자를 열어 검고 어두운
색깔의 옷을 꺼냈다. 10 그것은 애도복으로, 장남이었던 자기 오빠가 죽
었을 때 애도하며 입었던 옷이었다.

11 아세넷은 입고 있던 화려한 예복을 벗고 검은 옷을 입었다. 그
리고 황금 띠를 풀고 허리에 밧줄을 둘렀다. 또한 머리에서 관과 머리
띠를 벗겨내고 손에 두른 팔찌를 풀었다.[59] 12 그리고 자신의 값비싼 옷
을 전부 집어다가 창문을 통해 가난한 이들에게 던져 주었다. 13 그리고
금과 은으로 만든, 셀 수 없이 많은 신들을 전부 집어다가 산산이 부
순 다음[60] 가난한 이들과 구걸하는 이들에게 던져 주었다.[61] 14 그리고
아세넷은 자신의 호화로운 만찬과 살진 짐승과 물고기와 고기, 그리고
자기 신들에게 바쳐진 모든 제물과, 예물용 포도주 부대를 집어 들었
다. 그리고 창문을 통해 개들에게 먹이로 던져 주었다.[62]

15 그런 다음 아세넷은 재를 집어 바닥에 부었다. 16 그리고 자루
옷을 허리에 둘렀다. 그리고 땋은 머리를 풀고 몸에 재를 뿌린 뒤 재
위에 쓰러졌다.[63] 17 두 손으로 계속해서 가슴을 쳤다.[64] 그리고 재 위
로 쓰러져서는 밤새도록, 새벽이 될 때까지 탄식하며 비통하게 울었다.

---

59 이 또한 참회의 표시다. 에스 4,17⑫-⑬을 참조하라.

60 이방신의 제단을 무너뜨리고 신상을 파괴하는 것에 대해서는, 판관 6,25-32; 2역대 34,7; 이사 2,20; 30,22; 31,7; 아브라함 묵시록 1—6장; 희년서 12,1-14; 욥의 유언 5,2; 17,4 등을 참조하라.

61 자선은 참회의 표지다. 마르 10,21; 루카 19,8; 사도 10,2을 참조하라.

62 이방인이 이스라엘의 하느님께 돌아서서(회개) 그분을 섬기려면 그 전에 먼저 여태껏 섬겼던 이방 신들과 결별해야 한다. 신상을 부수고 신상에 바친 제물을 내던지는 행동은 이교신과의 결별을 표현한다.

63 유다 문학에서 자루옷과 재는 참회와 애도의 상징이다: 느헤 9,1; 유딧 4,10-12; 9,1; 에스 4,1; 다니 9,3; 1마카 3,47; 2마카 10,25; 마태 11,21; 루카 10,13. 솔로몬의 시편 2,20도 참조하라.

64 가슴을 치는 행위는 자신의 잘못과 어리석음에 대한 깊은 회한과 반성을 표현한다. 이사 32,12-13; 예레 31,19; 나훔 2,8; 필론, 『플라쿠스 반박』 19.157; 마태 11,17; 24,30; 루카 18,13; 23,48; 묵시 18,9을 보라.

18 이른 아침에 아세넷이 일어나서 보니 자기 밑에 깔려 있던 재가 눈물
때문에 진흙처럼 되어 있었다. 19 아세넷은 다시 쓰러져 재에 얼굴을 대
고 해가 질 때까지 엎드려 있었다. 20 아세넷은 이레 동안 아무것도 입
에 대지 않은 채 그렇게 하였다.[65]

11. 1 여덟째 날이었다.[66] 아세넷은 몸을 누이고 있던 바닥에서 머리를 들
었다. 지나친 고행으로 인해 사지를 꼼짝할 수 없었다.

12. 1 아세넷은 동쪽으로 손을 뻗고 하늘로 눈을 들어 올리며 말하였다.[67]
2 "주님, 시대들의 하느님! 만물에게 생명의 숨을 주신 분,[68] 눈에
보이지 않는 것들을 빛 속으로 끌어내신 분, 만물을 만드시고
볼 수 없는 것들을 보이게 하신 분![69]

---

65 계시를 받기 전에 이레 동안 애도하고 단식하며 기도하는 내용은 4에즈 5,13.20; 6,35; 2바룩 9,2에도 나온다. 아세넷도 이레 동안 기도하고 단식한 끝에 천사의 방문을 받게 된다.

66 여덟째 날(τῇ ὀγδόῃ ἡμέρᾳ)은 깊은 의미가 있다. 여덟째 날은 창조의 7일이 끝난 뒤 맞이하는 첫날이다. 이런 의미에서 숫자 8은 '새로운 시작'과 연결된다. 예수님께서 부활하신 날도 새 주간이 시작되는 첫날, 달리 말해 여덟째 날이다. 신약 이후 그리스도교 문학에서 여덟째 날은 부활과 연관되어 자주 사용된다.

67 이어지는 아세넷의 기도는 내용과 형식이 구약성경에 나오는 기도들과 비슷하다. 토빗 3,2-6; 에스 4,17; 다니 3,26-45; 9,4-19; 에즈 9,5-15; 느헤 9장; 바룩 2,11—3,8을 참조하라. 기도는 대략 하느님을 향한 찬미·죄의 고백·청원 이렇게 세 부분으로 이루어진다.

68 창세 2,7; 지혜 15,11; 사도 17,25; 묵시 11,11 참조.

69 유다교 우주론을 반영한다. 곧, 하느님께서 만물을 창조하시어 보이지 않는 것을 보이게 하시고, 존재하지 않는 것을 존재하게 하셨다. 2마카 7,28; 2바룩 21,4; 48,8; 2에녹 24,2; 24,5—26,1; 필론, 『세부 규정』 4.187; 『꿈』 1.76. 같은 관점이 그리스도교 안에서도 그대로 유지된다. 로마 4,17: "존재하지 않는 것을 존재하도록 불

3 하늘을 높이 들어 올리시고,[70] 땅을 물 위에 굳히신 분,[71] 물속
심연 위에 거대한 돌들을 세우신 분이시여![72] 그것들은 결코
가라앉지 않을 것입니다. 그리고 당신 뜻을 행하며 끝까지
존재할 것입니다.[73]
4 주, 저의 하느님! 저는 당신께 부르짖습니다. 저의 기도를
들어주소서! 당신께 저의 죄를 고백하고 저의 불법을 당신께
펼쳐 보이겠나이다.

5 죄를 지었나이다, 주님, 죄를 지었나이다. 율법을 어기고, 불경을
저질렀으며,[74] 당신 앞에서 사악한 말을 하였습니다. 주님,
제 입이 우상들에게 바친 제물들로, 이집트의 신들을 모신
제단들로 더럽혀졌나이다.
6 죄를 지었나이다, 주님, 당신 앞에서! 죄를 지었나이다. 말
못하는 죽은 우상들을 숭배하며 불경을 저질렀나이다. 저는
당신 앞에서 입을 열 자격이 없습니다. 저는 가련합니다!
7 죄를 지었나이다, 주님, 당신 앞에서!

페테프레스 사제의 딸인 제가, 오만하고 교만한 제가 당신께

러내시는 하느님"; 히브 11,3; 헤르마스, 『목자』, 「환시」 1.1.6.

70 칠십인역 예레 38,35: "하늘이 위로 높이 들어 올려진다면, 땅의 바닥이 저 아래로 낮춰진다면…."

71 시편 24,2; 136,6; 2에녹 28,1-2; 2베드 3,5; 헤르마스, 『목자』, 「환시」 1.3.4.

72 2에녹 28,1-2; 헤르마스, 『목자』, 「비유」 9.3.3; 『목자』, 「환시」 3.2.4-5.

73 요셉과 아세넷 12,2-3은 이스라엘의 하느님이 만물을 창조하시고 주재하시는 분이심을 선포한다. 창세 1,1—2,4; 시편 33,6; 예레 10,12; 51,15 참조.

74 1열왕 8,47; 시편 106,6; 바룩 2,12; 다니 3,29; 9,5 참조.

간청합니다, 주님. 당신께 부르짖습니다. 저를 뒤쫓는
자들에게서 저를 구해 주소서![75] 아이가 제 아버지와
어머니에게 숨듯 저는 당신께 숨어듭니다.
8 주님, 당신께서 두 팔을 제게 뻗으시어, 아이를 사랑하고 아끼는
아버지처럼 제 원수의 손에서 저를 채어 주소서!
9 보십시오! 사납고 늙은 사자가[76] 저를 뒤쫓고 있습니다!
이집트인들의 신들은 그자의 새끼입니다. 저는 그 신들을
제게서 던져 버렸으며, 부수었나이다! 이집트 신들의 아비,
악마가 저를 집어 삼키려 하나이다![77]
10 그러나 주님, 당신께서 악마의 손아귀에서 저를 구하소서!
악마의 입에서 저를 꺼내주소서![78] 그자가 늑대처럼 저를
낚아채어 찢어발기지 못하게 하소서! 그자가 저를 불의 심연과
바다 폭풍 속으로 던져 넣지 못하게 하소서![79] 거대한 바다

---

75 시편 7,2-3; 31,16; 142,7.

76 구약성경에서 사자는 뒤쫓는 자, 박해자를 비유한다: 시편 7,3; 22,14; 에스 4,17㉔. 사자는 후대로 가면서 악마를 상징하게 되었다. 요셉과 아세넷 12,9에 사자에 이어 바로 악마(διάβολος)라는 단어가 등장한다: 요셉의 유언 19,8; 1베드 5,8: "정신을 차리고 깨어 있도록 하십시오. 여러분의 적대자 악마(ὁ ἀντίδικος ὑμῶν διάβολος)가 으르렁거리는 사자(λέων)처럼 누구를 삼킬까 하고 찾아 돌아다닙니다"를 참조하라. 그런데 4에즈 12,31-32에서는 '사자'가 메시아를 상징한다. 에즈라가 환시에서 본 사자가 "지극히 높으신 분께서 마지막 날들까지 유보해 두신 메시아"라는 것이다.

77 묵시 12,9: "큰 용, 그 옛날의 뱀, 악마라고도 하고 사탄이라고도 하는 자"; 20,2을 보라. 이집트 신들이 악마의 자식으로 표현된 점을 주목하라. 이방의 신은 악마보다 한 수 아래다.

78 시편 22,22; 2티모 4,17.

79 시편 69,16 참조.

괴물이[80] 저를 집어삼키지 못하게 하소서!
11 홀로 남겨진 저를 구원해 주소서, 주님! 제 아버지와 어머니가
저를 홀로 남겨둔 까닭입니다. 제가 부모님의 신들을 파괴하고
부수었기 때문입니다. 그리고 이제는 고아로 고립되어 있나이다!
제게는 당신 말고는 다른 희망이 없습니다, 주님! 당신께서
고아들의 아버지시며, 박해받는 이들의 보호자시며, 억눌린
이들의 도움이시기 때문입니다![81]
12 보소서! 제 아버지 페테프레스의 재산은 잠시뿐이며, 사라져
갑니다. 그러나 주님, 당신께서 물려주신 집은 썩지 않고
영원합니다.[82]

13. 1 굽어 살피소서, 제가 고아 신세임을, 주님! 저는 당신께 피신했나
이다, 주님!
2 보소서! 금실로 짠 화려한 예복을 벗고 검은 옷을 입었나이다.
3 보소서! 황금 허리띠를 풀고 밧줄과 자루옷을 둘렀나이다!
4 보소서! 머리띠를 벗어던지고 재를 뿌렸나이다!
5 보소서! 여러 색깔의 돌들과 자색 돌들이 깔리고 향유가 뿌려져
있던 제 방의 바닥이, 지금은 저의 눈물이 뿌려져 있고 먼지가
깔려 있나이다!
6 보소서, 저의 주님! 재와 저의 눈물 때문에 제 방은 길바닥처럼

---

80 성경에는 '레비아탄'이라는 이름으로 등장한다. 시편 74,14; 이사 27,1; 욥 3,8; 40,25 참조.

81 하느님이 박해받고 억압받는 이들, 고아와 과부, 가난한 이들의 편에 서신다는 믿음은 신구약성경 전체를 관통한다. 시편 9,10; 10,14.18; 68,6; 146,7.9; 신명 10,18; 이사 1,17; 예레 22,3; 루카 4,18을 참조하라.

82 4에즈 13,56; 마르 10,21; 히브 10,34.

진흙이 가득합니다!
7 보소서, 주님! 호화로운 저의 만찬과 살진 짐승을 개들에게
주었나이다![83]
8 보소서! 저는 이레 낮 이레 밤 동안 빵도 먹지 않고 물도 마시지
않았나이다. 그리하여 제 입은 북처럼, 제 혀는 뿔처럼, 제
입술은 옹기조각처럼 메말랐나이다![84] 제 얼굴은 허물어졌고,
제 눈은 눈물의 열기로 시들었나이다!

9 주님, 저를 이해해 주소서! 제가 무지 가운데 당신께 죄를
지었으며, 저의 주군인 요셉을 모독했나이다!
10 가련한 저는 요셉이 당신의 아들인 줄을 몰랐습니다, 주님!
사람들이 제게 요셉은 가나안 출신 목자의 아들이라고
말했기에 저는 그들의 말을 믿고 오류에 빠져 당신의 선택받은
요셉을 업신여겼으며 그분을 두고 나쁘게 말했습니다. 요셉이
당신의 아들인 줄 모르는 채 말입니다!
11 사실 사람들 가운데 누가 이토록 아름다운 사람을
낳았겠습니까? 다른 누가 요셉처럼 지혜롭고 유능할 수
있겠습니까?
저의 주님! 저는 그분을 당신께 맡깁니다! 제가 그분을 제
영혼보다 더 사랑하기 때문입니다.
12 당신 은총의 지혜로 그분을 지켜주소서! 그리고 그분께 저를
시녀로 맡겨 주소서! 제가 그분의 발을 씻고 그분께 시중들며,
일생 동안 그분을 섬기겠나이다!"

83 요셉과 아세넷 10,14 참조.

84 시편 22,16 참조.

4. 아세넷의 개종

한 사람이 하늘에서 내려오다

14. 1 아세넷이 주님께 고백을 마치자 때마침 동쪽 하늘에서 샛별이 떠올랐다. 아세넷은 이를 보고 기뻐하며 말하였다. 2 "참으로 주 하느님께서 내 기도를 들어주셨네! 이 별은 사절, 위대한 날을 알리는 빛의 전령이기 때문이네! 3 보라! 샛별 가까이에서 하늘이 갈라지고[85] 형언할 수 없는 빛이 나타났네!"[86]

4 아세넷은 재에 얼굴을 대고 엎드렸다. 그때 한 사람이 하늘에서 내려와 그에게 다가왔다. 그리고 그의 머리 위에 서서 "아세넷아!" 하고 불렀다. 5 아세넷이 말하였다. "저를 부르신 분이 누구십니까? 제 방문은 굳게 닫혔고, 탑은 높습니다. 그런데 어떻게 제 방에 들어오신 걸까요?" 6 그 사람이 두 번째로 그를 부르며 말하였다. "아세넷아, 아세넷아." 아세넷은 답하였다. "보소서, 저 여기 있습니다, 주님. 당신이 누구신지 제게 알려 주십시오!" 7 그 사람이 말하였다. "나는 주님의 집의 지휘관이며 지극히 높으신 분의 군대의 우두머리다.[87] 두 발로 일어서라. 네게 할 말이 있다." 8 아세넷은 눈을 들어 위로 올려다보았다. 그랬더니 입은 옷이며, 관이며 왕홀 등 모든 점에서 요셉과 비슷한 남자가 있었다. 9 다만 그의 얼굴은 번개 같고, 눈은 태양광선 같았으며 머리칼은 불꽃같고 손과 발은 불에 달군 쇠와 같았다.[88] 10 이를 본 아

---

85 마르 1,10; 헤르마스, 『목자』, 「환시」 1.1.4 참조.

86 사도 9,3 참조. 사울이 다마스쿠스에 가까이 이르렀을 때 하늘에서 빛이 번쩍이며 그의 둘레를 비춘다.

87 하느님 군대의 우두머리는 전통적으로 미카엘 대천사를 일컫는다.

88 천사에 대한 묘사는 유다교 전통을 따른다: 다니 10,6. 아브라함 묵시록 11,1-2; 17,1-2에서는 천사를 묘사하는 데 불, 눈, 보석, 무지개, 왕홀 등의 이미지가 사

세넷은 크게 두려워하고 떨면서 그의 발치에 얼굴을 대고 엎드렸다.
11 그 사람이 아세넷에게 말하였다. "아세넷아, 용기를 내어라. 두려워하
지 마라![89] 두 발로 서라. 네게 할 말이 있다." 12 아세넷이 일어서자 그
사람이 말하였다. "네가 입은 검은 옷과, 허리에 두른 자루옷을 벗어
라! 그리고 머리에서 재를 떨어내고 생수로 얼굴을 씻어라! 13 그리고
한 번도 입어보지 않은 새 옷을 입어라! 허리에는 너의 빛나는 띠이자
순결의 띠를 두 겹으로 매어라! 14 그리고 다시 내게 오너라. 네게 보내
신 말씀을 일러주겠다!"

15 아세넷은 장신구 상자들이 있는 방에 들어가서 옷장을 열고
멋진 새 옷을 꺼냈다. 그리고 검은 옷을 벗고 눈부신 새 옷을 입었다.
16 그리고 허리에 맨 밧줄과 자루옷을 풀고, 빛나는 순결의 띠를 두 겹
매었다. 띠 하나는 허리에, 다른 하나는 가슴에 둘렀다.[90] 17 그리고 머
리에서 재를 떨어내고 깨끗한 물로 얼굴을 씻었다. 머리는 아름답고
멋진 너울로 가렸다.

천사가 하느님께서 아세넷을 받아들이셨음을 선포하다

15. 1 그러고 나서 아세넷은 그 사람에게 갔다. 아세넷을 보고 그 사람이
말하였다. "머리에서 너울을 걷어라. 오늘 너는 순결한 동정녀이며, 네
머리는 젊은 남자의 것과 비슷한 까닭이다."[91] 2 그리하여 아세넷은 머

용된다. 신약에서도 비슷하다: 마태 28,3; 묵시 1,13-16; 10,1.

89 4에즈 6,33; 마르 6,50 및 병행.

90 묵시 1,13에서 '사람의 아들 같은 분'이 가슴에 띠를 두르고 계신다.

91 1코린 11,2-16과 비교하라. 바오로 사도는 여자가 기도하거나 예언을 할 때 반드시 너울로 머리를 가려야 한다고 가르친다. 그러지 않으면 제 머리인 남편을 부끄럽게 만든다는 것이다. 요셉과 아세넷에서, 순결한 동정녀는 여느 여자와 다른 대접을 받는 것 같다. 동정녀는 머리에 너울을 쓰지 않고도 주님 앞에서 당당히 기도

리에서 너울을 걷었다. 그러자 그 사람이 말하였다. "용기를 내어라, 아세넷! 보라, 주님께서 네가 고백하는 말들을 들으셨다! [3] 용기를 내어라, 아세넷! 보라, 네 이름이 생명의 책에[92] 기록되었으며 영원히 지워지지 않을 것이다. [4] 보라, 오늘부터 너는 다시 새로워지고[93] 다시 빚어지며[94] 다시 생명을 얻을 것이다.[95] 그리고 생명의 빵을 먹고 불사의 잔을 마실 것이며, 불멸의 기름으로 도유될 것이다.[96] [5] 용기를 내어라, 아세넷! 보라, 주님께서 너를 요셉에게 신부로 주셨다. 그리고 요셉은 너의 신랑이 될 것이다.

[6] 너는 이제 더 이상 아세넷이라 불리지 않을 것이다.[97] 네 이름은

할 수 있다.

92 생명의 책, 또는 살아 있는 이들의 책이라고 불린다. 이스라엘 백성은 오래 전부터 하늘 나라의 장부에 구원될 사람이 기재되어 있다고 믿었다. 그 뿌리는 고대 근동까지 거슬러 올라간다. 탈출 32,32-33; 시편 87,6; 희년서 30,22; 루카 10,20; 묵시 20,12.15; Koep, *Das himmlische Buch in Antike und Christentum* 참조.

93 회개를 통해 다시 새로워지는 것에 대해서는 초대 그리스도교 문학에서 흔히 찾아 볼 수 있다. 헤르마스, 『목자』, 「비유」 8.6.3을 보라. 그리스도교 문학에서는 그리스도의 육화, 십자가, 세례, 성령을 통해 새로워진다는 개념이 자주 다뤄진다.

94 창세 2,7 참조. 그리스도교 문학에서는 그리스도에 의해 재창조된다는 개념이 드물지 않게 발견된다. 바르나바, 『바르나바의 편지』 2,6을 보라.

95 아브라함의 유언 18,11에도 하느님께서 생명의 영을 보내시어 죽은 이들이 다시 생명을 얻게 하셨다는 표현이 나온다. 교부들도 이 생각을 이어 받는다. 나지안주스의 그레고리우스, 『설교』 21.7.

96 아세넷이 유다인으로 다시 태어남을 가리킨다. 생명의 빵, 불사의 잔, 불멸의 기름은 그리스도의 최후 만찬, 나아가 그리스도교 전례를 연상시킨다.

97 하느님의 부르심을 받은 인간이 새로운 이름을 부여받는 것은 성경 전통에서 매우 익숙하다. 가령 아브람이 아브라함, 사라이가 사라가 된다: 창세 17,5.15; 32,29; 이사 62,4; 바룩 5,4; 즈카 8,3. 이 전통은 신약까지 이어진다. 이를테면 예수님께서 시몬에게 베드로라는 이름을 주신다: 마르 3,16; 마태 16,18. 이름은 그 사

'피신의 도시'가 될 것이다.[98] 많은 민족이 네게 피신하고, 많은 백성이 네 날개 아래 은신하며,[99] 회개를 통해 하느님 곁에 머무는 많은 이들이[100] 네 성벽 안에서 보호 받을 것이기 때문이다.

[7][101] '회개'는 지극히 높으신 분의 딸인[102] 까닭이다. '회개'는 매 순간, 너를 위해 그리고 회개하는 모든 이를 위해 지극히 높으신 분께 탄원한다.[103] 그분께서는 '회개'의 아버지시요, '회개'는 동정녀들의 어머니기 때문이다. 그리고 '회개'는 매 순간 회개하는 이들을 위해 그분께 간청한다. '회개'가 자기를 사랑하는 이들을 위해 천상의 신방을

람의 정체성을 드러낸다. 따라서 새 이름을 얻었다는 것은 새로운 정체성을 획득했다는 뜻이다. 새로운 사람으로 태어난 셈이다.

98 칠십인역 즈카 2,15을 참조하라: "그날에 많은 민족이 주님께 피신하리라. 그리고 그분의 백성이 되어 네(시온) 한가운데 살리라. 그리고 너는 전능하신 주님께서 나를 너에게 보내셨음을 알게 되리라." 즈카르야 예언자는 그날에 시온이 많은 민족의 거처가 되리라 예언한다.

99 시편 17,8; 61,5; 63,8 참조.

100 '하느님 곁에 머무는 이들'(οἱ προσκείμενοι τῷ θεῷ)은 이방인 개종자를 일컫는 표현이다. 칠십인역 이사 56,6(προσκείμενοι κυρίῳ)을 보라.

101 요셉과 아세넷 15,7-8은 '회개'(ἡ μετάνοια)를 의인화하여 칭송하고 있다. 인간의 덕목을 의인화하는 것은 유다교 문학에서 드문 현상이 아니다. 이를테면 잠언과 지혜서는 '지혜'를 의인화하고 있다. 특히 하느님의 창조와 지혜를 연결 짓는 잠언 8,22-31을 보라. 1에녹 40,9은 파누엘을 회개와 관련된 모든 일을 담당하는 회개의 천사로 소개한다. 여기서 파누엘은 미카엘, 라파엘, 가브리엘과 더불어 하느님 대전을 지키는 네 천사 가운데 하나다. 요셉과 아세넷에서는 아세넷이 '회개의 천사'에 버금가는 역할을 하고 있다. 아세넷은 '피신의 도시'가 되어 많은 민족과 백성들, 그리고 회개하는 이들이 아세넷의 보호 안에 들 것이라는 6절을 보라.

102 "회개"에 해당하는 μετάνοια가 여성형이기에 "딸"로 의인화되어 있다.

103 천사나 성조, 예언자가 죄인들을 대신하여 하느님께 기도를 올리는 것도 구약성경에 자주 등장하는 주제다. 특히 모세가 죄인들의 중개자로 알려졌다: 필론, 『상급과 처벌』 165-166. 히브리서에서는 그리스도가 인류의 중개자로 묘사된다.

마련해 두었기 때문이다.[104] '회개'는 영원히 그들에게 시중들 것이다.
8 '회개'는 몹시 아름답고 깨끗하고 순결하고 온유한 신부다. 지극히 높으신 하느님께서 '회개'를 사랑하시고, 모든 천사들이 그를 존경한다.

9 보라. 나는 요셉에게 갈 것이다. 그리고 요셉에게 너에 관해 말할 것이다. 그러면 요셉이 오늘 네게 와서 너를 만날 것이다. 그리고 너로 인해 기뻐하며 너의 신랑이 될 것이다.
10 그러니, 내 말을 들어라, 아세넷! 그리고 혼례복을 입어라! 네 방에 보관되어 있는 오래된 최고급 예복 말이다. 그리고 온갖 값진 장신구를 달고 신부답게 치장하여라. 그리고 요셉을 만날 채비를 마쳐라!
11 보라, 오늘 그가 너에게 올 것이다. 그리고 너를 보고 기뻐할 것이다."

아세넷이 천사에게 빵과 포도주를 제안하다

12 그 사람이 말을 마쳤을 때 아세넷은 크게 기뻐하며 그의 발치에 엎드려 말하였다.

13 "주 하느님은 찬미 받으소서! 저를 어둠 속에서 구하시어 빛으로 데려가시려 당신을 보내신 분! 그분의 이름은 영원히 찬미 받으소서![105]

14 나리, 제가 나리께 호의를 입었다면, 말씀드리고 싶습니다. 잠시 침상에 앉으소서! 제가 식탁에 빵을 차리겠나이다. 드소서! 그리고 향기가 하늘까지 닿는 좋은 포도주를 당신께 대령하겠나이다. 마시소

104 요한 복음서에는 예수님이 하늘에 제자들을 위해 자리를 마련해 두겠다는 표현이 나온다: 요한 14,2-3 "너희를 위하여 자리를 마련하면." 신방 개념은 영지주의 문학에서 구체적으로 다뤄진다: 필립보 복음 67; 69-70(송혜경, 『영지주의자들의 성서』, 389-395) 참조.

105 시편 72,19.

서! 그런 뒤에 당신 갈 길을 떠나소서!"[106]

천사가 아세넷에게 천상의 양식을 주다

16. [1] 그 사람이 아세넷에게 말하였다. "자, 내게 꿀이 든 벌집도 가져오너
라!" [2] 아세넷이 말하였다. "나리, 제 상속지에 다녀오게 해 주십시오.
꿀이 든 벌집을 가져오겠습니다." [3] 그 사람이 아세넷에게 말하였다.
"네 방으로 가라, 거기서 꿀이 든 벌집을 찾을 것이다."

[4] 아세넷이 자기 방에 들어가 보니 꿀이 든 벌집이 식탁 위에 놓
여 있었다. 벌집은 눈처럼 하얗고 꿀로 가득했으며 그 향은 생명의 향
기 같았다.[107] [5] 아세넷은 벌집을 집어 들고 그에게 가져갔다. 그 사람이
아세넷에게 말하였다. "어째서 '저희 집에는 꿀이 든 벌집이 없습니다!'
하고 말했느냐? 보아라, 네가 그것을 내게 가져오지 않았느냐?" [6] 아세
넷이 말하였다. "주님, 저희 집에는 꿀이 든 벌집이 없었습니다. 그런데
당신께서 말씀하시자 그것이 생겼습니다.[108] 이것은 분명 당신의 입에
서 나오지 않았을까요? 그 향이 마치 향유의 향과 비슷하니 말입니다."

[7] 그 사람은 손을 뻗어 아세넷의 머리를 잡으며 말하였다. "너는
행복하다, 아세넷! 너에게 하느님의 비밀이 계시되었기 때문이다. 회개
로 주 하느님 곁에 머무는 이들은[109] 행복하다! 이 벌집의 (꿀을) 먹

---

106 자기를 찾아오신 주님의 천사를 초대하여 식사를 대접하는 경우는 창세 18,1-8; 판관 13,15-16 등을 참조하라.

107 벌집에 대한 묘사는 탈출기의 만나를 연상시킨다: 탈출 16,14.31. 광야의 굶주린 백성에게 만나는 곧 생명을 뜻했다. 이처럼 '꿀이 든 벌집'은 생명의 빵을 상징한다. 만나의 신학적 의미는 Meyer, "manna", 462-466을 참조하라. 지혜 19,21에는 "천상 음식"이라는 표현이 나온다.

108 또는, "당신께서 말씀하신 대로 이루어졌습니다." "당신께서 말씀하시자 그렇게 되었습니다."

109 개종자를 일컫는 말. 요셉과 아세넷 15,6 "하느님 곁에 머무는 많은 이들"에 달

게 될 것이기 때문이다. [8] 이 꿀은 호화로운 낙원의 벌들이 만들었으며, 하느님의 천사들이 먹는다.[110] 그것을 먹는 이는 누구나 영원히 죽지 않을 것이다."[111] [9] 그런 뒤 그 사람은 오른손을 뻗어 벌집을 부수어 먹었다. 그리고 자기 손으로 벌집을 뜯어 아세넷의 입에 넣어주었다.

죽은 벌들을 다시 살리다

[10] 그리고 그 사람은 손을 뻗어, 벌집 동쪽 가장자리에 자기 손가락을 대었다. 그러자 그의 손가락이 지나간 길이 피가 되었다. [11] 그는 두 번째로 손을 뻗어, 벌집 북쪽 가장자리에 자기 손가락을 대었다. 그러자 손가락이 지나간 길이 피처럼 되었다. [12] 아세넷은 왼쪽에 서서 그 사람이 하는 모든 일을 지켜보았다. [13] 그때 벌집에서 벌들이 날아올랐다. 벌들은 눈처럼 하얬으며 그 날개는 자주색과 보라색, 그리고 금색 실로 짜인 것 같았다. 또한 머리에는 황금 띠를 두르고 있었으며 날카로운 침이 나 있었다. [14] 그 벌들이 모두 아세넷에게 와서 머리에서 발끝까지 둘러쌌다. 여왕벌 같이 큰 다른 벌들은 아세넷의 양 입술을 장

린 각주를 참조하라.

110 요셉과 아세넷 16,8-9에는 천사가 아세넷에게 신비한 꿀을 먹게 하는데, 이때 그 꿀을 천사들의 양식으로 소개한다. 그러면서 천사는 그 꿀을 먹는 이는 영원히 죽지 않으리라는 말을 덧붙인다. 천사들의 양식 개념은 구약성경에서 먼저 발견된다. 시편에서는 이스라엘 백성이 광야에서 먹었던 만나를 '하늘의 곡식', '천사들의 빵'이라 부른다(시편 78,24-25). 지혜서도 만나를 천사들의 음식으로 소개한다: "당신의 백성은 당신께서 천사들의 음식으로 먹여 살리셨습니다"(지혜 16,20). 나중에 그리스도교 전통에서는 그리스도의 몸(성체)을 천사의 양식과 연결한다. 이를테면, 오리게네스는 사람들에게 천사들의 양식인 그리스도의 몸(빵)이 주어졌다고 한다. "이 빵은, … 예전에는 천사들이 먹었으나, 이제는 사람들이 먹습니다": 『시편 주해』 77,25. 야고보 원복음 8,2; 13,7에서는 어린 마리아가 성전에서 자라는 동안 천사에게서 양식을 받아 먹었다고 한다.

111 요한 6,22-59 생명의 빵에 관한 예수님의 말씀을 보라.

악하였다. 15 그 사람이 벌들에게 일렀다. "이제 너희 거처로 가거라!"
16 그러자 모든 벌들이 아세넷에게서 떨어져 나갔다. 그리고 모두 땅에
떨어져 죽었다. 17 그 사람이 말하였다. "이제 다시 일어서라, 그리고 너
희 거처로 돌아가라!" 그러자 벌들이 다시 일어났다.[112] 그리고 벌들은
모두 아세넷의 탑 옆에 있는 뜰로 돌아갔다.

17. 1 그 사람이 아세넷에게 말하였다. "너는 이 일을 지켜보았느냐?" 아세
넷이 말하였다. "보십시오, 주님, 제가 이 모든 일을 지켜보았습니다."
2 그 사람이 말하였다. "이처럼 내가 너에게 한 말은 모두 이루어질 것
이다."[113] 3 그러고 나서 그 사람은 벌집을 건드렸다. 그러자 식탁에서
불이 올라와 그 벌집을 집어삼켰다. 그리고 불타는 벌집에서 향기가
퍼져나와 온 방안을 가득 채웠다.

천사가 아세넷의 시녀들을 축복하다

4 아세넷이 그 사람에게 말하였다. "나리, 일곱 동정녀가 저의 시중을
들며 저와 함께 지냅니다. 그들은 어릴 적부터 저와 함께 자랐답니다.
저와 같은 날 밤에 태어났지요. 제가 그들을 사랑합니다. 이제 그들을
부를 테니 당신께서 저를 축복해 주신 것처럼 그들도 축복해 주십시
오." 5 그 사람이 말하였다. "불러라!" 그리하여 아세넷이 동정녀들을
불렀고 그 사람은 그들에게 축복하며 말하였다. "지극히 높으신 하느
님께서 너희를 영원히 축복하실 것이다."

---

112 벌들을 두고 천사가 행한 일화는 부활을 연상시킨다. 이는 제2성전기 후반에 부활 개념이 자라고 있었음을 보여 준다.

113 또는, "내가 너에게 한 말이 모두 이와 같을 것이다."

천사가 하늘로 올라가다

[6] 그리고 그 사람이 아세넷에게 말하였다. "이 식탁을 치워라!" 아세넷은 식탁을 치우려고 돌아섰고, 그 사람은 그녀의 눈에서 멀어져 갔다. 그리고 아세넷은 불 병거가 동쪽 하늘로 올라가는 것을 보았다.[114] [7] 아세넷이 말하였다. "주님, 당신 여종을 가엾이 여기소서! 제가 무지 가운데 당신 앞에서 악한 말을 했습니다!"

5. 요셉과 아세넷의 혼인

요셉이 돌아온다는 소식에 아세넷이 치장하다

18. [1] 이 일들이 벌어지고 있을 때 요셉의 시종 가운데 한 젊은이가 와서 말하였다. "보십시오! 하느님의 능력자이신 요셉 나리가 오늘 여러분에게 오십니다!" [2] 그러자 아세넷은 자기 집 관리인을 불러 말하였다. "나를 위해 훌륭한 만찬을 준비해 주십시오! 하느님의 능력자 요셉 님이 우리한테 오신다는군요!"

[3] 그리고 아세넷은 자기 방으로 올라가 옷장을 열고, 빛살 모양의 제일 좋은 옷을 꺼내 입었다. [4] 그리고 호화롭게 빛나는 허리띠를 매었다. 값진 보석이 달린 바로 그 허리띠였다. [5] 손에 금팔찌를 두르고 다리 쪽으로는 금으로 장식한 바지를 입었다. 가슴팍에는 값비싼 장신구를 달고, 머리에는 금관을 썼다. 관 앞쪽에는 값나가는 보석이 달려 있었다. [6] 그리고 너울로 머리를 가렸다. [7] 아세넷은 자기 하녀에게 말하였다. "샘에 가서 깨끗한 물 좀 길어오너라." 그리고 아세넷은 조가비로 만든 물 항아리 쪽으로 몸을 기울였다. 그녀의 얼굴은 태양 같았

114 지금껏 아세넷과 말한 '그 사람'이 천사임을 암시한다. 2열왕 2,11 엘리야의 승천 대목을 참조하라. 판관 13,20-22에서는 천사가 불길을 타고 올라가는 것으로 묘사된다.

고, 그녀의 눈은 떠오르는 샛별 같았다.[115]

요셉이 도착하다

19. [1] 그때 어린 소년이 와서 아세넷에게 말하였다. "보십시오! 요셉 님이
저희 뜰 대문으로 오고 계십니다." 그리하여 아세넷은 일곱 처녀와 함
께 요셉을 맞이하러 내려갔다. [2] 요셉이 아세넷을 보고 말하였다. "내
게 오시오, 순결한 동정녀여! 그대에 관한 기쁜 소식이 하늘에서 들려
왔소. 그대에 관한 모든 일을 내게 말씀해주셨소." [3] 그리고 요셉은 손
을 뻗어 아세넷을 안았다. 아세넷도 요셉에게 그렇게 하였다. 둘은 오
랫동안 서로 입을 맞추었다. 그들은 영으로 한껏 불타올랐다.

아세넷이 요셉의 발을 씻어주다

20. [1] 아세넷이 요셉에게 말하였다. "주군님, 어서 오세요! 저희 집으로 들
어오세요." 아세넷은 그의 오른손을 잡고 그를 집으로 안내하였다. [2] 그
리고 요셉을 자기 아버지 페테프레스의 의자에 앉게 하였다. 그리고 그
의 발을 씻을 물을 가져왔다.[116] 그러자 요셉이 아세넷에게 말하였다.
"이제 처녀들 가운데 하나를 데려와 내 발을 씻게 하시오!" [3] 아세넷이
그에게 말하였다. "아닙니다. 주군님. 제 손은 당신의 손이며, 당신의
발은 제 발입니다. 그러니 다른 여자는 당신의 발을 절대 씻지 못할 것

115 아세넷은 회개 이후 영광스러운 모습으로 바뀐다. 신약에서도 우리가 하느님의 영에 의해 영광스러운 모습으로, 또는 천사의 얼굴처럼 바뀌리라고 이야기한다: 2코린 3,18; 사도 6,15 참조. 예수님의 영광스러운 변모 사건이나 천사의 얼굴을 태양에 비유하는 마태 17,2; 묵시 1,16; 10,1도 참조하라.

116 손님의 발을 씻어주는 것은 환대의 표시였다: 창세 18,4; 1사무 25,41; 아브라함의 유언 3,7-9; 루카 7,44. 특히 루카 7,36-50을 보라.

입니다."[117] 그리고 아세넷은 뜻을 굽히지 않고[118] 요셉의 발을 씻었다.
4 요셉은 아세넷의 오른손을 잡고 거기에 입을 맞추었다. 아세넷은 요셉의 머리에 입을 맞추었다.

페테프레스가 혼례식을 제안하다

5 그때 아세넷의 부모가 자기네 상속지에서 돌아왔다. 부모는 아세넷이 혼례복을 입고 요셉과 함께 앉아 있는 모습을 보고 기뻐하며 하느님을 찬양하였다.[119] 그리고 먹고 마셨다.
6 페테프레스가 요셉에게 말하였다. "내일 이집트의 고관들과 제후들을 불러 그대들의 혼례를 거행하겠습니다. 아세넷을 아내로 맞아 주십시오!"
7 요셉이 말하였다. "먼저 파라오께 아세넷에 관해 알리겠소. 바로 그분이 내 아버지시기 때문이오. 그분께서 직접 아세넷을 내 아내로 주실 것이오."
8 요셉은 그날 밤 페테프레스의 집에 머물렀다. 그리고 아세넷에게는 가지 않았다. '하느님을 경외하는 남자가 혼례를 올리기 전에 아내와 함께 잠자리에 드는 것은 적절치 못하오' 하고 말했던 것이다.

파라오가 혼례를 거행하다

21. 1 요셉은 아침 일찍 일어나 파라오에게 가서 아세넷에 관해 아뢰었다.

---

117 요한 13,8을 참조하라. 예수님께서는 베드로에게, 당신이 베드로의 발을 씻어 주지 않으면 베드로가 당신과 아무런 몫도 나누어 받지 못한다고 말씀하신다. 발을 씻어 주는 행위가 손님 환대 그 이상의 뜻을 내포하고 있음을 알 수 있다. 요한 13,1-17을 보라.

118 직역: "그를 강제하며."

119 아세넷의 부모도 딸의 변화를 보고 딸처럼 유다교 하느님을 받아들인 것 같다. 마태 5,16 "너희의 빛이 사람들 앞을 비추어, 그들이 너희의 착한 행실을 보고 하늘에 계신 너희 아버지를 찬양하게 하여라"를 보라. 1베드 2,12도 같은 생각을 전한다.

[2] 파라오는 사람을 보내 페테프레스와 아세넷을 불러들였다. [3] 파라오
는 그녀의 미모에 놀라 말하였다. "요셉의 주 하느님께서 너를 축복하
실 것이다. 그분께서 너를 요셉의 신부로 선택하셨다.[120] 요셉은 하느님
의 맏아들이니,[121] 너는 지극히 높으신 분의 딸이라 불릴 것이다. 그리
고 요셉은 영원히 너의 신랑이 될 것이다." [4] 파라오는 금관을 들어 두
사람의 머리에 씌워주며 말하였다. "지극히 높으신 하느님께서 너희를
축복하실 것이다. 그리고 너희 후손의 수가 영원히 늘어날 것이다."[122]

[5] 파라오는 두 사람이 서로 바라보도록 돌려 세운 다음 서로 입
맞추게 하였다. [6] 그러고 나서 파라오는 혼례식을 거행하고 연회를 베
풀었다. 그리고 이레 동안[123] 많은 술잔을 나누었다. [7] 파라오는 이집트
땅의 모든 통치자를 불러 다음과 같이 포고하였다. "요셉과 아세넷의
혼례가 치러지는 이레 동안 일을 하는 사람은 누구든 비참한 죽음으
로 죽임을 당할 것이다." [8] 혼례를 치르고 연회가 끝나자 요셉은 아세
넷에게 갔다. 그리고 아세넷은 요셉의 아이를 잉태하였다. 그리고 요셉
의 집에서 므나쎄와 그 동생 에프라임을 낳았다.

---

120 토빗 6,18을 참조하라. 부부의 인연은 하늘에서 정해준 것이라는 믿음이 깔려 있다.

121 요셉을 '하느님의 맏아들'(ὁ υἱὸς τοῦ θεοῦ ὁ πρωτότοκος 첫째로 태어난 하느님의 아들)이라 부른 것이 눈에 띈다. 나중에 신약성경에서 예수님이 그렇게 불릴 터다: 로마 8,29("하느님께서는 미리 뽑으신 이들을 당신의 아드님과 같은 모상이 되도록 미리 정하셨습니다. 그리하여 그 아드님께서 많은 형제 가운데 맏이가 되게 하셨습니다"); 히브 1,6. 콜로 1,15에서는 예수님을 "모든 피조물의 맏이", 콜로 1,18과 묵시 1,5에서는 '죽은 이들 가운데에서 맏이'시라 한다.

122 창세 1,28 참조.

123 창세 29,27; 판관 14,12.17을 보라. 고대 이스라엘에서 혼례 잔치는 전통적으로 이레 동안 치렀다.

II. 파라오의 아들이 아세넷을 납치하려 하다

6. 요셉과 아세넷이 야곱을 찾아가다

요셉과 아세넷이 요셉의 형제들과 아버지 야곱을 만나다

22. 1 이 일이 있은 뒤 대풍의 일곱 해가 지나고 기근의 일곱 해가 시작되
었다.[124] 2 야곱은 자기 아들 요셉의 소식을 듣고, 둘째 달 스무하룻날
온 친척과 함께 이집트에 왔다.[125] 그리고 고센[126] 땅에 거처를 정했다.
3 아세넷이 요셉에게 말하였다. "제가 가서 당신 아버지를 뵙겠어요. 당
신 아버지 이스라엘은 저의 아버지시기도 하니까요." 요셉이 아세넷에
게 말하였다. "함께 갑시다!" 4 요셉과 아세넷은 고센 땅에 갔다.[127] 요
셉의 형제들이 요셉 부부를 만나자 땅에 엎드려 절하였다. 5 요셉과 아
세넷이 야곱에게 가자 야곱은 둘을 축복하고 입을 맞추었다. 아세넷
은 요셉의 아버지 야곱의 목에 매달려 그에게 입을 맞추었다.[128] 6 그런
다음 그들은 먹고 마셨다.

7 요셉과 아세넷은 자기네 집을 향해 길을 떠났다. 둘은 시메온과 레
위만 앞세웠다.[129] 다른 형제들은 (이들을) 미워하고 질투했기 때문이

---

124 창세 41,53-54 참조.

125 창세 46,1-27 참조.

126 창세 46,28; 47,27 참조.

127 창세 46,29 참조.

128 가족끼리 목을 껴안고 입을 맞추는 것은 유다인들 사이에 자연스런 일이었던 듯하다. 창세 45,15; 46,29; 50,1; 3마카 5,49.

129 시메온과 레위는 야곱의 첫 아내 레아의 아들이다: 창세 29,31-34. 요셉과 아세넷에서 레위와 시메온은 매우 긍정적으로 묘사된다. 이들은 파라오의 아들에게

다.[130] 레위는 아세넷의 오른쪽에, 시메온은 왼쪽에 있었다. [8] 아세넷은 레위의 손을 잡았다. 그를 예언자로서, 그리고 하느님을 경외하고 주님을 두려워하는 이로서 사랑했기 때문이다. [9] 레위는 하늘에 쓰인 글자들을 보곤 했는데,[131] 그 글자들을 아세넷에게 읽어주고 몰래 뜻을 풀이해 주기도 하였다. 레위는 지극히 높은 곳에 있는 아세넷의 안식처를[132] 보았다.

7. 파라오 아들의 계획

파라오의 아들의 첫 번째 계획과 실패

23. [1] 요셉과 아세넷이 지나가는데 파라오의 맏아들이 성벽 안에서 그들을 보게 되었다. [2] 아세넷을 본 그는 아세넷 때문에 거의 미칠 지경이 되었다. 아세넷의 뛰어난 미모 때문이었다.

파라오의 아들은 전령을 보내어 시메온과 레위를 불러들였다. [3] 그들이 그에게 와서 그 앞에 섰다. 파라오의 아들이 그들에게 말하였다. "나는 너희가 이 땅에서 그 어떤 사람보다 더 힘이 있다는 것을 안다. 너희 오른손에 스켐인들의 도시가 괴멸되었다![133] 그리고 너희가 두

서 아세넷을 구해낸다. 반면 여종(빌하와 질파)에게서 태어난 단과 가드는 부정적으로 그려진다. 이들은 파라오의 아들과 결탁하여 요셉과 아세넷을 치려한다. 예언자들의 생애 3,17-20에서는 단과 가드 지파 사람들이 에제키엘 예언자를 죽였다고 한다.

130 직역: "미워하는 자들이 질투했기 때문이다."

131 희년서 30,19-20; 31,15; 레위의 유언 4,2-6; 1에녹 103,2; 106,19을 참조하라.

132 요셉과 아세넷 8,11의 "안식처"에 달린 각주를 참조하라. 칠십인역 이사 66,1(τόπος τῆς καταπαύσεως) 참조.

133 창세 34장 참조. 희년서 30,1-6; 레위의 유언 6—7장도 같은 내용을 다룬다. 곧 여동생 디나가 폭행당한 데 앙심을 품은 시메온과 레위가 스켐 성읍 사람들을

칼로 삼만 명의 전사를 무찔렀다! [4] 너희를 내 조력자로 쓰고 싶다. 서둘러라. 보라! 나는 너희를 내 친구로 삼겠다.[134] 그리고 너희에게 많은 금과 은, 하인들과 하녀들, 집과 큰 재산을 주겠다. 내게 협조하고[135] 호의를 베풀어다오. 내가 너희 형제 요셉에게 모욕을 입었다. 그가 아세넷을 아내로 맞이했는데, 그 여인이 처음에는 나와 약혼했기 때문이다. [5] 이제 나와 함께 가자. 내가 요셉에게 싸움을 걸어 요셉을 내 칼로 죽이고 아세넷을 아내로 맞이할 테다. 그러면 너희는 끝까지 내 형제, 내 친구가 될 것이다. [6] 그런데 너희가 내 말을 듣지 않는다면 내 칼로 너희를 죽일 테다." 그는 이 말을 하면서 자기 칼을 꺼내어 그들에게 보여주었다.

[7] 하지만 시메온은 용감하고 대범한 사내였다.[136] 그래서 칼집에서 자기 칼을 꺼내어 파라오의 아들을 내리치려 하였다. [8] 레위는 시메온의 의중을 알아차렸다. 그가 예언자로서 앞으로 일어날 일을 미리 알 수 있었기 때문이다. 레위는 시메온의 오른발을 밟아 누르며 화를 거두라는 표시를 하였다. [9] 레위가 시메온에게 말했다. "무엇 때문

죽이고 약탈한다는 이야기다.

134 여기서 친구로 삼겠다는 말은, '우정' 관계를 맺겠다는 게 아니라 위계를 따지지 않고 '우호' 관계를 맺겠다는 뜻이다. 마카베오기에는 셀레우코스 왕조의 임금들이나 로마인들이 유다인 지도자를 벗이자 동맹자로 삼는다는 표현이 종종 나온다. 가령 1마카 10,16에서는 알렉산드로스 임금이 요나탄을 벗이자 동맹자로 삼을 의도를 전한다. 1마카 10,20은 '임금의 벗'이 일종의 칭호임을 드러낸다. 1마카 14,40에서 데메트리오스 임금은 로마인들이 유다인들을 자기들의 벗이고 동맹자며 형제라고 부른다는 말을 들었다.

135 또는, "나와 동맹을 맺고."

136 시메온을 용감하고 대범한 사람으로 묘사한 것은 창세 34,25-31; 49,5-7에 근거를 두고 있다. 시메온은, 자신의 누이 디나를 더럽힌 데 대한 복수로 스켐의 남자들을 모조리 칼로 쳐 죽인다.

에 그에게 화를 냅니까? 우리는 하느님을 경외하는 사람의 자식입니다. 하느님을 경외하는 사람이 이웃에게 악을 악으로 갚는 것은 적절치 못합니다."[137]

[10] 레위는 자기 이웃인 파라오의 아들에게, 온유한 마음과 밝은 얼굴로 말하였다. "주군님! 당신은 무엇 때문에 저희 앞에서 이런 말씀을 하십니까? 저희는 하느님을 경외하는 사내들입니다. 저희 아버지는 지극히 높으신 하느님의 종이며 저희 형제 요셉은 하느님께 사랑받는 사람입니다. [11] 저희가 하느님 면전에서 어떻게 이런 악을 저지르겠습니까? 이제 저희 말을 들으십시오. 그리고 저희 형제 요셉을 두고 더 이상 이런 말씀을 하지 않도록 조심하십시오. [12] 당신께서 계속 이런 나쁜 뜻을 고집하신다면 당신을 겨누는 저희 칼이 벌써 뽑혀 있을 것입니다." [13] 두 형제는 칼집에서 칼을 뽑아들며 말하였다. "이 칼들이 보이십니까? 주 하느님께서 이 칼들로 이스라엘의 아들들이 당한 모욕을 되갚아주셨습니다. 스켐 사람들이 저희 누이 디나로 인해 저지른 일, 곧 하모르의 아들 스켐이[138] 누이를 더럽힌 일 때문이었지요."[139]

[14] 파라오의 아들은 그들이 빼어든 칼을 보고 겁에 질려 떨면서 얼굴을 바닥에 대고 그들 발 앞에 엎드렸다. [15] 레위는 오른손을 뻗어 그를 일으키며 말하였다. "두려워하지 마십시오. 다만 저희 형제를 두고 나쁜 말을 하지 않도록 조심하십시오!" [16] 형제는 겁에 질려 벌벌 떨고 있는 그를 두고 자리를 떠났다.

---

137 악을 악으로 갚지 않는다는 것은 요셉과 아세넷에서 매우 중요한 윤리 덕목이다. 이 책 28,4; 29,3을 보라. 같은 생각이 신약의 로마 12,17; 1테살 5,15; 1베드 3,9에 나온다. 폴리카르푸스, 『편지』 2.2도 참조하라.

138 창세 33,18.

139 창세 34장 참조.

파라오의 아들의 두 번째 계획

24. [1] 파라오의 아들은 아세넷 때문에 침울해하고 슬퍼하였다. 그는 몹시 괴로워하였다. [2] 시종들이 그의 귀에 대고 말하였다. "보십시오! 야곱의 두 아내인 레아와 라헬의 여종 빌하와 질파의 아들들은[140] 요셉과 아세넷을 미워하고 시기합니다. 이들이라면 주군님의 뜻대로 할 것입니다." [3] 파라오의 아들은 전령들을 보내어 그들을[141] 불러들였다. 그들은 밤중에 그에게 왔다. 파라오의 아들이 그들에게 말했다. "나는 너희가 힘 있는 사내들임을 알고 있다." [4] (요셉의) 손위형제인 가드와 단이 파라오의 아들에게 말하였다. "자, 저희 주군님께서는 당신 종들에게 뜻하신 바를 말씀하십시오! 그러면 저희는 그 뜻을 실행하겠습니다." [5] 파라오의 아들은 크게 기뻐하며 자기 시종들에게 말하였다. "여기서 물러나라. 이 사람들에게 긴밀히 할 말이 있다."

[6] 시종이 모두 자리를 뜨자 파라오의 아들은 그들에게 다음과 같이 거짓말을 하였다. "축복과 죽음이 너희 앞에 놓여 있다. 그러니 죽음이 아닌 축복을 받아들라! [7] 보라, 나는 너희가 힘 있는 자들이며 여인네처럼 죽지 않을 것임을 잘 알고 있다. 그러니 사내답게 행동하고 너희 적들에게 원수를 갚아라!" [8] 파라오의 아들은 말하였다. "나는 너희 형제 요셉이 내 아버지 파라오에게 다음과 같이 말하는 것을 들었다. '단과 가드는 여종들의 자식이며 제 형제가 아닙니다. [9] 저희 아

140 빌하는 라헬의 여종, 질파는 레아의 여종이다. 빌하는 단과 납탈리를, 질파는 가드와 아세르를 야곱에게 낳아주었다.

141 단과 납탈리, 가드와 아세르를 가리키는 듯하다. 요셉과 아세넷 24장은 단과 가드를 중심으로 이루어지지만 파라오의 아들이 납탈리와 아세르도 불러들인 것 같다. 단과 가드가 형이어서 이 둘이 이야기의 중심부에 내세워졌을 법하다. 같은 장 15절, 파라오의 아들이 네 사내에게 군사를 내어주었다는 표현을 참조하라. 25,5에는 납탈리와 아세르가 단과 가드를 반대하는 이야기가 나온다.

버지께서 돌아가실 때까지 기다렸다가, 그들과[142] 그들 가족 전부를 몹
시 괴롭혀서 저희와 함께 상속받지 못하게 만들 것입니다. 그들은 여종
의 자식들이며 나를 이스마엘 사람들에게 팔아넘겼기 때문입니다.[143]
10 저희 아버지께서 돌아가시기만 하면, 저 또한 그들이 저에게 저지른
악행을 그대로 갚아줄 것입니다.' 11 그러자 내 아버지 파라오께서 요셉
을 칭찬하시며 말씀하셨다. '잘 말하였다, 아들아. 자, 내 밑에 있는 힘
있는 남자들을 데려가라. 그리고 그들이 네게 했던 것처럼 너도 몰래
그들에게 가라. 내가 네 도움이 되어 주겠다.'"

12 파라오의 아들의 말을 들은 사람들은 몹시 동요하고 슬퍼하며
말하였다. "주군님, 저희가 당신께 청합니다. 저희를 도와주십시오. 주
군님의 종들에게 명하시면 무엇이든 실행하겠습니다." 13 파라오의 아
들이 그들에게 말하였다. "나는 오늘밤 내 아버지를 죽일 테다. 내 아
버지 파라오가 마치 요셉의 아버지인 것 같기 때문이다. 그러니 너희
도 요셉을 죽여라. 그러면 내가 아세넷을 아내로 맞이할 테다." 14 단과
가드가 그에게 말하였다. "저희는 주군님께서 명하신 바를 실행하겠
습니다. 사실 요셉이 아세넷에게 '수확 철이니, 내일 우리 상속지로 가
보시오!' 라고 하는 말을 들었습니다. 그리고 아세넷에게 육백 명의 힘
있는 전사와 쉰 명의 선발대를 딸려 보냈습니다." 15 이 말을 들은 파라
오의 아들은 네 사내에게[144] 각각 오백 명의 군사를 내주었다. 그리고
넷을 군사 우두머리이자 장수로 세웠다.

16 그러자 단과 가드가 파라오의 아들에게 말하였다. "저희는 밤
중에 길을 떠나겠습니다. 골짜기에서 매복하고 갈대 수풀에 몸을 숨기

142 단과 가드.

143 창세 37,25-28.

144 단과 납탈리, 가드와 아세르.

겠습니다. 17 주군께서는 궁수 기마병 쉰 명을 데려 가십시오. 주군께
서 앞장을 서고 그들과 멀찍이 떨어져서 가십시오. 아세넷이 와서 저희
손에 떨어지면 저희는 그 여자와 함께 있는 사람들을 치겠습니다. 18 그
러면 아세넷은 마차를 타고 도망치다가 주군님 손에 떨어질 것입니다.
그때 주군님 영혼이 원하시는 대로 그 여자를 처리하십시오. 19 그 다
음 저희는 아세넷 때문에 비탄에 빠진 요셉을 죽이겠습니다. 그리고
요셉의 눈앞에서 그의 아이들도 죽이겠습니다." 20 파라오의 아들은
이 말을 듣고 흡족해 하며 이천 명의 군사를 그들 뒤에 따라 보냈다.
21 형제들은 골짜기에 당도하여 갈대 수풀에 몸을 숨겼다. 오백
명의 군사가 그들 맞은편에 자리를 잡았다. 그들 사이에는 널찍한 길
이 나 있었다.

파라오의 아들이 파라오 살해에 실패하다

25. 1 파라오의 아들이 자기 아버지를 죽이려고 아버지의 방으로 갔다. 그
런데 아버지의 호위병들이 아버지에게 다가가지 못하게 막았다. 2 파라
오의 아들이 호위병들에게 말하였다. "아버님을 뵈어야겠다. 새로 심
은 포도나무 열매를 수확하러 가야 하기 때문이다." 3 호위병들이 그에
게 말하였다. "주군님 아버님께서 몹시 고단하십니다. 밤새 잠을 이루
지 못하셨습니다. 지금은 쉬고 계십니다. 그리고 저희에게 '아무도 내
게 오지 못하게 하여라. 내 맏아들도 안 된다' 하고 이르셨습니다." 4 그
는 화가 나서 자리에서 물러났다. 그리고 궁수 기마병 오십 명을 뽑았
다. 그리고 단과 가드가 말한 대로 오십 명보다 앞장서서 갔다.[145]

145 요셉과 아세넷 24,17을 보라. 파라오의 아들이 앞장을 섰다는 표현은 그가 군대를 지휘하는 장수임을 드러낸다.

납탈리와 아세르가 단과 가드의 계획에 반대하다

5 납탈리와 아세르가 단과 가드에게 말하였다. "두 분은 어찌하여 우리
아버지 이스라엘을 거슬러, 그리고 우리 형제 요셉을 거슬러 악을 저
지르려 합니까? 하느님께서 그를 눈동자처럼 지켜주지 않으십니까?[146]
6 전에 여러분이 그를 팔아넘기지 않았습니까? 그런데 요즘에는 그가
온 땅의 통치자이며 양식을 대주는 사람이지 않습니까? 7 이제 두 분
이 그를 거슬러 또다시 악을 행한다면 그가 이스라엘의 하느님께 도움
을 청할 것입니다. 그러면 하늘에서 불을 보내시어 여러분을 집어삼키
게 할 것입니다.[147] 그리고 하느님의 천사들이 여러분과 맞서 싸울 것
입니다."[148] 8 납탈리와 아세르의 손위형제인 단과 가드는 화가 나서 말
하였다. "우리가 여인네처럼 죽을 것 같으냐? 절대 그렇지 않다." 그러
고 나서 둘은 요셉과 아세넷을 대면하러 길을 떠났다.

8. 덫에 걸린 아세넷을 요셉의 형제들이 구해내다

아세넷이 덫에 걸리다

26. 1 아세넷은 아침 일찍 일어나 요셉에게 말하였다. "저는 우리 상속지에

---

146 신명 32,10; 시편 17,8; 1에녹 100,5 참조.

147 2열왕 1,10.12.14; 집회 48,3; 루카 9,54.

148 적들을 거슬러 주님께서 대신 싸워 주신다는 개념은 구약성경 전반에 걸쳐 나타난다. 탈출 14,14.25; 2역대 20,29("세상의 모든 나라가 주님께서 친히 이스라엘의 원수들과 싸우셨다는 소식을 듣고서는 …")을 참조하라. 2열왕 6,16-18에는 주님께서 군마와 불 병거를 보내시어 아람 군대를 물리치게 하신 일화가 나온다. 주님께서 천사들을 보내시어 함께 싸우게 하신다는 개념은 2마카 3,24-26에 나타난다. 같은 생각이 3마카 6,18-19; 『전쟁 두루마리』(1QM) 12.8-9; 마태 26,53("청하기만 하면 당장에 열두 군단이 넘는 천사들을 내 곁에 세워 주실 것이다.")에 이어진다.

가봐야겠어요. 그런데 당신이 저와 멀리 떨어질 터라 불안합니다." [2] 요
셉이 아세넷에게 말하였다. "용기를 내시오. 그리고 두려워 말고 가시
오. 주님께서 당신과 함께 계시기 때문이오. 몸소 그분께서 온갖 악에
서 당신을 눈동자처럼 지켜주실 테요.[149] [3] 나도 양식을 분배해 주러 떠
날 것이오. 그리고 도시에 있는 모든 사람에게 양식을 나누어 줄 테요.
이집트에서 단 한 사람도 기근 때문에 죽지 않게 하려는 것이오."[150]
[4] 그리하여 아세넷은 갈 길을 떠났다. 그리고 요셉도 양식을 분배하러
떠났다.

[5] 아세넷이 육백 명의 사내들과 함께 그 골짜기에 이르렀을 때였
다. 매복해 있던 파라오 아들의 부하들이 갑자기 우르르 쏟아져 나왔
다. 그리고 아세넷의 전사들을 공격하며 그들을 모두 칼로 내리쳤다.
그리하여 아세넷의 선발대를 전멸시켰다. [6] 아세넷은 마차를 타고 달
아났다.

[7] 레아의 아들 레위는 예언자이기에 이 모든 사실을 알았고 아
세넷이 처한 위험을 형제들에게 알렸다. 그들은 저마다 허벅지에 칼
을 차고, 팔에 살모사와 창을 들고 급히 아세넷이 간 길을 따라나섰
다. [8] 아세넷은 달아났지만, 바로 그때 파라오의 아들이 아세넷과 맞
닥뜨렸다. 그는 오십의 군사를 대동한 채였다. 아세넷은 그를 보고 겁
에 질려 떨었다.

149 주님께서 의인들을 모든 악에서 지켜주신다는 생각은 시편 121,7-8에 잘 나타난다: "주님께서 모든 악에서 너를 지키시고 네 생명을 지키신다. 나거나 들거나 주님께서 너를 지키신다, 이제부터 영원까지." 희년서 12,29; 31,24; 『공동체 규칙서』1QS 2.3("주님께서 너를 모든 악에서 지켜주시기를")에도 같은 생각이 드러난다. 주님의 기도에 포함된 "저희를 악에서 구하소서"(마태 6,13)라는 문장도 같은 선상에 있다.

150 창세 41,36 참조.

벤야민이 파라오의 아들에게 상처를 입히다

27. 1 벤야민은 아세넷과 함께 마차에 타고 있었다.[151] 2 벤야민은 열여덟
살의 강건한 청년이었다. 그에게는 형언할 수 없는 아름다움과 새끼사
자와 같은 힘이 있었다. 그리고 그는 하느님을 경외하고 있었다. 3 병거
에서 뛰어내린 벤야민은 계곡에서 둥근 돌을 집어 손에 꽉 쥐었다. 그
돌을 파라오의 아들을 향해 던졌는데, 그 돌은 그의 왼쪽 관자놀이를
맞혀 크고 심각한 상처를 입혔다. 파라오의 아들은 반쯤 죽은 채 자기
말에서 떨어졌다. 4 벤야민은 바위 위에 뛰어 올라가 아세넷의 마부에
게 말하였다. "자, 계곡에서 돌 오십 개를 가져다주시오!" 5 마부는 벤
야민에게 돌 오십 개를 가져다주었다. 벤야민은 그 돌들을 던져 파라
오의 아들과 함께 있던 사람 오십 명을 죽였다. 각 돌마다 한 사람씩
그 관자놀이를 맞혔다.

6 그때, 레아의 아들들, 곧 르우벤, 시메온, 레위, 유다, 이사카르
와 즈불룬은 매복하고 있던 사람들을 찾아내어 순식간에 그들을 덮
쳤다. 이 여섯 사람이 사내 이천 명을[152] 쳐 죽인 것이다.

7 다른 형제들인 빌하와 질파의 아들들은 도망쳤다. 그들은 말하
였다. "형제들 때문에 우린 망했다. 파라오의 아들은 벤야민의 손에
죽었고 그와 함께 있던 자들도 모두 벤야민의 손에 나가 떨어졌다. 그
러니 자, 이제 우리가 아세넷과 벤야민을 죽이고 갈대숲으로 도망치
자!" 8 그들은 피로 가득한 칼을 빼어들고 갔다. 이때 그들을 본 아세
넷은 말하였다.

"주, 저의 하느님! 저를 죽음으로부터 살려주신 분! '네 영혼은 영

---

151 벤야민이 뜬금없이 출현한다. 여기 서술된 벤야민의 이야기는 1사무 17장, 특히 48-51절, 소년 다윗이 돌팔매질로 필리스티아 사람 골리앗을 쳐 죽인 이야기에 착안한 듯하다.

152 파라오의 아들이 내준 군사 이천 명.

원히 살리라!'[153] 하고 제게 말씀하신 분이시여! 이 사람들에게서 저를
구해주소서!"[154]

주 하느님께서는 아세넷의 소리를 들으셨다. 곧바로 그들의 손
에서 칼이 미끄러져 나가 땅에 떨어져서는 재처럼 산산이 흩어졌다.

빌하와 질파의 아들들이 아세넷을 통해 화평을 청하다

28. [1] 빌하와 질파의 아들들은 방금 일어난 놀라운 일을 목격하고 두려움
에 휩싸여 말하였다. "주님께서 아세넷을 위해 우리와 싸우신다."[155]
[2] 여종의 아들들은 얼굴을 땅에 대고 엎드려 아세넷에게 절하며 말하
였다. "당신의 종들인 저희에게 자비를 베풀어 주십시오! 당신이 저희
의 여주인이시며, 여왕이십니다. 저희가 당신께, 그리고 저희 형제 요
셉을 거슬러 악행을 저질렀습니다. [3] 그런데 이제 하느님께서 저희에게
그 죗값을 치르게 하셨습니다.[156] 이 때문에 당신 종인 저희가 당신께
청합니다. 저희에게 자비를 베풀어 주십시오. 그리고 저희 형제들의 손

---

153 이 구절은 영혼 불멸에 대한 믿음을 드러내는 것 같다. 그러나 이 구절만으로 요셉과 아세넷 저자가 육체의 부활이 아닌 영혼의 불멸성을 주장한다고 단언할 수는 없다. 부활 신앙을 암시하는 구절도 있기 때문이다. 요셉과 아세넷 16장 아세넷에게 나타난 천사가 벌들을 살려낸 일화를 참조하라.

154 주님께서 구원자이심을 노래하는 이사 49,7.26; 54,5.8을 보라. 로마 7,24-25에서 바오로 사도는 하느님 아닌 누가 자기를 죽음에 빠진 몸에서 구해 줄 수 있겠느냐고 묻고 있다.

155 주님께서 당신 백성을 위해 적들과 싸워주신다는 생각은 탈출 14,14.25에 잘 나타나 있다. 주님께서 당신 백성을 위해 싸워주신다는 믿음이 점차 주님께서 의인들 편에 서서 악인들과 싸우신다는 믿음으로 발전했을 터다. 요셉과 아세넷 25,7 "하느님의 천사들이 여러분과 맞서 싸울 것입니다"에 달린 각주를 참조하라.

156 시편 62,13; 잠언 24,12; 집회 35,24; 로마 2,6; 2코린 11,15을 보라. 하느님께서 인간에게 그 행실대로 갚아주신다는 믿음은 신구약성경 곳곳에서 발견된다.

에서 저희를 구해 주십시오. 형제들이 당신이 당한 모욕을 복수하고
있으며 형제들의 칼이 저희를 겨누고 있습니다." [4] 아세넷이 여종의 아
들들에게 말하였다. "용기를 내세요, 그리고 두려워하지 마세요. 여러
분의 형제들은 하느님을 경외하는 사람들이며, 어떤 사람에게라도 악
을 악으로 갚지 않기 때문입니다. [5] 그러니 제가 여러분들을 위해 그들
을 달래어 화를 누그러뜨릴 때까지 갈대숲에 들어가 계십시오. 여러분
이 그들을 거슬러 큰일을 저질렀으니 말입니다. [6] 용기를 내십시오, 그
리고 두려워하지 마십시오. 주님께서 저와 여러분 사이를 판가름하실
것이기 때문입니다."[157] [7] 그리하여 단과 가드는 갈대숲으로 도망쳤다.
[8] 그런데, 마침 그때 레아의 아들들이 그들을 향해 사슴처럼 날쌔게 달
려오고 있었다. 아세넷은 병거에서 내려 눈물을 흘리며 레아의 아들
들에게 인사하였다.

[9] 레아의 아들들은 땅바닥에 대고 아세넷에게 절하였다. 그리고
큰 소리로 울며 자신들을 없애려던 형제들, 곧 여종들의 아들들을 찾
았다. [10] 아세넷이 레아의 아들들에게 말하였다. "여러분의 형제들을
살려 주십시오. 그리고 그들에게 악을 행하지 마십시오. 주님께서 저
를 지켜주셨기 때문입니다. 그분께서는 그들의 손에서 칼을 뺏으셔서
재로 만드셨습니다. 그리하여 그 칼들은 불 앞의 밀초처럼 되었습니
다.[158] [11] 주님께서 저희를 위해 싸워주신다는 것만으로 저희에겐 충분
합니다.[159] 그러니 여러분의 형제를 살려두십시오."

[12] 시메온이 아세넷에게 말하였다. "저희의 여주인께서 무엇 때문
에 당신 적들을 두둔하는 말씀을 하십니까? [13] 안 됩니다. 저희 손으로

---

157 창세 16,5; 유딧 7,24을 보라. 하느님께서 사람과 사람 사이의 시비를 가려주시리라는 믿음은 오랜 전통이다.

158 시편 68,3; 미카 1,4.

159 요셉과 아세넷 25,7; 28,1을 보라.

그들을 처단하겠습니다. 그들이 저희 아버지 이스라엘과 저희 형제 요셉을 거슬러 벌써 두 번이나 악행을 저지르려 했기 때문입니다.[160] 게다가 오늘은 당신을 거슬러 일을 저지르려 했습니다." [14] 아세넷이 시메온에게 말하였다. "안 됩니다, 형제여! 절대로 자기 이웃에게 악을 악으로 갚지 마십시오. 주님께서 이 치욕을 갚아주실 것이기 때문입니다."[161] [15] 그 뒤 시메온이 아세넷에게 인사하였다. 그리고 레위가 아세넷에게 와서 그의 오른손에 입을 맞추고 그를 축복하였다.

[16] 아세넷은 그 사람들을 형제들의 화에서 구해내어 형제들이 그들을 죽이지 못하게 하였다.[162]

레위가 파라오의 아들의 목숨을 구하려 하다

29. [1] 파라오의 아들이 땅에서 일어나 앉았다. 그의 입에서 피가 흘렀다.[163] 피가 그의 관자놀이에서 나와 입으로 흘러들어갔기 때문이다. [2] 그때 벤야민이 달려와서 파라오의 아들의 칼을 잡아 칼집에서 빼냈다. 벤야민은 허벅지에 자기 칼을 차고 있지 않았기 때문이다. [3] 벤야민이 파라오의 아들을 막 치려던 찰나, 레위가 달려와서 벤야민의 손을 잡고 말했다. "형제, 절대로 이 일을 해서는 안 된다! 우리는 하느님을 경외하는 사람들이기 때문이다. 하느님을 경외하는 사람이 악을 악으로 갚는 일이나, 쓰러진 사람을 짓밟는 일, 그리고 적을 죽을 때까지 괴롭히는

---

160 창세 50,20 참조.

161 복수는 하느님의 것이다: 신명 32,35을 보라. 『공동체 규칙서』1QS 10,17-18 ("나는 아무에게도 악을 앙갚음하지 않을 것이다. 나는 선으로써 인간을 뒤쫓을 것이다. 살아 있는 모든 것의 심판이 하느님께 있기 때문이다"); 로마 12,19을 보라.

162 빌하와 질파의 네 아들들을 아세넷이 나머지 형제들의 화에서 구해냈다는 뜻이다.

163 직역: "그는 입에서 피를 흘렸다."

일 들은 온당치 않다. [4] 자, 그의 상처를 치료해주자. 그가 산다면 그는
우리 친구가 될 것이다.[164] 그리고 그의 아버지 파라오는 우리의 아버
지가 될 것이다."

[5] 레위는 파라오의 아들을 일으켜 그의 얼굴에서 피를 씻어내고
그의 상처에 붕대를 감았다. 그리고 그를 자기 말에 앉혀 그의 아버지
집으로 데리고 갔다. [6] 레위는 일어난 모든 일을 파라오에게 아뢰었다.
[7] 파라오는 왕좌에서 일어나 땅에 엎드려 레위에게 절하였다.

9. 결말

[8] 사흘 째 되는 날 파라오의 아들은 죽었다. 벤야민이 던진 돌 때문에
생긴 상처가 원인이었다. [9] 파라오는 맏아들의 죽음을 애도하며 슬픔
때문에 병이 들었다. [10] 파라오는 백아홉 살에 죽었다. 그리고 자기 왕
관을 요셉에게 물려주었다. [11] 그리하여 요셉은 이집트에서 사십팔 년
동안 임금으로 있었다. [12] 그 뒤 요셉은 왕관을 파라오의 손자에게 물
려주었다. 그리고 요셉은 이집트에서 그의 아버지 노릇을 하였다.

164 레위가 원수인 파라오의 아들에게 한 행동은 루카 복음 착한 사마리아인의 비유(루카 10,30-35)를 연상시킨다.

예언자들의 생애

The Lives of the Prophets

"예언자들의 이름. 그들은 어디 출신인가, 그들은 어디서 어떻게 죽었는가, 그리고 어디에 묻혀 있는가." 이 책의 첫 문장이 전체 구성과 내용을 요약하여 보여 준다. 실제로 이 책은 구약성경 예언서의 주인공에 해당하는 예언자들의 삶과 죽음을 앞의 첫 문장에 언급된 정보 순으로 전한다. 세 명의 대예언자와 열두 소예언자, 다니엘, 그리고 다른 일곱 예언자가 그 주인공이다. 성경에 나오지 않는 예언이나 표징, 기적 들을 담은 경우가 많고, 성경에 나오지 않는 전설적 일화나 정보가 추가된 경우도 있다. 예를 들면 요나가 사렙타 과부의 아들로(1열왕 17,8-24 참조) 소개된다.

1. 본문

예언자들의 생애는 그리스어 본문을 비롯하여 시리아어, 에티오피아어, 라틴어, 아르메니아어 등 여러 언어로 된 번역본들이 지금껏 전해진다. 이 번역본들은 모두 그리스어 본문을 토대로 만들어졌을 법하다. 그리스어로 된 필사본이 상당수 전하는데, 그 가운데 6세기 필사본인 코덱스 마르칼리아누스(Codex Marchalianus, Codex Vaticanus Gk. 2125로도 알려져 있다)가 최상의 사본으로 여겨진다.[1] 메시아에 대한 예언 등 후대 그리스도교 편집자가 첨가했을 법한 내용이 이 사본에서는 거의 발견되지 않기 때문이다. 현존하는 사본들 가운데 이 사본이 원문에 가장 가까운 본문일 법하다.

1 사본에 대한 자세한 정보는 Hare, "The Lives of the Prophets: A New Translation and Introduction", 379을 참조하라.

2. 원어

예언자들의 생애는 본디 히브리어나, 아람어 또는 시리아어 등 셈족어로 만들어졌을 법하다는 의견이 많다. 그러나 지금 전하는 그리스어 본문이 다른 셈어에서 번역되었다는 확실한 증거가 없다. 게다가 인용된 성경 구절이 히브리어 본문보다 그리스어 본문에 더 가까운 경우가 더러 있다. 예를 들면 이 책에는 네부카드네자르의 아들과 다니엘의 이름이 모두 '발타사르'로 제시되어 있는데(예언자들의 생애 4,4.17), 이는 칠십인역에 따른 것이다(다니 1,7; 5,1-2.12; 7,1). 히브리어 성경에는 네부카드네자르 아들 이름은 '벨사차르'(다니 5,1-2; 7,1), 다니엘 이름은 '벨트사차르'로(다니 1,7; 5,12) 서로 다르게 제시되어 있다. 따라서 이 작품이 처음부터 그리스어로 만들어졌으리라는 추정도 가능하다.[2]

3. 저술 시기와 장소

예언자들의 생애가 언제 만들어졌는지 정확히 알기는 어렵다. 무엇보다 이 작품이 만들어지던 무렵의 시대 상황을 반영하는 내용이 거의 들어 있지 않다.

이 작품의 사본은 현재 그리스도교 문헌들 가운데서만 발견된다. 쿰란이나 다른 유다교 문학에서 이 작품을 언급한 경우가 없다. 아마도 이

2 Hare, "The Lives of the Prophets: A New Translation and Introduction", 380 참조.

작품은 기본적으로 구약성경을 토대로 유다인이 저술한 듯하다. 그러다가 어떤 경로로든 이 작품을 입수한 그리스도인들이 새롭게 다듬고 편집했을 것이다. 작품 속 예언자들이 예수님을 암시하는 듯한 메시아와 관련된 예언을 한다는 점(2,7-8 참조)이 바로 그리스도인의 손길을 거쳤다는 증거일 터다.[3] 아마 예언자들의 생애의 핵심부는 그리스도교와 상관 없는 유다인이 만들었고, 나중에 그리스도인들이 자기네가 입수한 세세한 정보들을 첨가했을 법하다.

예언자들의 생애 2,10에 나오는 이방인들이 나무에 절한다는 표현을, 이방계 그리스도인들의 십자가 숭배를 가리키는 것으로 해석한다면 이방계 그리스도교가 출현한 뒤에 만들어졌으리라는 추정이 가능해진다. 그러나 이 구절은 그리스도인들이 나중에 가필한 것으로 보인다. 이 구절이 저술 시기의 추정에 별 도움이 되지 않는다는 의미다.

저술 시기를 짐작하는 데 가장 도움이 되는 구절은 예언자들의 생애 21,1이다. "티스베 사람 엘리야는 아론 지파로 아랍인들의 땅에서 났다. 그는 길앗에서 살았는데 티스베가 사제들에게 주어진 땅이었기 때문이다." 엘리야의 출생지인 요르단 강 동편을 아랍인들의 땅이라 표현한 것이 그 단서다. 기원후 1세기에 나바태아인들(아랍)이 베로이아와 데카폴리스 지역을 다스렸기에 그들의 영향력이 요르단 강 동편까지 미쳤을 가능성이 있다. 이게 사실이라면 저자가 티스베를 나바태아인들의 땅이라 여겼을 만하다. 나바태아인들이 그 땅의 지배권을 잃은 것은 106년 트라야누스 황제에 의해서였다. 따라서 저자가 이 작푿을 그 전에 썼으리라는 가정이 가능하다. 그러므로 예언자들의 생애는 나바태아인들이 베로이아 등지를 다스리던 기원

3 신약성경 속 인물인 세례자 요한과 그 아버지 즈카르야, 시메온(루카 2,25-35 참조)이 언급된 사본도 있다: Hare, "The Lives of the Prophets: A New Translation and Introduction", 380.

후 1세기경에 만들어졌다고 보면 크게 틀리지 않는다.[4]

저술 장소는 팔레스티나였을 것이다. 무엇보다 저자가 팔레스티나 지형에 대해서 상세히 알고 있다. 특히 예루살렘에 대해서는 세세한 부분까지 잘 알고 있었다. 이사야의 무덤이 위치한 장소를 예루살렘의 다른 지형 또는 지물과 연결시켜 묘사한 점이 이 도시를 잘 알고 있었다는 방증이 된다. 이 작품이 성경을 인용하거나 암시할 때 히브리어 성경을 따를 때도 있고[5] 그리스어 성경을 따를 때도 있다는 사실도 1세기 팔레스티나의 상황과 잘 부합한다. 당시 그곳에는 아람어는 물론 그리스어를 아는 사람이 많았다. 팔레스티나 유다인이 그리스어로 작품을 썼다는 것이 그다지 놀라운 일이 아니었다. 따라서 이 작품은 1세기, 그리스어와 아람어 그리고 히브리어가 공존하던 팔레스티나 땅에서 유다인이 저술했다고 보면 될 듯하다.[6]

4. 신구약성경과의 관계

이 책의 저자는 예언자들에 관한 성경 내용, 특히 열왕기와 역대기, 그리고 각종 예언서들이 전하는 내용을 잘 알고 있었다. 그리고 아는 내용을 이 책에 활용하는 일에 주저함이 없었다. 심지어 이에 멈추지 않고 다른 원천에

---

4 Hare, "The Lives of the Prophet: A New Translation and Introduction", 381; Stuckenbruck/Gurtner, *T & T Clark Encyclopedia of Second Temple Judaism*, 445 참조.

5 예언자들의 생애 20,1 '시바타'라는 명칭, 16,3 '스파르포팀'이라는 명칭이 히브리어 성경을 반영한다. 해당 각주를 참조하라.

6 Hare, "The Lives of the Prophets: A New Translation and Introduction", 381-382 참조.

서 얻은 새로운 내용들을 첨가하기도 한다. 그리하여 구약성경에서 구할 수 없는 귀중한 정보들을 예언자들의 생애가 제공하기도 한다.

신약성경 저자들 가운데 어느 누구에 대해서도 예언자들의 생애를 잘 알고 있었다고 말할 수는 없다. 그러나 히브리서 저자는 이 책에 언급된 내용들 가운데 일부를 알고 있었던 것 같다. 히브 11,37에서 예언자들 가운데 어떤 이들은 "돌에 맞아 죽기도 하고 톱으로 잘리기도 하고 칼에 맞아 죽기도 하였"다는 설명은 세 대예언자, 곧 예레미야, 이사야와 에제키엘의 죽음에 관한 민간전승을 전하는 게 틀림없다. 예언자들의 생애에 따르면 예레미야는 돌에 맞아서(2,1), 이사야는 므나쎄 치하 때 톱에 잘려(1,1) 죽었다. 그런데 에제키엘은 그저 백성의 지도자가 죽였다고만 한다(3,2). 히브리서 저자가 예언자들의 생애에 담긴 내용 — 두 책이 같은 전승을 공유했을 수도 있다 — 을 적어도 일부는 알고 있었음을 짐작할 수 있다.

5. 신학적 의의

이 책은 구약성경에 나오는 주요 예언자들의 출생지, 사망 경위 및 묻힌 장소를 소개하면서 예언자가 살아생전에 했던 예언이나 기적을 재조명하는 일을 주목적으로 삼는다. 신학적 주제나 개념을 따로 깊이 있게 다루지는 않는다. 그래도 간접적이나마 저자의 믿음과 신학을 확인할 수는 있다.

이 책에 드러난 신학적 관점이나 성향은 구약성경에서 크게 벗어나지 않는다. 하느님은 오직 한 분뿐이시며 그분이야말로 이스라엘 백성의 구원자시며 역사의 주인이시라는 믿음, 하느님의 주권은 자연 재앙이나 기적을 통해 드러난다는 믿음(1,2-8; 2,3-4) 등이 그러하다. 자연의 질서를 거스르는 초자연적 현상들은, 하느님께서 주신 하나의 표징이나 징표로 간주된다. 곧 그 현상들은 하느님께서 예언자들을 통해 당신 백성에게 선포하신 역사적 사건의 전조前兆라는 것이다(3,7; 4,21).

예언자들의 생애에서 천사는, 행동이나 말로 하느님과 하느님 백성을 이어주는 매개자로 등장한다. 이를테면 하바쿡 예언자는, 천사들이 무너진 예루살렘 성전의 두 기둥을 과거 증언의 성막이 놓여 있던 곳(광야)에 옮겨 둘 것이라고 한다(행동: 12,12-13). 하느님의 천사가 나타나 말라키 예언자가 한 말을 그대로 되풀이했다고도 한다(말: 16,2-3).

마귀들에 대해서는 언급이 없지만 사탄이 '벨리아르'라는 이름으로 등장한다(4,7.21; 17,2).[7] 벨리아르는 열두 성조의 유언, 쿰란 문헌이나[8] 신약의 2코린 6,15에서 사탄을 가리키는 이름으로 사용된다. 요한 묵시록처럼(묵시 12,9) 이 책에서도 사탄을 '뱀'ὁ ὄφις이라 부르기도 하고(12,14), '원수'ὁ 'Εχθρός라 에둘러 표현하기도 한다(2,12).[9]

부활에 대한 믿음도 간접적으로 드러난다. 이는 계약 궤와 관련한 예레미야의 예언이 담긴 2,11-12에서 분명해진다. "그리고 예언자가 말하였다. '아론이 아니라면 어느 누구도 이 궤를 들고 나가지 못할 것입니다. 그리고 이제부터 사제들이나 예언자들 가운데 어느 누구도 궤를 열어 안에 든 돌판들을 보지 못할 것입니다. 하느님께 선택된 이, 모세만은 예외입니다. 그리고 부활 때 이 궤가 가장 먼저 부활할 것입니다. 그리고 궤는 그 바위에서 나와 시나이 산으로 옮겨질 것입니다. 그러면 모든 거룩한 이들이 그 궤

---

7 히브리어 성경에서 '쓸모 없는 자' 또는 '불량한 자'라는 의미로 사용된 '벨리아르'는 제2성전기 후반 유다교 문학과 초대 그리스도교 문학에서 '악마'의 이름 가운데 하나가 되었다. 송혜경, 『사탄 악마가 된 고발자』, 61을 참조하라.

8 쿰란 문헌에서 '벨리아르'(또는 '벨리알')는 『전쟁 두루마리』1QM 13.10-18; 『공동체 규칙서』1QS 1.18; 2.19 등에서 악의 수장으로 등장한다. 쿰란 문헌 속 벨리아르(또는 벨리알)의 의미에 대해서는 Ringgren, *The Faith of Qumran: Theology of the Dead Sea Scrolls*, 74-75을 참조하라.

9 루카 10,19(마태 13,39 참조)에서도 사탄이 원수라 불린다. 3바룩 13,2도 마찬가지다.

앞에 모여 그곳에서 주님을 기다리며 자신들을 없애려 드는 원수를 피할 것입니다.'" 이 내용은, 이 책이 저술된 기원후 1세기 유다인들 사이에 부활에 대한 믿음이 자리 잡고 있었음을 보여 준다. 부활은 신약성경의 핵심 주제 가운데 하나이기도 하다.

엘리야를 두고 그의 아버지에게 내린 다음과 같은 신탁도 중요하다. "두려워하지 마라. 그의 거처는 빛이 되고 그의 말은 선고가 될 것이다. 그리고 그는 칼과 불로 이스라엘을 심판할 것이다"(21,3). 이 신탁은 하느님께서 인간 대리자를 통해 세상을 심판하시리라는 믿음을 담고 있다. 예수님의 제자들이 이스라엘의 열두 지파를 심판할 것(마태 19,28)이라는 예수님 말씀을 이 구절에 비추어 읽는다면 이해가 한층 수월할 것이다.[10] 칼과 불로 이스라엘을 심판하는 엘리야 예언자의 모습은 예수님의 이미지와도 연결된다. 곧 예수님께서 성령과 불로 세례를 베푸시고 쭉정이를 불에 태워 버리시리라는 세례자 요한의 예언(마태 3,11-12; 루카 3,16-17)이 연상된다. 이 세상에 불을 지르러 왔다는 말씀(루카 12,49)이나 이 세상에 칼을 주러 왔다는 말씀(마태 10,34)도 같은 맥락에서 읽힌다.

예언자들의 생애라고는 하나 이 책은 예언자들의 생애나 그들이 설파한 윤리적 가르침들은 크게 다르지 않는다. 저자의 관심이 그들을 스승으로서가 아니라 하느님 말씀의 선포자로서 제시하는 데 있기 때문이다. 그래서 미래를 예언하거나 기적을 행사하면서 하느님과 사람 사이를 잇는 중개자로서의 예언자 역할이 두드러진다. 예언자의 중보자로서의 기능을 암시하는 구절, "(실로암의 물이 분출하는) 이 일이 이사야를 통해 일어났으므로 백성은 이를 기념하여 조심스레 그리고 영예롭게 그를 (실로암) 근처에 묻었다. 그가 죽은 다음에도 그의 기도를 통해 물의 혜택을 전과 같이

10 같은 생각이 사도 17,31("그분께서 당신이 정하신 한 사람을 통하여 세상을 의롭게 심판하실 날을 지정하셨기 때문입니다")에도 드러난다. 성도들이 이 세상과 천사들을 심판하리라는 1코린 6,2-3도 마찬가지다.

누리기 위해서였다”(1,5)는 신약성경 독자들에게 낯설지 않을 것이다.[11] 예수님께서 실로암 못에서 눈먼 사람을 고치신 일화는 유명하다(요한 9,1-12 참조).

예언자들의 생애는 그리스도인들의 성인 공경 전통에 적어도 간접적으로는 영향을 끼쳤을 법하다. 이 전통이 어디서 유래했는지 정확히는 알지 못한다. 어쨌든 1세기 유다인들도 세상을 떠난 예언자들을 공경했음은 분명하다.

6. 예언자들의 생애

대본: Bible Works 9이 제공하는 OPG(Old Testament Greek Pseudepigrapha): *The Greek Pseudepigrapha*. Electronic text prepared by Craig A. Evans. Morphologically tagged by Rex A. Koivisto. Copyright © 2008 Craig A. Evans. Copyright © OakTree Software, Inc.

1. [1] 예언자들의 이름. 그들은 어디 출신인가, 그들은 어디서 어떻게 죽었는가, 그리고 어디에 묻혀 있는가.

이사야

이사야는 예루살렘 출신이다. 그는 므나쎄 치하 때 죽었는데 톱으로

11 광야에서 백성을 위해 하느님께 중재 기도를 올린 모세의 일화는 신약성경 독자들에게도 익숙할 것이다. 그리스도인들은 하느님과 인간을 중재하는 예언자의 역할이 예수님에게서 온전히 실현된다고 믿는다.

두 동강이가 나서[12] 로겔의 참나무 아래에 묻혔다.[13] 히즈키야가[14] 제방을 쌓아 물을 가두어 놓은 수로[15] 근처였다.[16]

2 하느님께서 이 예언자를 통해 실로암의 표징을[17] 일으키셨다. 죽기 전 정신이 혼미해진 그가 물을 켜게 해 달라고 기도하자 곧바로 그곳에서 (물이 나와) 그에게 보내졌던 것이다. 이 때문에 그곳은 실로암이라 불렸다. '실로암'은 '보내진'이라고 번역되는 말이다.[18]

3 히즈키야 재임 때, (임금이) 구덩이와 못 들을 파기 전에도[19] 이사야의 기도로 그곳에서 물이 잠시 분출된 적이 있다. (유다) 백성이 다른 민족 사람들에게 함락당한 상태였기에, 도시가 물이 없이 전멸하지 않

---

12 므나쎄 치하에 일어난 이사야 예언자의 죽음에 대해서는 라삐 전승에도 전해진다(*b. Yevamot* 49b): Hare, "The Lives of the Prophets: A New Translation and Introduction", 385. 이사야의 순교와 승천 5,1-5; 히브 11,37 참조.

13 이사야의 순교와 승천 5,1-5 참조.

14 유다 임금 히즈키야는 므나쎄의 아버지다. 히즈키야 임금에 관해서는 2열왕 18—20장을 보라. 마태 1,9-10 참조.

15 물(개천)이 지나가는 통로를 뜻하는 것 같다. '물(개천)을 건너도록 놓은 다리'나 '얕은 여울'일 수도 있다.

16 2열왕 20,20.

17 마태 12,38; 마르 16,17; 루카 11,16; 요한 2,11; 3,2; 6,2; 6,14; 7,31; 20,30을 참조하라. 예언자들의 생애 1,2에서 '표징'은 기적을 일컫는다. 예수님께서 눈먼 사람을 고치신 기적을 전하는 요한 9,1-12을 보라. 예수님께서 땅에 침을 뱉고 그것으로 진흙을 개어 눈먼 이의 눈에 바르신 다음 '실로암 못으로 가서 눈을 씻어라' 하고 말씀하신다.

18 요한 9,7: "'실로암'은 '파견된 이'라고 번역되는 말이다"; 루카 13,4; 요한 9,11 참조. 실로암은 '보내진' 또는 '보내짐'을 뜻하는 히브리어 '실로아'(שִׁלֹחַ)의 그리스어 발음이다.

19 2열왕 20,20을 보라. 히즈키야가 저수지와 수로를 만들어 도성 안으로 물을 끌어들였다고 한다.

도록 이사야가 기도한 덕분이었다.

4 적들은 백성이 어디서 (물을) 마시는지 묻곤 하였다. 도시를 차지한 적들은 실로암 근처에 진을 쳤다. 그런데 유다인들이 (실로암에) 가면 물이 나왔다. 그러나 다른 민족 사람이 (가면), 그러지 않았다. 오늘날까지 (물은) 갑작스럽게 솟아난다. 신비가 드러나게 하려는 것이다.

5 이 일이 이사야를 통해 일어났으므로 백성은 이를 기념하여 조심스레 그리고 영예롭게 그를 (실로암) 근처에 묻었다. 그가 죽은 다음에도 그의 기도를 통해 물의 혜택을 전과 같이 누리기 위해서였다. 그에 관한 신탁이 백성에게 주어졌기 때문이기도 하다.

6 무덤은 임금들의 무덤 근처,[20] 사제들의 묘지들[21] 뒤편 남쪽을 바라보는 지점에 있다.

7 솔로몬이, 다윗이 설계한 대로 시온 동쪽에 이 무덤들을 만들었다. 가바온 쪽으로 입구가 나 있었으며 도시에서 스무 스타디온 가량 떨어져 있었다. 그리고 굽은 구조물도 만들었는데, (구조물 위치가 어딘지는) 추측할 수 없다. 그래서 오늘날까지 대부분의 사제들에게, 그리고 온 백성에게 알려져 있지 않다. 8 임금은 거기에 에티오피아 산 황금과 향신료를 보관하였다.

9 그런데 히즈키야는 이민족 사람들에게 다윗과 솔로몬의 비밀을 드러내고 자기 조상들의 뼈를 더럽혔다. 이 때문에 하느님께서 저주를 내

---

20 왕족의 무덤이 어디 있었는지는 확실히 알려져 있지 않다. 실로암 북동쪽 키드론 방면일 것으로 추정하는 학자도 있다: Weill, *La Cité de David*, 35-44, 157-173. 느헤 3,16을 참조하면 성벽 안쪽, 남동쪽 언덕의 남쪽 가장자리에 있었을 것으로 보인다: Hare, "The Lives of the Prophets: A New Translation and Introduction", 386.

21 사제들의 묘지는 실로암에서 팔백 미터 가량 떨어진 키드론 골짜기 동쪽 경사면에 세워진 건축물을 가리키는 듯하다: Hare, "The Lives of the Prophets: A New Translation and Introduction", 386.

리시어 그의 후손을 원수들의 노예가 되게 하셨다.[22] 그리고 하느님께
서 그날부터 그를 자식 못 낳는 이로 만드셨다.

예레미야

2. 1 예레미야는 아나톳 출신이다.[23] 그리고 이집트의 타흐판헤스에서[24]
백성이[25] 던진 돌에 맞아 죽는다.[26]
2 그리고 파라오 궁전의 한 지점에 안치되었다.[27] 그를 통해 이익을 보
았던 이집트인들이 그를 존경했던 까닭이다.
3 (예레미야가) 기도를 올리자, 이집트인들이 에폿이라[28] 부르는 코브
라들이 그들을 떠났었기 때문이다.
4 하느님을 믿는 이들은 모두 오늘날까지 그 지점에서 기도를 바친다.
그리고 코브라에게 물린 상처를 그곳 먼지를 발라 치료한다.

---

22 2열왕 20,12-18. 바빌론 임금 므로닥 발아단이 히즈키야가 병들었다는 소식을 듣고 그에게 편지와 예물을 보낸다. 히즈키야는 바빌론 임금이 보낸 사절을 반가이 맞아들이고, 자기 보물 창고 전체와 병기고와 창고 안에 든 모든 것, 자기 궁궐과 나라 안에 있는 모든 것을 다 보여 준다. 이에 이사야 예언자는, 궁궐 안에 있는 모든 것과 조상들이 쌓아 온 것들이 바빌론으로 옮겨질 것이며, 히즈키야의 후손들 가운데 더러는 끌려가서 바빌론 왕궁의 내시가 되리라고 예언한다.

23 예레 1,1.

24 예레 43,7 참조.

25 λαός는 이스라엘 백성을 가리킨다.

26 히브 11,37 참조.

27 예레 43,9-10 참조. 주님께서 예레미야에게, 큰 돌들을 날라다 이집트의 타흐판헤스에 있는 파라오의 궁전 입구, 포장된 광장에 묻으라고 명령하신다. 바빌론 임금 네부카드네자르를 데려오시어 그 돌들 위에 그의 왕좌를 세우시겠다는 것이다. 이 구절에 착안하여 예레미야 예언자가 파라오의 궁전에 묻혔다고 한 듯하다.

28 그리스어 ἐφώθ(에폿)은 독사를 뜻하는 히브리어 אֶפְעֶה(에프에흐)의 복수형 אֶפְעוֹת(에프옷)을 소리 나는 대로 적은 말이다.

[5] 우리는 마케도니아 사람 알렉산드로스의[29] 자녀들에게서 (다음과 같이) 들었다. 알렉산드로스는 예언자가 (묻힌) 자리에 섰을 때 예언자의 신비를 깨달았다. 그리고 그는 알렉산드리아로 그의 유해를 옮긴 뒤 예를 갖추어 그것들을 둥근 모양으로 안치했다.
[6] 그리고 코브라 종種은 (이집트) 땅에 반입 금지되었다. 대신 (알렉산드로스는) '아르골라'라는 뱀, 곧 '싸움 뱀'을 들여왔다.

[7] 한편 그 예레미야가 이집트의 사제들에게 표징을 알려주었다. 하느님 형상의 아기를 낳은 동정녀가 이집트에 오면 반드시 그들의 신상들이 흔들리고 손으로 만든 모든 것이 무너지리라는 것이었다.[30]
[8] 이 때문에 지금껏 그들은 출산한 동정녀를 공경하며 아기를 구유에 누이고 절을 올린다. 그 까닭을 물은 프톨레마이오스 임금에게 사제들이 말하였다.
"(그 표징은) 조상들에게 물려받은 신비로서, 경건한 예언자에 의해 우리 아버지들에게 전달되었습니다. 우리는 그가 (알려준) 신비의 결말

---

29 마케도니아 출신의 알렉산드로스 대왕이 이집트를 점령한 당시의 이야기다.

30 예레 43,8-13, 이집트와 관련하여 예레미야에게 내린 하느님의 신탁을 참조하라. 다음 세 전승이 합해진 것이라 추측하는 학자도 있다: Hare, "The Lives of the Prophets: A New Translation and Introduction", 387. ① 칠십인역 이사 19,1: "보라, 주님께서 빠른 구름 위에 앉아 계신다. 그분께서 이집트에 오시리라! 그리고 이집트의 신상들(손으로 만든 것)이 그분 앞에서 흔들리리라! 그것들 사이에서 이집트인들의 마음이 녹아내리리라!"; ② 칠십인역 예레 26,15: "아피스는 어디로 달아났느냐? 너의 값진 소는 남아 있지 않구나!"; ③ 칠십인역 이사 7,14: "그러므로 주님께서 몸소 너에게 표징을 주시리라. 보라 동정녀가 잉태하여 아들을 낳을 것이다. 너는 그의 이름을 임마누엘이라 불러라." 메시아가 이집트에 가서 이집트인들의 우상 숭배를 없애시리라는 유다인들의 기대가 들어 있다. 그리스도교 편집자의 작업 흔적이 엿보인다. 요셉이 마리아와 아기 예수님을 데리고 이집트로 피신한 이야기를 다루는 마태 2,13-15을 연상시킨다.

을 기다리고 있습니다."

9 예언자 (예레미야)는 성전이 함락되기 전에 율법의 궤와 그 안에 든
것을 가져다가 바위가 삼키게 하였다.[31] 그리고 곁에 있는 사람들에
게 말하였다.
10 "주님께서 시나이를 떠나 하늘로 올라가셨습니다. 그분께서는 권능
을 두르고 다시 오실 것입니다. 모든 이민족 사람들이 나무에 절할 때
[32] 그것이 여러분에게 그분 오심의 표징이 될 것입니다.
11 그리고 예언자가 말하였다. "아론이 아니라면 어느 누구도 이 궤
를 들고 나가지 못할 것입니다. 그리고 이제부터 사제들이나 예언자
들 가운데 어느 누구도 궤를 열어 안에 든 돌 판들을 보지 못할 것입
니다. 하느님께 선택된 이, 모세만은 예외입니다. 12 그리고 부활 때 이
궤가 가장 먼저 부활할 것입니다.[33] 그리고 궤는 그 바위에서 나와 시
나이 산으로 옮겨질 것입니다. 그러면 모든 거룩한 이들이 그 궤 앞
에 모여 그곳에서 주님을 기다리며 자신들을 없애려 드는 원수를 피
할 것입니다."
13 예언자는 바위에 손가락으로 하느님의 이름을 인장처럼 새겨두었다.
(이름이 새겨진) 그곳은 쇠 판화처럼 되었다. 그리고 구름이 그 이름을

---

31 2마카 2,4-8을 참조하라. 예레미야 예언자가 신탁을 받고 시나이 산으로 가서 그곳에서 발견한 동굴 집에 천막과 계약 궤와 분향 제단을 안치한 뒤 입구를 막아 버렸다는 이야기를 전한다. 4바룩 3,9-11; 3,18도 참조하라. 2바룩 6장에서는 성전의 거룩한 기물들을 가져간 이가 천사로 나온다. 그리고 땅이 입을 벌려 그 기물들을 집어 삼켰다고 한다.

32 그리스도인들의 십자가 공경을 가리키는 듯하다.

33 부활(ἀνάστασις)에 대한 믿음을 엿볼 수 있는 대목이다. 더 자세한 내용은 '서문, 4.3. 부활과 내세'를 참조하라.

덮었다. 그래서 지금까지 그리고 마지막 때까지 아무도 그 지점을 알지 못하고 그것을 읽지도 못한다.[34]

14 그 바위는 광야에 있다. 처음에 궤는 그곳 (광야), 모세와 아론이 누워 있는 두 산[35] 사이에 있었다. 밤에는 구름이 불처럼, 곧 옛날 그 불의 형태로 일어났다.[36] 하느님의 영광이 그분의 율법으로부터 사라지지[37] 않게 하려는 것이었다.[38]

15 그리고 하느님께서 예레미야에게 은총을 베푸시어, 그가 그분 신비의 완결을 보게 하셨다. 또한 그가 모세의 동반자가 되게 하셨다. 그리하여 오늘날까지도 그들은 함께 있다.[39]

---

34 "마지막 때"로 옮긴 그리스어 단어는 συντέλεια이다. 완결, 종결이라는 뜻으로 옮길 수도 있다. 구약 외경 및 신약 외경 작품에서 이 단어는 마지막 때, 종말의 의미로 쓰인다. 에즈라 묵시록 2,31; 벤야민의 유언 11,3; 즈불룬의 유언 9,8 등에서도 이 단어가 같은 뜻으로 쓰였다.

35 모세와 아론이 죽은 장소는 각각 모압 땅 느보 산(신명 32,49-50; 34,1-6)과 호르 산(신명 32,50; 민수 33,38-39)이다. "너는 예리코 맞은쪽, 모압 땅에 있는 아바림 산맥의 느보 산으로 올라가서, 내가 이스라엘 자손들에게 소유하라고 주는 가나안 땅을 바라보아라. 그리고 너의 형 아론이 호르 산에서 죽어 선조들 곁으로 간 것처럼, 너도 네가 올라간 산에서 죽어 선조들 곁으로 가야 한다"(신명 32,49-50). 모세는 모압 평야에서 예리코 맞은쪽에 있는 느보 산에 올라 주님께서 보여 주시는 약속의 땅을 본 뒤 그곳에서 목숨을 거둔다. 그리고 모압 땅 벳 프오르 맞은쪽 골짜기에 묻히는데, 그곳이 어딘지는 아무도 알지 못한다.

36 구름은 주님의 현존 또는 주님의 영광을 상징한다. 주님께서는 종종 구름에 싸여 이 땅에 내려오신다(탈출 16,10; 19,9; 33,9-10; 34,5 등). 특히 탈출 13,21을 참조하라. 구름은 기둥 모양이었을 법하다: "주님께서는 그들이 밤낮으로 행진할 수 있도록 그들 앞에 서서 가시며, 낮에는 구름 기둥 속에서 길을 인도하시고, 밤에는 불기둥 속에서 그들을 비추어 주셨다."

37 직역: "멈추지."

38 탈출 16,10 참조.

39 구약의 여러 예언자 가운데 예레미야는 특별한 위상을 누리는 듯하다. 2마카

에제키엘

3. [1] 에제키엘, 그는 사리라 땅의 사제 가문 출신이다.[40] 그리고 유다 지역
에서 죽었다.[41]
[2] 우상 숭배 때문에 (에제키엘 예언자)의 비난을 들은 이스라엘 백성의
지도자가 그곳에서 그를 죽였다.[42]
[3] 그리고 그들은 마우르 들판,[43] 아브라함의 조상인 셈과 아르팍삿

15,13-16에 따르면 예레미야 예언자가 백발노인의 모습으로 나타나 유다인 공동체를 격려한다. 이때 예레미야는 "동족을 사랑"하는 하느님의 예언자로서 "백성과 거룩한 도성을 위하여 열심히 기도해 주시는 분"으로 소개된다. 예레미야는 유다에게 금 칼을 주며 적들을 물리치라고 말한다. 예레미야가 모세처럼 여전히 살아 있으면서 백성을 위해 기도하는 사람으로 소개된다는 점을 주목하라. 마태 16,13-14에는 사람들이 사람의 아들을 두고 '세례자 요한'이라고도 하고 '엘리야'라고도 하고 '예레미야나 예언자 가운데 한 분'이라고도 한다는 말을 전한다.

40 에제 1,3에서 에제키엘은 사제로 나온다. 사리라 땅이 어딘지는 확실하지 않다. 요세푸스, 『유다 고대사』 1.2.3에 '세이리스' 땅이 언급되어 있다. 극동(특정하여 중국)의 시르 땅이라 여기는 이들도 있다: Hare, "The Lives of the Prophets: A New Translation and Introduction", 388; Reinink, "Das Land 'Seiris' (Sir) und das Volk des Sirer in jüdischen und christlichen Traditionen", 72-85.

41 다른 사본(Codex Marchalianus)에는 에제키엘이 유다 사람들에게 많은 일에 대해 예언한 뒤, 유배 기간 동안에 칼데아인들의 땅에서 죽었다고 되어 있다.

42 히브 11,37 "또 돌에 맞아 죽기도 하고 톱으로 잘리기도 하고 칼에 맞아 죽기도 하였습니다"라는 구절은 각각 예레미야, 이사야, 에제키엘 예언자의 죽음을 묘사한 것으로 보인다. 이는 예언자들의 생애 1,1(이사야)과 2,1(예레미야)에서 확인된다. 그렇다면 에제키엘은 칼에 맞아 죽었다는 전승이 있었을 것이다: Goodenough, *Jewish Symbols in the Greco-Roman Period, Vol.10*, 188-190 참조.

43 "마우르"는 칼데아의 '우르'를 가리킨다고 보는 학자도 있다. 라삐 전승에 따르면 에제키엘의 무덤은 바빌로니아, 바룩의 무덤 근처에 있었다: Hare, "The Lives of the Prophets: A New Translation and Introduction", 389.

의[44] 무덤에 그를 묻었다.
4 그 무덤은 이중으로 된 동굴이었다.[45] 아브라함도 헤브론에서 사라의
무덤을 그와 비슷하게 만들었다.[46]
5 그것이 '이중'이라 불리는 이유는, 그것이 감싸 안은 형태이며 일층은
가려져 보이지 않고 위층은 땅 위 바위에 걸려 있기 때문이다.

6 이 예언자는 백성에게 이적을 행사하여 백성으로 하여금 크바르 강
을 지켜보게 하였다.[47]
7 (강물)이 멈추면 그들은 땅 끝까지 황폐의 낫을[48] 기대해야 했고, (강
물이) 넘치면 예루살렘으로 되돌아갈 것을 (기대해도 되었다.)

8 경건한 이는 그곳에서 지내고 있었으며 많은 이들이 그에게 모여들

---

44 창세 11,10-32에 셈에서 아브라함까지 족보가 전한다. 창세 10,22; 1역대 1,17.25-27도 참조하라.

45 동굴 속 동굴, 또는 이층으로 된 동굴이었을 법하다.

46 창세 23,9에는 아브라함이 사라의 무덤으로 쓰려고 히타이트 사람들에게 막펠라의 동굴을 사들이는 내용이 나온다. 창세 23,19-20 "아브라함은 … 막펠라 밭에 있는 동굴에 자기 아내 사라를 안장하였다. 이렇게 하여 그 밭과 그 안에 있는 동굴이 히타이트 사람들에게서 아브라함에게로 넘어와 그의 묘지가 되었다"도 참조하라. 칠십인역 창세 23,9에서는 막펠라의 동굴을 "이중으로 된 동굴"(τὸ σπήλαιον τὸ διπλοῦν)이라 읽는다. 예언자들의 생애 저자가 이중 동굴을 사라의 무덤으로 사용했다는 칠십인역 창세기 전승을 알았을 법하다.

47 이 구절은 에제 1,3을 연상시킨다. "주님의 말씀이 칼데아인들의 땅 크바르 강가에 있는, 부즈의 아들 에제키엘 사제에게 내리고, 주님의 손이 그곳에서 그에게 내리셨다."

48 칠십인역 즈카 5,1-3을 보라. 즈카르야가 본 여섯 번째 환시가 히브리어 성경에서는 날아다니는 '두루마리'이지만 칠십인역에서는 날아다니는 '낫'이다. 예언자들의 생애 3,7은 칠십인역 전통을 따른다. '해제, 2. 원어'를 참조.

곤 했다.[49]
9 큰 무리가 경건한 예언자와 함께 있던 어느 날 칼데아 사람들은 그들
이 들고 일어날까 봐 두려움을 느꼈다. 그래서 (칼데아 사람들은) 살해
할 목적으로 그들에게 다가갔다.
10 그때 예언자가 물을 멈춰 세웠다. 거기 있던 (큰 무리의) 사람들이
(강 반대편) 끝까지 달아나게 하기 위해서였다. 이때 적들 가운데 겁 없
이 (그 사람들을) 뒤쫓던 자들은 물에 빠져 죽었다.[50]

11 (예언자는) 기도의 힘만으로 풍성한 물고기를 음식으로 내놓았다.
그리고 죽어가는 많은 사람들에게 하느님에게서 생명이 올 것이라며
위로하였다.

12 (예언자는) 적들에 의해 백성이 살상되자 (적의) 우두머리들에게 갔
다. 적들은 이적을 보고 겁에 질려 (살상을) 멈추었다.

13 그는 백성에게 이런 말을 하곤 하였다. "우리가 망했습니까? 우리의
희망이 사라졌습니까?"[51]
그리고 죽은 자들의 뼈 이적을 통해, 여기서도 그리고 다가올 세대에
도, 이스라엘에 희망이 있다고 백성을 설득하였다.[52]

---

49 경건한 이(ὁ ὅσιος)는 에제키엘 예언자를 가리킨다.

50 모세가 일으킨 갈대 바다의 기적을 연상시킨다.

51 칠십인역 에제 37,11, "이 뼈들은 온 이스라엘 집안이다. 그들은 '우리 뼈들은 마르고 우리 희망은 사라졌으며, 우리는 망했다'고 말한다" 참조.

52 에제 37,1-14. 죽은 자들의 뼈들이 다시 살아나는 환시를 통해 주님께서 에제키엘 예언자에게 이스라엘이 다시 일어나 고향 땅으로 되돌아갈 것임을 보여 주신다. "내가 너희 안에 내 영을 넣어 주어 너희를 살린 다음, 너희 땅으로 데려다 놓겠

[14] (예언자는) 그곳에 있으면서 당시 예루살렘과 성전에서 일어나고 있는 일을 이스라엘 백성에게 보여 주곤 하였다.
[15] (예언자는) 그곳에서 낚아채여 예루살렘으로 갔다.[53] 불신자들을 꾸짖기 위해서였다.
[16] 모세가 본 대로 (에제키엘 예언자도 환시로) 성전의 형상, 벽, 넓은 바깥담을 보았다.[54] 다니엘이 '그것이 만들어지리라' 하고 말한 대로였다.

[17] 예언자는 바빌론에서 단과 가드 지파를 심판하였다. 그들이 율법을 지키는 자들을 박해하며 주님께 불경을 저질렀기 때문이다.[55]
[18] 그는 이들에게 큰 이적을 행사하였다. 뱀들이 그들의 아기와 그들 소유의 모든 가축을 잡아먹었던 것이다.
[19] 그는 또한 백성이 (단과 가드 지파) 때문에 고향 땅으로 돌아가지 못하고, 자신들의 방황이 끝날 때까지 메디아에 머물 것이라 예언하였다.
[20] 예언자를 죽인 자가 (단과 가드 지파) 가운데 있었다. 사실 그들은

다"(에제 37,14).

53 예언자 스스로 간 것이 아니라 다른 누군가가 예언자를 낚아채 데리고 갔음을 주목하라. 에제 8,3을 보라. 사람처럼 보이는 형상이 에제키엘의 머리채를 잡자 환시 속에서 영이 예언자를 땅과 하늘 사이로 들어 올리셔서 예루살렘으로 데려가신다.

54 에제 40—42장을 보라. 주님의 손이 유배 중이던 에제키엘에게 내리시어 예루살렘 도성으로 데려가신다. 에제키엘은 환시 속에서 새 성전의 모습을 보게 된다. 탈출 25—31장을 보라. 하느님께서 모세에게 성소를 만들라 명하시며 성막의 모형과 온갖 기물의 모형을 보여 주신다. "내가 너에게 보여 주는 성막의 모형과 온갖 기물의 모형에 따라 모든 것을 만들어라"(탈출 25,9).

55 예언자들의 생애 3,17-20은 단과 가드를 부정적으로 그린다. 요셉과 아세넷에서도 마찬가지다. 이 책은 야곱의 아들들 가운데 여종인 빌하와 질파에게서 태어난 단, 가드, 납탈리와 아세르를 부정적으로 묘사한다. 이들은 요셉을 시기하여 파라오의 아들과 결탁하여 요셉과 아세넷을 치려한다(요셉과 아세넷 24—25장).

그가 사는 모든 날 동안 그를 반대하였다.[56]

다니엘

4. [1] 다니엘. 그는 유다 지파 출신으로[57] 임금을 섬기는 데 탁월한 사람들
가문에 속했다.[58] 그가 아직 아이였을 때 유다에서 칼데아인들의 땅으
로 끌려갔다. 그러나 그는 상부 벳 호론에서 태어났다.
[2] 그리고 그는 절제력 있는 사람이었다. 유다인들이 그를 내시라 여
길 정도였다.
[3] 그는 그 도성을[59] 두고 깊이 애도하였고 단식하며 온갖 탐스러운 음
식을 멀리하였다.[60] 이 사람은 여윈 편이었으나 지극히 높으신 분의 은

---

56 예언자들의 생애 3,20은, 에제키엘 예언자가 단과 가드 지파 사람에게 살해당했다고 한다. 이 두 지파는 에제키엘 예언자의 활동에 사사건건 반대하다 결국 예언자의 죽음에까지 가담했다는 것이다.

57 다니 1,3.6에 따르면 다니엘은 유다의 자손으로서 왕족 또는 귀족이었다. 이 구절들과 히즈키야의 후손 가운데 바빌론 왕궁의 내시가 나오리라는 이사 39,7의 예언을 조합하여 다니엘을 왕족이라 믿는 전통이 만들어진 듯하다. 요세푸스, 『유다 고대사』 10.10.1에 따르면 네부카드네자르가 유다인들 가운데 최고 귀족의 자제들, 곧 히즈키야 임금과 그 친족의 자제들 가운데 용모가 뛰어난 아이들을 뽑아 교육시킨 다음 몇몇을 왕궁 내시로 삼았다. 그 가운데 가장 뛰어난 아이가 다니엘을 비롯한 네 명이었다.

58 다니 1,3-5을 보라. 바빌론 임금 네부카드네자르는 이스라엘의 자손들 가운데서 뛰어난 젊은이 넷을 뽑아갔다. 그들은 모두 흠 없이 잘생기고 지혜와 이해력은 물론 왕궁에서 임금을 모실 능력과 칼데아 문학 및 언어를 배울 능력을 두루 갖추었다고 한다.

59 예루살렘 도성.

60 다니 1,8-16을 보라. 다니엘은 궁중 음식과 술로 자신을 더럽히지 않겠다고 결심하고 그대로 실천한다. 그리하여 그는 다른 세 젊은이와 함께 채소와 물만 먹었다. 그런데도 궁중 음식을 먹은 어떤 젊은이보다 이들의 용모가 더 좋고 살도 더 올랐다고 한다.

총으로 용모가 아름다웠다.[61]

4 그는 네부카드네자르가 짐승과 야수가 되었을 때[62] 그 아들 발타사
르의 요청에 따라[63] (네부카드네자르가) 파멸하지 않게 해 달라고 열
심히 기도하였다.
5 (네부카드네자르의) 앞모습과 머리는 소 같았고, 발과 뒷모습은 사
자 같았다.
6 경건한 이에게[64] 이 신비에 관해 계시되었다. (네부카드네자르가) 야
수처럼 된 것은 쾌락을 즐기는 마음과 완고함 때문이었다는 것이다.
7 권력가들은 젊을 때부터 이런 면들을 가진다. 그들이 벨리아르의[65]
멍에 때문에 소처럼 되기 때문이다. 그러다가 나이가 들면 그들은 짐
승들이 되어 훔치고 파괴하고 죽이고 내리친다.
8 거룩한 이는 하느님을 통해 (네부카드네자르가) 소처럼 풀을 먹고 있
음을, 그리고 (풀이) 그에게 사람의 양식처럼 되었음을 알게 되었다.
9 그 때문에 네부카드네자르는 소화가 끝나면 사람의 마음을 회복하
고 울었다. 그리고 밤낮으로 주님께 기도하며 마흔 번이나 애원하였다.
10 그러다가 짐승의 마음이 그에게 덮치면 자신이 사람이라는 사실을

---

61 다니 1,4.15 참조.

62 다니 4,12-13.20-22.29-30을 보라. 네부카드네자르는 다니엘이 예언한 대로 권좌에서 쫓겨나 일곱 해 동안 들짐승들과 함께 살면서 소처럼 풀을 먹었다. 그의 머리카락은 독수리처럼, 손발톱은 새처럼 자라기까지 하였다.

63 다니 5,1-2.9 참조. 네부카드네자르 임금의 아들 이름이 히브리어 성경에는 '벨사차르', 칠십인역 성경에는 '발타사르'라 되어 있다.

64 다니엘을 가리킨다.

65 사탄을 가리키는 말. 2코린 6,14-15을 보라. 빛과 어둠이 사귈 수 없듯이 그리스도와 벨리아르가 화합할 수 없다고 한다.

망각하곤 하였다.[66]
[11] 그는 혀가 올라붙어 말을 할 수 없었다. 그리고 (이를) 알아채면 곧바
로 눈물을 흘렸다. 그의 눈은 울어서 (부은) 살덩이 같았다.
[12] 많은 사람들이 그자를 보러 도성 밖에 나가곤 하였다. 오직 다니엘
만이 그자를 보고 싶어 하지 않았다. 그는 그가 (짐승으로) 변한 시간
내내 그자를 위해 기도하고 있었던 것이다.
[13] 그는 (네부카드네자르가) 다시 사람이 될 것이라고 말하곤 했다.[67]
그러나 사람들은 그의 말을 믿지 않았다.
[14] 다니엘은 (자신이 일곱 때라 말했던)[68] 일곱 해를 일곱 달이 되게 만
들었다.[69]
[15] 일곱 때의 신비가 그에게 실현되었다. 그가 일곱 달 만에 원래대로
회복되었던 것이다. 그는 (남은) 여섯 해 여섯 달 동안 줄곧 주님 앞에
엎드려 자신의 불경을 고백하였다.[70] 그분께서 그의 죄를 용서하신 뒤
그에게 왕국을 되돌려 주셨다.[71]
[16] (네부카드네자르는) 고백의 기도를 바치며 빵도 고기도 먹지 않았으
며 포도주도 마시지 않았다. 다니엘이 그에게 불린 콩과 새싹을 (먹으

---

66 다니 4,13: "그 마음이 바뀌어 사람의 마음이 아니라 짐승의 마음을 지니고 일곱 해를 지내게 하여라."

67 다니 4,22-23을 보라. 네부카드네자르가 짐승으로 지내는 시간은 일곱 해로 한정된다.

68 칠십인역에는 '일곱 해'가 아니라 ἑπτὰ καιροί 곧 '일곱 때' 또는 '일곱 계절'이라 되어 있다. 요세푸스, 『유다 고대사』 10.10.6도 마찬가지다.

69 네부카드네자르가 짐승으로 지낼 기간을 다니엘이 기도로써 단축시켰다는 전승은 *Jerahmeel* 46(Ginzberg, *The Legends of the Jews, vol.4*, 334; *vol.6*, 423)에서도 발견된다.

70 다니 4,34 참조.

71 다니 4,23.33.

며)[72] 주님 마음을 달래드리라고 조언했기 때문이다.

17 그리하여 (네부카드네자르는) 그를 발타사르라 불렀다.[73] 그를 자기
자녀들의 공동 상속자로 세우고 싶었기 때문이다.
18 그러나 경건한 이가 말하였다. "안 됩니다. 제 조상들의 상속을 포
기하고 할례 받지 않은 자들의 상속자가 되는 것은[74] 금지되어 있습
니다."[75]
19 그리고 그는 기록되지 않은[76] 무시무시한 기적들을 페르시아의 다른
임금들 앞에서도 많이 일으켰다.
20 그는 그곳에서[77] 죽었다. 그리고 왕가의 동굴에[78] 단독으로 영예롭

---

72 다니엘을 비롯하여, 바빌론 왕궁에 뽑혀 간 이스라엘의 네 젊은이도 왕궁의 음식을 멀리하고 물과 채소만 먹는다: 다니 1,16.

73 다니 1,7; 5,12. 특히 5,12에는 네부카드네자르 임금이 직접 다니엘에게 '벨트사차르'라는 이름을 지어 주었다고 한다. 히브리어 성경에는 다니엘은 '벨트사차르', 네부카드네자르의 친아들은 '벨사차르'(5,2.9)로 구분되어 있지만 칠십인역에는 둘 다 '발타사르'로 되어 있다. 예언자들의 생애 4,17에는, 네부카드네자르가 다니엘의 이름을 자기 친아들과 같게 또는 비슷하게 지은 이유가 둘을 공동 상속자로 삼기 위해서라고 소개되어 있다.

74 직역: "할례 받지 않은 자들의 상속권에 합류하는 것."

75 *Jerahmeel* 66.206(Ginzberg, *The Legends of the Jews, vol.4*, 339; *vol.6*, 427)에서도 다니엘이 같은 말을 한 것으로 전한다.

76 직역: "그들이 기록하지 않은."

77 여기서 '그곳'이 어딘지 불분명하다. 바빌로니아인지 페르시아인지 알 수 없다. 다니엘의 묘가 페르시아 수사에 있다는 전승도 있고 그가 팔레스티나에서 죽었다는 기록도 있다(Ginzberg, *The Legends of the Jews, vol.4*, 350; *vol.6*, 437). 한 필사본에서는 다니엘이 바빌로니아에서 죽었으며 그의 묘지가 당시 모든 바빌론 사람들에게 알려져 있다고 한다.

78 묘지.

게 안치되었다.

[21] 한편 그는 바빌론 위쪽에 위치한 산들과 관련한 징조를 알려주었
다.[79] 곧 "북쪽 산에서 검은 연기가 피어오르면, 바빌론의 마지막이 닥
칠 것입니다. 그런데 그 (산이) 불로 타듯 타오르면 온 땅의 마지막이
(닥칠 것입니다). 남쪽 산에서 물이 흘러내리면 (이스라엘) 백성이 그들
의 땅으로 돌아갈 것입니다. 그러나 피가 흘러내리면 온 땅에 벨리아르
의[80] 학살이 일어날 것입니다."
[22] 그러고 나서 경건한 이는 평화롭게 잠들었다.

호세아

5. [1] 호세아. 그는 벨레못 출신으로 이사카르 지파의 일원이다. 그리고 자
기 땅에 평화롭게 안치되었다.
[2] 그는 (주님 오심의) 징조를 알려 주었다. 셀롬에[81] 있는 참나무 한 그
루가 나뉘어 열두 참나무가 되면 주님께서 이 땅에 오시리라는 것이
었다.

미카

6. [1] 미카, 모레셋 사람은[82] 에프라임 지파 출신이다.[83] 미카는 아합에게

79 또는 "예언하였다."

80 사탄의 이름 가운데 하나.

81 예언자들의 생애 18,1.5을 고려하면 "셀롬"은 '실로'를 가리키는 듯하다.

82 칠십인역 미카 1,1은 Μωραθὶ 대신 Μωρασθι라 읽는다.

83 판관 17,1 "에프라임 산악 지방에 미카라는 사람이 있었다"를 보라. 예언자들의 생애 저자가 미카 예언자를 판관기의 미카와 혼동한 것 같다.

많은 일을 한 뒤 아합의 아들 요람에게[84] 교수형을 당해 죽었다.[85] 조상들의 불경을 두고 그를 꾸짖었기 때문이다.
[2] 그는 에나킴 공동묘지 근처의 자기 땅에 홀로 묻혔다.

아모스

7. [1] 아모스는 트코아 출신이다.[86] 아마시아는 종종 그를 고문하였다.[87] 그리고 마지막에는 (아마시아)의 아들이 몽둥이로 관자놀이를 쳐서 죽였다.[88]
[2] 그는 아직 숨이 붙어 있는 동안 자기 땅에 돌아갔다. 그리고 며칠 뒤에 죽어서 그곳에 묻혔다.

---

84 1열왕 22,40에 따르면 아합 임금의 아들은 아하즈야다. 요람은 아하즈야의 아우이자 아합의 아들로서 아하즈야가 죽자 그의 뒤를 이어 이스라엘의 임금이 되었다(2열왕 1,17; 3,1-3).

85 미카 1,1에 따르면 예언자 미카는 유다 임금 요탐, 아하즈, 히즈키야 시대에 활동하였다. 예언자들의 생애 저자가 1열왕 22,8에 나오는 아합 시대 사람인 이믈라의 아들 미카야와 미카 예언자를 혼동한 것 같다. 여기서 아합은 미카야가 자기를 두고 나쁘게만 예언한다고 불평한다. 1열왕 22,13-28에는 미카야가 아합의 패전을 예언한 내용이 소개된다. 두 사람을 혼동한 것은 히브리어 이름 미카(מִיכָה)와 미카야(מִיכָיְהוּ)가 칠십인역에서는 둘 다 미카(Μιχαιας)로 옮겨졌기 때문일 법하다.

86 아모 1,1: "트코아의 목양업자 가운데 한 사람인 아모스가 전한 말씀. 유다 임금 우찌야 시대에, 곧 이스라엘 임금 여호아스의 아들 예로보암 시대에, 지진이 일어나기 이태 전 그는 이스라엘에 관한 환시를 보았다."

87 아마시아('Αμασίας)는 아모 7,10-17에 나오는 베텔의 사제 아마츠야(אֲמַצְיָה)다. 아마츠야는 아모스가 이스라엘에서 임금님을 거슬러 음모를 꾸미고 있다고 모함하며 베텔에서 쫓아냈다. 아마츠야가 아모스에게 한 말이다. "선견자야, 어서 유다 땅으로 달아나, 거기에서나 예언하며 밥을 벌어먹어라. 다시는 베텔에서 예언을 하지 마라"(아모 7,12-13).

88 우찌야 임금이 붉은 쇠몽둥이로 아모스의 이마를 쳐서 죽였다는 전승이 있다(Ginzberg, *The Legends of the Jews, vol.4*, 262; *vol.6*, 357).

요엘

8. [1] 요엘은 베트마온 시골 마을, 르우벤의 땅에서 났다.[89] 그는 평화롭게 죽어서 그곳에 묻혔다.

오바드야

9. [1] 오바드야는 베타카람 시골 마을, 스켐 땅에서 났다.
[2] 그는 엘리야의 제자였다. (오바드야는) 그로 인해 많이 인내하여 (결국) 살아남았다.[90]
[3] 그는 엘리야가 목숨을 구해주었던 세 번째 오십인대장이었다. 그는 (엘리야와 함께) 아하즈야에게 내려갔다.[91]
[4] 이 일이 있은 뒤 그는 임금 섬기는 일을[92] 그만두고 미래를 예언하였

---

89 요엘 예언서에는 예언자가 어느 곳 출신인지 밝혀져 있지 않다. 다만 1역대 5,1-4에 르우벤의 자손 가운데 요엘이 포함되어 있다.

90 1열왕 18,1-19에 등장하는 이스라엘의 궁내 대신 오바드야를 오바드야 예언자와 동일시한 듯하다. 1열왕기는 궁내 대신 오바드야가 엘리야 예언자를 만난 경위를 전한다. 여기서 오바드야는 주님을 깊이 경외하는 사람으로 소개된다. 그는 이제벨이 주님의 예언자들을 학살할 때 예언자 백 명을 동굴에 숨기고 빵과 물을 대주었다고도 한다.

91 Ginzberg, *The Legends of the Jews, vol.6*, 343 참조. 예언자들의 생애 저자는 열왕기에 등장하는 오바드야를 오바드야 예언서의 저자, 곧 오바드야 예언자로 본다. 열왕기에 오바드야라는 사람이 엘리야 예언자와 결부되어 등장한다. 먼저 1열왕 18장에 아합 임금 시절 궁내 대신 오바드야가 엘리야 예언자와 만나는 장면이 나온다. 아하즈야 임금과 엘리야 예언자의 일화를 전하는 2열왕 1,1-18에도 오바드야가 나온다. 아하즈야 임금이 엘리야를 부르러 세 번째로 보낸, 이름을 밝히지 않은 오십인대장이 등장하는데 예언자들의 생애 9,3에 따르면 그가 바로 오바드야 예언자라는 것이다. 오바드야의 방문을 받은 엘리야는, 그와 함께 내려가라는 천사의 말을 듣고 임금에게 간다. 오바드야에 앞서 파견된 두 오십인대장은 수하의 부하들과 함께 죽음을 당했다.

92 1열왕 18,3에 오바드야는 궁내 대신으로 소개된다.

다. 그는 죽어서 그의 조상들과 함께 묻혔다.

요나

10. [1] 요나는 그리스인들의 해안가 도시 아조투스 인근의 카리아트모스 땅
에서 났다.
[2] 바다 괴물이 뱉어낸 요나는 니네베에 갔다가[93] 돌아왔으나 자기 땅에
머물지는 않았다. 대신 어머니를 모시고 이방인들의 고을인 수르에[94]
가서 거기서 지냈다.
[3] 그는 이렇게 말하곤 하였다. "이렇게 해서 내 치욕을 없애리라! 내가
대도시 니네베를 두고 예언하며 거짓을 말했기 때문이다."[95]

[4] 그때 엘리야는 아합 가문을 비난하며 그 땅에 기근을 불러들이고
는 (다른 곳으로) 달아났다.[96] 그리고 아들과 함께 있는 한 과부를 발
견하였다.[97] 사실 그는 할례 받지 않은 자들과 함께 지낼 수는 없었다.
[5] 그는 과부를 축복하였다. 그런데 과부의 아들이[98] 죽자 하느님께서

93 요나 2,11—3,11.

94 유딧 2,28에 수르는 해안 지방의 하나로 언급된다.

95 요나 3,4-10을 보라. 요나는 니네베의 멸망을 예언했다. 그러나 주님께서 니네베 사람들의 회개를 보시고 마음을 돌리시어 그 도시를 멸하시려는 계획을 거두신다.

96 1열왕 17,1-10. 엘리야는 아합 임금에게 이스라엘 땅에 가뭄이 있으리라 예언한 뒤 시돈에 있는 사렙타라는 마을로 피신한다.

97 1열왕 17,8-24. 사렙타의 과부를 일컫는다.

98 요나의 어머니가 바로 사렙타의 과부라는 전승이 있다: Ginzberg, *The Legends of the Jews, vol.4*, 197; *vol.6*, 318). 일부 필사본에는 '그의 아들 요나'라고 명시되어 있다.

엘리야를 통해 그를 죽은 자들 가운데서 다시 일으키셨다.[99] 그분께서 그에게 하느님을 피해 달아나는 일이 불가능함을[100] 보여 주시고자 원하셨기 때문이다.[101]
6 기근이 끝난 뒤 (요나)는 일어나 유다 땅으로 갔다. 자기 어머니가 길에서 죽자 그는 드보라의 참나무[102] 옆에 어머니를 묻었다.
7 사라아르 땅에서 지낸 뒤 그는 죽어서 크나즈의 동굴에 묻혔다 — 크나즈는 임금이 없던 시절에 부족의 판관이 되었던 사람이다.[103]

8 요나는 예루살렘과 온 땅을 두고 징조를 알려주었다. "돌이 처량하게 울부짖는[104] 것을 보게 되면 끝이 다가왔다는 뜻이다. 그리고 예루살렘에서 모든 민족 사람들을 보게 되면 이 도시가 그 밑바닥까지 파괴되리라는 뜻이다."

나훔

11. 1 나훔은 시메온 지파로 베트가브린 산 건너편 엘코스에서 났다.[105]

---

99 1열왕 17,17-24.

100 또는, "그가 하느님을 피해 달아날 수 없음을."

101 요나 1,3 참조. 니네베로 가라는 명이 내리자 요나는 하느님을 피해 달아날 속셈으로 야포로 간다.

102 창세 35,8 참조. 레베카의 유모 '드보라'는 죽어서 베텔 아래에 있는 참나무 밑에 묻힌다. 그리하여 그곳의 이름은 '알론 바쿳' 곧 '통곡의 참나무'라 불린다.

103 요세푸스, 『유다 고대사』 5.3.3에 따르면 최초의 판관이 크나즈였다. 창세 36,15.42; 판관 3,9-11을 보라. 판관기에서는 크나즈의 아들 오트니엘이 최초의 판관이었다고 한다.

104 비슷한 표현은 하바 2,11 참조.

105 나훔 1,1. 엘코스는 시메온 지파의 땅으로 알려진 유다 남서쪽 지방이었을 법하다.

[2] 요나 이후에는 그가 니네베에 대한 징조를 알렸다.[106] (니네베가) 단
물과 지하의 불로 멸망하리라는 것이었다. 그 말은 실제로 이루어졌다.
[3] 사실 지진으로 그곳 주변의 호수가 범람하여 도시를 삼켰다.[107] 그리
고 광야에서 발생한 불이 덮쳐 그곳 상부 지역을 태웠다.[108]
[4] 그는 평화롭게 죽어 자기 땅에 묻혔다.

하바쿡

12. [1] 하바쿡은 베트주카르 지방의 시메온 지파 출신이다.
[2] 그는 유배 이전에 예루살렘 함락에 대한 (환시를) 보았다. 그리고 몹
시 슬퍼하였다.
[3] 그리고 네부카드네자르가 예루살렘에 왔을 때 그는 오스트라키네
로[109] 달아났다가 이스마엘 땅에서[110] 지냈다.
[4] 그리고 칼데아 사람들이 돌아가고 예루살렘에 있던 남은 자들이 이
집트로 내려갔을 때 그는 자기 땅에서 살고 있었다.
[5] 그리고 자기 밭의 추수꾼들을 돌보곤 하였다.
[6] 그는 (추수꾼들에게 줄) 음식을 들고 자기 식구들에게 예언하며 말
하였다. "나는 지금 먼 땅에 갔다가 금방 돌아올 테요. 만약 내가 지체
하면 여러분이 추수꾼들에게 (음식을) 가져다주시오."

---

106 나훔 1,1: "니네베에 관한 신탁. 엘코스 사람 나훔이 본 환시의 책."

107 나훔 2,7.

108 나훔 3,15.

109 동부 이집트 지중해 연안에 있다: Hare, "The Lives of the Prophets: A New Translation and Introduction", 393.

110 아라비아 또는 나바태아를 가리킨다: Hare, "The Lives of the Prophets: A New Translation and Introduction", 393.

7 그리고 그는 바빌론에 가서 다니엘에게 저녁을 주었다.[111] 그리고 (돌
아와) 음식을 들고 있는 추수꾼들에게 갔다. 그러나 (자기에게) 무슨
일이 일어났는지 아무에게도 말하지 않았다.
8 그는 백성이 바빌론에서 곧 돌아오리라는 것을 알았다.
9 그는 (유배자들의) 귀환 두 해 전에 죽었다. 그리고 자신의 밭에 홀
로 묻혔다.

10 그는 유다에 사는 사람들에 관한 징조를 알려주었다. 그들이 성전
에서 빛을 보리라는 것이었다. 또 그렇게 해서 그들이 성전의 영광을
보리라는 것이었다.
11 그는 성전의 마지막에 대해서도 예언하였다. "서쪽 이민족에 의해
(마지막)이 올 것입니다."
12 그는 말하였다. "그때 다비르의[112] 휘장이 잘게 찢기고 두 기둥머리
가 잘려나갈 것입니다. 그리고 아무도 그것들이 있는 곳을 알지 못할
것입니다.
13 그것들은 천사들에 의해 광야로, 전에 증언의 성막이 놓여 있던 곳
으로 옮겨질 것입니다.
14 마지막 때에 그것들을 통해 주님께서 알려지실 것입니다. 처음부터

111 같은 이야기가 다니 14,33-39에 나온다. 이에 따르면 유다에 하바쿡 예언자가 있었는데 그가 국을 끓이고 빵을 부수어 사발에 담아서 들에 있는 추수꾼들에게 가는 길에 주님의 천사를 만난다. 그리고 하바쿡은 천사에게 이끌려 바빌론으로 가서 사자 굴에 갇힌 다니엘에게 자신이 준비한 음식을 준다. 다니엘이 음식을 먹자 하느님의 천사는 곧바로 하바쿡을 그의 고장으로 데려다 놓는다.

112 '다비르'(δαβείρ)는 지성소를 가리키는 히브리어 '드비르'(דְּבִיר)를 음역한 말이다. 칠십인역 1열왕 6,5에도 지성소("안쪽 성소")를 가리키는 데 '다비르'(δαβείρ)가 쓰였다. 참고로 구약성경에서 지성소를 가리키는 데 דְּבִיר와 קֹדֶשׁ הַקֳּדָשִׁים(코데쉬 하코다쉼, 지극히 거룩한 [곳])이 사용된다: 1열왕 6,16; 8,6 참조.

그러했듯이, 그것들이 어둠 속에서 뱀에게[113] 억압받던 이들에게 빛을 비추어줄 터이기 때문입니다."

스바니야

13. [1] 스바니야는 사바라타 지방 시메온 지파 출신이다.[114]
[2] 그는 (예루살렘) 도성에 대해, 그리고 이민족 사람들의 마지막과 불경한 자들의 치욕에 대해 예언하였다.[115]
[3] 그리고 죽어서 자기 고장에 묻혔다.

하까이

14. [1] 하까이는 아마 젊은이 때 바빌론에서 예루살렘으로 돌아온 것 같다.[116] 그는 백성의 귀환에 관해 드러내놓고 예언하였다. 그리고 그는 성전의 건축을 일부 지켜보았다.[117]

---

113 "뱀"은 사탄을 가리키는 듯하다. 묵시 12,9-18 참조. 예언자들의 생애에서 사탄은 뱀 말고도 '벨리아르'라고도 불린다(4,7.21; 17,2).

114 사바라타가 어디인지는 분명하지 않다. 비라트 사티아(Birath Satia)를 가리킨다는 추측이 있다. 철자가 바뀌었다는 것이다. 이곳은 사해 서쪽 베이트 지브린(Bayt Jibrin)에서 북쪽으로 3.5킬로미터 떨어진 곳이라고 한다. 이에 대해서는 Hare, "The Lives of the Prophets", 394 참조.

115 스바 1,4-13; 2,1-15.

116 라삐 전통에서 하까이, 즈카르야, 말라키가 다니엘과 연결된다: Ginzberg, *The Legends of the Jews, vol.6*, 613.

117 또는 "(지어 올린) 성전 건물의 일부를 눈으로 보았다." 하까 1,14 참조. 주님께서 하까이 예언자를 통해 유배에서 돌아온 자들에게 성전을 지을 것을 명하신다. 유다 총독 즈루빠벨과 대사제 예수아는 하까이 예언자의 말을 받아들여 백성과 함께 주님의 집을 짓는 일을 시작한다.

[2] 그리고 죽어서 사제들의 묘지[118] 근처에 그들처럼 영예롭게 안치되었다.

즈카르야

15. [1] 즈카르야는[119] 이미 장성한 나이에 칼데아에서 돌아왔다. 그곳에서
그는 백성에게 많은 일을 예언하였으며 그 증거로서 징조를 알려주
었다.
[2] 그는 여호차닥에게 그가 아들을 낳을 터인데 (그 아들이) 예루살렘
에서 사제로 봉직하리라고 말하였다.[120]
[3] 그는 또한 스알티엘에게도[121] 아들에 대한 축복을 내리며 즈루빠벨
이라는 이름을 정해주었다.[122]

[4] 그리고 키루스를 두고 그의 승리를 예언하였다. 또한 (키루스가) 예
루살렘을 위해 행할 봉사에 대해 미리 말해주었다.[123] 그리고 그를 크
게 축복하였다.

---

118 예언자들의 생애 1,6을 참조하라.

119 베레크야의 아들 즈카르야(즈카 1,1).

120 하까 1,1에서 대사제 예수아가 여호차닥의 아들로 소개된다. 에즈 3,2.8에서는 여호차닥의 아들 예수아가 일가 사제들 및 스알티엘의 아들 즈루빠벨과 그의 형제들과 함께 나서서 하느님께 번제물을 올릴 제단을 쌓았다고 전한다.

121 예언자들의 생애 15,3은 스알티엘을 칠십인역 에즈 3,2을 따라 '살라티엘'(Σαλαθιήλ)이라 읽는다.

122 에즈 3,2 "스알티엘의 아들 즈루빠벨" 참조.

123 에즈 1,1-11; 느헤 7,5-72을 보라. 페르시아 임금 키루스는 바빌론에 끌려간 유배자들을 예루살렘과 유다로 돌려보내는 한편 그들에게 예루살렘에 하느님의 집을 짓도록 칙령을 반포한다.

[5] 그는 예루살렘에서 예언의 말들 곧 이민족 사람들의 종말, 이스라엘,
성전, 사제들과 예언자들의 게으름, 그리고 두 배로 (갚는) 심판에[124] 대
한 (예언의 말들을) 선포하였다.[125]
[6] 그리고 그는 연로한 나이에 죽었다. 그리고 (생을) 떠나 하까이 가까
이에 묻혔다.

말라키

16. [1] 말라키. 그는 (포로들의) 귀환 이후에 소파에서 태어났다. 그리고 매
우 젊은 나이였지만 훌륭한 삶을 살았다.
[2] 온 백성이 그를 경건하고 온유한 이로 존경하여 그를 말라키라 불
렀다. 말라키는 '천사'라는 뜻이다.[126] 사실 그는 보기에도 잘생겼다.
[3] 그가 예언으로 한 모든 말을, 같은 날 하느님의 천사가 나타나서 그대
로 되풀이하였다. 임금이 없던 시절에 그랬듯이, 스파르포팀[127] 곧 판
관기에 적혀 있는 것처럼.[128]

[4] 그는 아직 젊은 나이에 자기 고장에 (묻혀) 있는 조상들에게 합류하
였다.

---

124 즈카 9,12: "바로 오늘 내가 선포한다. 나는 너에게 두 배로 갚아 주리라"; 참조: 묵시 18,6.

125 즈카르야서를 보라. 이민족에 대해서는 9,1-8, 이스라엘에 대해서는 9,11-17, 사제와 예언자들에 대해서는 7,3-14을 보라.

126 칠십인역 말라 1,1: "당신의 천사를 통해 이스라엘에 내리신 주님의 말씀"을 참조하라.

127 스파르포팀(Σφαρφωτίμ)은 판관기를 가리키는 히브리어 '세페르 쇼프팀'(Sefer Shoftim, ספר שופטים)을 잘못 음역한 말일 터이다.

128 판관 13,3-23 참조.

나탄

17. [1] 다윗의 예언자 나탄은[129] 기브온 에오에 부족 출신이다. 그가 바로
(다윗)에게 주님의 율법을 가르친 사람이다.
[2] 그는 다윗이 밧 세바와 더불어 죄를 범하리라는 것을[130] (환시로) 보
았다. 그리하여 다윗에게 일러주려고 서둘러 가고 있는데 벨리아르가
[131] 그를 방해하였다. 길 가던 중에 벌거벗은 시체가 바닥에 쓰러져 있
는 것을 발견했던 것이다. 그자는 살해당한 상태였다.
[3] 그리하여 그는 그곳에 머물렀다. 그리고 그날 밤 다윗이 죄를 저질렀
다는 사실을 알게 되었다. 그는 슬퍼하며 돌아갔다.
[4] (다윗이) 밧 세바의 남편을 없앤 사실을 두고 주님께서 다윗을 꾸짖
으시려 (나탄을) 보내셨다.[132]
[5] 그는 매우 연로한 나이에 죽어서 자기 땅에 묻혔다.

아히야

18. [1] 아히야는 엘리의 도시 실로 출신이었다.[133] 그곳은 옛 성막이 있던 곳
이다.
[2] 그는 솔로몬을 두고 그가 주님을 노엽게 만들 것이라 말하였다.[134]

---

129 2사무 7,1-17.

130 2사무 11,2-17. 다윗은 우리야의 아내 밧 세바를 탐하여 우리야를 전장으로 내몰아 죽게 만든다.

131 사탄을 가리키는 말.

132 2사무 12,1-15.

133 1열왕 11,29.

134 1열왕 11,33 참조. 아히야 예언자가 솔로몬의 신하 예로보암에게 하느님의 말씀을 전한다(1열왕 11,31-39). 솔로몬의 손에서 나라를 찢어 내어 예로보암에게 열 지파를 주시겠다는 말씀이다. 솔로몬이 "자기 아버지 다윗과는 달리, 나의 길을 걷

[3] 그는 예로보암을 꾸짖었다. 예로보암이 거짓으로 주님과 함께 걷는 척만 했기 때문이다.[135] 아히야는 소의 멍에를 환시로 보았는데 그 소는 백성을 내리 누르고 사제들을 공격하고 있었다.

[4] 솔로몬에게는, 그의 부인들이 그와 그의 모든 후손의 마음을 (다른 신들에게) 돌려놓으리라 예언하였다.[136]

[5] 그는 죽어서 실로의 참나무[137] 가까이에 묻혔다.

요아드

19. [1] 요아드는 사마레임 출신이다.[138] 그는 사자가 덮쳐서 죽은 바로 그자

지 않고, 내 눈에 드는 옳은 일을 하지도 않았으며, 나의 규정과 법규를 지키지도 않았"기 때문이다. 솔로몬이 죽은 뒤 북쪽 지파들이 반기를 들어 왕국은 북 이스라엘과 남 유다로 갈라진다. 유다와 벤야민 지파만 다윗의 후손인 르하브암을 따르고(남 유다) 나머지 열 지파는 예로보암을 따른다(북 이스라엘).

135 1열왕 14,7-14. 주님께서 다윗의 나라를 떼어 예로보암에게 주었는데도 예로보암은 다윗과 달리 주님 눈에 드는 일을 하지 않았다. "너는 너보다 앞서 있던 모든 임금보다 더 악한 짓을 저지르고, 게다가 다른 신들과 우상들을 만들어 나의 분노를 돋우었다. 이렇게 너는 나를 등 뒤로 내던졌다"(1열왕 14,9).

136 1열왕 11,1-13을 보라. 솔로몬이 사랑하여 아내로 맞은 수많은 외국 여자들은 그의 마음을 다른 신들에게 돌려놓는다. 결국 솔로몬은 이스라엘의 하느님에게서 돌아서서 우상 숭배에 빠진다.

137 예언자들의 생애 5,2 참조.

138 1열왕 13,1-32에는 예언자의 이름이 명시되지 않고 그저 '하느님의 사람'이라고만 되어 있다. 요세푸스, 『유다 고대사』 8.8.5에는 그의 이름을 야돈이라 제시한다. 라삐 전승에서는 이 예언자를 2역대 9,29에 나오는 환시가 이또로 보기도 한다 (*b. Sanhedrin* 89b, 104a). 2역대 9,29이 나탄, 아히야, 이또를 한데 묶어 솔로몬의 역사를 기록한 예언자들로 소개하기 때문이다: Hare, "The Lives of the Prophets: A New Translation and Introduction", 395.

다. 그가 암송아지 건으로 예로보암을 꾸짖었을 때의 일이다.[139]
[2] 그는 베텔에, 그를 속였던 거짓 예언자 가까이에 묻혔다.[140]

아자르야

20. [1] 아자르야는 시바타[141] 땅 출신이다. 그가 유다의 포로들을 이스라엘
에서 돌려보낸 장본인이다.[142]
[2] 그는 죽어서 자기 땅에 묻혔다.

엘리야

21. [1] 티스베 사람 엘리야는 아론 지파로 아랍인들의 땅에서[143] 났다. 그

---

139 1열왕 13,1-10.

140 '하느님의 사람'이 베텔의 예언자의 거짓말에 속아 베텔에서는 아무것도 먹고 마시지 말라고 하신 주님의 계명을 어기고 음식을 들었기 때문에 그의 주검이 조상들 곁에 묻히지 못했다고 한다: "… 너는 주님의 말을 어기고 주 너의 하느님이 너에게 내린 계명을 지키지 않았다. … 그러므로 너의 주검은 네 조상들의 무덤에 묻히지 못할 것이다"(1열왕 13,21-22). 베텔의 예언자는 길에 내던져진 '하느님의 사람'의 주검을 수습하여 자기 무덤에 묻는다. 그리고 아들들에게 자기가 죽으면 그 예언자가 묻힌 무덤에 자기를 묻어달라고 하면서 자기 뼈를 그의 뼈 곁에 놓아달라는 말을 덧붙인다(1열왕 13,30-32). 2열왕 23,17-18에서도 "유다에서 온 하느님의 사람의 무덤"에 관해 언급한다. 그의 뼈를 사마리아에서 온 예언자의 뼈와 함께 그대로 두었다고 한다.

141 '츠파타'(צְפָתָה)의 음역. 아사 임금이 에티오피아 사람 제라와 싸운 곳, '마레사의 츠파타 골짜기' 참조(2역대 14,9).

142 2역대 15,1-15을 보라. 여기서 아자르야는 오뎃의 아들로 소개된다. 이스라엘이 유다의 포로를 돌려보낸 계기는 2역대 28,9-15에 나오는 다른 오뎃의 예언에 따른 것이다.

143 1세기에는 베로이아와 데카폴리스 지역을 나바태아인들(아랍인)이 다스렸다. 당시 아랍인들의 영향력이 요르단 강 동편(트랜스요르단)의 여러 마을에 미쳤을 법하다. 그래서 저자가 길앗(요르단 강 동편 산악지대)의 티스베를 나바태아인들의

는 길앗에서 살았는데 티스베가 사제들에게 주어진 땅이었기 때문이
다.[144]
[2] 그가 태어났을 때 그의 아버지 소바카는, 눈부시게 새하얀 옷을 입
은 남자들이 자기를 부르는 것을 환시로 보았다. (환시에서) 그들은 자
기를 불에 감싸고는 불꽃을 먹으라고 자기에게 주었다.
[3] 그는 예루살렘에 와서 이 사실을 알렸다. 그러자 신탁이 그에게 말하
였다. "두려워하지 마라. 그의 거처는 빛이 되고 그의 말은 선고가 될
것이다. 그리고 그는 칼과 불로 이스라엘을 심판할 것이다."[145]

엘리사

22. [1] 엘리사. 엘리사는 르우벤의 땅 아벨 므홀라 출신이다.[146]

땅이라 여겼을 것이다: Hare, "The Lives of the Prophets: A New Translation and Introduction", 396. 참고로 토빗 1,2에 따르면 "티스베는 갈릴래아 고지대 납탈리 지방의 케데스 남쪽, 곧 하초르 위 해지는 쪽에, 그리고 포고르에서는 북쪽에 자리 잡은 곳"이다. 이 설명은 1열왕 17,1 '길앗의 티스베'와 부합하지 않는다.

144 1열왕 17,1에는 엘리야가 "길앗의 티스베에 사는 티스베 사람"으로 소개되어 있다. 유다교 전승에 따르면 엘리야는 사제 가문이었다: Ginzberg, *The Legends of the Jews, vol.6*, 316.

145 엘리야는 종종 '죽은 자들을 심판하는 자'로 인식된다: Ginzberg, *The Legends of the Jews, vol.6*, 324. 예언자들의 생애 21,3의 신탁에는 하느님께서 당신이 택하신 사람을 통해 세상을 심판하신다는 믿음이 깔려 있다. 이 믿음은 신약성경에도 계승된다. 예수님의 제자들이 열두 지파를 심판하리라는 말씀(마태 19,28)이나 성도들이 이 세상과 천사들을 심판하리라는 바오로 사도의 말(1코린 6,2-3)이 같은 믿음을 드러낸다. 사도 17,31도 참조하라. 칼과 불로 심판하는 엘리야의 이미지는, 성령과 불로 세례를 주시고 쭉정이를 꺼지지 않는 불에 태워 버리시리라는 예수님의 이미지와 연결되기도 한다(마태 3,11-12; 루카 3,16-17).

146 1열왕 19,16. 주님께서 엘리야 예언자에게 명하시어 아벨 므홀라 출신 엘리사에게 기름을 부어 그 뒤를 이을 예언자로 세우라고 하신다.

[2] 이 사람과 관련하여 전조 같은 일이 일어났다. 그가 길갈에서 태어났을 때 황금 암송아지가 날카롭게 울부짖어 예루살렘에까지 그 소리가 들려왔던 것이다.
[3] 사제는, 이스라엘에 예언자가 태어났으며 그가 새겨 만든 것들과 부어 만든 것들을 파괴할 것이라고 분명하게 밝혔다.
[4] 그는 죽어서 사마리아에 묻혔다.

즈카르야

23. [1] 즈카르야는 예루살렘 출신으로 사제 여호야다의 아들이다.[147] 유다의 요아스 임금이 제단 근처에서 죽인 이가 바로 (즈카르야다). 다윗 가문은 그의 피를 성전 현관 한가운데 뿌렸다. 사제들은 그를 수습하여 그의 아버지와 함께 묻었다.[148]
[2] 그때부터 성전에서 발현의 전조 현상이 일어났다. 그러나 사제들이 하느님 천사들의 모습을 보지는 못했다. 또한 그들은 예전처럼 다비르

---

147 여호야다의 아들 즈카르야(2역대 24,20-22; 마태 23,35)는 15장에 나왔던 베라크야의 아들 즈카르야와 다른 인물이다. 베레크야의 아들 즈카르야 예언자(즈카 1,1)는 종종 성전 뜰에서 돌에 맞아 죽은 여호야다 사제의 아들 즈카르야와 혼동된다(참조: 2역대 24,20-22; 마태 23,35). 두 즈카르야에 대한 혼동의 역사는 Blank, "The Death of Zechariah in Rabbinic Literature", 327-346을 보라.

148 2역대 24,21에는 주님의 집 뜰에서 돌을 던져 죽였다고 한다. 마태 23,35에서는 성소와 제단 사이에서 죽였다고 한다. 어떤 유다교 전승에서는 즈카르야가 사제들의 뜰에서 살해당했다고 장소를 특정하여 말한다. 즈카르야의 피가 성소의 벽에 튀었다고 하는 전승도 있다: Ginzberg, *The Legends of the Jews, vol.6*, 396. 마태오복음 저자가 예언자들의 생애를 직접 또는 간접적으로 접했을 가능성이 있다.

에서[149] 신탁을 전할 수도 없었고[150] 에폿으로 (하느님 뜻을) 물을 수도 없었으며[151] 백성에게 명백히 답할 수도 없었다.[152]

---

149 예언자들의 생애 12,12 "다비르"에 딸린 각주를 참조하라. 다비르(δαβείρ)는 '안쪽 성소' 또는 '지성소'에 해당하는 히브리어 드비르(דְּבִיר)를 소리 나는 대로 적은 말이다.

150 사제들이 지성소에서 신탁을 전했다는 증언을 다른 데서는 찾아 볼 수 없다: Hare, "The Lives of the Prophets: A New Translation and Introduction", 398.

151 아리스테아스의 편지 97 "신탁"을 참조하라. 에폿(ἐφούδ)은 예언자가 하느님께 신탁을 청할 때 도구로 사용한 것 같다(판관 17,5; 18,14.17-20; 2사무 6,14; 호세 3,4 참조). 레위의 유언 8,2.6도 보라. 에폿 외에 우림과 툼밈(참조: 민수 27,21; 신명 33,8; 에즈 2,63; 느헤 7,65)도 신탁을 청할 때 사용되곤 했다: Ginzberg, *The Legends of the Jews, vol.3*, 172을 참조하라.

152 어떤 본문에는 24장이 있다. "다른 예언자들은 (나고 죽은 장소가) 숨겨졌다. 그들의 이름은 이스라엘의 이름 책에 담긴 족보에 들어 있다. 이스라엘의 모든 종족은 이름으로 등록되기 때문이다."

아리스테아스의 편지

Letter of Aristeas

칠십인역Septuaginta 작업을 담은 작품으로 유명한 아리스테아스의 편지는, 아리스테아스가 자기 형제 필로크라테스에게 보낸 서간 형식의 글이다. 칠십인역이란 히브리어 구약성경의 그리스어 역본을 가리키는 말로서 정확하게는 '칠십인역 그리스어 구약성경'이다.[1] 아리스테아스의 편지는 '칠십인역'이라는 명칭의 기원을 알려준다는 점에서 중요한 의미를 지닌다. 이 편지에는 알렉산드리아에 파견된 일흔두 유다인 원로들이 유다교 율법서(토라) 곧 모세오경을 히브리어에서 그리스어로 번역하게 된 경위와 과정이 담겨 있다. 이에 따르면 이집트 임금이 유다교 율법서의 번역자들을 청하기 위해 예루살렘의 대사제 엘레아자르에게 사절단을 파견하였다.[2] 알렉산드리아 도서관에 그리스어로 된 유다교 율법서를 비치할 의도에서였다. 아리스테아스는 이때 예루살렘에 파견된 사절단의 일원이었다. 그는 예루살렘과 성전을 둘러보고 난 뒤 일흔두 명의 유다인 원로들을 대동하여 알렉산드리아에 돌아와서 원로들이 모세오경을 번역하는 과정을 지켜보았다고 한다. 이때 번역에 참여한 원로가 일흔두 명이었다고 해서 그리스어 성경이 나중에 칠십인역이라 불리게 된다.[3] 아리스테아스의 편지의 전문 또는 발췌문을 담

1 현재 칠십인역에는 토빗기, 유귓기, 마카베오기 상·하권, 지혜서, 집회서, 바룩서, 다니엘서 첨가문, 예레미야의 편지, 에스테르기 첨가문 등 히브리어 구약성경에 담기지 않은 책들도 포함되어 있다. 이 책들은 처음부터 그리스어로 기록되었을 것이다. 가톨릭은 구약의 경전 범위를 그리스어 성경을 기준으로 잡는다. 이때 예레미야의 편지(바룩서에 덧붙여져 있다)와 에스테르기 첨가문 및 다니엘서 첨가문은 권수에 포함시키지 않는다. 그 결과 오늘날 가톨릭 성경의 구약성경 권수는 46권이다. 히브리어 구약성경(39권)에다 토빗기, 유딧기, 마카베오기 상·하권, 지혜서, 집회서, 바룩서 이렇게 총 일곱 권을 더한 숫자다. 참고로 개신교는 히브리어 성경만 경전으로 인정하여 39권 구약성경 전통을 따른다.

2 편지 저자인 아리스테아스는 자신을 프톨레마이오스 2세 필라델포스 임금(기원전 283-246 재임)의 신하로 소개한다.

3 번역자가 일흔두 명이었다는 이야기가 초대 교부들을 거치면서 '칠십 인'으로 바뀌어 '칠십 인에 의한 성경(거룩한 책)'이 되고, 여러 필사본에서 '칠십 인에

은 사본이 스무 종 이상 전해진다.[4] 이 사본들은 11세기에서 16세기 사이에 만들어졌다. 이 편지는 본디 그리스어로 쓰였다. 필자가 번역 대본으로 삼은 그리스어 본문도 본디 그리스어로 쓰였지 다른 언어에서 번역된 것이 아니다. 하지만 본문의 저자가 훌륭한 그리스어를 구사했다고 말하기는 어렵다. 복잡한 문장도 많고 문법적 오류도 눈에 띈다. 단어의 쓰임새가 적절하지 못한 경우도 있다. 그만큼 우리말로 옮기기 어려운 대목이 많다. 그러나 작품에 사용된 어휘 수나 다양한 표현법만큼은 인정해야 한다. 저자는 비슷한 뜻을 전달할 때라도 되도록 같은 단어를 되풀이하지 않고 다른 단어를 쓰면서 문장을 다채롭게 구성하려 애썼다.[5]

1. 작품 줄거리

이집트 알렉산드리아의 왕실 도서관 관리인 데메트리오스가 프톨레마이오

의한 (번역)'으로 간소해진다. 그러다가 라틴어로 '칠십 원로들의 번역(Interpretatio septuaginta virorum/seniorum)'이 되는데 여기서 오늘날 영어 Septuagint, 이태리어 Settanta, 독일어 Septuaginta, 불어 Septante, 이를 대신하는 줄임말 LXX이 유래하였다. 칠십인역이라는 명칭의 기원에 대한 상세한 설명은 김정훈, 『칠십인역 입문』, 23-52을 보라.

4 사본에 대한 정보는, Thackeray, *Introduction to the Old Testament in Greek*, 501-518; Pelletier, *Lettre d'Aristée à Philocrate, introduction, texte critique, traduction et notes, index complet des mots grecs*, 8-41을 참조하라.

5 이집트 임금과 유다인 원로들이 질문과 답변을 주고받는 대목에서 저자는 임금의 질문을 매번 다르게 표현한다. 가령 한 번은 "동의를 표하신 뒤 다음 사람에게 물으셨습니다." 다른 때에는 "이 사람에게도 격려하신 뒤 다른 사람에게 말씀하셨습니다." 그 다음에는 "이 사람에게 고개를 끄덕이신 뒤 다음 사람에게 물으셨습니다." 하는 식이다: 아리스테아스의 편지 236-292 참조.

스 2세 필라델포스 임금에게 유다인들의 성경을 그리스어로 번역하여 도서관에 소장하자고 제안한다. 이참에 선대에 이집트로 끌려온 유다인 노예들을 해방시키자는 안도 올린다. 임금은 두 제안을 모두 긍정적으로 받아들이고 이를 시행하라는 칙령을 반포한다. 그리고 예루살렘의 대사제 엘레아자르에게 사절을 파견하여 히브리어 성경을 번역할 전문가들을 보내달라고 요청한다. 또한 임금은 사절단을 통해 엘레아자르에게 성전 제의에 사용할 제사상과 헌주 단지, 대접과 접시, 혼합주 조제그릇 등 값진 선물도 보낸다. 이때 사절로 파견된 사람들 가운데 편지 저자인 아리스테아스도 끼어 있었다.

예루살렘에 도착한 아리스테아스는 성전과 성전을 둘러싼 요새를 둘러보고 유다 땅의 지형에 대해서도 살펴본다. 유다인들의 땅에서는 도시와 농촌이 균형 있게 발전해 있었다.

엘레아자르 대사제는 임금의 요청대로 열두 지파에서 한 지파 당 정확히 여섯 씩 총 일흔두 명의 '잘생기고 선한' 유다인 원로를 뽑아 이집트 임금에게 보낸다. 그들은 모두 교육 수준이 높고 훌륭한 성품의 소유자들로서 유다교 문헌은 물론 그리스 문헌에도 해박하였다. 번역자들이 알렉산드리아에 도착하자 필라델포스 임금은 크게 기뻐하며 이들과, 이들이 가져온 율법서 사본에 예를 갖춰 경의를 표한다. 임금은 이들을 위해 이레 동안 연회를 베푸는데, 연회 중에 모든 번역자에게 한 사람씩 돌아가며 질문한다. 질문은 왕국의 통치에서부터 철학적·종교적 주제에 이르기까지 매우 다양하였다. 이에 번역자들은 '하느님'을 논거의 출발점으로 삼아 지혜로운 대답을 내놓는다. 그때마다 임금은 만족감을 표시한다.

연회가 끝나자 마침내 유다인 원로들은 번역 작업에 돌입한다. 그들은 날마다 임금을 알현한 뒤 바닷물에 손을 씻으면서 하느님께 기도를 올린 다음에 작업에 착수한다. 그리고 저마다 번역을 끝낸 뒤 서로 비교해가며 토론을 통해 합의에 이르는 방식으로 일을 진행한다. 그리고 합의에 도달한 내용은 기록으로 남긴다. 우연찮게도 일흔두 명의 번역자들은 정확히 칠십이 일 만에 작업을 끝낸다. 작업이 끝나자 도서관 관리 데메트리오스는 알렉산드리아의 유다인들을 소집하여 그들 앞에서 그리스어 율법서를 낭독한다. 유다인들은 번역된 그리스어 성경에 만족감을 표한 뒤, 어떠한 내용도 더 첨가하거나 삭제해서는 안 되며 현 상태대로 보존할 것을 데메트리오스에게 당부한다. 또한 변경을 시도하는 사람에게는 저주가 있으리라 선포하라고 한다. 그리고 그리스어 율법서를 필라델포스 임금에게 제출할 것을 요청한다. 임금은 그리스어 성경 낭독을 듣고서 그 내용에 탄복하면서 번역자들의 노고를 치하한다. 그리고 선물과 함께 그들을 고향으로 돌려보낸다.

2. 저술 시기

이 작품이 만들어진 시기를 정확히 알 수는 없다. 그러나 이 작품은 기원전 250년에서 기원후 100년 사이에 만들어진 것으로 추정할 수 있다. 편지 저자가 자신을 이집트 임금 프톨레마이오스 2세(필라델포스, 기원전 283-246년) 때 신하로 제시할 뿐더러, 요세푸스(기원후 37-110?년)가 『유다 고대사』 12.2.1-15(=12.11-118)에 이 작품을 발췌하여 소개하고 있기 때문이다. 학자들에 따라 빠르게는 기원전 250-200년, 늦게는 기원후 1세기를 저술 시기로 잡는다. 대략 기원전 150-100년에 만들어진 것으로 보면 무난하다.[6]

작품 내용을 들여다보면 그 저작 장소와 시기를 추정하기가 한결 쉬워진다. 이 작품의 배경에는 무엇보다 유다인들의 종교가 놓여 있다. 유다교 율법(토라)의 우수성을 강조하기도 하고(31), 율법의 특정 규정에 대해 자세히 설명하기도 한다(144-171). 헬레니즘적 사고방식이나 정치철학이 드러

6 Jellicoe, *The Septuagint and Modern Study*, 48.

나는 대목들도 많다(187-300). 이 사실을 토대로 아리스테아스의 편지가 알렉산드리아에서 만들어졌으리라는 추측이 가능해진다. 알렉산드로스 대왕이 이집트를 정복한 뒤 세운(331년) 대도시 알렉산드리아는 일찍부터 헬레니즘 문명의 중심지로 부상하였다. 그리고 그 무렵 알렉산드리아에는 대규모의 유다인 공동체가 조성되어 있었다. 당대 알렉산드리아의 유다인이라면, 조상에게서 물려받은 유다교 요소와 대도시의 헬레니즘 요소를 통합하고 조율할 필요를 느꼈음 직하다.[7] 아리스테아스의 편지도 그러한 통합 노력의 일환으로 보인다. 특히 반-유다적 사회 분위기가 일던 때라면 그곳 유다인들에게 유다교와 헬레니즘을 조화시키려는 노력은 선택이 아니라 필수였을 것이다. 실제로 안티오코스 에피파네스가 헬라화 정책을 추진하면서 유다인들 고유의 종교와 문화를 억압했을 때, 유다 땅에서는 마카베오 일가를 중심으로 봉기와 항쟁이 일어났다(기원전 170년경).[8] 알렉산드리아에서 이 사태를 지켜보는 외국인들 가운데에는 헬레니즘에 저항하는 유다인들에게 불편한 심기와 반발을 느끼는 이들도 있었을 법하다. 알렉산드리아의 유다인들 편에서도, 예루살렘에서 일어난 사태로 인해 자기네에게 닥칠 법한 반대 분위기를 미연에 방지하고 사태를 악화시키지 않도록 대책을 강구해야 했을 것이다. 아리스테아스의 편지가 생긴 배후에는 이런 상황이 놓여 있었음 직하다. 따라서 젤리코Jellicoe가 제안한 대로 이 작품은 기원전 170년경에 만들어졌을 것으로 추정할 수 있다. 이는 저작 시기를 기원전 150년에서 100년 사이로 잡는 다른 학자들의 견해와도 그리 차이나지 않는다.[9]

7 기원전 4세기-기원후 1세기 알렉산드리아 유다인 공동체에 대해서는 케네스 셍크, 『필론 입문』, 35-41을 참조하라.

8 이 당시의 이스라엘 역사는 마카베오기 상·하권과 요세푸스 『유다 고대사』 12에 잘 서술되어 있다.

9 Shutt, "Letter of Aristeas: A New Translation and Introduction", 8-9 참조.

3. 저술 목적

이 작품의 저술 목적과 의도는 무엇일까? 편지 저자는 칠십인역 그리스어 구약성경이 만들어진 배경과 과정을 알린다는 구실을 내세우지만, 실제로 번역 과정에 대한 내용은 편지의 극히 일부분에 지나지 않는다. 총 322절 가운데 길게는 301-321, 짧게는 301-311, 대충 삼십분의 일에서 십오분의 일만이 율법서 번역과 직접 관련이 있다.

이 편지는, 유다교와 유다교 율법의 탁월성을 알리는 일에 더 집중한다. 편지의 상당 부분을 차지하는 필라델포스 임금과 번역자들의 질의응답 대목이 이를 잘 드러낸다(187-300).[10] 여기서 저자는 스토아적 이상과 윤리를 유다교 신앙과 조화시켜 유다교 호교론을 펼치고 있다고 해도 지나치지 않다. 왕국을 어떻게 다스려야 하는가부터 어떻게 살아야 하는가, 하는 문제에 이르기까지 임금이 제기한 모든 질문에 답변자인 유다인 원로들은 '하느님'을 논거의 출발점으로 삼는다. 예를 들면 이런 식이다. 왕국을 굳건히 유지하려면 어떻게 해야 하느냐는 질문에 하느님의 너그러우심을 본받아야 한다고 대답한다. 인간에게 가장 큰 영광이 무엇이냐는 질문에는 '하느님을 공경하는 일'이라 답한다. 그러면서 그것은 "예물이나 제물이 아니라 깨끗한 영혼과 거룩한 마음을 통해" 이루어지는데 "모든 것이 하느님에 의해 마련되고 그분 뜻에 따라 다스려지기" 때문이라는 것이다(234). 어떻게 살아야 하는가 하는 질문에는 '의로움'과 '하느님께 대한 두려움'을 가져야 한다고 답한다. 수많은 덕들이 하느님의 선물이라고 하면서 전쟁에서 이기고 적을 제압하는 방법도 병력이나 전술에서가 아니라 하느님께 의지

10 질의응답 대목(187-300)이 전체 작품의 삼분의 일을 차지하며 임금이 하사한 선물에 대한 묘사가 십분의 일(51-82), 팔레스티나, 성전 및 대사제의 제의에 관한 묘사가 구분의 일(83-120)을 차지한다.

하는 마음에서 나온다고 한다.[11] 사실 이 모든 내용이 구약성경 전체를 관통하는 주제들이다.

유다인들의 율법을 거룩한 하느님의 말씀이라 표현한 것도 주목해야 한다. 아울러 도서관 관리 데메트리오스가 필라델포스 임금에게 유다교 율법서를 소장할 가치가 있다고 하면서 제시한 이유도 저술 목적을 이해하는 데 중요하다. "율법이 신성할 뿐 아니라 철학적이고 순수하기도 하기 때문입니다. … 그 안에 담긴 관점이 지극히 순수하고 거룩하기 때문입니다"(31). 저자가 집중한 것이 유다교 신앙과 율법의 우수성을 천명하는 일임이 분명하다.

게다가 저자가 편지의 상당 부분을 예루살렘 성전과 전례를 묘사하는 데 할애하고, 유다인들의 땅을 매우 긍정적으로 묘사하고 있음(83-120)을 고려할 때 저자가 유다교의 여러 요소들을 잘 알고 있으며 이를 제대로 알리는 데 관심이 있음을 알 수 있다. 음식 규정이나 정결 규정 등 몇몇 유다교 율법 규정을 다루는 긴 대목(128-171)도 유다교 호교론으로 볼 수 있다. 한마디로 "모든 법조항은 의로움을 위해 규정되었으며 성경에 있는 어떤 것도 아무 이유 없이 또는 그저 전설처럼 들어가 있지 않다"는 것이다(168).[12]

---

11 이는 신명기의 대표적 정신이기도 하다. 신명 20,1-4을 보라. 시편 33,16-17, "병력이 많다고 임금이 승리하지 못하며 근력이 세다고 용사가 제 몸을 살리지 못하네. 기마로 승리한다 함은 환상이며 그 힘이 세다고 구원을 이루지 못하네"를 참조하라.

12 저자는 엘레아자르 대사제의 입을 빌려 유다교 음식 규정들이 아무 근거가 없거나 단순히 미신이나 금기에서 비롯되지 않았음을 다음과 같이 역설한다. "하느님으로부터 모든 것을 꿰뚫는 통찰을 부여 받은 지혜로운 입법자께서는 모든 면을 폭넓게 조망하신 다음, 무너지지 않는 축대와 철벽을 우리 둘레에 쳐 주셨습니다. 우리가 어떤 일에서도 다른 민족 사람과 어울리지 않고 몸과 영혼을 모두 깨끗이 유지하며, 헛된 영광에서 벗어나 유일하시고 전능하신 하느님을 모든 피조물 위에 숭배하게 하시려는 것이었습니다"(139). "그리하여 그분께서는 우리로 하여금 누군가에 의해 더럽혀지거나 악한 이들과 어울려 비뚤어지지 않게 하시려고, 먹고 마시는

어쩌면 저자는 유다교를 유다교 바깥에서가 아니라, 유다교 안에서 또는 유다교 쪽에서 바라보았다는 편이 맞을 것이다.[13] 유다교 편에 선 저자가 자기네 종교의 우수성을 알림과 동시에 그 종교가 헬레니즘과도 조화 가능함을 보여 주고자 한 것 같다. 실제로 저자는 유다교가 다른 종교보다 우수하며 유다교의 하느님을 믿는 유다인들이 매우 우수한 민족임을 천명하고 있다(134-138; 140-141). 아울러 유다인들의 종교가 다른 민족에게 결코 배타적인 종교가 아님을 부각시킨다. 이는 유다인들의 하느님은 만물을 창조하시고 주재하시는 바로 그 하느님, 그리스인들이 제우스나 디오스라 부르는 바로 그 신이라는 표현에서 잘 드러난다(16). 유다교의 하느님이 유다인들만이 아니라 모든 민족의 하느님이기도 하다는 것이다. 이런 식으로 아리스테아스의 편지 저자는 유다인들의 신앙과 율법을 변호한다.[14]

놓쳐서는 안 되는 저술 의도가 하나 더 있다. 당시 사용되던 칠십인역 성경의 우수성을 강변하면서 개정판을 만들려는 시도를 용인하지 않는 것이다. 기원전 2세기 즈음 칠십인역의 권위를 의심하거나, 개정의 필요성을 제기하는 사람들이 생겨났던 것 같다. 저자는 이에 맞서 칠십인역의 권위를 옹호하고 그대로 보전해야 한다는 입장을 표명한 듯하다. 칠십인역 그리스어 성경은 정확하게 번역되었으니 더 이상의 개정이나 변경을 허락하지 않는다는 것이다.[15] 아리스테아스가 유다인 원로들에게, 번역 작업에 들어가

것과 만지는 것, 듣고 보는 것에 관한 정결 규정으로 우리 둘레에 축대를 쌓아주셨습니다"(142).

13 Metzger, *The Bible in Translation*, 15 참조.

14 저자가 겨냥한 독자가 이방인들이었다고, 또는 유다인들이었다고 분명히 잘라 말할 수 없다. 유다인과 이방인 독자 모두 겨냥했을 수도 있다. 이방인들을 향해서는 하느님 구원의 보편성과 더불어 유다교와 유다교 율법의 탁월성을 알리는 한편, 유다인들을 향해서는 자기네 종교에 대한 자긍심을 가지라고 촉구함과 동시에 하느님이 이스라엘만의 하느님이 아니라 만민의 하느님임을 설득하려 한 것 같다.

15 아리스테아스의 편지 310에 따르면, 당시 유다인들이 번역한 그리스어 성경

기 전에 물로 손을 씻으며 기도하는 이유를 물으니 원로들은, 손을 씻는 행위가 번역 도중에 아무런 악이 저질러지지 않는다는 징표라고 답한다. "이렇게 해서 그들은 (율법) 전체를 훌륭하고도 거룩하게, 정의와 진리에 따라 번역"한다는 것이다(아리스테아스의 편지 306).

4. 저자

아리스테아스의 편지 저자는 자신을 제우스를 주신으로 여기는 무리들 가운데 하나로 소개하지만 유다인이었을 가능성이 매우 크다. 유다인이 아니었다면 유다교 관습(128-171), 특히 정결 규정과 관련한 관습이나 예루살렘 성전에서 행해지던 전례의 풍경(83-120)에 대해 그토록 소상하게 알 수 없었을 것이다. 이방인은 말할 것도 없고 유다교로 개종한 이방인(προσήλυτος, proselyte: 마태 23,15; 사도 6,5; 13,43)이라도 그 정도 지식을 갖추기는 어려웠을 법하다. 따라서 저자는 유다인으로 추정된다.[16] 한편 저자가 당시 알렉산드리아의 사정에 대해서도 잘 알았던 점(301)으로 미루어 그 도시에 살고 있었을 법하다. 따라서 저자는 알렉산드리아에 살던 디아스포라 유다인이었을 가능성이 크다.[17] 이 추측은 저자가 유다교와 헬레니즘을 조화시키려 기울

은 "참으로 훌륭하고 거룩하게(καλῶς καὶ ὁσίως), 그리고 모든 면에서 정확하게(κατὰ πᾶν ἠκριβωμένως)" 번역되었으며 더 이상 어떠한 "변경(διασκευή)"도 허락되지 않는다.

16 Metzger, *The Bible in Translation*, 15.

17 요세푸스, 『유다 고대사』 19.5.2(=19.278-285)에 알렉산드리아의 유다인들에 대해 소개되어 있다. 그곳 유다인들은 자기네 조상들의 종교와 관습을 지키는 특권을 누리고 있었다고 한다.

인 노력과도 잘 부합한다. 저자가 조상에게 물려받은 종교 전통을 보전하는 한편, 나고 자라면서 자연스럽게 흡수한 헬레니즘의 혜택을 거부하지 않고 둘을 조화시키려 노력한 사실은, 그가 알렉산드리아의 유다인이었다고 가정할 때 가장 설명이 잘 된다.[18]

5. 신학과 윤리

저자는 헬레니즘에 상당히 친화적인 태도를 보인다.[19] 저자의 성향은 무엇보다 작품 전체의 삼분의 일(187-300절)을 차지하는 긴 질의응답에서 잘 드러난다. 여기에 제기된 질문들은 정치·사회·철학·종교 분야를 망라하고 있는데 이를 통해 저자는 자기가 중요시하는 문제들이나 주 관심사를 밝히고 그에 대한 해답을 제시한다. 따라서 이 질문과 응답들은 저자의 성향을 유추하는 데 가장 유용하다. 그 밖에도 저자의 종교·철학적 성향을 짐작하는 데 도움을 주는 구절들이 적지 않다.

우선 "이들(유다인들)은, 모든 것을 지켜보시는 분이시며 창조주이신 하느님을 경배합니다. … 우리는 이분을 제우스 또는 디오스로 달리 부르고 있습니다"(16)라는 언급이 중요하다. 여기서 저자는 자기를, 제우스를 최고 신으로 모시는 종교나 철학파의 일원처럼 소개한다. 실제로 저자가 그런 종교나 학파의 일원이었는지, 아니면 그저 자신을 헬라계 사람으로 내세우기 위한 방편으로 그런 표현을 쓴 것인지 정확히 알 수 없다. 그러나 저자가 제

---

18 이런 융화적 태도는 후대 유다인, 알렉산드리아의 필론에게서 다시 확인될 것이다.

19 헬레니즘에 대해서는 Bentwich, *Hellenism*을 참조하라. 같은 책, 204-208은 아리스테아스의 편지의 헬레니즘적 성격에 대한 논의를 담고 있다.

우스를 다른 이방신들이나 우상들과 동일시하지 않은 점만은 분명하다. 오히려 제우스를 이스라엘의 하느님과 같은 신으로 여긴다. 제우스는 하느님의 여러 이름들 가운데 하나라는 것이다. 사실 저자는 편지의 다른 곳에서 우상 숭배, 곧 인간의 손으로 만든 신상을 숭배하는 풍습을 비판한다. 어리석은 이방인들이 돌과 나무로 만든 상을 숭배하는 것은 물론, 다양한 짐승들과 맹수들에게 의탁하고 숭배하며 그들에게 제물을 바친다는 것이다(134-138). 따라서 제우스를 최고신으로 여기는 철학·종교 전통을 우상 숭배와 구별했음이 분명하다. 어쨌든 만물을 창조하시고 다스리시는 분은 어떤 이름으로 불리시건 같은 하느님이라고 주장한 사실은, 저자가 헬레니즘과 유다인들의 종교를 조화시키고자 노력했다는 방증이다. 저자는 이런 식으로 헬라인들을 유다교로 이끌고 싶었는지도 모른다. 참된 하느님은(곧 제우스) 유다인들의 하느님이며, 인간에게 올바른 삶을 제시하는 참된 종교는 유다인들의 종교임을 내세움으로써 이방인들을 개종으로 인도하고자 한 것 같다. 다른 한편으로는 동족인 유다인을 향하여 보수적이고 폐쇄적인 사고방식에서 벗어나 다른 문화 안에서도 하느님의 손길을 느낄 수 있음을 강변하면서 하느님은 이스라엘 민족만의 하느님이 아니라 모든 민족의 하느님임을 강조하고 싶었던 듯하다.[20]

저자가 헬라 문화에 친화적임은 다른 데서도 드러난다. 저자는 유다교 성경의 번역에 참여할 원로들이 유다교 문헌뿐 아니라 그리스 문학에도 조예가 깊은 이들이라고 전한다. 번역자들이 유다교 전통만 고수하는 게 아니라 다른 문화에도 열려 있는 사람들이라고 한 것은 저자의 헬라 문화에 대한 개방성을 드러낸다. 아울러 번역자들을 '잘생기고 선한' 사람이라 묘사한 것 역시 헬라 문화에 대한 친화성을 드러낸다. 이 표현은 그리스

20 신약의 바오로 사도에게서도 비슷한 느낌을 받을 수 있다. 사도 17장 아레오파고스 연설을 참조하라.

인들이 탁월한 덕행을 갖춘 사람을 가리킬 때 사용하는 전형적 표현이었기 때문이다.[21]

더 중요한 것은 질의응답 대목에서 줄곧 그리스 철학적 덕목들이 중요하게 다뤄진다는 사실이다. 이를테면 임금이 갖춰야 할 기본 덕목으로서 정의δικαιοσύνη,[22] 용기(ἀνδρεία 199; 281), 신중(=절제: Σωφροσύνη 237), 현명함(130; 236)[23] 등 그리스 철학의 네 가지 덕목이[24] 제시된다. 절제와 중용의 길을 통치자의 최고 덕목으로 내세우기도 한다.[25] 이를테면, '가장 훌륭한 통치'란 무엇인지 묻는 임금에게 저자는 한 원로의 입을 빌려, "자기 자신을 다스리고 충동에 휘둘리지 않는 것"이라 답한다(222). 그리고 많은 사람이 '먹고 마시는 것이나 쾌락'에 마음을 기울이고, 임금들은 영토 정복에 골몰한다고 고발하면서 "모든 이에게 중용μετριότης이 좋습니다. 하느님께서 주시는 것을 받아들이고 간직하십시오. 그리고 손에 넣을 수 없는 것을 욕망하지 마십시오" 하고 제안한다(223).

철학이 무엇인지 묻는 질문과 대답에서도 저자의 헬라적 성향이 엿보인다. 철학을 "일어나는 사건에 대해 매번 신중히 추리하고 충동에 흔들리지 않으며 욕망에서 나오는 해악이 무엇인지 깊이 연구하고 상황에 따라 해야 할 바를 행하며 정염을 다스리는 것"(256)이라고 답한 데서 저자의 스토

---

21 Shutt, "Letter of Aristeas: A New Translation and Introduction", 16 참조.

22 저자는 '정의'(δικαιοσύνη)를 가장 큰 덕목으로 여기는 것 같다. 본문에 '정의'라는 말이 꽤 나온다(18; 24; 43; 46; 144; 147; 151; 168; 169; 209; 212 등). 하느님도 정의로운 분이시며 임금도 이를 본받아 정의로워야 한다. 율법도 정의를 위해 만들어졌다고 한다.

23 명사형(φρόνησις) 대신 동사형(Τὸ φρονεῖν, 236)이나 형용사형(φρονίμοις, 130)이 사용되었다.

24 네 덕목은 마카베오기 4서와 필론 저서의 단골 주제이기도 하다.

25 122에서 아리스테아스는 번역자들을 중도(τὸ μέσον)를 추구하는 이들로 묘사하면서 '중도'야말로 최상의 길이라고 한다.

아적 이상이 드러난다.

'덕'Ἀρετή 자체에 대한 언급도 빠지지 않는다. 이를테면, 꿈에 시달리지 않으려면 덕의 정신에 따라 살아야 한다(215). 사람의 영예를 지키는 것은 '덕'이다. 덕이 '훌륭한 활동의 완성'이며 덕에 의해 '악이 제거'된다(272). 사람들이 덕을 얻지 못하는 이유를 묻는 임금의 질문에는 절도 없는 처신과 쾌락 때문이라고 하면서 그로 인해 불의와 탐욕이 생겨났다고 답한다. 또한 쾌락에 휘둘리지 않은 채 절제와 정의에 따라 살 수 있으려면 덕에 따라 처신해야 한다고 말한다. "모든 이가 육체적으로 절도가 없고 쾌락에 기울어져 있기 때문입니다. 그로 인해 불의와 넘쳐나는 탐욕이 생겨났습니다. 덕의 처신이 쾌락에 휘둘리는 사람들을 저지합니다. 그리고 그것은 절제와 정의에 대한 존중을 명합니다. 그러나 이 모든 것을 이끄시는 분은 하느님이십니다"(277-278). 이 또한 스토아 윤리에 가깝다.

아울러 저자는 스토아 학파의 네 가지 정염(또는 격정 πάθος) 개념인 쾌락(ἡδονή 223; 245; 277-278), 욕망(ἐπιθυμία 211; 223; 256), 슬픔(λύπη 232-233)과 두려움(φόβος 243; 참조: 194)을 수용한다. 그리고 정염의 제거 또는 완화μετριοπαθῆ를 촉구한다(256).[26] 이를테면 저자는 슬픔 없이 사는 법, 두려움 없이 사는 법이 무엇인지 묻는 한편, 쾌락과 욕망에서 벗어나라고 가르친다.

이처럼 저자가 헬레니즘에 친화적인 인물임은 부정할 수 없다. 그러나 이것이 다가 아니다. 저자는 유다교와 관련이 깊은 덕목들도 가르친다. 먼저, 하느님을 공경하는 일을 가장 큰 영광으로 꼽는다. 가령 이런 식이다. "(가장 큰 영광은) 하느님을 공경하는 일입니다. 그러나 이것은 예물이나 제물이 아니라 깨끗한 영혼과 거룩한 마음을 통해 이루어집니다. 모든 것이

26 마카베오 4서와 알렉산드리아의 필론의 저서에서 덕과 격정에 대한 언급들을 손쉽게 발견할 수 있다. 필론도 스토아 학파의 영향을 강하게 받았다: 케네스 셍크, 『필론 입문』, 158-159을 참조하라.

하느님에 의해 마련되고 그분 뜻에 따라 다스려지기 때문입니다”(234). 이와 관련하여 ‘경건함’ εὐσέβεια 을 주요 덕목으로 강조하고 있음을 눈여겨 보아야 한다(2; 24; 131; 210; 215; 229 등). 저자는 율법의 정신을 경건함과 의로움으로 요약하고(131), ‘경건함’을 가장 아름다운 일로 내세우기도 한다(229). 또한 임금으로서 갖춰야 할 덕목 가운데에서도 ‘경건함’은 ‘의로움’과 더불어 제일 첫 자리를 다툰다.

인류애 또는 인간에 대한 사랑(φιλανθρωπία 36; 208; 265; 290), 자애나 너그러움도 주요 덕목으로 빠지지 않는다(188; 207; 290). 사실 이런 덕목들은 유다교 정신에만 국한되지 않는다. 어쩌면 이 덕목들이야말로 유다교와 다른 종교의 경계를 허물 수 있는 보편적 개념들인지도 모른다. 경건함과 인류애, 자애 등을 부각시킴으로써 저자는 자기가 유다교 전통 안에 머물면서도 헬라적 사고방식과의 조화에도 관심이 크다는 사실을 드러내는 듯하다. 질의응답 대목에서 거의 모든 답변이 ‘하느님’으로 시작해서 ‘하느님’으로 마무리되는 것도 헬라적 이상과 유다교 정신을 조화시키려는 저자의 의도를 보여 준다.[27]

6. 역사적 의의

아리스테아스의 편지는 칠십인역의 기원을 설명한다는 점에서 역사적 의의

27 알렉산드리아의 필론도 마찬가지다. 그는 네 가지 그리스 철학적 덕목(정의·용기·신중·현명) 외에 경건함과 인간애를 내세우면서 헬레니즘과 유다교 가르침을 조화시킨다. 물론 필론에게 우위는 유다교 율법이었다: 케네스 셍크, 『필론 입문』, 158-159을 참조하라. 4마카 2장에도 헬레니즘과 유다이즘을 조화시키려 한 저자의 노력이 엿보인다.

가 크다. 이 편지에 나오는 내용들이 모두 사실이며 그 역사성을 의심할 여지가 없다고는 말하지 못한다. 그래도 이 편지가 제시하는 칠십인역의 기원과 관련된 다음 정보들은 숙고할 가치가 있다. 첫째, 토라 번역은 프톨레마이오스 2세 필라델포스 임금 시대에 이루어졌다. 둘째, 번역은 임금의 요구에 따라 이루어졌으며 왕실 도서관에 소장하려는 목적에서였다.[28] 셋째, 최초의 칠십인역은 모세오경만을 대상으로 삼았으며 예언서나 성문서는 포함시키지 않았다.[29] 넷째, 번역자들과 번역 대본으로 사용한 토라 두루마리는 예루살렘에서 왔다. 다섯째, 완성된 번역본은 유다인들과 헬라인들에게 두루 환영을 받았다.

집회서 머리글과 에스테르기 붙임 말에도 칠십인역 기원과 관련된 정보들이 들어 있지만 아리스테아스의 편지만큼 자세하지는 않다. 그 뒤 알렉산드리아의 필론(『모세의 생애』 2.41), 요세푸스(『유다 고대사』 12.2.1-15), 유스티누스, 이레네우스, 히에로니무스 등 유다교 및 그리스도교 저술가들이 아리스테아스의 편지를 직간접으로 언급하며 칠십인역의 기원에 대해 논한다.[30]

28 칠십인역 번역이 알렉산드리아 디아스포라 유다인들의 내적 요구로 시작되었다는 관점도 있다. 그러나 유다교 내부의 필요에 따라 시작되었더라도, 알렉산드리아에 도서관을 지으면서 여러 나라의 다양한 문화를 적극 수용하던 초기 프톨레마이오스 왕조의 교육·문화 정책에 따라 비유다인들을 위해 번역되었을 가능성이 크다: Kreuzer, "Entstehung und Publikation der Septuaginta im horizont frühptolemäischer Bildungs- und Kulturpolitik", 61-75.

29 후대에 만들어진 유스티누스, 『트리폰과의 대화』 78.7에서는 번역자들이 오경뿐 아니라 구약성경 전체를 번역했다고 한다.

30 김정훈, 『칠십인역 입문』, 39-52 참조.

7. 아리스테아스의 편지

대본: Bible Works 9이 제공하는 OPG(Old Testament Greek Pseudepigrapha): *The Greek Pseudepigrapha*. Electronic text prepared by Craig A. Evans. Morphologically tagged by Rex A. Koivisto. Copyright © 2008 Craig A. Evans. Copyright © OakTree Software, Inc.

머리글

머리말: 편지의 목적[31]

시작

1 필로크라테스여, 유다인들의 대사제 엘레아자르와 우리가[32] 가졌던 만
남에 관한 귀중한 이야기가 작성되었습니다. 그대가 매번 (내) 기억을 상기
시켜주면서 내가 무엇을 위해 그리고 무엇 때문에 파견되었는지 몹시 듣고
싶어 하였기 때문입니다. 나는 그대에게 제대로 설명하려 애썼습니다. 그대
가 배움을 사랑하는 태도를 갖고 있음을 알기 때문입니다. 2 (배움에 대한
사랑은) 사람에게 가장 위대한 자질로서, 다른 사람의 이야기를 통해서든

31 1-8: 아리스테아스가 필로크라테스에게 보내는 편지의 머리글. 여기서 저자는 자신이, 히브리어로 기록된 유다교 율법을 그리스어로 번역할 사람들을 청할 사절로서 예루살렘의 대사제 엘레아자르에게 파견되었음을 알린다.

32 여기서 "우리"라 함은 프톨레마이오스 2세가 예루살렘의 대사제 엘레아자르에게 번역자를 청하며 보낸 사절단을 일컫는다.

아니면 자기 체험을 통해서든, 항상 더 배우고 더 받아들이려는 태도를 말합니다. 사실 이런 식으로 가장 좋은 점을 흡수함으로써 영혼의 순결한 자세가 갖춰집니다. 그리하여 (영혼은) 가장 고귀한 목표인 경건함을[33] 향하여, 정확한 기준에 따라 살아가게 됩니다.

사절단과 엘레아자르

3 우리는 하느님에 관한 일들을 깊이 연구하는 데 헌신합니다. 그리고 앞에서 언급한 사람에게[34] 보내는 사절로서 자신을 봉헌했습니다. 그는 선량함과 높은 평판으로 시민과 다른 사람들 모두의 존경을 받았으며, 거룩한 율법—본디 이것은 그들에[35] 의해 히브리 글자로 양피지에 기록되었습니다—의 번역을 가능하게 하여 자기네 지역과 다른 지역 사람들에게 아주 큰 유익을 가져다주었습니다.

유다인 포로 문제

4 우리는 이 일에 열정적으로 착수하였습니다. 그리고 처음 이 도시를 세우고 이집트를 점령하신, 폐하의 아버지에[36] 의해 유다 땅에서 이집트로 잡혀 온 사람들과 관련하여 폐하께 (탄원할) 기회를 잡았습니다. 그대에게 이것도 이야기할 가치가 있습니다. 5 나는 그대가 품위에, 그리고 품위 있는 율법에 따라 사는 사람들의 태도에 더 끌릴 것이라고 확신하기 때문입니다.
6 내가 지난번에, 알려 줄 만하다고 여긴 일들에 대한 기록을 그대에게 보내주었지요. 유다 민족에 대한 그 기록을 우리는 가장 학구적인 이집트 땅

---

33 εὐσέβεια를 "경건함"으로 옮겼다. 솔로몬의 시편 13,5의 각주 참조.

34 엘레아자르.

35 유다인들.

36 프톨레마이오스 1세.

에서 가장 학식이 풍부한 수석 사제들에게서 입수했습니다. 7 정신에 유익한 것들에 관해 배우려는 열망이 가득한 그대에게 이를 전해주는 것이 의무로 여겨집니다. 그대와 비슷한 모든 이들에게 전해 주어야 하지만, 진지한 열정을 지닌 그대에게 더더욱 전해주고 싶습니다. 그대가 피를 나눈 내 형제이기 때문만은 아닙니다. 선善에[37] 대해 그대가 우리와 똑같은 열정을 지니고 있기 때문입니다. 8 황금이 주는 기쁨이나, 허영심 강한 자들이 높이 사는 것들은 교육과 교육에 기울이는 관심과 동등한 가치를 지니지 않습니다.

서두를 길게 늘어놓으며 수다나 떨지 않도록 곧바로 이야기의 본론으로 들어가겠습니다.

본문

유다교 율법서 번역의 필요성[38]

왕실 도서관

9 왕실 도서관 관리로 임명된 팔레룸의 데메트리오스는, 가능한 한 온 세상의 모든 책을 수집할 수 있도록 많은 돈을 제공받았습니다. 그래서 구

37 τὸ καλόν: 선 또는 미(美).

38 9-11: 이집트 임금 프톨레마이오스 2세(필라델포스, 기원전 283-246년)가 왕실 도서관 관리인 데메트리오스에게 세상의 모든 책을 수집하여 도서관에 소장하라는 명을 내린다. 이미 이십만 권을 수집했고 앞으로 삼십만 권을 더 모을 예정인 데메트리오스는 임금에게, 유다교 율법서도 그리스어로 번역하여 소장할 가치가 있다고 제안한다. 이에 임금은 율법서 번역을 의뢰하기 위해 유다교 대사제 엘레아자르에게 편지를 쓰라고 명한다.

입도 하고 필사도[39] 하면서 있는 힘을 다하여 임금님의 목적을 달성했습니다.

유다교 율법서의 소장 가치와 번역의 필요성

10 우리가 함께 있을 때 데메트리오스는 "책이 몇 만 권 있느냐?"라는 질문을 받은 적이 있습니다. 그가 말했습니다. "이십만 권 이상입니다, 폐하. 그러나 빠른 시일 내에 총 오십만 권까지 늘리도록 하겠습니다. 그런데 제게 전언이 도착했습니다. 유다인들의 율법서들이, 폐하의 도서관에 필사해서 소장할 가치가 있다고 합니다."

11 폐하께서 말씀하셨습니다. "그런데 네가 이 일을 하는 데 방해가 되는 것이 무엇이냐? 필요한 모든 것이 네 처분에 달려 있다."[40]

그러자 데메트리오스가 아뢰었습니다. "번역이 필요합니다. (율법서에) 유다인들 고유의 글자가 사용되었기 때문입니다. 이집트인들이 특별한 글자 형태를 쓰고 고유의 소리를 가지는 것과 마찬가지입니다. (유다인들이) 시리아어를 사용한다고 여겨지지만 사실은 그렇지 않습니다. (그들의 언어는) 다른 종류입니다."

폐하께서는 (그의 말을) 하나하나 받아들이시고, 앞서 언급한 일을 완수하도록 유다인들의 대사제에게 편지를 쓰라고 명하셨습니다.

유다인 포로 해방 문제[41]

39 μεταγραφή: 전사(필사) 또는 번역.

40 또는 "필요한 모든 것을 네 맘대로 써도 된다."

41 12-27: 일종의 여담에 해당하며 이집트에 끌려온 유다인 포로들을 해방시키는 문제를 다룬다. 아리스테아스는 폐하를 알현하는 자리에서 선왕 프톨레마이오스 1세 때 이집트에 끌려온 유다인 십만 명과 그 전 페르시아 시대에 들어온 유다인들을 해방시켜 주십사 요청한다. 유다인들에게 율법서 번역을 의뢰하면서 노예

유다인 포로 상황

12 그런데 나는, 호위대장인 타렌툼의 소시비우스와 안드레아에게 종종 요구한 적이 있는 문제, 곧 폐하의 아버지에 의해 유다 땅에서 (이집트로) 끌려온 사람들의 해방 문제에 관해 아뢸 때가 되었다고 생각했습니다.

사실 선왕께서는 코일레 시리아와 페니키아 전역을 침공하셨습니다. 그리고 행운과 용맹을 결합하여 그들을 이주시키기도, 포로로 삼기도 하셨습니다. 모든 이를 공포로 굴복시키시며 말입니다. 이 과정에서 선왕께서는 십만 명가량을 유다인들의 땅에서 이집트로 데려오셨습니다. 13 그리고 그들 가운데 삼만 명쯤 뽑아 무장시키신 다음 지역 요새에 정착시키셨습니다. — 사실 전에 이미 꽤 많은 숫자가 페르시아인들과 함께 (이집트에) 들어왔으며 그 전에도 프삼미티코스와 함께 에티오피아인들의 임금과 싸우도록 (유다 땅에서) 다른 동맹군들이 파견된 바 있습니다. 그러나 그 규모가 라고스의 아들 프톨레마이오스께서 이주시킨 사람들 수에는 미치지 못했습니다. 14 앞서 말한 대로 선왕께서는 나이나 체력 면에서 가장 나은 자들을 뽑아 무장시키셨습니다. 그러나 나머지 사람들은, 노인들이나 어린이들 심지어 여자들까지 노예로 삼으셨습니다. 그분 선택에 따라 그렇게 하신 게 아닙니다. 다만 군인들 때문에 어쩔 수 없이 그렇게 하셨습니다. 자기들이 전장에서 치른 복무에 대해 보상을 요구했던 것입니다.

그러나 우리는, 앞서 말한 대로, 그들을 해방시킬 구실을 찾았을 때, 폐하께 다음과 같은 말로 아뢰었습니다.

유다인 포로 해방의 근거

15 "행위 자체로 비판받을 만큼 비합리적이어서는 안 될 것입니다, 폐하.

가 된 유다인들을 방치하는 것은 합리적이지 않다는 이유에서다. 유다인들은 율법서의 하느님, 만물의 창조주를 경배한다는 말도 덧붙인다. 이에 임금은 유다인들을 해방시키라는 칙령을 내린다.

사실 저희가 필사뿐 아니라 번역까지 하려는 율법은 유다인들 전체에게 주어진 것입니다. 폐하의 왕국에서 그토록 많은 수(의 유다인들)이 노예 생활을 하고 있다면 저희가 수행하려는 임무를 두고 무슨 정당한 구실을 찾겠습니까? 비참에 빠져 있는 자들을 완전하고 너그러운 마음으로 풀어주십시오. 그들에게 율법을 주신 바로 그 하느님께서 폐하의 왕국을 인도하시기 때문입니다.[42] 이는 제가 두루 연구한 바와 같습니다. 16 사실 이들은,[43] 모든 것을 지켜보시는 분이시며 창조주이신 하느님을 경배합니다. 만민 또한 그러합니다. 그러나 폐하, 우리는 이분을 제우스 또는 디오스로 달리 부르고 있습니다. 옛 사람들이 이를 밝힌 것은 적절합니다. 그분을 통하여 모든 것이 생명을 얻고 생겨나며 바로 그분께서 만물을 인도하시고 다스리시기 때문입니다.[44] 그러니, 모든 사람을 (당신) 영혼의 빛으로 드높이시고, 노예 생활에 매여 있는 자들에게 해방을 베푸소서!"

17 잠시 뒤 우리는, 폐하께서 모든 이를 풀어주도록[45] 그분의 마음을 준비시켜 달라고 하느님께 영혼을 다하여 기도했습니다. 사실 인류는 하느님의 피조물이며 그분에 의해 변화되기도 하고 다시 되돌려지기도 하기 때

---

42 κατευθύνοντας(대격 복수)를 κατευθύνοντος(소유격 단수)로 고쳐 읽었다.

43 유다인들.

44 여기서 편지의 저자는 유다인들의 하느님을 만물을 창조하시고 주재하시는 분으로 묘사하면서 이 하느님이 비단 유다인들뿐 아니라 만민의 하느님이심을 천명한다. 나아가 그리스인들이 제우스나 디오스라 부르는 하느님이 유다인들의 하느님과 같은 분이라 말한다. 여기서 저자의 보편주의적 성향이 뚜렷이 드러난다. 비슷한 설명이 신약성경 사도행전에도 나온다. 사도 바오로는 아테네 시민들을 향해 그들이 알지도 못하고 숭배하는 그 대상이 바로 창조주 하느님 곧 모든 이에게 생명과 숨과 모든 것을 주시는 분이시라 선포한다. 또한 그분께서 한 사람에게서 온 인류를 만드셨으며, 모든 이가 그분 안에서 살고 움직이며 존재한다고 가르친다(사도 17,22-28).

45 직역: "모든 이가 해방되도록."

문입니다. 그래서 나는 마음을 주재하시는 분께[46] 여러 가지 다양한 방식으로 부르짖었습니다. 내가 청한 바대로 이루어지게 해 달라고 말입니다. 18 사실 나는 큰 희망을 품고 있었습니다. 사람들의 구원과 관련하여 하느님께서 (나의) 청을 이루어 주시리라는 말을 공공연히 하기도 했습니다. 실제로 사람들이 정의를 위해 순수한 마음으로 좋은 일을 도모할 때, 모든 것을 주재하시는 하느님께서 그 실천과 계획을 인도해 주십니다.

19 폐하께서는 머리를 들어 올리시어 밝은 얼굴로 나를 들여다보시며 물으셨습니다. "자네 생각엔 몇 만 명이나 되는 것 같으냐?" 가까이 서 있던 안드레아가 "십만 명이 조금 넘습니다." 하고 대답하였습니다. 그러자 폐하께서 "아리스테아스가 우리에게 청하는 바가 크지 않구나!" 하고 말씀하셨습니다. 이에 소시비오스와 거기 있던 다른 사람들이 말하였습니다. "이들의 해방을 지극히 위대하신 하느님께 감사의 예물로 바친다면 이는 폐하의 아량에 합당한 일이 될 것입니다. 사실 폐하께서는 만물의 주인이신 분께 높이 칭송받으셨으며 선조들보다 더 많은 영광을 입으셨습니다. 그러니 폐하께서 지극히 위대한 감사 예물을 바치신다면 이는 폐하께 어울리는 일이 될 것입니다."

20 폐하께서는 당황하시면서 (군인들의) 임금에 추가금을 더하라고 명하셨습니다. 그리고 (노예) 한 명 당 이십 드라크마씩 보상해주라는 것입니다. 그리고 이에 대한 칙령을 반포하고, 여기에다 (포로들의) 등록 대장을 덧붙이라고 명하셨습니다. 폐하께서는 (이 일에) 큰 열정을 보이셨습니다. 하느님께서 우리의 모든 계획을 실행시키셨으며, 폐하로 하여금 선왕의 군대와 함께 들어온 이들뿐 아니라 그전부터 있던 사람들, 그리고 그 다음에 왕국으로 끌려온 이들까지 풀어주도록 채근하셨던 것입니다. 결국 그들의 몸값이 사백 탈렌트를 넘을 것이라 보고되었습니다.

46 또는 "마음을 다하여 (만물을) 주재하시는 분께."

21 이 칙령의 사본을 끼워 넣은 것이 쓸데없는 일은 아닐 듯합니다. 실제로 (이를 통해) 폐하의 위대함이 한층 더 명백하고 분명해질 것입니다. 하느님께서 그분께 힘을 주시어 많은 사람에게 구원이 이루어지도록 하시기 때문입니다.

필라델포스 임금의 포로 해방 칙령

22[47] (칙령)은 이러합니다.

"폐하의 명이다: 선왕과 함께 시리아와 페니키아 지역에 출정하여[48] 유다인들 땅에 들어가 유다인들을 포로로 잡아서 (이집트) 도시나 지방으로 끌고 오거나 타인에게 판 이들, 마찬가지로 그전부터 (이집트에) 있었거나 그 뒤에 끌려온 이들을[49] 재산으로 소유한 사람들은 누구나 그들을 풀어 주어야 한다. 그 사람들은[50] 노예 일인 당 이십 드라크마씩 보상받는다. 군인들은 임금에 덧붙여서 받고, 나머지 사람들은 폐하의 재정에서 받는다.

23 우리는, 이들이 포로로 끌려온 것이 선왕의 의지에도 반할 뿐더러 적절치 못한 일이기도 하다고 생각한다. 유다인들 땅을 황폐화시키고 그들을 이집트에 강제로 이주시킨 것은 군인들의 경솔함 때문에 일어난 일이다. 사실 군인들은 전장에서 충분한 이익을 거두었다.[51] 그러므로 그 사람들을 종으로 부리는 것은 결코 정당하지 않다. 24 우리는 모든 사람에게 정의를 실천한다는 인정을 받고 있다. 부당하게 억압받는 이들에 대해서는 더욱 그러하다. 또한 모든 면에서 우리는 모든 이에 대한 경건함과 정의를 추구한

47 22-25가 칙령 본문에 해당한다.

48 직역: "시리아와 페니키아 지역에 출정한 선왕의 군대에 합류하여."

49 유다인들.

50 풀어준 이들.

51 직역: "사실 평원에서 군인들에게 생긴 이익은 충분했다."

다. 따라서 왕국 안 어느 곳에서 어떤 형태로든 노예 생활을 하고 있는 유다인들과 관련하여 칙령을 반포하는 바다. 이들을 소유한 사람들은 앞에서 밝힌 돈을 받고 풀어주어야 한다. 이 사안을 실행하는 데 아무도 지체해서는 안 된다. 이 칙령이 공시된 날부터 사흘 안에 (포로들의) 등록 대장을 담당 관리에게 제출하고 즉시 각 (포로에) 대해 상세히 보고해야 한다.

25 우리는 이 일이 완수되는 것이 우리에게도, 우리 사업에도 유익하다는 것을 충분히 이해하였다. 원한다면, 이 일에 순종하지 않는 자들을 신고할 수 있다. (신고한 사람이) 유죄로 판명되는 자의 권한을 (대신) 갖게 될 것이다. 단 (유죄로 판명된 자)의 재산은 왕실 재정에 들어갈 것이다."

유다인 포로 해방의 실행

26 폐하께서 정독하시도록 이 칙령이 폐하께 전달되었습니다. 그것은 "그 전부터 (이집트에) 있었거나 그 뒤에 끌려온 이들"이라는[52] 구절을 제외한 다른 모든 내용을 담고 있습니다. 이 구절은 아량 있고 너그러운 마음으로 폐하께서 직접 덧붙이셨습니다.[53] 그리고 총 지출비용은 한꺼번에 군 관리와 왕실 재상들에게 나누어 맡기라고 명하셨습니다. 27 이렇게 결정된 지 이레 만에 승인이 났습니다. 보상금은 육백육십 탈렌트 이상에 달했습니다. 많은 수의 젖먹이 아이들도 그 어머니들과 함께 해방되었습니다. 이들에 대해서도 (일인 당) 이십 드라크마씩 (주인이) 보상받아야 하는 것은 아닌지 하는 문제가 제기되자 폐하께서는 이 또한 그렇게 하라고 명하셨습니다. 그리하여 결정하신 모든 것을 완벽히 실행하셨습니다.

---

52 "이들"은 유다인들을 가리킨다.

53 아리스테아스가 이집트 임금에게 청한 내용은 선왕 때 노예로 끌려온 유다인들을 해방시켜달라는 것이었다. 현왕은 이에 더하여 선왕 이전부터 이집트 땅에 있던 유다인 노예들과 그 이후에 끌려온 자들까지 풀어주라고 명한다. 12-20을 보라.

필라델포스 임금과 엘레아자르의 서신[54]

데메트리오스의 보고[55]

28 이 일이 완수되자 폐하께서는 데메트리오스에게 유다인의 책들의 문서화 작업에 대해 보고하라고 명하셨습니다. 사실 임금들은 (왕국의) 모든 업무를 칙령을 통해 매우 안전하게 통제하였습니다. 방만하게 혹은 정당한 이유 없이 수행되는 일은 없었습니다. 나는 (데메트리오스의) 보고서와 편지들의 사본을 첨부합니다. 보내는 선물의 수와 각각의 상태에 대해서도 첨부합니다. 그것들 하나하나가 장엄함이나 기술면에서 뛰어나기 때문입니다. 보고서 사본은 다음과 같습니다.

29 위대하신 폐하께 데메트리오스 올림.

폐하께서는 도서관을 채우기 위해 사라진 책들은 모으고 조각난 책들은 적절히 보수하라고 명하셨습니다, 폐하. 제가 이 일에 심혈을 기울였기에 여기 폐하께 보고를 올리는 바입니다.

---

54 28-50: 필라델포스 임금이 엘레아자르에게 번역자들을 청하는 서신과 하사품을 보내자 엘레아자르가 긍정적 답변을 하며 번역자들을 보낼 것을 약속한다.

55 28-34: 다시 유다교 율법서의 번역과 관련된 주제마로 돌아간다. 28은 필라델포스 임금이 데메트리오스에게 유다인들의 율법서에 대한 보고서를 올리라고 명령하는 내용이다. 도서관 관리 데메트리오스가 필라델포스 임금에게 제출한 보고서는 29절에서 32절까지 이어진다. 여기서 데메트리오스는 유다교 율법서가 왕실 도서관에 소장할 가치가 있음을 설파하면서 이 책의 올바른 번역서가 필요함도 알린다. 아울러 율법서 번역에 참여할 사람으로 유다 민족의 열두 지파에서 각각 6명씩 총 72명의 원로를 보내달라고 엘레아자르 대사제에게 의뢰할 것을 제안한다. 33에는 엘레아자르에게 유다인 노예의 해방에 대해 알림과 동시에 번역자들을 보내달라는 편지를 쓰라는 임금의 명령을 언급한다. 34는 대사제에게 보내는 임금의 편지와 하사품에 대해 소개할 것이라는 언급이다.

30 유다인들의 율법서는 다른 몇몇 책들과 함께 사라진 상태입니다. 이 기록들은 히브리 글자와 언어로 되어 있습니다. 그런데 이 책들은 다소 태만하게 그리고 실제와 다르게, 곧 전문가들이 보고한 것과 다르게 옮겨졌습니다.[56] 왕실 지원을 받지 않았기 때문입니다. 31 이 책들은 충분히 검토한 뒤 폐하(의 도서관)에 소장하는 것이 마땅합니다. (거기 담긴) 율법이 신성할 뿐 아니라 철학적이고 순수하기도 하기 때문입니다. 저술가, 시인, 많은 역사가 들이, 앞서 말한 책들과 그에 따라 살았거나 살고 있는 사람들에 대해 언급하기를 꺼렸습니다. 압데라의 헤카타이오스가 말한 대로, 그 안에 담긴 관점이 지극히 순수하고 거룩하기 때문입니다. 32 따라서 (폐하) 생각에 좋다면, 예루살렘에 있는 대사제 엘레아자르에게 편지를 써서, 매우 훌륭한 삶을 산 남자 원로들 가운데 자기네 율법과 관련된 문제에 통달한 사람들을 각 지파마다 여섯 명씩 보내달라고 하겠습니다. 다수의 동의를 통해 신중히 검토하고 정확한 해석을 얻어냄으로써, 이 작업에도 부합하고 폐

---

56 또는 "전문가들의 보고에 따르면, 이 책들은 다소 태만하게 실제와 다르게 옮겨졌습니다." '옮기다'로 번역한 σεσήμανται(직설법 완료 수동태 3인칭 복수)의 의미를 두고 학자들 사이에 의견이 분분하다. 이 단어를 직역하면 "표시되었습니다"이다. 이 단어의 본래 의미는 '표시하다', '가리키다', '의미하다'이다. 이 단어는 '번역하다'와 '필사하다' 두 가지로 이해할 수 있다. 이를 '번역하다'로 이해할 경우 칠십인역 이외에 구약성경의 그리스어 역본이 이미 존재했으며 그 그리스어 역본은 히브리어 본문에 충실하게 번역되지 않았다는 뜻이 된다. 이를 '필사하다'로 이해할 경우, 히브리어 본문을 모사했다는 뜻이 된다. 전자를 따르는 학자들은 이 구절(아리스테아스의 편지 30)을 칠십인역 이전에 그리스어 역본이 더 있었다는 증거로 여긴다. 그러나 여기 언급한 책들은 문맥상 그리스어 역본이 아니라 히브리어 본문을 모사한 책으로 여겨진다. 그렇다면 '다소 태만하게, 실제와 다르게 옮겨졌다'는 말은 이 히브리어 텍스트의 필사 정확도가 떨어진다는 의미일 것이다: Shutt, "Letter of Aristeas: A New Translation and Introduction", 14 참조. 이 단어를 '해석(설명)하다'로 옮기는 학자들도 있다. 이들은 히브리 글자와 언어로 된 유다교 율법서가 잘못 해석된 경우가 많았다는 뜻으로 이해한다.

하의 목적에도 부합하는 훌륭한 (번역본을) 마련하고자 함입니다. 만사형통하시기를 빕니다!

33 (데메트리오스의) 보고를 들은 폐하께서는 이 일과 관련하여 엘레아자르에게 편지를 쓰라고 명하시면서 포로들의 해방에 대해서도 알리라고 하셨습니다. 또한 혼합주 조제그릇과[57] 대접과 제사상과 헌주 단지를 만드는 데 쓸 금 오십 탈렌트, 은 칠십 탈렌트와 충분한 양의 보석을 하사하셨습니다. 또한 재무관들에게 명하시어 장인들에게 스스로 결정할 수 있는 선택권을 주게 하셨습니다. 그리고 제사와 다른 용도에 쓸 현금 백 탈렌트도 내리셨습니다.

34 편지 사본부터 보여 주고 나서 하사품들에 대해서도 알려 주겠습니다. 폐하의 편지는 다음과 같습니다.

프톨레마이오스 임금의 편지[58]

35 프톨레마이오스 임금이 엘레아자르 대사제에게. 평안과 안녕을 비오!
페르시아인들의 통치 기간 동안에 그들에 의해 상당수 유다인들이 예루살렘에서 끌려와 우리 지역에 정착하게 되었소. 선왕 때 이집트에 포로로 잡혀 온 이들도 있소. 36 선왕께서는 그들 가운데 많은 수를 값비싼 용병으

---

57 그리스인들은 포도주 원액을 물에 희석한 뒤 잔에 따라 마셨다. 크라테르(κρατήρ)는 포도주 원액과 물을 섞을 때 쓰는 그릇이다.

58 35-40: 프톨레마이오스 임금이 엘레아자르 대사제에게 보낸 편지. 임금은 대사제에게 페르시아 시대 및 프톨레마이오스 1세 때 이집트에 건너온(또는 끌려온) 유다인들을 해방시켜 주었다고 말하면서 유다인들의 율법서를 그리스어로 번역하여 왕실 도서관에 비치하기로 결정했음을 알린다. 그리고 이 목적을 수행할 유다인 원로 일흔두 명을 뽑아 보내줄 것을 요청하면서 안드레아와 아리스테아스 편에 감사의 선물을 보냄을 알린다.

로 군대에 넣으셨소. 또한 먼저 와 있던 사람들도[59] 충직하다고 판단하시고 그들에게 요새를 지어 넘겨주셨소. 이집트 백성이 이들에게 공포심을 갖지 않게 하려는 것이었소.[60] 우리는 이 나라를 차지한 뒤부터 모든 이에게 인류애로써 대했소만 당신네 (출신) 시민들에게는 더더욱 그러하였소. 37 우리는 포로들을 십만 명 이상 풀어주었소. 포획자들에게는 서열에 맞게 은으로 값을 치렀소. 군중의 충동 때문에 생긴 잘못에 대해서는 모두 바로잡았소. 우리는 경건한 마음으로 이를 행하며, 지극히 위대하신 하느님께 감사를 표하였소. 하느님께서 온 세상 한가운데서 우리 왕국을 평화롭고 존귀하고 영광스러운 나라로 지켜주셨기 때문이오. 또한 (유다인 포로들 가운데) 나이가 한창 때인 이들을 군에 배치했소. 우리와도 함께 할 수 있는 능력자들, 곧 궁정의 신뢰를 받을 만한 사람들은 관직에 세웠소.

38 우리는 이 사람들과 온 세상에 있는 모든 유다인들 및 후대 사람들에게 감사를 표하고자 여러분의 율법을 여러분이 히브리어라 부르는 언어에서 그리스어로 번역하기로 결정했소. 그리하여 이 책들도 다른 왕실 서책들과 함께 우리 도서관에 두기로 했소. 39 그러니 당신도 우리의 열정에 걸맞게 처신하여, 훌륭한 삶을 산 원로로서 당신네 율법에 숙달되고 번역 능력을 갖춘 이들을, 각 지파마다 여섯씩 뽑아 주시오. 대다수의 동의를 얻은 (역본)을 얻고자 함이오. 중대한 사안에 대해서는 신중한 검토가 필요

---

59 πρόειμι는 '앞장서 나가다'(πρό + εἶμι[가다])일 수도, '예전부터 있었다'(πρό + εἰμί[있다])일 수도 있다. 앞의 뜻을 따르면 분사 τοὺς προόντας는 '선봉장', '장수들'로 옮길 수 있고 뒤의 뜻을 따르면 '먼저 와 있던 사람들'로 옮길 수 있다. 여기서는 뒤의 해석을 따랐다. 찰스는 앞의 해석을 따라 '장수들'로 옮긴다. Charles, "The Letter of Aristeas", 98 참조.

60 찰스는 부정어 μή를 빼고 '이집트 백성이 그들에게 공포심을 갖게 하려는 것이었소'로 옮긴다. Charles, "The Letter of Aristeas", 98 참조.

하기 때문이오.[61] 사실 우리는 이 일을 완수하고 나면 큰 영광을 얻으리라
믿고 있소. 40 우리는 이 일과 관련하여 호위대장인 안드레아와 아리스테
아스를 파견하였소. 이들은 우리에게 존경받는 인물이오. 이들은 당신에게
(내) 의사도 전달하고 성전에 바칠 만물인 서약 예물들과 제사 및 다른 용
도에 쓸 은 백 탈렌트를 가져갈 것이오. 이 일과 관련하여 원하는 게 있으
면 우리에게 편지를 보내도록 하시오. 이는 우리에게 큰 도움을 주는 일이
자 우정에 걸맞은 행동이 될 것이오. 당신이 원하는 사항은 최대한 빨리 완
수될 것이오. 안녕히 계시오!

엘레아자르의 편지[62]

41 엘레아자르는 수락의 뜻으로 이 편지에 이렇게 답했습니다.

대사제 엘레아자르가 진정한 벗 프톨레마이오스 폐하께 인사드립니다.

폐하와 폐하의 누이 아르시노에 황후와 폐하의 자녀분들께 안부 인사
올립니다. 저희가 바라는 바대로 (안녕하시다면) 다행입니다. 저희 또한 건
강하게 잘 지냅니다. 42 폐하의 편지를 받고 폐하의 결정과 훌륭한 계획에
저희는 매우 기뻤습니다. 그리고 저희는 온 군중을 소집하여 그들에게 (폐
하의 편지를) 읽어 주었습니다. 폐하께서 우리 하느님을 향해 품고 계신 신
심을 그들이 알게 하려는 뜻이었습니다. 저희는 또한 폐하께서 보내주신 대

---

61 "사안의 중대성을 고려해 대다수의 동의(ἐκ τῶν πλειόνων τὸ σύμφωνον)를 얻은 (역본)을 얻고자 함이오"라고 옮겨도 된다.

62 41-46: 엘레아자르가 프톨레마이오스에게 보낸 편지. 엘레아자르는 이 편지에서 프톨레마이오스 임금의 요청을 수락한다는 뜻을 전한다. 또한 임금이 보내준 선물에 감사를 표하고 임금과 그 가족을 위해 기도와 제사를 드렸다고 말한다. 엘레아자르는 일흔두 번역자를 '잘생기고 선한' 원로들이라 묘사하면서 그들 편에 율법서를 보냈다고 전한다. 마지막으로 그는 번역이 끝나는 대로 일흔두 원로를 예루살렘에 돌려보내 줄 것을 임금에게 요청한다.

접, 금 스무 개와 은 서른 개, 혼합주 조제그릇 다섯 개, 봉헌용 제사상, 성전에 필요한 기물 및 제사 거행용 은 백 탈렌트를 보여주었습니다. 43 이 모든 것을 폐하의 가장 영예로운 신하 가운데 하나인 안드레아와 아리스테아스가 가져다 주었습니다. 이들은 잘생기고 선하며[63] 교양도 남달랐으며[64] 모든 면에서 폐하의 삶과 정의에 걸맞은 이들이었습니다. 이들은 저희에게 폐하의 말씀을 전했고, 저희는 그에 대한 응답으로 폐하의 글에 동의하는 뜻을 두 사람에게 표명했습니다.[65] 44 폐하께 도움이 되는 일이라면 무엇이든, 설령 그것이 흔치 않은 일이라 할지라도 저희는 이행하겠습니다. 이것은 우정과 사랑의 징표입니다. 폐하께서 저희 시민에게 여러 방식으로 잊지 못할 큰 선익을 베풀어주셨기 때문입니다. 그래서 저희는 지체 없이 폐하와 폐하의 누이와 자녀분들과 친구들을 위해 제사를 올렸습니다. 그리고 폐하께서 계획하시는 일이 늘 이루어지게 해 달라고 온 군중이 기도했습니다. 또한 만물을 다스리시는 하느님께서 폐하의 나라를 평화와 영광 안에 지켜주시기를, 또한 거룩한 율법의 번역이 무사히 이루어지고 또 그것이 폐하께 유익한 일이 되기를 기도했습니다.

46 그리고 저희는 모두가 참석한 가운데, 잘생기고 선한[66] 원로를 각 지파마다 여섯 명씩 뽑았습니다. 그리고 그들에게 율법서를 들려 보냈습니다. 정의로우신 폐하! 그 책들의 번역이 끝나는 대로 그 사람들이 저희에게 무사히 돌아오도록 폐하께서 명을 내리신다면 참으로 좋을 것입니다. 안녕히 계십시오!

---

63 καλοί καὶ ἀγαθοί(잘생기고 선한)라는 표현은 그리스 문화권에서 남자다움의 이상을 나타낸다. 46절도 보라: Shutt, "Letter of Aristeas: A New Translation and Introduction", 16 참조.

64 또는 "교육 수준이 높은 이들."

65 직역: "그 답으로 그들은 저희에게서 폐하의 글에 동의하는 뜻을 들었습니다."

66 43절의 해당 각주 참조.

일흔두 번역자의 이름[67]

47 (그들의 이름은) 다음과 같습니다.

첫째 지파 출신은 요셉, 에제키야, 즈카르야, 요안네스, 에제키야,[68] 엘리사입니다.

둘째 지파 출신은 유다, 시몬, 소모엘로스, 아다이오스, 마타티아스, 에스클레미아스입니다.

셋째 지파 출신은 느헤미야, 요셉, 테오도시오스, 바세아스, 오르니아스, 다키스입니다.

48 넷째 지파 출신은 요나탄, 아바이오스, 엘리사, 아나니아스, 카브리아스, 힐키야입니다.

다섯째 지파 출신은 이사악, 야곱, 예수, 사바타이오스, 시몬, 레위입니다.

여섯째 지파 출신은 유다, 요셉, 시몬, 즈카르야, 소모엘로스, 셀레미아스입니다.

49 일곱째 지파 출신은 사바타이오스, 세데키야스, 야곱, 이사악, 예시아스, 나타이오스입니다.

여덟째 지파 출신은 테오도시오스, 야손, 예수, 테오도토스, 요한, 요나탄입니다.

아홉째 지파 출신은 테오필로스, 아브람, 아르사모스, 야손, 엔데미아스, 다니엘입니다.

50 열째 지파 출신은 예레미야, 엘레아자르, 즈카르야, 바네아, 엘리사, 다타이오스입니다.

열한째 지파 출신은 사무엘, 요셉, 유다, 요나탄, 카벱, 다시테오스입

---

67 47-50: 일흔두 번역자의 이름을 지파별로 소개한다.

68 에제키야라는 이름을 가진 원로가 둘이다.

니다.

열두째 지파 출신은 이사엘, 요한, 테오도시오스, 아르사모스, 아비에테스, 에제켈입니다.

모두 일흔두 명입니다.

임금의 하사품[69]

도입

51 이상은 폐하의 편지에 응하여 엘레아자르 측에서 쓴 답장이었습니다.

기물에[70] 대해 상세히 알려드리기로 약속했으니 이제 그렇게 하겠습니다. 그것은 특별한 기술로 완성되었습니다. 폐하께서 지원을 아끼지 않으셨으며 장인들 한 사람 한 사람을 몸소 감독하셨기 때문입니다. 그리하여 그들은 아무것도 소홀히 할 수 없었고, 아무것도 아무렇게나 끝낼 수 없었습니다.

우선 그대에게 (제사)상에 대한 설명부터 하겠습니다.[71]

제사상[72]

---

69 51-82: 프톨레마이오스 임금이 엘레아자르에게 보낸 선물에 대해 자세히 묘사한다. 제사상, 혼합주 조제그릇, 대접 순이다. 이 기물들은 모두 장인들의 특별한 기술로 신중히 만들어졌다고 한다. 임금이 시간을 내어 제작과정을 지켜보았기 때문이다. "그것은 특별한 기술로 완성되었습니다. 폐하께서 지원을 아끼지 않으셨으며 장인들 한 사람 한 사람을 몸소 감독하셨기 때문입니다"(51).

70 κατασκεύασμα는 '구비된 것' 또는 '만들어진 것'으로 건축물이나 구조물은 물론 가구, 장식품, 비품 등 기물 일체를 가리킨다.

71 칠십인역 탈출 25,23-30을 참조하라. 제사상을 어떻게 만드는지에 대한 상세한 설명이 나온다.

72 52-72: 이집트의 필라델포스 임금이 예루살렘의 대사제에게 하사한 제사상

52 폐하께서는 이 기물을 굉장히 큰 규모로 만들고자 하셨습니다. 그래서 예전부터 예루살렘 성전에 놓여 있던 (상)은 얼마나 큰지 그곳 사람들에게 물어보라고 하셨습니다. 53 그들이 규모를 알려드리자 폐하께서는 더 크게 만드는 것은 어떨지 물으셨습니다. 사제들과 다른 사람들 가운데 몇 사람이 이를 막을 이유가 없다고 답했습니다. 그러자 폐하께서는 (예루살렘 상보다) 다섯 배 크기로 만들고 싶다고 하셨습니다. 하지만 그것이 전례에 무용지물이 될까 하여 망설이셨습니다. 54 폐하께서는 그저 당신의 선물이 그 장소에 설치되기만을 바라시지는 않으셨습니다. 직무를 맡은 이들이 당신의 기물 위에서 적절한 전례를 온당하게 드린다면 한층 더 기쁘시겠다는 것이었습니다. 55 사실 예전 기물들이 작은 크기로 만들어진 것은 금이 부족해서가 아닙니다. 폐하께서 말씀하시기를, 틀림없이 어떤 이유가 있어서 그 크기로 만들어졌으리라는 것입니다. 게다가 그런 명령이 있었다면 (그 크기로도) 충분해서였을 터이니[73] 적정한 도를 넘겨서도 안 되고 (규정을) 바꿔서도 안 된다는 것입니다.

56 그리고 폐하께서는 온갖 종류의 기술을 최대한 동원하라고 명하셨습니다. 그분이 모든 것을 진지하게 고려하실 뿐더러 작업 결과를 예측하는 좋은 본성도 지니셨기 때문입니다. 따라서 지침이 기록되지 않은 사안에 대해서는 아름다움을 고려해서 만들고, 지침이 기록되어 있는 사안에 대해서는 정해진 규격을 따르라고 하셨습니다.

에 대해 묘사한 본문이다. 임금이 처음에는 제사상을 큰 규모로 만들고 싶어 했으나 구약성경에 제시된 규정을 따르기로 한다. 제사상을 만든 기준은 56에 나온다. 곧 "지침이 기록되지 않은 사안에 대해서는 아름다움을 고려해서 만들고, 지침이 기록되어 있는 사안에 대해서는 정해진 규격을 따르라고 하셨습니다."

73 그리스어 사본에는 본디 ἔτι γὰρ ἐπὶ τὰ τῆs οὔσηs, οὐθὲν ἄν ἐσπάνιζε 라 되어 있다. ἐπὶ τὰ τῆs를 멘델스존(Mendelssohn)의 제안을 따라 ἐπιταγῆs로 고쳐 읽었다. 대본으로 삼은 에반스 비평본에는 ἐσπάνιζε 대신 ἐσάνιζε라 되어 있으나 이는 오류다. Charles, "The Letter of Aristeas", 100 참조.

57 그들은 (상을) 길이 두 큐빗,[74] 높이 한 큐빗 반으로 완성했습니다. 그리고 (상) 전체를 순금으로 단단하게 만들었습니다. 금박을 입힌 것이 아니라, 금을 두드려 만든 것이라는 뜻입니다.[75] 58 그리고 그들은 (상) 둘레에 손바닥 너비의 턱을 만들었습니다.[76] 꼬아 만든 테두리는 양각陽刻, 곧 높은 돋을새김 밧줄 형식으로 만들되, 삼면에서 뚜렷이 도드라지게 했습니다. — 사실 그것은[77] 세모꼴이었습니다. 59 그리고 작품 형태로 말할 것 같으면 각 면이 모두 같은 배열로 이루어졌습니다. 그래서 어느 쪽으로 돌려도 같은 모습이었습니다. 턱 아래쪽에 있는 (두 면 가운데) 상 위로 경사져 내려오는 면이 아름다운 형태를 지녔습니다.[78] 그러나 다가가는 사람의 시선이 향하는 쪽은 바깥 경사면입니다. 60 그리고 두 경사면은 가파르게 솟아올라 있었습니다. 앞서 말한 대로 그것은 세모꼴로 만들어져 어느 쪽으로 돌려도 (마찬가지였습니다). 그리고 그 위에는 밧줄 무늬 사이사이에 보석들이 배열되어 있었습니다. 그것들은 모방할 수 없는 솜씨로 뒤섞여 있었습니다. 61 그리고 모든 (돌)이 구멍을 통해 황금 바늘로 단단하게 엮여 있었습니다. 모퉁이에는 걸쇠가 굳게 잠겨 있었습니다. 62 (상) 턱을 따라 윗면에는 보석으로 달걀 모양 테두리가 장식되어 있었습니다. 돋을새김 한 양각 줄무늬가 상 가장자리를 따라 서로 마주보는 형태로 연결되어 있었습니

74 칠십인역 탈출 25,23에는 '너비는 한 큐빗'이라는 구절이 더 있다.

75 히브리어 성경 탈출 25,23-24에서는 제사상을 아카시아 나무로 만들어 순금을 입히라고 한다. 그러나 칠십인역에서는 상 자체를 순금으로 만들라고 한다.

76 칠십인역에 따른 제사상 만드는 법은 다음과 같다. 제사상은 순금으로 만들되, 길이 두 큐빗, 너비 한 큐빗, 높이 한 큐빗 반이 되게 한다. 그 둘레에는 꼬아 만든 금테를 두른다. 그리고 상 둘레에 손바닥 너비의 턱을 만들고 그 턱 둘레에도 꼬아 만든 테를 두른다.

77 "그것"은 테두리를 가리킨다.

78 직역: "아름다운 모습을 지닙니다."

다. 63 보석으로 양각된 달걀 모양 테두리 아래쪽에는 장인들이 온갖 종류의 과일로 장식한 관冠을 만들어 두었습니다. 포도와 옥수수가 눈에 띄게 돌출되고 그 밖에 대추야자, 사과, 올리브, 석류 등이 (장식되어) 있었습니다. 그들은 보석들을 앞서 말한 과일들 모양으로 꾸몄습니다. — (보석은) 저마다 과일과 같은 색깔이었습니다. 그리고 그들은 그것들을 상 측면을 따라 금줄로 묶어 두었습니다.

64 그들은 (과일로 만든) 관冠을 배치한 다음 아래쪽에도 이와 비슷하게 달걀 모양으로 꾸미고 나머지 부분은 홈과 음각새김 장식으로 (꾸몄습니다). 양면을 다 사용할 수 있도록 상을 제작했기 때문입니다. 그래서 어느 한 면을 택해도 장식물과 턱이 상의 다리 쪽으로 향하게 됩니다.

65 그리고 단단한 금속판을 상과 같은 너비에, 손가락 네 개 두께로 만들어 상다리를 여기에 끼울 수 있게 하였습니다. 상다리에는 구멍과 잠금장치를 두어 턱 아래쪽에서 서로 연결될 수 있게 하였습니다. 어느 면을 택하든 사용할 수 있게 하려는 것이었습니다. 이 기물이 양면을 다 사용할 수 있다는 것은 명백했습니다.

66 상 자체에는 물결 문양을 양각으로 새겨 넣었습니다. 가운데에는 루비, 에메랄드, 마노, 그 밖에 다른 종류의 몹시 아름다운 돌 등, 값비싼 돌들이 솟아 있었습니다. 67 그리고 물결 문양을 배치한 다음 그 위에 멋진 그물 문양을 겹쳐 (상) 중심부가 마름모 꼴이 되게 하였습니다. 그[79] 위에는 수정과 호박이라 불리는 돌이 놓여 보는 이에게 모방할 수 없는 광경을 선사했습니다.

68 그들은 상다리도 만들었습니다. 다리 꼭대기 부분이 백합으로 장식되어 있었습니다. 백합이 상 아래로 휘어지는 형태였습니다. 안쪽은 이파리가 똑바로 선 형태로 되었습니다. 69 바닥에 접하는 상다리 받침대는

79 그물 무늬.

루비로[80] 만들어졌는데 모두 손바닥 높이였습니다. 외형은 장화 형태였으며 손가락 여덟 개 굵기였습니다. 상다리의 금속판 전체가 그 위에 얹힙니다. 70 그들은 (다리를), 가시덤불과 얽힌 채 담쟁이덩굴이 돌에서 벋어 나오는 형상으로 만들었습니다. 또한 포도나무가 다리를 둘러쌌으며 (거기에) 포도송이들이 매달려 있었습니다. 이 모든 것이, 다리 꼭대기에 이르기까지, 돌로 만들어졌습니다. 네 다리 모두 같은 양식이었습니다. 모든 것이 정교하게 만들어지고 조합되었으며, 숙련된 경험과 기술이 적용되어 진짜처럼 (만들어졌습니다). 그리하여 공기 중에 바람이 불면 이파리들이 움직여 (이파리들의) 위치가 바뀌었습니다. 모든 것이 진짜처럼 만들어진 것입니다.

71 제사상의 판은[81] 삼중으로 삼층처럼 만들었습니다. 두꺼운 기물을 관통시켜 층과 층을 서로 딱 들어맞게 연결하였으며 이음새가 보이지도 드러나지도 않게 만들었습니다. 상 전체 두께가 반 큐빗이 넘었으며 기물 전체 가격은 몇 탈렌트나 되었습니다. 72 폐하께서 크기를 늘리고 싶어 하지 않으셨기에, 더 크게 만들었다면 들었을 비용과 같은 비용을 여기에 쏟으셨습니다. 그리하여 그분의 결정에 따라 모든 것이 놀랍고도 탁월하게, 흉내 낼 수 없을 만한 기술로, 비교할 수 없을 만큼 아름답게 완성되었습니다.

혼합주 조제그릇[82]

73 혼합주 조제그릇은, 두 개가 금으로 만들어졌습니다. 바닥부터 중간 높이까지 온통 비늘 문양이 새겨졌으며, 비늘들 사이에는 뛰어난 솜씨로 보

---

80 대본으로 삼은 에반스 비평본에는 ἄνθρωπος(사람)라고 되어 있다. 하지만 ἄνθρωκος(루비, 암적색 보석)로 고쳐 읽었다. Charles, "The Letter of Aristeas", 102 참조.

81 στόμα를 '판'으로 옮겼다. στόμα는 본디 '입', '입구'를 뜻한다. 제사상 제일 윗부분을 가리키는 듯하다.

82 73-78: 혼합주 조제그릇에 대한 묘사다.

석들이 박혀 있었습니다. 74 그 위에는 한 큐빗 높이의 물결 문양이 있었습니다. 그것은 아름다움과 예술적 노력을 과시하며 다양한 보석으로 장식되어 있었습니다. 그리고 그 위에 마름모꼴 홈 장식이 새겨져 있었는데, (항아리) 입구까지 그물 형태를 이루고 있었습니다. 75 한가운데에는 대략 네 손가락 두께의 서로 다른 종류의 보석들이 교대로 박힌 양각 문양이 그 아름다운 자태를 완성시켰습니다. 그릇 가장자리에는 백합꽃 문양과 포도송이가 교차하며 둘레를 감싸고 있었습니다. 76 금으로 된 조제그릇들은 이런 구조로 되어 있었으며 (크기는) 두 동이들이가[83] 넘었습니다. 은 그릇들은 표면이 매끄러웠으며 거울로 사용하려고 만든 듯 (사물을) 비추었습니다. 그리하여 가까이 다가가는 모든 것이 거울을 통해서보다 더 명확하게 비쳤습니다. 77 진짜 같은 인상을 주기 위해 덧붙인 장식들에 대해서는 묘사할 길이 없습니다. 사실 (작품이) 완성되어 기물들을 나란히 배열했을 때, 말하자면 먼저 금 그릇을 놓고 곁에 은 그릇을 놓고, 다시 은 그릇과 금 그릇을 놓았을 때, 그 모습은 도무지 형용할 수가 없었습니다. 그리고 그것들을 보러 다가가는 이들은 (그릇들의) 눈부신 자태와 멋진 외관 때문에 (그 앞을) 떠날 수가 없었습니다. 78 실제로 드러난 외관의 예술성은 다채로웠습니다. 황금 기물을 바라보면서 예술 작품 하나하나에 정신을 집중할 때 일종의 만족감이 경이로움과 함께 일어났습니다. 그리고 누군가 은 그릇 쪽으로 눈길을 줄 때면, 그가 어디에 서 있든, 그것은 온 사방을 비추며 쳐다보는 사람들에게 더 큰 즐거움을 주었습니다. 그러므로 작품들의 예술성을 형용하기가 참으로 불가능할 정도입니다.

대접[84]

---

83 요한 2,6. 카나 혼인 잔치 때 예수님께서 채우라고 명하신 물독들이 두세 동이들이였다.

84 79-82: 대접에 관한 묘사다.

79 그들은 황금 대접 한가운데에 포도 화관을 새겨 두었습니다. 가장자리에는 담쟁이와 은매화와 올리브로 양각 화관을 만들어 장식하고 값비싼 돌들을 박아 넣었습니다. 나머지 부분은 다른 문양으로 마무리짓되, 모든 것을 임금의 위엄에 부합하게 만들었습니다. 80 가치나 예술성 면에서 그와 같은 기물은 왕실 국고에도, 다른 어느 보고에도 결코 존재하지 않았습니다. 폐하께서 아름다움에서 명예를 찾고자 하시어 작지 않은 마음을 거기에 쏟으셨기 때문입니다. 81 폐하께서는 종종 공적 업무를 소홀히 하신 채 장인들 사이에 앉아서 그들을 지켜보시곤 하셨습니다. 작품들을, 보내질 장소에 어울리도록 완성하게 하시려는 것이었습니다. 그리하여 모든 것이 엄숙하게, 그리고 (그것을) 보내시는 폐하와, 그곳[85] 지도자인 대사제에게 걸맞게 만들어졌습니다. 82 사실 사용된 보석의 양은 엄청나서 오천 개가 넘었으며 크기도 매우 컸습니다. 기술면에서 모든 것이 탁월했으며 보석의 가치와 장인들의 노고는 금의 가치보다 다섯 배나 높았습니다.

예루살렘 방문기[86]

예루살렘 성전[87]

83 이것들에[88] 대해 기록해 둘 필요가 있다고 여겨 그대에게 썼습니다.

---

85 예루살렘.

86 83-120: 아리스테아스가 임금의 사절로서 예루살렘을 방문한 이야기를 담고 있다. 저자는 자기 눈으로 본 성전과 성벽, 대사제복에 대해 자세히 묘사한다. 먼저 예루살렘 성전에 대해 묘사한 뒤(83-91), 사제들의 직무(92-95), 그리고 엘레아자르 대사제의 예복을 소개한다(96-99). 이어서 성전을 둘러싼 요새와 그곳을 지키는 병사들(100-104), 유다 지형과 그곳 주민들의 삶을 소개한다(105-120).

87 83-91에 예루살렘 성전에 대한 묘사가 나온다. 성전 건물뿐 아니라 축제 기간에 성전에서 벌어지는 장관도 소개한다.

88 "이것들"은 하사품들을 가리킨다.

다음은 엘레아자르를 만나러 간 우리의 여정에 대한 내용입니다. 먼저 그 지역 전체에 대해 말하겠습니다. 그곳에 도착했을 때 우리는 그 도시가 온 유다 땅 한가운데, 높이 솟은 산 위에 자리 잡은 것을 보았습니다.

84 성전은 그 정상에 훌륭하게 지어져 있었습니다. 둘레에는 세 성벽이 있었는데, 그 크기가 일흔 큐빗이 넘었습니다. 폭도 이에 필적했으며, 건물 길이도 마찬가지였습니다. 모든 것이, 모든 면에서 탁월한 규모와 비용으로 지어져 있었습니다. 85 문과, 문을 문설주와 연결하는 경첩, 상인방의 안정성에 드는 비용을 조금도 아끼지 않았음이 분명했습니다. 86 휘장의 형태는 전체적으로 현관문과 비슷했습니다. 특히 밑에서 부는 바람 때문에 휘장 천이 끊임없이 펄럭였습니다. 바닥에서 시작된 저류 때문에 파동이 휘장 꼭대기까지 전해졌습니다. 그것은 자리를 뜨지 못하게 만드는 흐뭇한 광경을 연출했습니다.

87 제단은 그 장소와 거기서 불에 태워지는 제물에 걸맞은 구조로 세워졌습니다. 제단으로 올라가는 계단의 구조도 마찬가지였습니다. 직무 중인 사제들이 발목까지 오는 아마 옷을 걸치기 때문에, 계단은 그들의 품위를 지킬 수 있게 만들어졌습니다. 88 성전 건물은 동쪽을, 건물 뒷면은 서쪽을 향하고 있었습니다. 바닥 전체가 돌로 포장되어 있었으며 물을 운반하는 수로 쪽으로 경사지도록 만들어졌습니다. 이는 제물에서 나오는 피를 씻기 위해 필요한 시설입니다. 사실 축제 기간에 사람들이 수만 마리의 가축을 이곳에 몰고 옵니다. 89 물이 샘에서 저절로 힘차게 흘러나오는 것처럼 끊임없이 공급되었습니다. 게다가 지하에는 매우 훌륭한 저수조들도 있었습니다. 그들이 말한 대로, 그것들은 성전 터를 중심으로 다섯 스타디온 떨어진 거리에 있었습니다. 그리고 저수조마다 수많은 도관이 있어서 각 수조에 여러 지류가 모였습니다. 90 이 모든 시설이 바닥부터 벽에 이르기까지 납으로 도금되어 있었습니다. 그 위에는 회반죽이 두껍게 발려져 있었는데 모든 작업에 공이 많이 들어가 있었습니다. (제단) 바닥 쪽에는 구멍이 많이 나 있었는데 전례를 맡은 사람들 외에는 아무에게도 보이지 않았

습니다. 한가득 모인 제물들의 피가 (그 구멍들을 통해) 모두 눈 깜빡할 사이에 씻겨나가게 하려는 것이었습니다. 91 개인적 확신이 있기에 저수조의 구조에 대해 내가 이해한 대로 알려 주겠습니다. 실제로 그들은 나를 그 도시에서 네 스타디온이 넘는 곳으로 데려갔습니다. 그리고 어떤 지점에 이르렀을 때 (나에게) 몸을 숙여 물길이 합쳐질 때 나는 소리를 들어보라고 하였습니다. 그렇게 하자 수조들의 규모가 어느 정도인지 내게 분명해졌습니다. 과연 들은 대로였습니다.

사제들의 직무[89]

92 사제들의 직무는[90] 어느 모로 보나, 그 힘이나 품격이나 고요한 분위기가, 최고였습니다. 모든 이가 많은 노력을 기울이며 자발적으로 일하기 때문입니다. 또한 저마다 맡은 일이 다 달랐습니다.[91] 그들은 쉬지 않고 일했는데, 어떤 이들은 장작을, 어떤 이들은 기름을, 어떤 이들은 밀가루를, 어떤 이들은 향료를 날랐습니다. 짐승의 살을 번제물로 바치는 이들도 있었습니다. 그들은 탁월한 방식으로 힘을 사용했습니다. 93 이를테면 그들은 양손으로 송아지 다리를 들어 올렸습니다.[92] — (송아지 다리) 각각의 무게가 거의 두 탈렌트가 넘었습니다. 그러고는 놀라운 방식으로 (다리를) 한 손에 하나씩 잡고 높은 제단 위로 던졌습니다. 그런데도 잘못 내려놓는 법이 없었

---

89 92-95: 사제들이 맡은 여러 직무를 소개한다. 사제들이 저마다 맡은 직무를 일사불란하게 수행한다. 장작, 밀가루, 향료 등을 운반하는 일에서부터 짐승의 살을 번제물로 바치는 일, 제물에 쓸 짐승을 옮기는 일에 이르기까지 사제들이 맡은 직무는 다양하다. 전례 거행에 참석하는 인원만도 칠백 명이 넘었다고 한다.

90 τῶν ἱερέων ἡ λειτουργία는 사제들의 직무, 전례, 의식, 봉사 등으로 옮길 수 있다.

91 직역: “각자에게 임무가 주어졌습니다.”

92 또는 “분리했습니다.”

습니다. 마찬가지로 양과 염소의 조각들도 무게나 지방 양이 놀랄 만했습니다. 책임을 맡은 이들은, 항상 흠 없고 살집이 좋은 놈을 골라야 합니다. 이렇게 해서 앞에서 말한 (제사가) 거행됩니다.

94 그들이 쉴 수 있는 자리는 따로 마련되어 있습니다. 직무를 맡지 않은 사람들은 그곳에서 앉아 쉽니다. 이럴 경우, 이미 쉬었던 사람들은 자발적으로 일어납니다. 아무도 직무에 대해 명령을 내리는 사람이 없기 때문입니다. 95 그리고 완전한 침묵이 지배합니다. 그곳에 아무도 없다고 생각될 정도입니다. 사실은 전례를 거행하는 사람만도 칠백 명 가까이 되며 예물을 가져오는 사람들 수도 상당히 많습니다. 모든 일이 경외심 가운데, 위대한 하느님께 합당한 방식으로 진행됩니다.

대사제의 예복[93]

96 엘레아자르가 전례를 거행하는 모습을 보았을 때 우리는 그의 옷차림과 위엄에 몹시 놀랐습니다. (위엄은) 그가 입은 옷과 몸에 걸친 보석에서 드러났습니다.[94] 그의 긴 겉옷에는 황금 종들이 달려 있었으며 특별한 소리를 내고 있었습니다. 종 양쪽에는 석류들이 아름다운 색깔의 꽃들과 함께 장식되어 있었습니다. 97 그는 아름다운 색깔로 짠 매우 멋진 띠를 두르고 있었습니다. 가슴에는 '신탁'이라 불리는 것을 두르고 있었는데, 거기에는 금으로 연결된 서로 다른 종류의 열두 보석이 달려 있었습니다. 보석마다 원래 순서대로 각 지파의 우두머리의 이름을 담고 있었습니다. 보석은 저마다 고유한, 형용할 수 없는 빛깔을 발하고 있었습니다. 98 머리에는 대사제용 쓰개를 쓰고, 그 위에 멋진 쓰개, 영광으로 가득한 거룩한 관을 둘렀습니

---

93 96-99: 엘레아자르 대사제가 전례를 거행할 때 착용하는 화려한 예복, 관, 쓰개, 가슴에 두른 신탁을 소개한다.

94 사제들의 의복을 묘사하는 탈출 28장을 참조하라.

다.[95] (쓰개) 정면 한가운데 금패에는 하느님의 이름이 거룩한 글자로 조각되어 있었습니다. 그가 전례 때 이것들을 두르기에 합당한 이로 여겨진 것입니다.

99 이것들의 모습이 두려움과 혼란을 일으켜 나 자신이 다른 세상에 온 것이 아닌가 생각하게 만들었습니다. 나는 확신에 차서 말합니다. 내가 앞서 말한 것을 직접 본 사람이라면 누구든 경이와 형용할 수 없는 놀라움에 빠질 것입니다. 그리고 거룩한 물품 하나하나에 대해 마음으로 감동할 것입니다.

요새와 그곳을 지키는 병사들[96]

100 우리는 모든 것을 살피기 위해 그 도시의 요새에 올라가서 주위를 둘러보았습니다. 그곳은 가장 높은 지점에 위치해 있었으며 많은 탑들로 요새화되어 있었습니다. 탑들은 꼭대기까지 거대한 돌들로 세워졌습니다. 우리가 들은 대로, 성전 둘레를 지키려는 목적이었습니다. 101 그리하여 어떤 습격이나 반역, 또는 적의 공격이 있을 경우 성전 건물을 둘러싼 성벽 안으로 아무도 들어갈 수 없게 하려는 것이었습니다. 요새의 탑 위에는 투창기와 그 밖에 다양한 기구들이 구비되어 있습니다. 그곳은 앞서 언급한 성벽들보다 높은 위치에 있었습니다. 102 말하자면 그 탑들은, 조국에 (충성을)

---

95 대사제는 머리에 대사제용 쓰개(κίδαρις), 쓰개(μίτρα), 거룩한 관(τὸ καθηγιασμένον)을 쓰고 이마에 금패(πέταλος χρυσός)를 달았다고 한다. 탈출 29,6에서는 대사제 아론에게 쓰개와 거룩한 관을 씌우라고 한다. 아론은 금패도 이마에 달아야 한다(탈출 28,36-38). 칠십인역 레위 8,9도 보라. "아론의 머리에 쓰개(μίτρα)를 씌우고, 얼굴 앞쪽 쓰개 위에 금패(τὸ πέταλον τὸ χρυσοῦν)를 달아준 다음, 거룩한 관(τὸ καθηγιασμένον ἅγιον)을 씌워 주었다." 대사제용 쓰개(κίδαρις)에 대해서는 탈출 28,4.39 등을 보라.

96 100-104: 예루살렘 꼭대기에 지어진 요새와 그곳을 지키는 병사들을 소개한다. 요새는 예루살렘 성전을 수비할 목적으로 세워졌으며 출입이 통제된다.

입증한 가장 믿을 만한 남자들이 지키고 있었습니다. 축제 때가 아니라면 어느 누구도 요새를 떠날 권한이 없었습니다. 그것도 개인적으로만 가능합니다. 또한 그들은 아무나 요새로 들여보내지 않았습니다. 103 요새를 둘러보러 온 방문자들을 들여보내라는 수장의 명령이 있을 때라도 그들은 매우 엄격하게 굴었습니다. 우리의 경우가 바로 그러했습니다. 무기도 소지하지 않은 우리 둘에게, 그들은 어렵사리 제사 드리는 모습을 지켜보게 해주었습니다.

104 심지어 그들은, 그러한 사항이 맹세로써 지켜진다고 말했습니다. 실제로 그들 모두, 필요시에 맡은 임무를 규정대로 신성하게 이행하면서 방문자가 오백 명이라 하더라도 한 번에 다섯 명 이상씩 들여보내지 않겠다고 맹세했다고 합니다. 사실 그 요새는 성전을 온전하게 지키려는 목적으로 세워졌습니다. 요새를 세운 사람은 앞서 언급한 장소의 전방 수비를 이런 식으로 확실히 해둔 것입니다.

유다 지형과 그곳 주민들의 삶[97]

105 한편 (예루살렘) 도성은 둘레 길이가 — 추정 가능한 한 — 오십 스타디온가량 되는 적절한 규모였습니다. 탑들은 극장 형태로 배치되어 있었습니다. 내리막이나 오르막 도로들은 친숙한 모습이었습니다. 이 도로들을 관통하는 길들도 마찬가지였습니다. 도시가 산 위에 세워진 터라 그곳의 지형은 굴곡이 있었습니다.[98] 도로들로 올라가는 계단도 만들어져 있었습니다.
106 어떤 이들은 윗길로 다니고, 어떤 이들은 그 아래쪽으로 다닙니다. 특히 그들은 정결 규정을 지키는 사람들을 위해 멀찍이 떨어져 다닙니다. 그 사람들이 만지면 안 되는 것은 만지지 않게 하려는 것입니다.

---

97 105-120: 유다 땅과 그 주변, 도시와 시골에 대한 묘사가 이루어진다. 유다인들의 땅은 도시와 시골이 균형 있게 발전했다고 설명한다.

98 또는 "경사가 졌습니다."

107 첫 개척자들이 이 도시를 적절한 규모로 세운 것은 합당한 이유가 있어서였으며 지혜로운 발상이었습니다. 사실 그 지대는 매우 넓고 아름답습니다. 어떤 곳은 평지입니다. 사마리아 주변 및 이두매아 땅과[99] 인접한 지역이 그러합니다. 어떤 곳은 산악지형입니다. 유다 땅과[100] 인접한 지역이 여기 해당합니다. 그래서 이들이 좋은 수확을 얻기 위해서는 끊임없이 농사를 짓고 땅을 돌보아야 합니다. 그렇게 할 때라야 앞서 언급한 지역 전체에서 농사일이 풍성한 결실로 이어집니다.[101]

108 규모도 크고 그에 걸맞게 번영을 누리는 도시는 인구가 많습니다. 그런데 (도시 사람들은) 시골을 무시합니다. 모든 이의 마음이 향락에 기울어지기 때문입니다.[102] 모든 사람이 쾌락에 이끌리게 만들어졌기 때문이기도 합니다. 109 규모나 번영 면에서 다른 모든 도시를 앞지른 알렉산드리아에 일어났던 일이 바로 그러합니다. 시골 사람들이 알렉산드리아로 가서 그곳에 정착하는 바람에 농작물이 줄어들었습니다. 110 그리하여 황제께서는 그들의 정착을 막고자, 그들이 도시에 스무 날 이상 머물지 못한다는 칙령을 내리셨습니다. 마찬가지로 복무 중인 자들에게는,[103] 소환이 필요한 경우 닷새 안에 일을 처리하라는 지침서를 내리셨습니다. 111 또한 이 사안을 중히 여기시어 관리와 조수 들을 법으로 임명하시고, 농부와 도시의 유지 들이 사업에 몰두하여 재정을 감소시키지 못하도록, 곧 농사에서 얻는 이익을 감소시키지 못하도록 조치하셨습니다.

112 우리가 잠시 옆길로 샌 것은 위에 언급한 사안에 대해 엘레아자르

99 직역: "이두매아 인들의 땅."

100 직역: "유다인들의 땅."

101 또는 "앞서 언급한 지역 전체에서 풍성한 경작이 이루어집니다."

102 직역: "모든 이가 마음으로 향락에 기울어지기 때문입니다."

103 또는 "사업에 관여하고 있는 자들."

가 우리에게 잘 지적해 주었기 때문입니다.

사실 (유다 지방) 농부들의 근면함은 대단했습니다. 그 나라는 수많은 올리브 나무로 숲이 우거져 있고 곡식과 콩이 풍성하게 열립니다. 포도도 마찬가지고 꿀도 풍성합니다. 그들이 가진 다른 과실수와 야자나무도 수를 셀 수 없습니다. 113 또한 온갖 종류의 가축들이 많았으며 가축들의 목초지도 풍족했습니다. 그들은, 지방에도[104] 많은 인구가 필요함을 잘 인지하고 있었으며, 그에 따라 도시와 시골을 조화롭게 세웠습니다. 114 그리고 수많은 향료와 값진 보석과 황금이 아랍인들에 의해 그 나라로 유입되었습니다. 그리하여 시골은 농업뿐 아니라 상업에도 최적화되었으며, 도시에는 여러 기술이 발달하고, 바다를 통해 들어온 상품도 부족함이 없었습니다. 115 도시가 물품을 공급하는 편리한 항구들을 갖추고 있었기 때문입니다. 이를테면, 아스클론, 야포, 가자에 있는 것들 말입니다. 폐하께서 세우신 프톨레마이스에도[105] 항구가 있었습니다. — 프톨레마이스는 앞서 언급한 곳들의 중심부에 위치하며 어느 한 곳에서도 그리 멀지 않습니다. 시골은 모든 것이 풍요롭고 어디에나 물이 풍족하고 매우 안전합니다.

116 그리고 요르단이라 불리는, 마르지 않는 강이 이 나라 주변을 흐르고 있습니다. 그 땅은 본디 육천만 아루라가[106] 넘으며 — 곧이어 이웃 민족들이 침범했습니다만 — 육십만 인구가 정착하여 일인당 백 아루라씩 차지했습니다. 요르단 강은 나일 강처럼 수확기에 불어나서 이 땅의 많은 지역에 물을 댑니다. 117 그리고 지류를 통해 프톨레마이스 지역의 다른 강으

104 또는 "시골."

105 이집트 마케도니아 왕조의 프톨레마이오스 2세 필라델포스 임금이 세운 항구 도시. 오늘날에는 '아코'(Akko)라 불린다. 프톨레마이오스 1세가 세웠다는 주장도 있다: Charles, "The Letter of Aristeas", 106 참조.

106 1아루라는 약 삼분의 이 에이커에 해당한다: Shutt, "Letter of Aristeas: A New Translation and Introduction", 20 각주 c2 참조.

로 유입됩니다. 이 강은 다시 바다로 흘러갑니다. 골짜기 급류라 불리는 다른 물들은 아래로 내려가 가자 지구와 아스돗 지방 주변을 흐릅니다.

118 또한 이 나라는 자연적 방어시설로 둘러싸여 있으며 접근이 쉽지 않고 여러 사람이 다니기도 어렵습니다. 협소한 통로와 가파른 절벽과 깊은 골짜기 들 때문이기도 합니다. 게다가 그 지역 전체가 온통 거친 산악 지형입니다.

119 예전에는 아라비아의 인근 산에 구리와 철 광산이 있었다는 얘기가 있습니다. 페르시아인들이 지배하던 시절에 이것들이 버려졌다는 것입니다. 그때 당국자들이 (광산) 작업이 별 효용이 없고 비용만 많이 든다고 거짓 보고를 했기 때문입니다. 120 앞서 말한 광산들의 채굴로 인해 그 지역이 황폐해지는 것을 막으려는 의도도 있었습니다. 이 지역이 페르시아 왕조에 의해 완전히 남의 땅이 되는 것도 막으려 한 셈이지요. 저들이 (광산 채굴을) 이 지역에 들어올 구실로 삼았기 때문입니다.

이 모든 것에 대해 중요한 내용은 당신께 다 말했습니다. 내 형제 필로크라테스여, 이제부터 번역에 대해 말하겠습니다.

번역자들의 자질과 덕[107]

121 (엘레아자르는), 훌륭한 부모를 둔 덕분에 탁월한 교양을 갖춘 매우 훌륭한 남자들을 선별했습니다. 그들은 유다인들의 문헌에[108] 조예가 깊을 뿐

107 121-127: 저자는 번역 테마로 돌아가서 번역자들이 갖춘 자질과 덕성을 언급한다. 그들은 교육 수준이 높은 훌륭한 인격의 소유자로 유다인들의 문헌(또는 성경)에 조예가 깊을 뿐더러 그리스 문헌도 소홀히 여기지 않았다.

108 '유다인들의 성경'이라고 옮겨도 된다.

아니라 그리스인들의 문헌도 소홀히 여기지 않았습니다.[109] 122 따라서 이들은 사절이 되기에 적합했으며, 필요할 때 이를 잘 수행했습니다. 그리고 율법과 관련한 질문과 토론에 뛰어난 소질을 지녔으며 중도를 추구했습니다. 사실 이것이 최상의 길이기 때문입니다. 그들은 거칠고 야만스런 마음은 버렸습니다. 또한 자만심이나 자신을 다른 사람보다 낫다고 여기는 마음을 뛰어넘었습니다. 대신 토론과 경청과 매 질문에 올바른 답변을 내놓는 데 열심이었습니다. 그들 모두 이 원칙을 준수했으며, 특히 저마다 이 점에서 다른 사람보다 더 뛰어나려고 애썼습니다. 그들 모두 (그들의) 지도자와[110] 그가 갖춘 덕에 걸맞았습니다. 123 그들이 얼마나 엘레아자르를 사랑하는지, (그에게서) 떨어지려 하지 않았습니다. 그리고 엘레아자르는 또 얼마나 그들을 사랑하는지 쉽게 눈에 띄었습니다. 엘레아자르는 그들의 안전한 귀환과 관련하여 폐하께 편지를 쓴 것 외에도, 안드레아에게 많은 일을 해 달라고 청하면서, 우리의 능력이 미치는 한 힘껏 도와달라고 부탁했습니다.

124 우리가 이 일에[111] 관심을 가지겠다고 약속했지만 그는 여전히 염려가 된다고 말했습니다. 그가 알기로 선을 사랑하시는 폐하께서, 삶의 양식이나 사고방식에서 다른 사람들보다 뛰어나다는 평을 얻은 사람이 있으면 그를 (궁에) 불러들이는 것을 무엇보다 중요한 일로 여기신다는 것입니다. 125 나는, 나라의 안전을 확보하기 위해서 주변에 정의롭고 신중한 사람들만 두겠다고 하신 폐하의 말씀에 공감합니다. 친구들은 (나라의) 선익을 위해 솔직하게 조언한다는 것입니다. 이는 엘레아자르가 파견하는 사람

---

109 유다인 번역가들이 탁월한 교육을 받았고 유다교 문학은 물론 그리스 문학에도 해박했다고 한다. 이는 저자가 그리스 철학과 문학(헬레니즘)에 개방적이었음을 드러낸다.

110 엘레아자르를 가리킨다.

111 유다교 성경의 번역이 끝난 뒤 번역자들을 무사히 예루살렘에 돌려보내는 일.

들에게도 해당합니다. 126 엘레아자르는, 자기를 재촉하는 의무가[112] 자기의 이익을 위한 것이라면 절대로 그 사람들을 보내지 않을 것이라 맹세하곤 했습니다. 모든 시민의 공동의 진보를 위해서만 그들을 파견하겠다는 말이었습니다. 127 "잘 산다는 것은 율법을 잘 지키는 데 있습니다. 그리고 이것은 읽는 것보다는 듣는 것을 통해 훨씬 잘 이루어집니다." 그는 이 말들뿐 아니라 이와 비슷한 말들을 하곤 했습니다. 이로써 그들을 향한 그의 태도는 분명해졌습니다.

몇몇 유다교 율법 규정[113]

128 우리의 질문에 그가 해 준 답변을 짧게 언급하는 것도 가치가 있습니다. 음식과 음료, 부정하다고 여겨지는 짐승들에 관한 율법 규정들에 대해 많은 사람들이 일종의 과도한 호기심을 갖고 있는 듯하기 때문입니다. 129 우리는, 기원은 하나인데 무엇 때문에 어떤 것은 먹기에 부정한 것으

112 번역자들을 이집트에 파견하는 일.

113 128-171: 주요 테마에서 벗어나 유다교의 몇몇 율법 규정, 특히 정결 규정에 관한 엘레아자르의 설명이 나온다. 어떤 것은 사용을 삼가하고 어떤 것은 이용하는 데는 다 합리적 이유가 있다. 정결법이 생겨난 것도 다 이유가 있어서다. 정결법의 존재 이유는 한마디로 '의로움'의 실현이다. "모든 법조항은 의로움을 위해 규정되었으며 성경에 있는 어떤 것도 아무 이유 없이 또는 그저 전설처럼 들어가 있지 않다"(168). "오히려 우리가 살아가는 내내 주권자이신 하느님을 기억하면서 행동으로 모든 사람들에게 정의를 실천하라는 뜻"이다(168). "음식과 부정한 길짐승과 짐승들에 관련된 모든 원칙은, 의로움과 사람들 사이의 정의로운 관계를 지향"한다(169). 또한 "우리로 하여금 누군가에 의해 더럽혀지거나 악한 이들과 어울려 비뚤어지지 않게 하시려고, 먹고 마시는 것과 만지는 것, 듣고 보는 것에 관한 정결 규정으로 우리 둘레에 축대를 쌓아"주셨다(142). 한편 엘레아자르는 128에서 171에 이르는 긴 연설에서 오직 한 분이신 하느님을 믿는 유다인들과, 여러 신들을 믿거나 사람 손으로 만든 우상을 숭배하는 자들을 대비시키고 있다.

로 여겨지고 또 어떤 것은 접촉하기에도 부정한 것으로 여겨지는지 물어보았습니다. — 사실 법 규정이 많은 점에서 미신적 경향을 보이지만 특히 이런 사안에[114] 관한 규정은 더 그러합니다.

그는 이렇게 (답변을) 시작했습니다. 130 "당신은 삶의 방식과 교제가 어떤 결과를 낳는지 잘 압니다. 사람들은 악인들과 사귀면서 비뚤어지고 살아가는 내내 비참하게 됩니다. 그러나 지혜롭고 현명한 사람들과 함께 지내면 무지에서 벗어나 올바른 삶으로 나아갈 수 있습니다. 131 그래서 우리의 입법자께서는 제일 먼저 경건함과 의로움에 관한 규칙을 세우시고 그것들에 관해 하나하나 가르쳐 주셨습니다.[115] 단순히 금령만 제시한 것이 아니라 사례도 보여주셨으며, (잘못이 가져오는) 명백한 해악과 죄인들에게 내리는 하느님의 처벌에 대해서도 가르치셨습니다."

132 (엘레아자르는) 제일 먼저, 하느님은 오직 한 분이시며 모든 것을 통해 그분의 힘이 밝히 드러난다는 것, 그리고 모든 곳이 그분의 다스림으로 가득 채워지고, 땅 위에서 사람들에 의해 비밀리에 행해지는 어떤 일도 그분의 눈을 피할 수 없으며 누군가가 행하는 모든 일과 앞으로 일어날 모든 일들이 그분께 분명히 드러나 있다는 사실을 설명해 주었습니다. 133 이처럼 그는 이 일들을 정확히 규정하고 명확히 설명해준 뒤, 누군가 악을 행하고자 마음먹어도 — 이미 행한 경우는 차치하고라도 — (그분의)

114 정결과 부정에 관한 사안.

115 유다교 율법 규정들, 특히 정결법들은 한마디로 '경건함과 의로움'(τὰ τῆς εὐσεβείας καὶ δικαιοσύνης)을 위한 규정으로 요약할 수 있다. 여기서 경건함이 하느님과 인간의 관계에 중점을 둔다면 의로움은 사람과 사람의 관계에 중점을 둔다. 하느님께 경건한 태도를 유지하고 이웃과 정의로운 관계를 유지하는 것이 정결법의 정신이라는 뜻이다. 사실 십계명 자체도 하느님과의 관계와 이웃과의 관계로 요약할 수 있다. '의로움'의 원칙은 아리스테아스의 편지 168-169에서 다시 표명된다.

눈을 피할 수 없음을 가르쳐 주면서, 모든 율법을 관통하는 하느님의 힘을 보여 주었습니다.

134 그는 이를 시작으로 '우리를 제외한' 나머지 모든 사람이 여러 신들의 존재를 믿는다는 것을 보여 주었습니다.[116] 사람들 자신이 자기네가 헛되이 경배하는 신들보다 훨씬 강한데도 말입니다.[117] 135 사실 저들은 돌과 나무로 상을 만들고서는, 그것들이 자기네 삶에 유익한 무엇을 만들어 주신 분들의 모상이라고 선언합니다. 그리고 그것들이 아무것도 느끼지 못한다는 사실을 잘 알면서도 그것들을 숭배합니다. 136 발명을 통해 어떤 것이 신이 된다면 참으로 불합리합니다. 사실 (발명가들은) 이미 만들어져 있는 것에서 무엇인가를 취해 조합함으로써 새 용도를 보여 준 것이지 그들 스스로 사물 자체를 창조한 것은 아닙니다. 그러므로 (자기와) 비슷한 것들을 신격화하는 일은 공허하고 헛된 일입니다. 137 사실 오늘날에도, 옛 사람들보다 더 독창적이고 더 학식이 풍부하면서도 그것들을 숭배하는 데는 조금도 뒤쳐지지 않는 자들이 많습니다. 그리고 조각상과 신화를 만든 자들은 자기네가 그리스인들 가운데 가장 지혜롭다고 여깁니다. 138 이집트인들이나 그와 비슷한 다른 사람들처럼, 나머지 어리석은 자들에 대해서 더 말할 필요가 있겠습니까? 그들은 들짐승과 다양한 길짐승과 맹수 들에게 의탁하며 이것들을 숭배하고 이것들에게, 곧 살아 있는 것에게나 죽은 것에게나 제물을 바칩니다.[118]

---

116 유다인들을 제외한 전 인류가 여러 신의 존재를 믿는다는 뜻. 여기서 저자는 이민족의 우상 숭배 전통과 다신론을 비판한다.

117 숭배자인 사람이 숭배 대상인 거짓 신들보다 더 강하다는 뜻.

118 이 편지의 저자는 율법의 특정한 규정들 이면에 모든 민족에게 적용 가능한 보편적 진리가 있다고 믿는다. 따라서 저자는 이방인들도 하느님께 온전히 받아들여질 수 있다고 보는 보편주의자 쪽에 가깝다. 그러나 이집트 종교를 하위에 두고 유다 민족을 다른 민족보다 더 지혜로운 사람들로 본 것은 분명하다. 같은 성향이

139[119] “하느님으로부터 모든 것을 꿰뚫는 통찰을 부여 받은 지혜로운 입법자께서는[120] 모든 면을 폭넓게 조망하신 다음, 무너지지 않는 축대와 철벽을 우리 둘레에 쳐 주셨습니다. 우리가 어떤 일에서도 다른 민족 사람과 어울리지 않고 몸과 영혼을 모두 깨끗이 유지하며, 헛된 영광에서 벗어나 유일하시고 전능하신 하느님을 모든 피조물 위에 숭배하게 하시려는 것이었습니다.[121] 140 그리하여 이집트의 지도급 사제들이 여러 사안에 대해 면밀히 조사하고 우리와 함께 일을 해보더니 우리를 ‘하느님의 사람들’이라 불렀습니다. 이 명칭은 참된 하느님을 숭배하는 사람이 아닌 다른 사람들, 곧 먹고 마시는 것과 몸에 두르는 것에만 열심인 사람들에게는 해당하지 않습니다. 141 사실 그들의 마음은 온통 그러한 것들만 쫓아다닙니다. 그러나 우리 민족 사람들 사이에서는 그러한 것들이 중요하게 여겨지지 않습니다. 우리 민족의 관심은 평생 하느님의 다스리심에만 있습니다. 142 그리하여 그분께서는 우리로 하여금 누군가에 의해 더럽혀지거나 악한 이들과 어울려 비뚤어지지 않게 하시려고, 먹고 마시는 것과 만지는 것, 듣고 보는 것에 관한 정결 규정으로 우리 둘레에 축대를 쌓아주셨습니다.[122] 143 일반적으로

알렉산드리아의 필론에게서도 엿보인다: 케네스 셍크, 『필론 입문』, 119 참조.

119 엘레아자르의 설명이 139부터 166까지 이어진다. 167 전반부에 아리스테아스의 질문이 나오고 엘레아자르의 설명은 167 후반부부터 169까지 계속된다.

120 모세를 가리킨다.

121 유다교 율법 규정들은 단순히 ‘금기를 위한 금기’가 아니다. 유다인들은 금령들을 준수함으로써 이민족의 신앙과 관습에 물들지 않고 유다인으로서의 정체성을 지킬 수 있다. 뿐만 아니라 우상 숭배에 빠지지 않은 채 한 분이신 하느님을 올바로 공경할 수 있다. 이처럼 유다교 율법 규정들은 유다인을 유다인답게 지켜주는 축대와 철벽 구실을 한다.

122 또는 “그분께서는 먹고 마시는 것과 만지는 것, 듣고 보는 것에 관해 정결 규정의 축대를 우리 둘레에 쌓아주셨습니다.” 여기서 저자는 정결 규정의 존재 이유를 설명한다. 정결 규정은 유다 민족을 이민족의 관습에서 지켜주는 축대 구실을

모든 것이 자연적 구성 면에서 서로 비슷합니다. 모두 단 한 가지 힘에 의해 다스려지기 때문입니다. 그런데도 우리가 어떤 것은 사용을 삼가하고 어떤 것은 이용하는 데는 다 심오한 이유가 있습니다. 설명을 돕기 위해 한두 가지 예를 들어 보겠습니다.

144[123] 모세께서 쥐나 족제비나[124] 그와 비슷한 것들에 관심이 많아서 이런 법을 제정하셨다는 어리석은 생각에 빠지지 마십시오. (모세께서) 이 모든 규정을 장엄하게 제정하신 것은 정의를 위해서, 곧 거룩한 감독과 삶의 정비를 돕기 위해서였습니다. 145 우리가 이용하는 새들은 모두 길들여진 것으로서 매우 깨끗하며 낟알이나 콩을 양식으로 삼습니다. 비둘기, 산비둘기, 메뚜기, 자고새, 거위, 이와 비슷한 종류의 다른 모든 새가 이에 해당합니다. 146 그러나 금지된 새들은 야생이거나 육식을 하는 새들로서, 곁에 있는 다른 새들을 힘으로 누르며, 앞에 열거한 길들여진 새들을 양식으로 삼아 불의하게 먹어치운다는 것을 알게 될 것입니다. 그뿐이 아닙니다. 그것

한다.

123 144-171에서는 우의적 주석 전통을 엿볼 수 있다. 저자는 성경 본문에서 문자적 의미뿐 아니라 숨겨진 상징적 의미도 찾아내고자 한다. 그리하여 어떤 한 단어를 다른 것에 대한 우의(Allegory)로 해석한다. 당시 알렉산드리아에는 우의적 주석 전통이 잘 발달해 있었다. 이야기나 신화를 우의적으로 해석하는 관행은 스토아 학파에서 시작되었다. 그들은 우의적 해석법을 통해 호메로스의 작품을 이해하고자 했다. 신들의 이야기를 실제 이야기가 아니라 하나의 상징으로서 받아들이고 그 숨은 의미를 찾아내려 한 것이다. 기원전 2세기 초부터 유다인들은 이들의 해석법을 받아들여 성경 본문의 의미를 밝히는 데 적용하였다. 아리스토불루스가 그 선두주자였다. 아리스테아스의 편지 저자도 우의적 해석법을 채택한다. 더 후대에는 알렉산드리아의 필론이 우의적 해석법을 폭넓게 적용한다: 케네스 셍크, 『필론 입문』, 38, 80-81.

124 레위 11,29을 보라. 모세는 여기서 족제비, 쥐, 각종 큰도마뱀 등을 부정한 것으로 규정한다.

들은 양과 염소들도 낚아채가고 산 사람이든 죽은 사람이든 사람들에게도 해를 끼칩니다. 147 따라서 (입법자께서) 그것들을 부정한 새라고 부르심으로써 율법의 수혜자들에게 표현하신 뜻은, 그들이 마음으로 정의를 실천해야 한다는 것, 그리고 자신의 힘에 기대어 남을 억누르거나 약탈해서는 안 된다는 것, 그 대신 삶의 행로를 정의로 이끌어야 한다는 것입니다. 마치 앞에 열거한 길들여진 새들처럼 말입니다. 이들은 땅에서 나는 콩을 먹으며 같은 종족을 억눌러 없애버리지 않습니다. 148 입법자께서 이러한 (피조물)을 통해 지혜로운 이들에게, 의롭게 살면서 폭력을 쓰지 말고 자기 힘에 의지하여 다른 사람들을 억누르지 말라는 교훈을 주신 셈입니다. 149 사실 앞에 언급한 (부정한) 새들은 저마다의 습성 때문에 그것들을 만지는 일조차 적절하지 못합니다. 그러니 (우리네) 삶의 양식이 그 수준으로 떨어지지 않도록 얼마나 조심해야겠습니까?

150 그러므로 이 짐승들과 다른 짐승들의 허용에 관한 규정은 모두 우의적 의미로 제정되었습니다. 실제로 굽이 갈라지고 발톱이 갈라졌다는 것은, 선을 향하여 각자의 행동을 (다른 사람의 것과) 구분하라는 뜻입니다.[125] 151 사실 온 육체의 힘과 활동은 어깨와 다리에 의지합니다. 그러므로 (입법자께서는) 이 규정들을 통해 그 안에 깃든 상징, 곧 다른 사람들과 구별되도록 모든 일을 정의를 위해 행하라는 뜻을 알아채라고 촉구하십니다. 우리가 다른 모든 사람들과 구별된 이들이기에 더 그렇습니다.[126] 152 다

125 레위 11,3을 보라. 짐승 가운데 굽이 갈라지고 그 틈이 벌어져 있으며 새김질하는 것은 먹을 수 있다는 규정이 나온다. 굽이 갈라진 짐승은, 성별된 민족 곧 유다인들을 상징한다. 유다인들은 성별된 민족인 만큼 성별된 삶을 살아야 한다는 의미를 내포한다.

126 또는 "그래서 우리는 다른 모든 사람들로부터 구별된 이들인 것입니다." 이스라엘은 하느님의 소유로 성별된 백성이라는 개념은 구약성경 전반에 나타난다. 신명 26,16-19을 보라.

른 사람들은 대부분 무분별하게 (타인과) 어울리며 자신을 더럽히기도 하고 큰 불의도 행합니다. 시골과 도시 전체가 이런 일들에 자부심을 느낍니다. 그들은 사내들만 (이런 일들로) 이끌 뿐 아니라 어머니와 딸 들까지도 더럽힙니다. 그러나 우리는 이런 일들에서 멀리 떨어져 있습니다.[127]

153 위에서 언급한 식으로 성별된 사람에 관해서는 (입법자께서) '기억'이라는 말로 그 특징을 표현하셨습니다. 사실 굽이 갈라지고 새김질하는 모든 것은,[128] (이를) 알아채는 사람에게 정확히 '기억'과 관련된 의미를 드러냅니다. 154 사실 '새김질'이란 생명과 생존을 상기시키는 말 외에 다른 것이 아닙니다. 생명은 음식을 통해 유지된다고 여겨지기 때문입니다.

155 그러므로 (입법자께서) 성경을 통해 이렇게 말씀하시며 권고하십니다. '네 안에 크고 놀라운 일들을 행하신 주님을 기억하라!'[129] 실제로 묵상을 통해 그것들이 위대하고 영광스럽다는 사실이 드러납니다. 먼저 육체의 구성이 있고 음식물의 소화와 각 사지의 구분이 있습니다. 156 게다가 감각들의 조직적 배치, 정신의 보이지 않는 움직임과 활동, 각 (자극)에 대한 반응의 신속성도 있습니다. 다양한 기술의 발견이 탁월한 방식으로 이루어지기도 합니다. 157 그러므로 (입법자께서는) 앞에서 열거한 것들이 어떻게 신적인 힘과 기능으로 잘 유지되는지 기억하라고 권고하십니다. 사실 그분께서는 모든 시간과 모든 장소를, 주재자이자 보호자이신 하느님을 끊임없이 기억하라는 표지로 삼으셨습니다.

158 먹을 것과 마실 것과 관련하여 그분께서는 먼저, 만물을 봉헌한 뒤에 곧바로 그것을 소비하라고 명하셨습니다. 또한 우리 의복에 기억의 표지를 남겨주셨습니다. 마찬가지로 대문과 방문에 (신탁의) 말씀을 붙여놓

127 직역: "우리는 이런 것들과 구별되었습니다." 또는 "우리는 이런 사람들과 구별되었습니다."

128 레위 11,3 참조.

129 신명 7,18.19과 10,21을 섞어 놓은 듯하다.

아[130] 하느님을 기억하라고 우리에게 명하셨습니다.[131] 159 또한 손에도 표징을 두르라고 엄격히 명하십니다.[132] 이는 모든 일을 정의롭게 수행해야 한다는 점을 지시합니다. 아울러 자신의 상태를 기억하고 무엇보다 하느님에 대한 두려움을 간직하라는 뜻이기도 합니다. 160 또한 잠자리에 들 때와 일어날 때 하느님께서 마련하신 것들에 대해 묵상하라고 명하십니다. 말로만이 아니라, 자러 갈 때와 일어날 때 자신의 움직임과 느낌을 차분히 관찰하여 그 사이의 변화가 얼마나 신성하고 이해를 뛰어넘는 일인지 (깨달으라는 것입니다).

161 우리가 굽이 갈라진 것과 새김질하는 것에 대해 설명했을 때, '성별'과 '기억'에[133] 관한 논증의 탁월성이 당신에게도 분명히 드러났습니다. (우리의) 율법이 아무 근거 없이, 혹은 그저 마음에 떠오르는 대로 제정된 것이 아니기 때문입니다. 그것은 진리를 위해 그리고 올바른 말씀의 표지로서 만

130 신명 6,4-9을 보라. "주 우리 하느님은 한 분이신 주님이시다. 너희는 마음을 다하고 목숨을 다하고 힘을 다하여 주 너희 하느님을 사랑해야 한다"(신명 6,4-5)는 이 말을 "너희 손에 표징으로 묶고 이마에 표지로 붙여라. 그리고 너희 집 문설주와 대문에도 써 놓아라" 하고 명한다(신명 6,8-9). 신명 11,18-20도 보라.

131 '기억'은 신약성경에서도 중요한 주제로 여겨진다. 최후의 만찬 때 예수님께서 빵을 떼어 제자들에게 주시며 말씀하신다. "이는 너희를 위하여 내어 주는 내 몸이다. 너희는 나를 기억하여 이를 행하여라"(루카 22,19). 최후의 만찬을 전하는 1코린 11,24-25에서도 '나를 기억하여'라는 문구가 두 차례 등장한다.

132 참조: 신명 6,8: "이 말을 너희 손에 표징으로 묶고 이마에 표지로 붙여라."; 11,18: "너희는 나의 이 말을 너희 마음과 너희 정신에 새기고 너희 손에 표징으로 묶고 이마에 표지로 붙여라."

133 저자는 음식 규정 또는 부정한 짐승과 관련된 규정을 '성별'(διαστολή)과 '기억'(μνεία)이라는 측면에서 설명하였다. 이 규정들의 숨은 의미란 이스라엘은 하느님의 소유로 성별된 백성이며 매순간 이를 기억해야 한다는 것이다. 그저 유다인과 이방인을 차별하려는 의도가 아니라는 의미다.

들어졌습니다. 162 실제로 (입법자께서는) 먹을 것과 마실 것, 만질 수 있는 것과 관련하여 규정한 다음, 특별한 이유 없이는 아무것도 행하지도 말고 듣지도 말며, 말로 인해 불의에 기울지도 말라고 명하십니다.

163 짐승들에 관해서도 같은 원칙이 발견됩니다. 족제비와 앞에서 말한 그와 비슷한 모든 짐승들의 습성이 해악을 일으키는 편이기 때문입니다.[134] 164 사실 쥐들은 모든 것을 오염시키고 해를 끼칩니다. 자기네 양식을 구하기 위해서만이 아닙니다. 자기네 앞에 떨어진 모든 것을 손상시켜 사람에게 아무 쓸모없는 것으로 만들어 버립니다.

165 족제비란 종은 유별납니다. 앞에서 언급한 특징 말고도 오염을 일으키는 다른 습성도 있습니다. 그들은 귀를 통해 임신하고 입으로 새끼를 낳습니다. 166 이 때문에 사람에게도 있는, 이와 비슷한 습성은 부정不淨합니다. 귀로 듣고 받아들인 것을 말로써 구체화시키는 이들은 다른 사람을 악으로 끌어들이고 비정상적인 행동을 합니다. 또한 그들 자신은 불경의 얼룩으로 완전히 더럽혀집니다. 우리가 들은 바에 따르면, 여러분의 임금님께서 이런 자들을 없애신다니 참으로 다행한 일입니다."

167 나는[135] 말했습니다. "당신이 밀고자들을 두고 말씀하시는 것 같군요. 폐하께서 항상 그들에게 고문과 고통스런 죽음을 부과하셨으니 말입니다."

(엘레아자르가) 말했습니다. "그들을 두고 말씀드린 게 맞습니다. 사실 사람들의 파멸을 지켜보는 일은 거룩하지 않습니다.

168 실제로 율법은 말로든 행동으로든 어떤 악도 저지르지 말라고 우리에게 명합니다. 그래서 나는 이 문제에 관해서도 짧게 말씀드렸습니다. 모든 법조항은 의로움을 위해 규정되었으며 성경에 있는 어떤 것도 아무 이유

134 쥐와 족제비 등을 부정한 짐승으로 규정하는 레위 11,29을 참조하라.

135 아리스테아스.

없이 또는 그저 전설처럼 들어가 있지 않다는 것도 보여 주었습니다. 오히려 우리가 살아가는 내내 주권자이신 하느님을 기억하면서 행동으로 모든 사람들에게 정의를 실천하라는 뜻입니다. 169 따라서 음식과 부정한 길짐승과 짐승들에 관련된 모든 원칙은, 의로움과 사람들 사이의 정의로운 관계를 지향점으로 삼습니다."[136]

170 내 눈에 그는 각 사안에 대해 제대로 변호하는 것 같았습니다. 가령 그는 송아지나 숫양이나 숫염소에 대해, 희생 제물로 바치기 위해서는 집에서 키운 가축 떼에서 고른 길들인 짐승이어야 하며 야생 짐승은 안 된다고 말했습니다. 제물을 바치는 사람들이 오만한 마음을 품지 않고 입법자의 상징을 잘 받아들여야 한다는 뜻입니다. 제사를 바치는 사람은 자신의 모든 영혼도 봉헌하기 때문입니다. 171 그러므로 나는 이 문제에 대해 토론할 가치가 있다고 생각합니다. 따라서 나는 율법이 지닌 거룩함과 자연적 통찰에 대해 당신께 자세히 설명하려 합니다, 필로크라테스여! 이는 그대가 배움에 대한 열정을 지니고 있기 때문이기도 합니다.

일흔두 번역자의 파견과 알렉산드리아 도착[137]

---

136 168-169: 율법 규정의 존재 목적을 요약하고 있다. "모든 법조항은 의로움을 위해(πρὸς δικαιοσύνην) 규정"되었으며 "살아가는 내내 주권자이신 하느님을 기억하면서 행동으로 모든 사람들에게 정의를(δικαιοσύνη) 실천하라는 뜻"으로 제정되었다. 정결법은 '의로움'과 '의로운 관계'을 실현하기 위한 방편이다. "음식과 부정한 길짐승과 짐승들에 관련된 모든 원칙은, 의로움과 사람들 사이의 정의로운 관계(πρὸς δικαιοσύνην καὶ τὴν τῶν ἀνθρώπων συναναστροφὴν δικαίαν)를 지향점으로 삼"는다. 이 규정들이 사람을 거룩한 사람과 그렇지 못한 사람으로 구분하고 차별하기 위해서가 아니라 참된 '의로움'과 '의로운 관계'를 실현하기 위해서 존재한다는 뜻이다.

137 172-186: 엘레아자르는 일흔두 번역자를 파견한다. 번역자들은 알렉산드리

172 엘레아자르는 희생 제사를 올린 뒤 남자들을 뽑고 폐하께 드릴 많은 선물을 준비했습니다. 그리고 큰 호위대를 붙여 우리를 떠나보냈습니다. 173 우리가 알렉산드리아에 도착하자 폐하께 우리의 도착 소식이 전해졌습니다. 궁정에 들어선 안드레아와 나는 예를 갖춰 폐하께 인사드린 뒤 엘레아자르의 편지를 전달했습니다. 174 (폐하께서는) 사절단 맞이를 중히 여기시어 다른 관리들은 모두 내보내고 사절단을 앞으로 불러들이라고 명하셨습니다. 175 이 일은 모두에게 이상하게 여겨졌습니다. 관습상, 중대한 용무 때문에 온 사람들은 닷새 째 되는 날 폐하를 알현하고, 다른 임금들한테서나 주요 도시에서 파견된 자들은 빨라야 삼십 일 만에 궁정에 들어갈 수 있기 때문입니다. 그러나 폐하께서는 지금 온 사람들이 큰 영광을 입을 자격이 있다고 여기시고 또 (이들을) 보낸 이의 탁월성을 인정하시어 당신이 보시기에 관련 없는 사람들은 내보내신 것입니다. 그리고 폐하께서는 계속 남으시어 방문객들 사이를 돌아다니시며 모두에게 인사하셨습니다.

176 그들이, (엘레아자르가) 보낸 선물과 금박 히브리 글자로 율법이 기록된 귀중한 양피지 — 가죽이 놀라운 솜씨로 다듬어졌고 각 장을 엮는 이음새가 눈에 띄지 않게 만들어져 있었습니다 — 를 가지고 들어오자 폐하께서는 그 사람들을 보자마자 책들에 관해 물으셨습니다. 177 그들이 덮개를 벗겨내고 양피지를 펼쳤을 때 폐하께서는 오랫동안 그대로 서 계시더니, 일곱 번쯤 절을 하시고 나서 말씀하셨습니다.

"여러분께 감사를 드리오. (여러분을) 보내준 이에게는 더더욱 감사하는 바요. 그러나 이 말씀들의 주인이신 하느님께 가장 큰 감사를 드리오."

178 방문자들과 옆에 있던 사람들이 모두 한마음 한목소리로 "폐하,

아에 도착하여 임금에게 특별한 환대를 받는다. 율법이 적힌 두루마리를 보고 프톨레마이오스 임금은 감격한다. 임금의 명령으로 원로들에게 숙소가 마련되고 연회가 차려진다.

만수무강하시옵소서!" 하고 외쳤습니다. 그러자 폐하께서는 크게 기뻐하며 눈물을 흘리기 시작하셨습니다. 영혼의 긴장과 넘치는 영광이 행운의 순간에 눈물을 흘리게 만드는 법입니다. 179 폐하께서는 두루마리를 제자리에 갖다놓으라고 명하신 뒤 곧바로 사람들에게 인사하며 말씀하셨습니다.

"하느님을 경외하는 사람들이여! 먼저 그 (책)들—내가 여러분을 불러들인 것이 바로 이 책들 때문이오—에 경의를 표하고, 그 다음에 여러분에게 오른손을 뻗어 인사하는 것이 과연 옳았소. 그래서 먼저 그렇게 한 것이오. 180 나는 여러분이 도착한 이날을 중요한 날로 여긴다오. 그래서 우리가 살아가는 날 동안 내내 해마다 이날은 의미 있는 날이 될 것이오. 마침 안티고노스와 벌인 해전에서 승리를 거둔 날도 바로 이날이라오. 그러니 오늘 여러분과 함께 만찬을 들고 싶소!" 181 또 말씀하셨습니다. "여러분에게 필요한 모든 것이 적절하게 준비될 것이오. 내게도 여러분에게도 (좋은 일이지요)."

그들이 만족감을 표하자 폐하께서는 요새 부근의 가장 아름다운 객사를 그들에게 내주고 (사람들에게) 연회를 준비하라고 명하셨습니다.

182 그리하여 집사장 니카노르가 도로테우스—그는 이 일을 위해 임명된 사람입니다—를 불러 각 사람에게 필요한 것들을 마련해 주라고 명했습니다. 사실 이는 폐하께서 내리신 명령이었습니다. 어떤 것은 지금까지 (남아 있어) 그대도 볼 수 있습니다.

어쨌든, 출신 도시가 어디냐에 따라 먹고 마시는 문제나 침상과 관련하여 저마다 고유한 관습을 지니기에 도시 수와 같은 수의 인원이 나와 있었습니다. 그리고 (모든 것이) 각자의 관습에 맞추어 준비되었습니다. 그들이 폐하 앞에 나왔을 때 아무 불만 없이 기쁘게 알현할 수 있게 하려는 것이었습니다. 그들에게 실제로 그렇게 이루어졌습니다. 183 매우 주도면밀한 사람인 도로테우스가 이 일의 총책임을 맡았습니다. 그는 이런 종류의 연회를 위해 따로 마련된, 자기 관리 하에 있는 모든 비품을 가지고 나왔습니다. 그리고 폐하의 명에 따라 긴 의자를 두 줄로 배열했습니다. 폐하께서 (손님들) 반은 당신 가까이에, 나머지는 당신 뒤쪽에 앉히라고 명하셨기 때문입니다. 이 사람들에게 경의를 표하는 데 부족함이 없게 하려는 것이었습니다.

184 그들이 자리를 잡고 앉자 폐하께서는 도로테우스에게, 유다 땅에서 자신을 찾아온 방문객들의 관습에 따라 일을 진행시키라고 명하셨습니다. 그리하여 도로테우스는 제사를 알리는 전령과 사제, 그리고 관습적으로 기도를 담당하는 다른 사람들의 의무를 면제해 주었습니다. 대신 우리와 함께 온 사제들 가운데 최고 연장자인 엘리사에게 기도를 부탁했습니다. 그는 일어서서 다음과 같은 훌륭한 기도를 올렸습니다. 185 "폐하, 전능하신 하느님께서 당신이 만드신 온갖 좋은 것들로 폐하를 채워주시기를 빕니다. 또한 그분께서 일평생 폐하와 황후와 황자황녀들과, (폐하와) 같은 마음을 지닌 친지들에게 이 모든 축복을 끊임없이 베풀어 주시기를 바랍니다."

186 그가 이 말을 마치자 탄성과 기쁨의 환호 소리와 함께 박수가 터져 나와 오래 이어졌습니다. 그리고 그들은 곧바로 준비된 음식을 먹기 시작했습니다.[138] 모든 시중은 도로테우스가 지시한 대로 이루어졌습니다. 참석한 사람들 가운데 폐하의 자제분들과 폐하께서 귀하게 여기시는 분들도 있었습니다.

필라델포스 임금과 번역자들이 나눈 질문과 응답[139]

---

138 보수적인 유다인에게는 이방인들과 함께 식사를 한다는 것이 큰 문제가 되었을 법하다. 유다인 원로들이 이집트 임금이 베푼 연회에 참석한다는 것만으로도 지나치게 개방적이고 혼합주의적 태도로 보일 수 있겠다. 이와 비슷한 개방적 태도는 마카베오기 4서에서도 엿보인다.

139 187-300: 필라델포스 임금과 유다인 번역자들이 나눈 질의응답. 질의응답은 대개 임금의 질문, 번역자의 답변, 답변에 대한 임금의 칭송 순으로 이루어진다. 질의응답은 이레 동안 계속되는데, 임금은 첫 닷새 동안은 날마다 열 명씩, 나머지 엿새 날과 이레 날에는 열한 명씩 질문한다. 모두 일흔두 개의 질문과 대답으로 이루

연회 첫째 날[140]

187 잠시 뒤 폐하께서는 적당한 시간을 포착하여 첫째 자리에 앉은 사람—그들은 나이순으로 앉아 있었습니다—에게 물으셨습니다. "어떻게 하면 왕국을, 무너지는 법 없이 영원히 지속시킬 수 있겠소?"

188 잠시 시간을 둔 뒤 (질문 받은 이가) 대답했습니다. "어떠한 경우에나 하느님의 너그러우심을[141] 본받으실 때 가장 잘 다스리실 것입니다. 인

어진 셈이다. 답변들의 핵심은, 왕국의 올바른 통치와 관련된 다른 헬레니즘 논고들에서 끌어온 것으로 보이지만 저자가 이를 자유롭게 문답식으로 탈바꿈시켰다. 특히 모든 답변은 '하느님 중심'으로 재구성된다(아리스테아스의 편지 200-201; 235). 하느님의 율법과 유다교를 그 어떤 종교나 철학보다 우위에 두려는 저자의 의도가 엿보인다: Fernándes Marcos, *The Septuagint in Context: Introduction to the Greek Version of the Bible*, 42. 그 시대 다른 헬레니즘 논고들에서도 하느님이나 하느님을 본받는다는 표현들이 흔히 발견되므로 이 편지의 답변들이 특별히 유다교적 특성이 강하다고 볼 수 없다는 의견도 있다: Hadas, *Aristeas to Philocrates: (Letter of Aristeas)*, 40-43; Goodenough, *The Political Philosophy of Hellenistic Kingship*, 65-78 참조.

140 187-202: 연회 첫째 날. 필라델포스 임금은 총 열 명의 유다인 번역자에게 번갈아 가며 질문한다. 임금이 왕국을 지속시키는 법, 평소의 처신, 전쟁에서 이기는 법 등, 질문을 던지면 질문을 받은 유다인 원로가 '하느님'을 논증 근거로 삼아 답변한다. 가령 전쟁에 나가서도 병력이나 사람 수에 의존하는 대신 하느님께 기도함으로써 이길 수 있다는 것이다.

141 '너그러움'(τὸ ἐπιεικές)은 어떤 면에서 '의로움'(τὸ δίκαιον 또는 '정의')의 반대말로 볼 수 있다. '의로움'이 어떤 사람이 행한 선 또는 악에 비례하여 대하는 것이라면(2사무 22,25: "주님께서 내 의로움에 따라 나에게 갚아 주셨네. 그분 앞에서 지켜 온 내 결백함에 따라 갚아 주셨네"; 시편 18,21.25), 너그러움은 선인이든 악인이든 똑같이 대하는 태도를 말한다(아리스테아스 192 참조). 이 개념은 하느님은 의로운 분이시지만 단순히 상선벌악 개념으로 축소시킬 수 없는 분이심을 함축한다. 이는, 하느님은 악인에게나 선인에게나 당신의 해가 떠오르게 하시고, 의로운 이에게나 불의한 이에게나 비를 내려 주시는 분이시라는 마태 5,45의 말씀과도 일맥상통한다. 여기서 저자는, 임금이 하느님을 본받아야 하는 존재인 만큼 그가 왕

내를 보이실 때, 그리고 (벌 받아) 마땅한 사람들에게 그들이 받아야 할 벌에 비해 너그럽게 대하실 때, 그들을 악에서 이끌어내어 회개로 인도하실 것입니다."

189 폐하께서 그의 답변을 칭송하신 뒤 옆 사람에게 물으셨습니다. "(사람이) 매사에 어떻게 행동해야 하오?"[142] 그가 답했습니다. "모든 이를 향해 정의로운 자세를 유지한다면, 모든 생각이 있는 그대로 하느님께 알려져 있음을 명심하면서 매사에 올바로 처신하게 될 것입니다.[143] 폐하께서 하느님에 대한 두려움을 시작점으로 삼으신다면 어떤 일에도 넘어지지 않으실 것입니다."[144]

190 폐하께서는 이 사람도 특별히 따뜻하게 받아주시고는 다른 사람에게 물어 보셨습니다. "어떻게 하면 친구들을 자기와 똑같이 만들 수 있

국을 존속시킬 수 있는 힘은 '하느님의 너그러우심'을 본받는 데서 나옴을 설파하고 있다.

142 주어가 3인칭으로 되어 있어 일반적 처신에 관한 물음으로 볼 수 있다. 답변은 3인칭으로도, 2인칭으로도 이루어진다. 답변이 2인칭으로 되어 있을 때, 곧 임금이 주어일 경우만 경어체로 옮기기로 한다.

143 '의로움' 또는 '정의'(Tò δίκαιον)는 하느님을 따르는 이들이 지켜야 할 최고 덕목 가운데 하나다. 성경 전체에서 공정과 정의, 의로움을 실천하라는 명령이 나온다. 이를테면, 이사 56,1: "너희는 공정을 지키고 정의를 실천하여라. 나의 구원이 가까이 왔고 나의 의로움이 곧 드러나리라"; 마태 5,6: "행복하여라, 의로움에 주리고 목마른 사람들! 그들은 흡족해질 것이다."

144 지혜로운 삶의 출발점은 하느님에 대한 두려움, 경외심(θείου φόβος)이다. 이는 구약성경 전체를 관통하는 주제이기도 하다. 가령, 집회 15,19: "그분께서는 당신을 경외하는 이들을 굽어보시고 사람의 행위를 낱낱이 아신다"; 집회 25,10-11: "주님을 경외하는 이보다 위대한 이는 없다. 주님을 경외함은 모든 것을 뛰어넘으니 주님을 경외하는 이를 누구와 비교할 수 있으랴?"; 코헬 12,13: "하느님을 경외하고 그분의 계명들을 지켜라. 이야말로 모든 인간에게 지당한 것이다"; 잠언 14,27: "주님을 경외함은 생명의 샘이니 죽음의 올가미에서 벗어나게 해 준다."

소?" 그가 답했습니다. "폐하께서 다스리시는 사람들에게 많이 베푸시는 모습을 그들이 본다면, 그리 될 것입니다. 폐하께서 그렇게 하신다면 이는, 하느님께서 인류라는 종족을 축복하시는 모습, 곧 그분께서 인류에게 건강과 양식, 그리고 계절에 따라 필요한 모든 것을 마련해 주시는 모습을 폐하께서 지켜보셨기 때문입니다."

191 이 사람의 말에 동의하신 다음 폐하께서는 그 옆 사람에게 물어보셨습니다. "청문회나 분쟁에서 어떻게 하면, 진 사람들에게서도 좋은 말을 들을 수 있겠소?" 그가 답했습니다. "말씀으로 모든 이를 똑같이 대하신다면, 그리고 어떤 경우에도 죄인들에게 오만하게 처신하시거나 폐하의 힘을 행사하지 않으신다면, 그렇게 되실 것입니다. 192 폐하께서 하느님의 행동방식을 지켜보신다면 그리 하실 것입니다. 사실 자격 있는 이들의 청은 이루어지기 마련입니다. 청이 이루어지지 않은 자들에게는, 꿈이나 사건을 통해 무엇이 그들에게 해가 되는 일인지 알려질 것입니다. 하느님께서는 (사람들의) 죄에 비례해서도 당신의 크신 힘에 의해서도 그들을 내려치지 않으시며, 오직 자애만을 행사하시기 때문입니다."

193 폐하께서는 이 사람도 크게 칭송하신 뒤 다음 사람에게 물으셨습니다. "전쟁에 나갔을 때 어떻게 해야 대적불가가 될 수 있소?" 그가 답했습니다. "사람들 수나 병력에 의지하지 않는다면, 대신 모든 것을 정의롭게 이행하면서 하느님께 자기 계획을 올바로 이끌어 달라고 끊임없이 청한다면 (그리 될 것입니다)."[145]

194 폐하께서는 이 사람도 인정하신 뒤 또 다른 사람에게 물으셨습니다. "어떻게 하면 적들에게 두려움을 일으킬 수 있소?" 그가 답했습니다. "많은 무기와 힘을 갖추어도 이런 것들이 어떤 일을 끝까지 완수하는 데는 아무 소용없다는 것을 안다면, (그리 될 것입니다). 사실 하느님께서는, 유

145 병력에 의존하지 말라는 신명 20,1-4; 시편 33,16-17을 참조하라.

에 기간을 주시면서[146] 그저 당신 힘의 위력을 보이심으로써 모든 마음에 두려움을 일으키십니다."

195 폐하께서는 이 사람도 칭송하시고는 옆 사람에게 말씀하셨습니다. "사람에게[147] 삶에서 가장 아름다운 일은[148] 무엇이겠소?" 그가 답했습니다. "하느님께서 만물을 다스리신다는 것, 그리고 지극히 훌륭한 일들을 계획대로 이끄는 것은 우리 자신이 아니라는 것, 다만 하느님께서 모든 이의 일들을 완성하시고 다스리시며 인도하신다는 것을 깨닫는 일입니다."[149]

196 폐하께서는 이 사람에게도 잘 말하였다고 하시며 또 다른 이에게 물으셨습니다. "이 모든 것을 온전히 지켰다면 어떻게 해야 마지막에 같은 마음을 후손에게 물려줄 수 있겠소?" 그가 말했습니다. "앞으로 해야 할 일에 대해 좋은 뜻을 품게 해 달라고 끊임없이 하느님께 기도하면서, 후손들에게는 명예나 재산을 보고 놀라지 말라고 경고하면 (그리 될 것입니다). 사실 그것들을 베푸시는 분은 하느님이시며, (사람은) 자기 힘으로 다른 사람보다 우위에 서지 못합니다."

197 폐하께서는 이 사람 말에도 동의하신 다음 다른 이에게 질문하셨습니다. "어떻게 하면 무슨 일이 일어나든 온건하게 견딜 수 있겠소?" 그가 답했습니다. "모든 사람은 가장 나쁜 일도 가장 좋은 일도 서로 나누기 위해 하느님에 의해 창조되었다는 대전제를, 그리고 이 두 가지를 피할 수 있는 사람은 아무도 없다는 대전제를 받아들이신다면, (그리 되실 것입니다). 그런데 (우리가) 기도를 바치는 하느님께서 (그렇게 할) 용기를 주십니다."

198 이 사람에게도 따뜻이 대하시면서 폐하께서는 모두 다 잘 설명했

---

146 또는 "정전을 선포하시고", "인내를 보이시면서."

147 직역: "그에게."

148 κάλλιστον: "최고의 아름다움" 또는 "최고의 선."

149 잠언 16,9 참조. 토마스 아 켐피스의 『준주성범』에 나오는 '인간은 계획하고 하느님은 이루신다'는 경구가 연상된다.

다고 말씀하셨습니다. 그러고는 "이제 하나만 더 물어 보고 오늘은 그만 두겠소. 연회로 마음을 돌려 즐거운 시간을 보냅시다. 하지만 다음 엿새 동안 나머지 사람들에게서 조금 더 배울 작정이오." 하셨습니다. 199 그런 뒤 폐하께서 (다음) 사람에게 물으셨습니다. "용기의 한계는 무엇이오?"[150] 그가 답했습니다. "위험이 내포된 일에서 뜻한 바가 계획대로 성실히 수행된다면, (용기라 할 수 있습니다). 의도가 좋다면, 폐하, 모든 일이 하느님에 의해 폐하께 이루어질 것입니다."

200 모든 이가 찬탄하며 박수를 치자 폐하께서 철학자들에게 말씀하셨습니다. — 적지 않은 인원이 거기 있었습니다. — "이 사람들은 덕이 남다르고 지식도 뛰어난 것 같소. 그들 모두 질문을 받자마자 그 자리에서 하느님을 논증의 출발점으로 삼아 올바른 답변을 내놓았으니 말이오."

201 에레트리아의 철학자 데네데모스가 말했습니다. "그렇습니다, 폐하. 모든 것이 섭리로 다스려지며 인간은 하느님의 피조물이라는 사실을 옳게 받아들인다면, 모든 힘과 논증의 아름다움은 하느님에게서 시작된다는 결론이 나옵니다." 202 폐하께서 이에 동의를 표하신 뒤 질문을 그만두시자 그들은 연회를 즐기기 시작했습니다. 그리고 저녁이 되어 연회가 끝났습니다.

연회 둘째 날[151]

203 다음 날 같은 식으로 자리 배치와 주연 준비가 이루어졌습니다. 사람들에게 질문하기에 적당한 때라고 판단되시자 폐하께서는 전날 답했던 이들 곁에 있는 사람들에게 물으셨습니다. 204 그리하여 열한 째 사람과 대화를 나누기 시작하셨습니다. — 전날 질문 받은 사람이 열 명이었습니다.

150 직역: "용기의 끝(경계)은 무엇이오?"

151 203-220: 연회 둘째 날. 이날도 총 열 명의 원로에게 질문이 돌아간다.

— 조용해지자 폐하께서 질문하셨습니다. "어떻게 해야 부를 유지할 수 있소?"[152]

205 잠시 뒤 질문을 받은 사람이 말했습니다. "통치자에 어울리지 않는 일이나 음란한 어떤 일도 행하지 않는다면, 공허하고 헛된 일에 재산을 낭비하지 않는다면, 그 대신 선행으로 아랫사람들로 하여금 자기에 대해 좋은 마음을 품게 만든다면, (그리 될 것입니다). 우리가 따라야 하는 하느님께서 모든 선의 근원이시기 때문입니다."

206 폐하께서는 이 사람을 칭송하신 뒤 다른 이에게 물으셨습니다. "어떻게 해야 진리를 간직할 수 있소?" 그가 이에 대해 답했습니다. "거짓이 모든 사람, 특히 임금들에게 큰 수치를 가져온다는 사실을 깨달음으로써 (가능합니다). 자신이 원하는 바를 행할 수 있는 권한을 가진 이들이 무엇 때문에 거짓을 말한단 말입니까? 이것을 명심하셔야 합니다, 폐하. 하느님께서는 진리를 사랑하시기 때문입니다."[153]

207 이 사람을 특히 크게 칭송하신 뒤 폐하께서는 (다른 이를) 보시며 말씀하셨습니다. "지혜의 가르침은 무엇이오?" 다른 이가 답했습니다. "폐하께서 당신께 나쁜 일이 일어나지 않고 그 대신 좋은 일을 모두 나눠 받기를 원하시듯이, 아랫사람들과 죄인들에게도 이 (원칙)을 실천하신다면,[154] 그리고 선하고 훌륭한 사람들을 더 자애롭게 가르치신다면, (이것이 지혜일 것입니다). 하느님께서는 모든 사람을 자애로 인도하시기 때문입니다."

208 폐하께서 이 사람을 칭송하신 뒤 뒷사람에게 말씀하셨습니다. "어

---

152 직역: "어떻게 해야 계속 부자인 채로 남을 수 있소?"

153 또는 "하느님께서는 진리를 사랑하시는 분임을 명심하셔야 합니다, 폐하!"

154 저자는 남에게 원하는 바대로 남에게 해 주라는 황금률을 적용한다. 마태 7,12에서 예수님께서는 율법서와 예언서의 정신을 황금률로 요약하여 설명하신다: "남이 너희에게 해 주기를 바라는 그대로 너희도 남에게 해 주어라. 이것이 율법과 예언서의 정신이다." 루카 6,31도 보라.

떻게 해야 인간을 사랑하는 이가 될 수 있소?" 그가 말했습니다. "인간이라는 종種이 오랜 시간에 걸친 각고의 노력으로 성장하기도 하고 태어나기도 한다는 사실에 주목함으로써 (가능합니다). 그러므로 그들을 너무 쉽게 벌하거나 고통스럽게 만들어서는 안 됩니다. 인간의 삶이 고통과 벌 속에 있다는 사실을 알아야 합니다. 이를 염두에 두신다면 폐하께서 자비로 돌아서실 것입니다. 하느님께서도 자비로우신 분이기 때문입니다."

209 이 사람을 칭송하신 뒤 그 다음 사람에게 질문하셨습니다. "왕국을 다스리는 데 가장 중요한 자질은 무엇이오?" 그가 답했습니다. "자신을 부패로부터 깨끗이 지키고, 삶의 대부분의 시간에 깨어 있는 것, 그리고 정의를 귀중히 여기고 또 그런 사람들을 친구로 삼는 것입니다. 하느님께서도 정의를 사랑하시기 때문입니다."

210 이 사람의 말도 인정하신 뒤 다른 사람에게 말씀하셨습니다. "경건한 몸가짐이란 어떤 것이오?" 그가 말했습니다. "하느님께서는 항상 모든 것을 이루시고 모든 것을 알고 계신다는 사실과, 불의를 저지르거나 악을 행하는 사람이 하느님의 눈길을 피할 수 없다는 사실을 받아들이는 것입니다. 하느님께서 온 세상을[155] 이롭게 하시듯 폐하께서도 그분을 본받으며 흠없는 사람이 되셔야 합니다."

211 폐하께서는 이 사람에게 찬탄하시며 다른 사람에게 말씀하셨습니다. "다스린다는 말의 정의는 무엇이오?" 그가 말했습니다. "자신을 잘 다스리는 것, 그리고 부나 명예에 이끌려 오만하고 부적절한 욕망을 갖지 않는 것입니다. 잘 생각해보시면 (아실 터입니다). 사실 필요한[156] 모든 것이 폐하 앞에 있습니다. 하느님께서는 아무것도 필요로 하지 않으시며 자애로우신 분입니다. 폐하께서도 (다른) 사람들처럼 생각하십시오. 그리고 너무 많은

---

155 또는 "온 우주."

156 셔트의 독법을 참조하여 ὡς οὐδέν을 ὡς δέον으로 고쳐 읽었다: Shutt, "Letter of Aristeas: A New Translation and Introduction", 27.

것을 갈망하지 마시고, 다스리는 데 필요한 만큼만 갈망하십시오."

212 그를 칭찬하신 뒤 다른 이에게 물으셨습니다. "어떻게 하면 가장 아름다운 생각을 할 수 있소?" 그가 답했습니다. "항상 무슨 일에서든지 정의를 내세운다면, 그리고 불의란 삶을 부정하는 일임을[157] 염두에 둔다면 (그리 될 것입니다). 하느님께서는 항상 의로운 이들에게 가장 좋은 것들을 약속하시기 때문입니다."

213 이 사람을 칭송하신 뒤 다음 사람에게 말씀하셨습니다. "어떻게 하면 잠자리에서 (꿈에) 시달리지 않을 수 있소?" 그가 말했습니다. "답하기 어려운 문제를 두고 질문하셨습니다. 누구도 잠잘 때 벌어지는 사건 속으로 자신을 데리고 들어가지 못하기 때문입니다. 잠 속에서는 우리가 비이성적 감각 안에 갇히게 됩니다. 214 실제로 마음속으로는 (꿈속에서) 일어나는 일들을 눈에 보이는 현실로 느낍니다. 그러나 배를 타고 바다를 다닌다거나, 날아다닌다거나, 다른 영역으로 올라간다거나 또는 이와 비슷한 일들을 현실로 여긴다면 잘못입니다. 그런데도 그런 일들이 실제로 벌어지고 있다고 여기는 것입니다.[158] 215 제 능력이 미치는 한에서 저는 이렇게 결론 내렸습니다. 폐하, 모든 면에서 말씀과 행동을 경건함으로 이끄시어 스스로 덕의 길을 지키고 있음을 확신할 수 있도록 하십시오. 또한 이성에 어긋나게 (사람을) 차별하지 마시고, 권한을 남용하여 정의를 없애지 않도록 하십시오. 216 잠자는 동안 우리 마음은, 대개 깨어 있을 때 시간을 보내는 일들과 같은 일에 기울어지는 법입니다. 모든 생각과 행동을 가장 아름다운 일로 향하게 하신다면 깨어 있을 때나 잠잘 때나 올바른 삶을 사시게 됩니다. 그리하여 항상 폐하 주변에 평안이 머물게 될 것입니다."

217 이 사람에게도 칭찬을 내리신 뒤 다른 이에게 말씀하셨습니다.

157 또는 "삶의 박탈."

158 본문은 μὴ καθεστάναι이라 읽는다. 셔트의 독법을 참조하여 μή를 빼고 읽었다: Shutt, "Letter of Aristeas: A New Translation and Introduction", 27.

"그대가 열 번째로 대답할 차례이니 그대가 답하면 만찬으로 향합시다." 218 폐하께서 물으셨습니다. "우리가 어떻게 하면 자신에게 어울리지 않는 일을 하지 않을 수 있겠소?" 그가 답했습니다. "언제나 폐하 자신의 명예와 지위를 염두에 두시어 이에 부합하는 것만을 말하고 생각하도록 하십시오. 또한 폐하께서 다스리시는 모든 이가 폐하에 대해 생각하고 말한다는 사실을 아시기 바랍니다. 219 사실 폐하께서는 절대로 연기자들 가운데 한 명처럼 보여서는 안 됩니다. 그들은 자기가 연기해야 하는 인물을 연기하며 모든 일을 그에 따라 행합니다. 그러나 폐하께서는 어떤 역할을 연기하시는 것이 아니라 진짜 임금님이십니다. 하느님께서 폐하의 삶에 걸맞도록 폐하께 지도자의 지위를 내리셨기 때문입니다."

220 폐하께서는 오랫동안 특별히 크고 따뜻한 박수를 치시고는 사람들에게 쉴 것을 권했습니다. 폐하께서 (말씀을) 마치시자 그들은 연회의 다음 순서로 마음을 돌렸습니다.

연회 셋째 날[159]

221 다음 날 연회가 전날과 똑같이 차려졌습니다. 사람들에게 질문해도 좋을 때라고 여겨지시자 폐하께서는 나머지 사람들 가운데 첫째 사람에게 이런 질문을 하셨습니다. "가장 훌륭한 통치는 어떤 것이오?"

222 그가 말했습니다. "자기 자신을 다스리고 충동에 휘둘리지 않는 것입니다. 모든 사람의 마음은 무언가를 향해 기울어지는 본성이 있기 때문입니다.[160] 223 사실 많은 사람의 마음이 먹고 마시는 것이나 쾌락으로 기울어지는 것 같습니다. 대신 임금님들(의 마음)은 자기의 위상이 얼마나 높으냐에 따라 영토 점령으로 (기울어집니다). 그러나 모든 이에게 중용이 좋

---

159 221-235: 연회 셋째 날 질문과 응답이 이어진다.

160 직역: "모든 사람에게, 마음이 무언가를 향해 기울어지는 것이 본성이기 때문입니다."

습니다.[161] 하느님께서 주시는 것을 받아들이고 간직하십시오. 그리고 손에 넣을 수 없는 것을 욕망하지 마십시오."[162]

224 폐하께서 이 답변에 흡족해하시며 다음 사람에게 말씀하셨습니다. "어떻게 하면 질투를 피할 수 있겠소?"[163] 그가 잠시 멈췄다가 말했습니다. "무엇보다, 하느님께서 임금님들에게 명예와 막대한 부를 부여하신다는 점과 아무도 자기 힘으로 임금이 되지 않는다는 사실을 아신다면, (그리 될 것입니다). 사실 모든 이가 이 영광을 나눠가지기를 바라지만 아무도 그럴 수 없습니다. 그것은 하느님의 선물이기 때문입니다."

225 이 사람에게 길게 칭송을 늘어놓으신 뒤 폐하께서 다른 사람에게 물으셨습니다. "어떻게 해야 원수들을 조롱할 수 있소?"[164] 그가 말했습니다. "모든 사람에게 좋은 뜻을 실천하고 우정을 쌓는다면, 아무도 뭐라 하지 않을 것입니다. 모든 사람에게 은덕을 베풀고 하느님에게서 아름다운 선물을 받는 것,[165] 이것이 가장 좋은 일입니다."

226 이 말에 동의를 표하신 뒤 다음 사람에게 답하라고 명하시며 (폐하께서) 이렇게 말씀하셨습니다. "어떻게 해야 명예를 유지할 수 있소?"[166] 그가 말했습니다. "다른 사람들에게 좋은 뜻과 호의를 아낌없이 베푸시고

161 μετριότης: 중용 또는 절도(節度).

162 또는 "닿을 수 없는 것을 갈망하지 마십시오."

163 또는 "어떻게 해야 질투(φθόνος) 없이 살 수 있겠소?"

164 또는 "어떻게 하는 것이 원수들을 무시하는 것이오?" '조롱하다'로 옮긴 그리스어는 καταφρονέω다. 이 단어는 본디 상대를 낮추어 본다는 뜻이다.

165 원수를 조롱하는 길은 그들을 무시하고 깔아뭉개는 것이 아니다. 반대로 그들에게 잘해 주는 것이다. 원수를 사랑하고 대가를 바라지 않고 잘해 줄 때 하느님에게서 받을 상이 클 것이라고 말하는 루카 6,35에서 같은 정신을 발견할 수 있다: "너희는 원수를 사랑하여라. 그에게 잘해 주고 아무것도 바라지 말고 꾸어 주어라. 그러면 너희가 받을 상이 클 것이다."

166 직역: "어떻게 해야 영광스러운(명예로운) 채 남을 수 있소?"

관대히 대하신다면 결코 명예가 떠나지 않을 것입니다. 그러나 앞서 말한 (명예)가 유지되기를 바라신다면, 항상 하느님을 부르십시오."

227 이 사람을 칭찬하신 뒤 다른 이에게 물으셨습니다. "누구에게[167] 관대해야 하오?" 그가 말했습니다. "우리에게 우호적인 사람들, 바로 이들에게 (관대해야) 한다고 모든 이가 생각합니다. 그러나 저는 우리를 반대하는 자들에게 한없는 관대함을 베풀어야 한다고 믿습니다.[168] 이런 태도를 통해 우리가 그들에게 어울리는 유익한 일로 그들을 인도할 수 있기 때문입니다. 그러나 이것이 이루어지기 위해서는 하느님께 청해야 합니다. 그분께서 모든 이의 마음을 다스리시기 때문입니다."

228 이 말에 동의하신 뒤 폐하께서는 여섯째 사람에게 답하라고 명하시며 질문하셨습니다. "(사람은) 누구에게 감사를 표해야 하오?"[169] 그가 답했습니다. "항상 부모님께 (그렇게 해야 합니다). 사실 하느님께서는 부모님 공경에 관한 큰 계명을 내리셨습니다.[170] 다음으로 그분께서는 친구를 또 다른 자기라 부르시며 친구들 사이의 태도를 중요하게 여기십니다.[171] 그러니 폐하께서 모든 사람과 우정을 쌓으신다면 잘하시는 일입니다."

229 이 사람도 격려하신 뒤 다음 사람에게도 질문하셨습니다. "아름다움이라 불릴 만한 것은 무엇이오?" 그가 말했습니다. "경건함입니다. 사실 이것이 제일가는 아름다움입니다. 그러나 그것의 힘은 사랑에 있습니다.

---

167 Πῶς τινα를 Πρὸς τινα로 읽었다.

168 자기에게 잘해주는 사람뿐 아니라 원수까지 사랑하라고 한 마태 5,43-48을 보라.

169 또는 "누구에게 호의를 베풀어야 하오?"

170 십계명 가운데 하나가 아버지와 어머니를 공경하라는 계명이다. 탈출 20,12 등을 보라.

171 구약성경 지혜 문학에서 친구와 우정에 관한 생각들을 발견할 수 있다. 집회 6,16; 14,13; 27,17을 보라.

그것은 하느님의 선물입니다. 폐하께서는 그 안에 담긴 모든 좋은 것과 더불어 이미 그것을[172] 얻으셨습니다."

230 매우 따뜻하게 박수치신 뒤 다른 사람에게 말씀하셨습니다. "한 번 넘어진 뒤 어떻게 하면 같은 영광을 되찾을 수 있소?" 그가 말했습니다. "폐하께서 넘어지신다는 것은 불가능합니다. 폐하께서는 모든 이에게 은총의 씨앗을 뿌리셨고, 그것은 좋은 뜻이라는 싹을 틔웠습니다. 그리고 그 싹이 가장 큰 무기보다 강하여 확고한 안전을 만들어내기 때문입니다. 231 그러나 누군가 넘어진다면, 자신을 넘어지게 한 일을 되풀이해서는 안 됩니다. 그 대신 우정을 쌓으면서 의롭게 행동해야 합니다. 착한 일을 하는 사람이 되고, 그 반대가 되지 않는 것은 하느님의 선물입니다."

232 폐하께서는 이 말에 흡족해 하시며 다른 사람에게 말씀하셨습니다. "어떻게 하면 슬픔을 면하게 되오?" 그가 말했습니다. "아무에게도 해를 끼치지 않으신다면, 그리고 모든 이를 도와주시면서 정의의 길을 따르신다면 (그리 되실 것입니다). 그 열매가 슬픔 없는 삶을 가져오기 때문입니다. 233 그러나 우리의 선택과 다른 일들, 곧 죽음과 질병, 슬픔, 그리고 이와 비슷한 일들이 일어나 우리에게 해를 끼치지 않게 하려면 하느님께 기도해야 합니다. 그런데 경건함을 갖춘 폐하께는 이런 일들이 일어나지 않을 것입니다."

234 이 사람도 크게 칭찬하시며 열째 사람에게 물으셨습니다. "가장 큰 영광은 무엇이오?" 그가 말했습니다. "하느님을 공경하는 일입니다. 그러나 이것은 예물이나 제물이 아니라 깨끗한 영혼과 거룩한 마음을 통해 이루어집니다.[173] 모든 것이 하느님에 의해 마련되고 그분 뜻에 따라 다스려지기 때문입니다. 폐하께서도 같은 지향을 갖고 계십니다. 이는 폐하께서

172 사랑.

173 시편 51,18-19; 잠언 21,3 참조.

과거에 이루신 일과 지금 이루고 계신 일들을 통해 모두에게 드러납니다."

235 폐하께서는 큰 소리로 이들 모두 칭송하시고 격려하셨습니다. 거기 있던 사람들은 (폐하의) 말씀에 동의했습니다. 특히 철학자들이 더 그러했습니다. 이 (유다인 원로들)이 자기들보다 생활에서나 사고에서나[174] 훨씬 뛰어났기 때문입니다. 이들은 논리의 출발점을 하느님에게 두었던 것입니다.

그 뒤 폐하께서는 앞에 나서시어 잔을 드시고 그들을 따뜻하게 환대하시기 시작하셨습니다.

연회 넷째 날[175]

236 다음 날, 연회 장소가 전날처럼 마련되고 폐하께 기회가 왔을 때 이미 답변을 마친 이들 다음 사람들에게 물으셨습니다. 그 첫째 사람에게 말씀하셨습니다. "현명하게 사고하는 법이 배울 수 있는 일이오?" 그가 말했습니다. "영혼은, 하느님의 힘에 의해 선한 모든 것은 받아들이고 그 반대는 물리치도록 만들어졌습니다."[176]

237 동의를 표하신 뒤 다음 사람에게 물으셨습니다. "건강으로 이끄는 것 가운데 무엇이 가장 중요하오?"[177] 그가 말했습니다. "신중입니다.[178] 그러나 하느님께서 이를 향한 마음을 심어주시지 않는다면, 이를 획득할 수 없습니다."

238 이 사람에게도 격려하신 뒤 다른 사람에게 말씀하셨습니다. "어

---

174 또는 "행동에서나 말에서나."

175 236-247: 연회 넷째 날. 이날도 열 명의 원로에게 질문이 주어진다.

176 직역: "선한 모든 것은 받아들이고 그 반대는 물리치는 것이 영혼의 상태입니다."

177 직역: "무엇이 건강으로 가장 크게 이끄오?"

178 Σωφροσύνη는 신중함, 정신의 건강, 자기 절제, 정숙 등을 가리키는 말이다.

떻게 하면 부모님께 마땅한 감사를 돌려 드릴 수 있소?" 그가 말했습니다. "절대로 그분들을 슬프게 만들지 않음으로써 (가능합니다). 그러나 이는 하느님께서 (우리) 마음을 가장 아름다운 일로 이끌지 않으신다면 불가능합니다."

239 이 사람에게 고개를 끄덕이신 뒤 다음 사람에게 물으셨습니다. "어떻게 하면 경청가가 될 수 있소?" 그가 말했습니다. "모든 지식이 좋은 것임을 인정할 때 (그리 될 수 있습니다). 그리하여 위급한 사건이 일어났을 때 자신이 듣고 배운 것 중에서 어느 하나를 택하여 당시 상황에 적용하고 올바로 대처할 수 있습니다. 하느님의 도우심을 받아서 말입니다. 실천의 완성은 그분에 의해 이루어집니다."

240 이 사람을 칭송하신 뒤 폐하께서 다른 이를 향해 말씀하셨습니다. "어떻게 하면 법에 어긋나는 어떤 일도 하지 않을 수 있소?" 이에 대해 그가 말했습니다. "하느님께서 입법자들에게 사람들의 생명을 구하고자 하는 마음을 주셨다는 사실을 깨달으신다면, 폐하께서도 그들을 따르게 될 것입니다."

241 폐하께서는 그의 말을 인정하신 뒤 다른 사람을 향해 말씀하셨습니다. "친척의 유용성은 무엇이오?" 그가 말했습니다. "만약 우리가 (그들에게) 닥친 불운을 함께 겪는다고 여기고 그들과 똑같이 고통을 견딘다면, 친척의 힘이 얼마나 강한지 드러날 것입니다. 242 불운이 끝나고 나면 그들 눈에 우리의 영예와 성공이 보일 것입니다.[179] 좋은 뜻으로 하는 협력은 그 자체로 절대 무너지지 않습니다. 그러나 (그들의) 번성기에는 그들에게 아무것도 바라서는 안 됩니다. 다만 (그들에게) 온갖 좋은 것을 베풀어 주시도록 하느님께 기도해야 합니다."

243 폐하께서는 저들에게 했던 것과 같은 방식으로 그를 인정하신 뒤

179 직역: "그들 (눈에) (우리의) 명예와 성공이 있을 것입니다."

또 다른 이에게 말씀하셨습니다. "어떻게 하면 두려움이 없어지오?" 그가 말했습니다. "마음으로 자기가 아무런 악행을 행하지 않았음을 자각할 때, 그리고 하느님께서 모든 일에 대해 가장 좋은 방향으로 숙고하도록 이끄실 때 (그리 될 것입니다)."

244 폐하께서 이에 탄복하시고 다른 이를 향해 말씀하셨습니다. "어떻게 하면 올바른 사고를 갖출 수 있소?" 그가 말했습니다. "언제든 사람들의 불운을 간과하지 않는다면, 그리고 하느님께서 성공을 거두어가시기도 하고, 다른 사람들을 높여 존경 받게 만들기도 하심을 안다면 (그리 될 것입니다)."

245 이 사람의 답도 좋게 받아들이신 뒤 폐하께서 다음 사람에게 대답하라고 하셨습니다. "어떻게 하면 나태와 쾌락에 기울어지지 않을 수 있소?" 그가 말했습니다. "자신이 큰 왕국을 다스리며 많은 사람들을 인도하고 있음을, 그리고 마음을 다른 일에 빼앗겨서는 안 되며 이들을 보살피는 일에 전념해야 함을 염두에 둔다면 (그리 될 것입니다). 또한 해야 할 일을 소홀히 하지 않도록 하느님께 청해야 합니다."

246 이 사람도 칭찬하신 뒤 열째 사람에게 물으셨습니다. "자신을 기만하는 사람들을 어떻게 알아볼 수 있소?" 그가 이 질문에 답했습니다. "행동이 자연스러운지, 인사 때나 회의 때 또는 자신과 관계된 다른 모임에서 절도 있는 태도가 한결같이 유지되는지 지켜본다면, (그리 될 것입니다). 그리고 예의범절이나 나머지 행동거지에서 선을 넘어서지 않는지 (지켜보아야 합니다). 247 하지만 폐하, 하느님께서 폐하의 마음을 가장 좋은 데로 인도하실 것입니다."

폐하께서는 모두를 향해 박수치시며 한 명 한 명 이름을 부르시면서 칭송하셨습니다. 거기 있던 다른 사람들도 그렇게 하였습니다. 그러고 나서 그들은 연회를 즐기기 시작하였습니다.

연회 다섯 째 날[180]

248 다음 날 폐하께서는 적당한 때를 잡아 다음 사람에게 물으셨습니다. "가장 심각한 태만은 무엇이오?" 이에 대해 그가 말했습니다. "누군가 자녀들을 보살피지 않는다면, 그리고 그들을 인도하는 데 온갖 방법을 강구하지 않는다면 (그것이 가장 심각한 태만입니다).[181] 사실 우리는 항상 자기 자신을 위해서보다는 후손들을 위해, 온갖 좋은 것이 그들에게 내리게 해달라고 하느님께 기도합니다. 그런데 아이들이 신중함을 갖기를 바라는 염원, 이것은 하느님의 힘으로 이루어집니다."

249 폐하께서는 그가 잘 말했다고 말씀하신 뒤 다른 사람에게 물으셨습니다. "어떻게 해야 애국자가 되오?" 그가 말했습니다. "자기 나라에서 살다가 죽는 것이 좋다는 생각을 가지면 (그리 될 것입니다). 이방인의 삶은 가난한 이들에게는 멸시를, 부자들에게는 수치를 가져옵니다. 악행 때문에 쫓겨난 자이기라도 한 듯 말입니다. 그러니 늘 하시던 대로 모든 이에게 잘 대해주시면, 하느님께서 만사에 폐하께 은총을 베푸시고 폐하께서 애국자임이 드러날 것입니다."

250 이 말을 들으시고는 폐하께서 옆에 있던 사람에게 질문하셨습니다. "어떻게 하면 여자와 잘 지낼 수 있소?" 그가 말했습니다. "여자라는 족속은 도도하며 자기가 원하는 일에는 매우 적극적이지만 잘못된 추리로 마음이 쉽게 바뀌고 본성적으로 약하게 만들어졌음을 깨달으신다면 (그리 될 것입니다). 그러나 그들을 건전하게 대하셔야 하며 분란을 일으킬 만한 도발은 피하셔야 합니다. 251 키잡이가 자신이 나아가야 할 목표점을 잘 알 때[182] 삶이 똑바로 섭니다. 하느님께 탄원해야 삶이 항상 올바른 길로 인도

180 248-261: 연회 다섯째 날. 이날도 총 열 명에게 질문이 이루어진다.

181 태만(ἀμέλεια)도 큰 죄다. 그 가운데 가장 심각한 태만은 자녀의 양육과 교육을 소홀히 하는 것이다.

182 직역: "키잡이가 어느 목표점을 향해 나아가야 하는지 잘 알 때 삶이 똑바로

될 것입니다."

252 이 사람에게 당신도 같은 의견임을 표하신 뒤 폐하께서 다음 사람에게 물으셨습니다. "어떻게 해야 잘못 없는 사람이 될 수 있소?" 그가 말했습니다. "어떤 일이든 깊이 생각하신 뒤에 행하시고 중상에 현혹되지 않으신다면, 그리고 다른 사람의 말을 스스로 시험하시고 사람들의 탄원과 관련된 일들을 폐하의 판단으로 바르게 이끄시며 모든 일을 스스로 판단하여 이행하신다면, 잘못 없는 사람이 될 것입니다, 폐하!" 이어서 말했습니다. "그러나 이것을 마음에 품고 그에 따라 살아가는 것은 하느님의 힘이 하는 일입니다."

253 폐하께서는 이 말들에 고조되시어 다른 사람에게 물으셨습니다. "어떻게 하면 분노를 피할 수 있소?" 이에 대해 그가 말했습니다. "자기가 모두에 대해 절대적 권한을 지니며, 분노에 휩싸일 때 죽음을 가져올 수 있음을 깨닫는다면 (그리 될 것입니다). 사실 누구든 자신이 주인이라는 이유로 많은 사람의 생명을 빼앗는다면[183] 이는 무익하고 비통한 일일 것입니다. 모두가 자기에게 복종하고 아무도 반대하지 않는데, 화를 낼 필요가 있겠습니까? 254 하느님께서는 온 우주를 아무 분노 없이 호의로 다스리신다는 것을 아셔야 합니다." 이어서 말했습니다. "그리고 폐하께서는 그분을 따르셔야 합니다, 폐하!"

255 잘 대답했다고 그에게 말씀하신 뒤 폐하께서 다음 사람에게 질문하셨습니다. "사려 깊음이란[184] 무엇이오?" 그가 말했습니다. "언제나 깊이 생각하여 잘 행동하고, 결정을 내릴 때에 반대되는 생각이 가져올 해로운 결과도 참작하는 것입니다. 그렇게 할 때 우리가 모든 측면에서 신중히 숙

섭니다."

183 직역: "많은 사람의 생명이 빼앗긴다면."

184 εὐβουλία는 '좋은 의견', '건전한 판단', '신중함' 등으로 옮길 수 있다.

고할 수 있으며 계획한 일이 이루어질 것입니다. 가장 중요한 점은, 폐하께서 경건을 실천하시기에 폐하의 모든 계획이 하느님의 힘으로 완성을 보게 되리라는 사실입니다."

256 폐하께서 이 사람에게 올바른 결론을 얻었다고 말씀하신 뒤 다른 이에게 물으셨습니다. "철학이란[185] 무엇이오?" 그가 말했습니다. "일어나는 사건에 대해 매번 신중히 추리하고 충동에 흔들리지 않으며 욕망에서 나오는 해악이 무엇인지 깊이 연구하고 상황에 따라 해야 할 바를 행하며 정염을 다스리는 것입니다. 그러나 이것들을 잘 다스리려면 하느님을 섬겨야 합니다."

257 폐하께서 이 사람도 인정하신 뒤 다른 이에게 물으셨습니다. "외국에서 이방인으로 지낼 때 어떻게 하면 환영을 받을 수 있소?" 그가 말했습니다. "모든 이에게 공정해지면 됩니다. 특히 자기가 머물고 있는 지역의 사람들에게 더 우월해 보이는 것보다는 더 못해 보이는 편이 낫습니다. 흔히들 말하듯이, 하느님께서는 본성적으로 낮추어진 사람들을 환대하시며, 사람이란 종족은 자기 밑에 있는 사람들을 사랑하기 때문입니다."

258 이 말에 찬동하신 뒤 다른 사람에게 물으셨습니다. "어떻게 하면 (사람이) 세운 건축물들이 나중에도 계속 남을 수 있소?" 이에 그가 말했습니다. "위엄과 장엄함을 갖추어 작업을 수행한다면, 그리하여 그것들을 보는 이들이 그 아름다움 때문에 그냥 지나칠 수 없을 정도가 된다면, 그리고 그것들을 만드는 이들 가운데 단 한 명도 해고하지 않고, 필요에 따라 다른 사람들을 시켜 보수도 없이 일을 마무리 짓게 하지 않는다면, (그리 될 것입니다). 259 사실 그런 이라면, 하느님께서 사람이란 종을 보살피시며 건강과 좋은 감각을 베풀어 주신다는 점을 염두에 두면서 자기도 하느님을 본받아 (다른 사람의) 노고에 합당한 보상을 해줄 것입니다. 정의롭게 수행된

185 φιλοσοφία(φίλος+σοφία)의 원뜻은 '지혜에 대한 사랑'이다.

일, 이것이 영원히 남기 때문입니다."

260 이 사람도 잘 말했다고 말씀하신 뒤 폐하께서 열째 사람에게 물으셨습니다. "지혜의 열매는 무엇이오?" 그가 말했습니다. "자신이 아무런 악행도 저지르지 않았음을 인식하는 것, 그리고 삶을 진리 안에서 이끌어나가는 것입니다. 261 그러한 것에서 고귀한 기쁨, 영혼의 평안, 하느님에 대한 아름다운 희망들이 나오기 때문입니다, 지극히 위대하신 임금님이시여! 이것들 모두 경건하게 다스리시는 폐하의 것입니다."

이 말을 듣고 모든 이가 길게 박수치며 환호하였습니다. 그 뒤 폐하께서는 크게 기뻐하시며 축배를 들기 시작하셨습니다.

연회 여섯째 날[186]

262 다음 날 전날과 마찬가지로 연회가 준비되었습니다. 적당한 때가 되자 폐하께서는 남은 사람들에게 물으셨습니다. 첫 번째 사람에게 말씀하셨습니다. "어떻게 하면 교만에 빠지지 않을 수 있소?"

263 그가 대답했습니다. "늘 공정함을 유지한다면, 그리고 항상 자신도 한갓 인간이면서 다른 사람들을 다스린다는 것을 기억한다면 (그리 될 것입니다). 하느님께서는 교만한 자들을 낮추시고 온유하고 겸손한 이들을 높이십니다."[187]

264 이 사람을 격려하신 뒤 다음 사람에게 물으셨습니다. "누구를 조언자로 삼아야 하오?" 그가 말했습니다. "여러 가지 일로 시험해 보아 자기

186 262-274: 연회 여섯째 날. 열한 명의 원로에게 답변의 기회가 돌아간다.

187 하느님께서 교만한 이들은 낮추시고 비천한 이들을 높이신다는 생각은 구약성경 전반에 나타난다: 시편 138,6; 욥 5,11; 40,11-12; 에스 1,1⑩ 등. "누구든지 자신을 높이는 이는 낮아지고 자신을 낮추는 이는 높아질 것이다"(마태 23,12)라는 예수님 말씀은 복음서의 기본 정신이기도 하다. 루카 14,11; 18,14에서도 같은 생각을 표현한다. 루카 1,51-52도 참조하라.

에 대한 좋은 의지를 순수하게 유지하는 사람들, 그리고 자기와 삶의 양식이 비슷한 사람들을 (택해야 합니다). 하느님께서는 (당신을 뵙기에) 합당한 이들에게만 당신을 드러내십니다."[188]

265 그를 칭송하신 뒤 다른 사람에게 물으셨습니다. "임금에게 무슨 재산이 가장 필요하오?" 그가 대답했습니다. "신하들에 대한 자비와 사랑입니다. 이런 것들을 통해 호의의 사슬이 풀리지 않게 되기 때문입니다. 그러나 이것이 이루어지는 것, 그것은 하느님께서 당신 선택에 따라 이루시는 일입니다."

266 이 사람을 칭찬하신 뒤 다른 이에게 질문하셨습니다. "연설의 목적은 무엇이오?" 그가 말했습니다. "질서 정연한 논증을 통해 상대의 실수를 보여주면서 반대자를 설득하는 것입니다. 이런 식으로 폐하께서는 반대자가 되심으로써가 아니라 칭찬을 하심으로써 경청가를 얻게 되고 설득에 이를 수 있습니다. 그러나 설득이 이루어지는 것은 하느님의 업적입니다."

267 폐하께서는 그에게 잘 말했다고 하신 뒤 다른 사람에게 물으셨습니다. "왕국에 온갖 인종이 섞여 있을 때 어떻게 하면 그들과 잘 지낼 수 있겠소?" 그가 말했습니다. "폐하께서 늘 하시던 대로, 각 사람마다 그에 맞는 원칙을 적용하고 정의를 안내자로 삼으신다면 (그러실 수 있습니다). 하느님께서 폐하가 합리적으로 생각할 수 있게 해 주시기 때문입니다."

268 이 사람에게 호의를 표하신 뒤 다른 사람에게 말씀하셨습니다. "무슨 일에 슬퍼해야 하오?" 이에 그가 대답했습니다. "친구들에게 피할 수 없는 긴 재난이 닥친 것을 보게 될 때 (슬퍼해야 합니다). 우리의 이성은, 이미 죽어서 재앙에서 벗어난 이들을 위해서 슬퍼하라고 하지 않습니다. 그런데도 모든 사람은 자기에 대해서 그리고 자기의 유익을 생각하면서 (죽

188 또는 "하느님께서는 이 목적으로 자격 있는 이들에게 당신을 드러내십니다."

은 이를 두고) 슬퍼합니다.[189] 모든 재앙을 피하는 것은 하느님의 힘으로 이루어집니다."

269 그에게 올바르게 잘 대답했다고 하시고는 다른 사람을 향해 말씀하셨습니다. "불명예는 어떻게 얻게 되오?" 그가 말했습니다. "교만과 멈추지 않는 자만이 (자신을) 이끌 때, 오욕과 명예의 실추가 생겨납니다. 하느님께서 모든 명예를 주관하시며 (그것이) 당신 원하시는 방향으로 기울게 하십니다."

270 이 사람에게도 좋은 대답을 했다고 인정하신 뒤 다음 사람에게 물으셨습니다. "누구에게 자신을 믿고 맡겨야 하오?" 그가 말했습니다. "좋은 뜻으로 폐하 곁에 있는 이들에게—두려움이나 자신의 이익에 대한 지나친 관심 때문이 아니라—(그러셔야 합니다). 전자는 애정의 징표지만 후자는 악의와 사리사욕의 징표이기 때문입니다. 자신의 이익을 위해 달려가는 사람은 배신자가 됩니다. 그러나 폐하께는 모든 이가 좋은 뜻을 품습니다.[190] 하느님께서 폐하께 좋은 의향을 내려주시기 때문입니다."

271 그에게 현명하게 대답했다고 이르시고는 다른 사람에게 말씀하셨습니다. "무엇이 왕국을 수호하오?" 이에 대해 그가 말했습니다. "백성들을 도우라고 임명한 관리들에 의해 어떠한 악행도 저질러지지 않게 하겠다는 염려와 관심입니다. 폐하께서는 이를 실천하고 계십니다. 하느님께서 폐하께 고결한 생각을 내려주시기 때문입니다."

272 이 사람을 격려하신 뒤 다른 사람에게 물으셨습니다. "무엇이 호의와 영예를 지켜주오?" 그가 말했습니다. "덕입니다. 그것이 훌륭한 활동

---

189 죽은 사람은 이미 모든 재앙을 벗어났으므로 그들을 두고 슬퍼할 필요가 없다. 사람들이 죽은 이들을 두고 애도하는 것은 죽은 이들을 위해서가 아니라 자기 자신을 위해서라고 한다.

190 직역: "폐하께서는 모든 좋은 뜻을 얻고 계십니다."

의 완성이기 때문입니다. 그리고 (그것에 의해) 악이 제거됩니다.[191] 폐하께서는 모든 이에 대해 고결한 성품을 유지하십니다. 하느님에게서 오는 이 선물을 갖고 계시기 때문입니다."

273 이 사람도 호의적으로 받아들이신 뒤 열한째 사람에게 물으셨습니다. 일흔 명보다 두 사람 더 많았던 것입니다. "전쟁 중일 때 어떻게 하면 마음의 평화를 유지할 수 있소?" 그가 말했습니다. "신하들 가운데 단 한 명도 아무런 해를 입지 않았으며, 모두 (폐하께) 입은 은덕에 보답하고자 싸우고 있다는 것을 생각하시면 됩니다. 그들은 자기가 죽어도 폐하께서 자기네 재산을 관리해 주시리라는 것을 알고 있기 때문입니다. 274 사실 폐하께서는 모든 이에게 보상을 위한 노력을 멈추신 적이 없습니다. 하느님께서 폐하께 사려 깊은 마음을 주셨기 때문입니다."

폐하께서는 그들을 모두 박수와 함께 따뜻하게 환대하시고 환호하셨습니다. 그리고 긴 시간에 걸쳐 각 사람을 위해 축배를 들며 연회를 즐기셨습니다. 그리고 그들과 함께 즐겁고 기쁜 시간을 보내셨습니다.

연회 일곱째 날[192]

275 일곱째 날 더 많은 준비가 이루어지고, 여러 도시에서 다른 사람들이 더 찾아왔습니다. 실제로 참석한 원로들이 꽤 많았습니다. 기회를 잡자 폐하께서는 아직 질문을 받지 않은 이들 가운데 첫째 사람에게 물으셨습니다. "어떻게 해야 기만을 당하지 않을 수 있소?"

---

191 아리스테아스의 편지 질의와 응답 대목 곳곳에 '덕'('Αρετή)에 대한 스토아적 성찰이 나타난다. 277-278도 참조하라. 저자가 덕을 하느님에게서 오는 선물로 인식함을 주목하라.

192 275-294: 연회 마지막 날, 곧 일곱째 날이다. 이날도 열한 명의 원로에게 질문이 주어진다. 이렇게 해서 총 이레 동안 일흔 두 명의 원로가 질문을 받고 그에 응답한다.

276 그가 말했습니다. "말하는 사람과, 그가 한 말과 그가 말한 주제를 시험해 보고, 오랜 시간을 두고[193] 같은 것을 다른 방식으로 물어보면 됩니다. 그러나 예리한 지성을 갖고 올바로 판단하는 것은 하느님의 좋은 선물입니다. 폐하께서는 이미 이것을 획득하셨습니다, 폐하!"

277 박수로 인정하신 뒤 폐하께서는 다른 사람에게 물으셨습니다. "대부분의 사람들이 덕을 얻지 못하는 것은 무엇 때문이오?" 그가 말했습니다. "모든 이가 육체적으로 절드가 없고 쾌락에 기울어져 있기 때문입니다. 그로 인해 불의와 넘쳐나는 탐욕이 생겨났습니다. 278 덕의 처신이 쾌락에 휘둘리는 사람들을 저지합니다. 그리고 그것은 절제와 정의에 대한 존중을 명합니다. 그러나 이 모든 것을 이끄시는 분은 하느님이십니다."[194]

279 폐하께서는 이 사람에게도 잘 대답했다고 말씀하신 뒤 물으셨습니다. "임금들은 무엇을 따라야 하오?" 그가 말했습니다. "법을 (따라야 합니다). 그래야 정의를 실천하며 사람들의 삶을 원기 있게 회복시킬 수 있습니다. 폐하께서는 이를 실천하시고 하느님의 명령을 따르시며 폐하께 대한 영원한 기억을 세워두셨습니다."

280 이 사람도 잘 말했다고 이르신 뒤 폐하께서 다음 사람에게 물으셨습니다. "어떤 사람들을 행정관으로 임명해야 하오?" 그가 말했습니다. "악을 미워하는 사람들, 폐하의 삶을 본받아 늘 좋은 평판을 유지하며 정의를 실천하는 사람들입니다. 폐하께서는 이를 행하고 계십니다." 이어서 말했습니다. "위대하신 폐하! 하느님께서 폐하께 정의의 화관을 내리셨기 때문입니다."

---

193 또는 "오랜 시간이 흐른 뒤."

194 277-278에서 쾌락을 멀리하고 절도 있는 삶을 중시하는 스토아 윤리가 매우 확연하게 드러난다. 저자는 이러한 덕('Αρετή)을 갖게 해 주시는 분이 하느님이심을 선포하면서 스토아 윤리와 유다교 신앙을 조화시키고 있다. 아리스테아스의 편지 272도 참조하라.

281 폐하께서 소리 내어 따뜻이 이 사람을 받아들이시고는 다음 사람을 바라보시며 말씀하셨습니다. "군대의 수장으로는 어떤 사람들을 임명해야 하오?" 그가 말했습니다. "용기와 정의가 뛰어난 사람들, (사람들의) 목숨을 내던져 가며 승리를 얻는 것보다는 사람들을 구하는 데 더 관심을 두는 사람들입니다. 하느님께서 모든 이에게 은덕을 베푸시듯이 폐하께서도 그분을 본받아 부하들에게 은혜를 베푸십니다."

282 그가 잘 대답했다고 말씀하시고는 다른 사람에게 물으셨습니다. "탄복할 만한 사람은 어떤 사람이오?" 그가 말했습니다. "명예와 부와 능력을 풍성히 갖춘 사람, 모든 이에게 한결같은 마음을 지닌 사람입니다.[195] 이를 실천하시는 폐하께서 탄복을 받으시기에 합당하신 것처럼 말입니다. 하느님께서 폐하가 이런 것들에 관심을 갖게 해 주신 까닭입니다."

283 이 사람에게도 찬탄하신 다음 다른 이에게 말씀하셨습니다. "임금들은 어떤 일에 많은 시간을 쏟아야 하오?" 그가 말했습니다. "독서와 여행기 탐구로 시간을 보내야 합니다. 그것들은 모두 여러 왕국과 관련하여 기록된 것으로 인류의 보존과 발전을 지향합니다. 폐하께서는 이를 실천하시어 다른 사람들이 손에 넣을 수 없는 영광을 얻으셨습니다. 하느님께서 폐하의 뜻을 실현해 주시기 때문입니다."

284 이 사람에게도 고무적인 말씀을 덧붙이신 뒤 다른 이에게 물으셨습니다. "휴식과 여가 시간에는 무엇을 해야 하오?" 그가 말했습니다. "예의를 갖춰 행해지는 여흥을 지켜보십시오. 그리고 절제와 교양을 갖춰 이루어지는 일상의 일들을 눈앞에 두십시오. 이것은 삶에 유용하고 적절합니다. 이런 것들 안에 회복의 힘이 들어 있기 때문입니다. 285 종종 가장 작은 일들에서 바람직한 무언가가 드러납니다. 폐하께서는 모든 활동에서 절

195 모든 이를 차별 없이 공평하게 대한다는 뜻. 모든 이를 공평하게 대하는 것은 이 편지에서 중요한 덕목으로 자주 강조된다.

도 있으시고 지혜를 추구하시니 그 올바른 처신 때문에 하느님께 높이 평가되십니다."

286 앞에서 한 말에 만족하시고는 아홉째 사람을 향해 말씀하셨습니다. "주연에서는 어떻게 처신해야 하오?" 그가 말했습니다. "배움을 사랑하는 사람들과, 왕국 및 신하들의 삶에 유익한 것들을 폐하께 상기시킬 수 있는 사람들을 가까이 부르십시오. 이보다 조화롭고 아름다운 것은 찾아보실 수 없을 것입니다. 287 이들은 하느님을 사랑하는 자들로서 자기의 마음을 가장 아름다운 것에 향하도록 훈련시켰습니다. 폐하께서는 이를 실천하고 계십니다. 하느님께서 폐하를 위해 모든 것을 올바로 이끌어주시기 때문입니다."

288 그가 한 말에 만족하시며 다음 사람에게 질문하셨습니다. "백성들을 위해 가장 좋은 것은 무엇이오? 평민 출신이 그들을 다스릴 임금으로 세워지는 것이오, 왕족 출신이 임금으로 세워지는 것이오?" 그가 말했습니다. "본성상 가장 고결한 사람(이 임금이 되는 것입니다). 289 왕족이 임금이 된 경우에도 아랫사람들에게 잔인하고 가혹해집니다. 그러나 평민 출신인 경우 정도가 더 심합니다. 그들은 재앙과 빈곤을 겪은 탓에 백성을 다스리게 되었을 때 천박한 독재자들보다 더 혹독해지곤 합니다. 290 그러나 제가 앞서 말씀드린 대로, 백성을 다스릴 수 있는 것은 잘 훈련된 인자한 성품입니다. 폐하께서는 위대한 임금님이십니다. 통치의 영광이나 재산 면에서 뛰어나서라기보다는 자애와 박애심이 모든 사람을 능가하시기 때문입니다. 하느님께서 폐하께 이 자질을 부여하신 까닭입니다."

291 폐하께서 오래도록 이 사람을 칭찬하신 뒤 맨 마지막 사람에게 물으셨습니다. "다스림에서 가장 중요한 일은 무엇이오?" 이에 그가 말했습니다. "백성을 늘 평화 안에 머물게 하는 일, 그리고 분쟁이 일어났을 때 되도록 빨리 정의를 회복시키는 일입니다. 292 이런 일들은 통치자 덕분에 이루어집니다. 다만 그가 악을 미워하고 선을 사랑할 때, 그리고 사람들의 영혼을 구하는 일에 마음을 쏟을 대 그 일이 가능합니다. 이처럼 폐하께서는

불의를 가장 큰 악으로 여기시고 모든 것을 정의롭게 인도하시어 당신 둘레에 영원한 영광을 마련하셨습니다. 하느님께서 폐하께 어떠한 악과도 섞이지 않은 거룩한 마음을 갖게 해 주셨기 때문입니다."

293 그가 말을 마치자 박수 소리와 환호성이 터져 나와 오래 이어졌습니다. 박수가 멈추자 폐하께서는 잔을 들어 거기 참석한 모든 이와 그들이 한 말을 두고 건배를 제안하셨습니다. 그리고 모두에게 말씀하셨습니다. "여러분이 참석한 가운데 내게 참으로 좋은 일이 일어났소! 294 여러분이 나라를 다스리는 데 필요한 가르침을 준 것이 많은 도움이 되었소."

한편 폐하께서는 각 사람에게 은 세 탈렌트씩 주라고 명하시면서 그 일을 맡을 책임자도 세우셨습니다. 모두가 환호성을 질렀으며 연회는 기쁨으로 가득 찼습니다. 폐하께서는 계속해서 연회를 즐기셨습니다.

질의응답 소고[196]

295 만약 내가 이 문제에 너무 오래 매달렸다면, 필로크라테스여, 양해해 주기 바랍니다. 사실 나는 이 사람들에게 탄복을 금할 수 없었습니다. (답하기까지) 많은 시간이 필요한 질문인데도 그들은 그 자리에서 곧바로 답을 했기 때문입니다. 296 질문자께서는 매번 깊은 관심을 표하셨으며, 답변자들은 번갈아 가며 질문에 대한 답을 내놓았습니다. 그들은 나와 거기 참석한 사람들, 특히 철학자들의 눈에 참으로 탄복할 만한 사람들로 보였습니다. 이 글을 받아들이게 될 모든 사람에게 이것이 믿기 어려운 일로 보일 것 같습니다. 297 그러나 공문서에 기록된 내용을 두고 거짓말하는 것은 적절하지 않습니다. 이런 사안을 두고 내가 실수를 저질렀다면 불경한 일이 될

---

196 295-300: 아리스테아스는 임금과 원로들이 나눈 질문과 응답을 가감없이 그대로 편지에 썼다고 한다. 공문서를 참조해 가며 거짓 없이 정확히 기록했다는 것이다.

터입니다. 나는 잘못이 없도록 주의하면서 일어난 일을 그대로 기록합니다. 따라서 나는 그들의 논증 능력을 환영하면서, 폐하 알현 때 및 연회에서 일어난 일에 대한 상세한 정보를 얻기 위해 공문서를 참조했습니다. 298 그대도 알다시피, 폐하께서 알현을 시작하신 때부터 잠자리에 든 시간까지 모든 것, 곧 모든 말과 행동을 기록해 두는 것이 관례입니다. 이는 좋기도 하고 필요하기도 한 일입니다. 299 다음 날 알현을 시작하기 전에 전날 행한 모든 일과 모든 말이 낭독됩니다. 그리고 무엇인가 잘못이 있다면 곧바로 시정됩니다. 300 그러므로 앞서 말한 대로, 우리는 공적 기록물에서 정확한 정보를 수집하여 체계적으로 정리했습니다. 유익한 것에 대해 배우고자 하는 그대의 열정이 얼마나 지극한지 잘 알기 때문입니다.

성경의 번역[197]

성경 번역 작업[198]

301 사흘 뒤 데메트리오스는 그들을 데리고 섬으로[199] 가는 일곱 스타디온 길이의 바다 제방을 지나 다리를 건넌 뒤 (섬) 북부 지역으로 들어갔습니다. 그리고 바닷가에 웅장하게 지어진 한적한 집에 협의체를 구성하였습

197 301-321: 드디어 성경 번역 작업에 대한 이야기가 시작된다.

198 301-307: 번역자들은 데메트리오스의 인도로 섬에 들어가서 번역 작업을 시작한다. 바닷가에 지어진 집에는 번역에 필요한 모든 것이 구비되어 있었다. 번역자들은 아침 일찍 임금을 알현한 뒤 바깟물에 손을 씻고 하느님께 기도를 올린 다음 작업을 시작한다(304-305). 모든 일을 흠 없이 수행하려는 각오에서다. 그들은 저마다 작업을 끝낸 뒤 서로 대조해가면서 차이나는 부분은 토론을 통해 조율해 나간다. 합의에 도달하면 사본을 만들어 둔다. 번역작업은 마치 계획이라도 한 것처럼 정확히 칠십이 일 만에 끝난다.

199 '파로스 섬'이라 명기된 사본도 있다.

니다.[200] 그리고 그 사람들에게 번역 작업을 요청하였습니다. (번역에) 필요한 모든 것이 제대로 마련되어 있었습니다.

302 그들은 저마다 작업을 마친 뒤 서로 비교해 가며 합의점을 끌어냈습니다. 합의에 이른 내용은 데메트리오스의 감독 하에[201] 적절하게 기록으로 남겨졌습니다.[202] 303 그들의 모임은 아홉째 시각까지[203] 계속되었습니다. 그 뒤에 그들은 신체의 회복을 위해 해산했습니다. 그리고 그들이 원하는 것은 모두 풍족하게 공급되었습니다. 304 그 밖에도 도로테오스가 날마다 폐하를 위해 준비하는 것과 똑같이 그들에게도 준비해 주었습니다. 사실 이는 폐하께서 그에게 내리신 명령이었습니다.[204]

그들은 날마다 이른 새벽에 궁정 뜰에 가서 폐하께 인사를 올린 다음 그들의 (모임) 장소로 갔습니다.

305 그들은 유다인들의 관습에 따라 바닷물에 손을 씻고 하느님께 기도를 드렸습니다. 그러고 나서 그들은 성경을 읽고 각 구절을 번역하기[205]

---

200 '협의체(συνέδριον)를 구성하다'는 그저 '그들을 소집하다'로 옮겨도 무방하다.

201 그저 "데메트리오스에 의해"라고 옮길 수도 있다. 데메트리오스가 직접 필사했다기보다는 필사 작업을 감독했을 법하다. "합의에 이른 것은 기록으로 만들어져 데메트리오스 (손에) 들어갔다"로 옮길 수도 있다.

202 아리스테아스의 편지 302에는 칠십인역 성경의 번역 과정이 소개되어 있다. 우선 각 번역자들이 저마다 따로 번역한 뒤 서로 비교(ἀντιβολή)하면서 합의(일치점)에 이른다. 합의(συμφωνία)에 이른(일치시킨) 내용은 기록으로 남긴다.

203 오후 세 시. 로마식 시간이 적용되었다. 로마 시(時)로는 하루가 오전 6시에 시작된다: Shutt, "Letter of Aristeas: A New Translation and Introduction", 33.

204 아리스테아스의 편지 182; 184; 186을 보라. 도로테우스는 임금의 명령으로 번역자들의 일상생활이나 연회를 준비하는 책임을 맡았다.

205 '해석하기'로 옮길 수도 있다. 그들의 작업이 히브리어 성경을 그리스어로 옮기는 데 국한되었는지, 아니면 해석을 덧붙였는지는 분명하지 않다.

시작했습니다.[206]

306 나는 이 일에 대해서도 물어보았습니다. "그들은 무슨 이유 때문에 손을 씻으면서 기도합니까?" 그들은 설명했습니다. "그것은 아무런 악도 저지르지 않았다는 증거입니다.[207] 모든 일이 손을 통해 이루어지는 법이기 때문입니다." 이렇게 해서 그들은 (율법) 전체를 훌륭하고도[208] 거룩하게, 정의와 진리에 따라 번역한다는 것입니다.[209]

307 앞서 말한 대로, 그들은 날마다 작업 장소—그곳은 고요하면서도 밝아서 쾌적했습니다—에 모여 맡은 일을 수행해 나갔습니다. 그리하여 결국 칠십이 일째 되는 날 번역 작업이 모두 끝났습니다. 마치 그렇게 되기로 계획이라도 세워져 있었던 것처럼 말입니다.[210]

그리스어 성경의 낭독과 인정[211]

---

206 304-305: 칠십인역 성경 번역자들의 준비자세가 묘사되어 있다. 번역에 앞서 그들은 손을 씻어 마음을 정갈히 한 뒤 하느님께 기도를 드린다. 성경 번역은 사람의 손으로 하는 일이지만 하느님의 도우심 없이는 제대로 이루어질 수 없다는 믿음에서일 터다.

207 저자는 칠십인역 성경 번역에 어떠한 '악'(κακός)도 개입되지 않았음을 분명히 한다.

208 또는 "아름답고도."

209 저자에 따르면 칠십인역 성경의 번역은 "훌륭하고 거룩하게(καλῶς καὶ ὁσίως), 정의와 진리에 따라(ἐπὶ τὴν δικαιοσύνην καὶ τὴν ἀλήθειαν)" 이루어졌다. 아리스테아스의 편지 310도 보라.

210 직역: "그렇게 되도록 하라는 계획에 따른 것인 양."

211 308-311: 번역 성경의 낭독. 번역이 완성되자 데메트리오스는 유다인들을 불러 그들 앞에서 낭독한다. 사람들은 번역이 매우 훌륭하다고 칭송하면서 이집트 임금께 제출할 것을 요청한다. 번역 성경에 대해 유다인들은 그 자체로 거룩하고 정확하다며, 하느님의 말씀인 성경 본문을 수정하지 않는 그들의 관습에 따라 번역본에도 어떠한 첨삭이나 개정을 허락해서는 안 된다고 말한다. 이로써 번역자들이

308 작업을 끝냈을 때, 데메트리오스는 번역 작업을 했던 장소에 유다 백성들을 불러들였습니다. 그리고 번역자들이 참석한 가운데 모든 사람들 앞에서 낭독했습니다. 번역자들은 사람들에게서 열렬한 환영을 받았습니다. 그들이 아주 훌륭한 일을 해낸 까닭입니다. 309 사람들은 데메트리오스에게도 같은 식으로 따뜻한 칭찬의 뜻을 표한 뒤, 율법 전체에 대한 번역을 잘 끝냈으니 그들의 통치자께 (번역문을) 전달해 달라고 재촉했습니다.

310 책 낭독이 끝났을 때, 사제와 번역자 및 (유다) 공동체 원로와 백성의 지도자 들이 모두 일어서서 말했습니다. "참으로 훌륭하고 거룩하게, 그리고 모든 면에서 정확하게 번역되었으니, (번역본을) 지금 있는 그대로 유지하고 아무것도 변경하지 않는 것이[212] 마땅합니다."[213]

311 그들은 모두 번역자들에게 환호성을 보냈습니다. 그리고 그들의 관습에 따라, 누군가 무엇을 첨가하거나, 기록된 본문에서 무엇을 바꾸거나 삭제함으로써 본문을 변경한다면 그에게 저주를 선포하라고 청했습니다. 그렇게 하여 (번역된 본문이) 언제나 지금 그대로 영원히 보존되게 하려는 것이었습니다.[214]

필라델포스 임금의 승인[215]

완성한 그리스어 성경이 권위 있는 본문임을 표명한다.

212 또는 "개정판을 만들지 않는 것이."

213 칠십인역 그리스어 성경을 접한 유다인들의 평은 "참으로 훌륭하고 거룩하게(καλῶς καὶ ὁσίως), 그리고 모든 면에서 정확하게(κατὰ πᾶν ἠκριβωμένως)" 번역되었다는 것이다. 그래서 일체의 변경(διασκευή)을 해서는 안 된다. 아리스테아스의 편지 306을 참조하라.

214 칠십인역 성경의 변경을 시도하는 자에게 저주를 선포한다. 어떠한 내용도 첨삭해서는 안 된다는 것이다.

215 312-317: 임금의 승인. 필라델포스 임금은 번역된 율법서 낭독을 듣고는 몹시 놀라며 기뻐한다. 그리고 이 책을 거룩하게 보존하라는 명을 내린다. 이로써 이

312 이 일에 관해 폐하께 보고가 이루어지자 폐하께서는 이 일을 두고 몹시 기뻐하셨습니다. 당신이 계획하신 일이 무사히 완수된 것으로 보였기 때문입니다. 책 내용을 전부 폐하께 낭독해 드리자 그분께서는 입법자의 정신에 몹시 놀라셨습니다. 그리고 데메트리오스에게 말씀하셨습니다. "어떻게 해서 이토록 훌륭한 작품을 언급한 자가 역사가들이나 시인들 가운데 아무도 없단 말이오?"

313 데메트리오스가 말했습니다. "율법은 신성하며 하느님에 의해 생겨난 것이기 때문입니다. 그리고 율법을 언급할 마음을 품은 자들 가운데 하느님께 얻어맞은 이들이 있었습니다. 그래서 그럴 생각을 감히 품지 못한 것입니다."

314 사실 그는 테오폼포스가 이렇게 하는 말을 들은 적이 있다고 했습니다. 테오폼포스가 예전에 만들어진 율법 번역본에서 어떤 구절을 경솔히 인용하려 했을 때 정신적 혼란에 빠져 삼십 일 넘게 고생했다는 것입니다. 그리고 증상이 완화되자, 무엇 때문에 그런 불운이 닥쳤는지 명확히 알려 달라고 하느님께 청했다고 합니다. 315 그런데 꿈을 통해 자신이 주제넘게도 거룩한 것을 일반인들에게 전달하려 했음을 알게 되었다고 합니다. 그리고 그 계획을 철회하자 병이 나았다는 것입니다.[216] 316 그리고 나는 비극 시인 테오덱테스한테서 그가 그 책에[217] 기록된 일화를 연극에 인용하려고 하자 양쪽 눈에 백내장이 생겼다는 이야기도 들었습니다. 자기에게 그 재앙이 일어난 이유가 그 때문이 아닐까 의심이 생겨 하느님께 여러 날 동안 (기도했더니) 증상이 회복되었다는 것입니다.

집트 임금도 그리스어 성경의 권위를 인정한 셈이다.

216 또는 "그런데 꿈을 통해 자신이 주제넘게도 거룩한 것을 일반인들에게 전달하려 했다는 것과, 그 계획을 철회한다면 병에서 낫게 되리라는 것을 알게 되었다고 합니다."

217 구약성경.

317 앞에 말한 대로 폐하께서 데메트리오스한테서 이 일에 관해 들으시자 경의를 표하셨습니다. 그리고 그 책에 특별한 주의를 기울여 거룩하게 보존하라는 명령을 내리셨습니다.

번역자들의 귀향[218]

318 그리고 폐하께서는 번역자들에게, 유다 땅으로 돌아간 뒤에라도 당신을 자주 방문해 달라고 당부하셨습니다. 폐하께서 말씀하시기를 그들을 돌려보내는 것이 정당하지만, 그들이 다시 오면 그들을 친구로 대할 것이며 그들은 그분한테서 큰 보살핌을[219] 받게 되리라는 것이었습니다. 319 그러고 나서 폐하께서는 그들의 귀환을 준비하라는 분부를 내리셨습니다. 그리고 그 사람들을 매우 후하게 대하시어, 저마다에게 품질이 뛰어난 긴 옷 세 벌, 금 이 탈렌트, 일 탈렌트짜리 잔 하나, 장의자 세 개가 딸린 가구 일체를 하사하셨습니다.

320 그리고 엘레아자르에게는 그들 편에 은제 다리가 달린 긴 의자 열 개와 그에 딸린 비품 일체, 서른 탈렌트짜리 작은 잔, 긴 옷 열 벌, 자주 색 옷 한 벌, 멋진 관冠, 고운 아마포 백 필, 대접과 접시, 금으로 된 혼합주 조제그릇 두 개를 보내시어 하느님께 봉헌하게 하였습니다. 321 그리고 서신을 써서 만약 그들 가운데 누군가 당신에게 돌아오는 편을 선호한다면 막지 말아 달라고 하셨습니다. 당신께서는 높은 교육을 받은 이들과 교제하는 것을 귀하게 여기신다며, (당신) 재산을 허영을 충족시키기 위해서가 아니라 그런 사람들을 위해서 아낌없이 쓰시겠다는 것이었습니다.

---

218 318-321: 번역자들의 귀향. 필라델포스 임금은 번역자들에게 후한 선물을 내리고 예루살렘으로 돌려보낸다. 엘레아자르에게도 선물을 보내면서 하느님께 봉헌해 달라고 부탁한다. 그리고 번역자들이 자신을 방문하면 친구로서 대접하겠다고 약속한다.

219 또는, "환대."

맺음말

결어[220]

322 약속한 대로, 필로크라테스여, 그대에게 들려 줄 이야기는 여기까지입니다.[221] 그대가 신화꾼들의 책들보다 이 이야기를 더 좋아하리라 믿습니다. 그대는 정신에 도움이 되는 내용을 선호하며 그러한 것에 오랜 시간을 보내는 까닭입니다. 언급할 가치가 있는 다른 이야기도 무엇이든 써 보내도록 하겠습니다. 그대가 그런 것들을 탐구하면서 의지가 주는 가장 아름다운 상을 받게 될 것이기 때문입니다.

---

220 322: 짧은 결어. 아리스테아스는 필로크라테스가 그리스어 성경을 읽고 좋아하리라는 말로 편지를 끝낸다.

221 직역: "당신은 이야기 전체를 받았습니다."

부록

참고 문헌

성경

『성경』,
(한국천주교중앙협의회 2005).

BIBLIA HEBRAICA STUTTGARTENSIA,
W. Rudolph et H.P. Rüger (ed.) (Stuttgart 1984).

SEPTUAGINTA: Id est Vetus Testamentum graece iuxta LXX interpretes,
A. Rahlfs (ed.) (Stuttgart 1979).

NOVUM TESTAMENTUM GRAECE,
Nestle-Aland 27th Edition (Stuttgart 1993).

교부 문헌

그레고리우스(나지안주스),
『설교』 *Orationes*,
J.-P. Migne (ed.) (Cursus Completus Patrologiae Graecae Vol.35-38; Paris 1857-66).

바르나바,
『바르나바의 편지』 *Barnabae Epistula*,
F.X. Funk, revised by K. Bihlmeyer, *Die Apostolischen Väter* (Tübingen 1924).

아나스타시우스(시나이),
『질의응답』 *Quaestiones et Responsiones*,
J.-P. Migne (ed.) (Cursus Completus Patrologiae Graecae Vol.89; Paris 1865).

아타나시우스(차명),
『성경 개관』 *Synopsis Sanctae Scripturae*,
J.-P. Migne (ed.) (Cursus Completus Patrologiae Graecae Vol.28; Paris 1887).

오리게네스,
『시편 주해』 *Selecta in Pss.*,
J.-P. Migne (ed.) (Cursus Completus Patrologiae Graecae Vol.12; Paris 1889).

유스티누스(순교자),
『호교론』 *Apologiae*,
J.-P. Migne (ed.) (Cursus Completus Patrologiae Graecae Vol.6; Paris 1887).
『트리폰과의 대화』 *Dialogue cum Tryphone Judaeo*,
J.-P. Migne (ed.) (Cursus Completus Patrologiae Graecae Vol.6; Paris 1887).

클레멘스(로마),

『클레멘스의 첫째 편지』 *Prima Clementis*,
A. Jaubert (ed.) (Sources chrétiennes 167; Paris 1971).

폴리카르푸스,
『편지』 *Epistula ad Philippenses*,
F.X. Funk, revised by K. Bihlmeyer, *Die Apostolischen Väter* (Tübingen 1924).

헤르마스,
『목자』 *Pastor*,
R. Joly (ed.) (Sources chrétiennes 53bis; Paris 1986).

고전 문헌

요세푸스,
『유다 고대사』 *Antiquitates Judaicae*,
W. Whiston (tr.), *The New Complete Works of Josephus: Commentary by P.L. Maier* (Grands Rapid 1999), 47-661.
『유다 전쟁사』 *Bellum Judaicum*,
W. Whiston (tr.), *The New Complete Works of Josephus: Commentary by P.L. Maier* (Grands Rapid 1999), 667-936.

플라톤,
『향연』 *Symposium*,
R.E. Allen (ed.), *Plato, The Symposium, trans. with commentary* (New Haven 1993).

플루타르코스,
『영웅전』 *Vitae Parallelae*,
A.H. Clough (ed.), *Plutarch's Lives Vol.2*, J. Dryden (tr.) (New York 2001).

필론,
『꿈』 *De Somniis*,
F.H. Colson (ed.) (Philo 5; Cambridge 1988).
『덕』 *De Virtutibus*,
F.H. Colson (ed.) (Philo 8; Cambridge 1989).
『모세의 생애』 *De Vita Mosis*,
F.H. Colson (ed.) (Philo 6; Cambridge 1984).
『상급과 처벌』 *De Praemiis et Poenis*,
F.H. Colson (ed.) (Philo 8; Cambridge 1989).
『세부 규정』 *De Specialibus Legibus*,
F.H. Colson (ed.) (Philo 8; Cambridge 1989).
『플라쿠스 반박』 *In Flaccum*,
F.H. Colson (ed.) (Philo 9; Cambridge 1985).

쿰란 문헌

『감사 시편』 *Thanksgiving Hymns* (1QH),
E.L. Sukenik, *The Dead Sea Scrolls of the Hebrew University* (Jerusalem 1955); J.H. Charlesworth (ed.), *Thanksgiving Hymns and Related Documents. The Dead Sea Scrolls: Hebrew, Aramaic, and Greek Texts With*

English Translations Vol.5 (Westminster 발간 예정).
『거인들의 책』 *Book of Giants* (4Q203),
L.T. Stuckenbruck, *The Book of Giants from Qumran: Text, Translation, and Notes* (Tübingen 1997).
『공동체 규칙서』 *Rule of the Community* (1QS),
J.H. Charlesworth (ed.), *Rule of the Community and Related Documents. The Dead Sea Scrolls: Hebrew, Aramaic, and Greek Texts with English Translations Vol.1* (Westminster 1994).
『다마스쿠스 문헌』 *Damascus Document* (CD),
J.H. Charlesworth (ed.), *Damascus Document Fragments, Some Works of the Torah, and Related Documents. The Dead Sea Scrolls: Hebrew, Aramaic, and Greek Texts with English Translations Vol.3* (Westminster 2005).
『메시아 묵시록』 *Messianic Apocalypse* (4Q521),
É. Puech (ed.), *Discoveries in the Judaean Desert 25: Qumrân Grotte 4, XVIII* (Oxford 1998).
『시대들에 대한 해석』 *Pesher on the Periods* (4Q180-181=4QAges of Creation),
F.G. Martínez, *The Dead Sea Scrolls Translated: The Qumran Texts in English* (Leiden 1994); http://www.summascriptura.com/html/dss/Ages_of_Creation.html.
『전쟁 두루마리』 *War Scroll* (1QM),
J.H. Charlesworth (ed.), *Damascus Document, War Scroll, and Related Documents. The Dead Sea Scrolls: Hebrew, Aramaic, and Greek Texts with English Translations Vol.2* (Westminster 1995).
『축복의 규칙』 *Rule of the Blessings* (1QSb),
J. Frey, J.R. Levison (eds.), *The Holy Spirit, Inspiration, and the Cultures of Antiquity* (Berlin 2014).
『현자의 노래들』 *Songs of the Sage* (4Q510-511),
F.G. Martínez, *The Dead Sea Scrolls Translated: The Qumran Texts in English* (Leiden 1994).

타르굼

『타르굼 차명-요나탄(예루살렘 타르굼)』 *Pseudo-Jonathan*,
D. Rieder (ed.), *Targum Jonathan Ben Uziel on the Pentateuch copied from the London MS (British Museum add 27031)* (Jerusalem 1974).

일반 문헌

Alexander, P., "The Demonology of the Dead Sea Scrolls", P.W. Flint et al. (eds.), *The Dead Sea Scrolls After 50 Years Vol.2* (Leiden 1999), 331-353.

Bentwich, N., *Hellenism* (Illinois 2001).

Berry, G.R., "The Apocalyptic Literature of the Old Testament", *Journal of Biblical Literature 62* (1943), 9-16.

Bhayro, S., *The Shemihazah and Asael Narrative of 1Enoch 6-11: Introduction, Text, Translation and Commentary with Reference to Ancient Near Eastern and Biblical Antecedents* (Alter Orient und Altes Testament 322; Münster 2005).

Black, M., "The Messianism of the Parables of Enoch: Their Date and Contributions to Christological Origins", J.H. Charlesworth (ed.), *The Messiah: Developments in Earliest Judaism and Christianity* (Minneapolis 1992), 145-168.

Black, M., **Rowley**, H.H. (eds.), *Peake's Commentary on the Bible* (New York 1982).

Black, M., **Vanderkam**, C. et al. (eds.), *The Book of Enoch or 1Enoch: A New English Edition: With Commentary and Textual Notes* (Studia in Veteris Testamenti Pseudepigrapha; Leiden 1997).

Blank, S.A., "The Death of Zechariah in Rabbinic Literature", *Hebrew Union College Annual 12/13* (1937-38), 327-346.

Bonner, C., *The Last Chapters of Enoch in Greek* (Studies and Documents 8; London 1937).

Boyce, M., *Textual Sources for the Study of Zoroastrianism* (Chicago 1990).

Boyd, J.W., **Donald**, A., "Is Zoroastrianism Dualistic Or Monotheistic?", *Journal of the American Academy of Religion, Vol. 47* (1979), 557-588.

Brenner, M., *A Short History of the Jews* (New Jersey 2010).

Burchard, C.,

"The Importance of Joseph and Aseneth for the Study of the New Testament", *New Testament Studies 33* (1987), 102-134.

"Joseph and Aseneth: A New Translation and Introduction", J.H. Charlesworth (ed.), *The Old Testament Pseudepigrapha Vol.2* (Massachusetts 2009), 177-247.

Buttenwieser, M. (ed. & tr.), *Die hebräische Elias-Apokalypse* (Leipzig 1897).

Charles, R.H.,

The Apocrypha and Pseudepigrapha

of the Old Testament, Vol.2 Pseudepigrapha: With introductions and critical and explanatory notes to the several books (Oxford 1913[1]; Berkeley 2004).

"The Psalms, of Solomon", *The Apocrypha and Pseudepigrapha of the Old Testament, Vol.2 Pseudepigrapha: With introductions and critical and explanatory notes to the several books* (Oxford 1913[1]; Berkeley 2004), 625-652.

"The Book of 1Enoch", *The Apocrypha and Pseudepigrapha of the Old Testament, Vol.2 Pseudepigrapha: With introductions and critical and explanatory notes to the several books* (Oxford 1913[1]; Berkeley 2004), 163-281.

"The Letter of Aristeas", *The Apocrypha and Pseudepigrapha of the Old Testament, Vol.2 Pseudepigrapha: With introductions and critical and explanatory notes to the several books* (Oxford 1913[1]; Berkeley 2004), 83-122.

Charlesworth, J.H.,

"The Concept of the Messiah in the Pseudepigrapha", *Aufstieg und Niedergang der römischen Welt II.19.1* (1979), 188-218.

"Prayers, Psalms, and Odes", J.H. Charlesworth (ed.), *The Old Testament Pseudepigrapha Vol.2* (Massachusetts 2009), 607.

"Expansions of the Old Testament and Legends", J.H. Charlesworth (ed.), *The Old Testament Pseudepigrapha Vol.2* (Massachusetts 2009), 5.

Charlesworth, J.H. (ed.),

The Messiah: Developments in Earliest Judaism and Christianity (Minneapolis 1992).

The Old Testament Pseudepigrapha Vol.1-2 (Massachusetts 2009).

Charlesworth, J.H., **Milgrom**, J. et al. (eds.), *The Dead Sea Scrolls: Hebrew, Aramaic, and Greek Texts with English Translations, vol.1, Rule of the Community and Related Documents* (Tübingen 1994).

Clifford, R.J., "The Roots of Apocalypticism in Near Eastern Myth", B.J. McGinn et al. (eds.), *The Continuum History of Apocalypticism* (New York 2003), 3-29.

Collins, A.Y., "Early Christian Apocalyptic Literature", *Aufstieg und Niedergang der römischen Welt II.25.6* (1988), 4665-4711.

Collins, A.Y. et al. (eds.), *The Apocalypse* (New Testament Message 22; Wilmington 1979).

Collins, J.J.,
The Apocalyptic Imagination: An Introduction to Jewish Matrix of Christianity (New York 1992).
Daniel: A Commentary on the Book of Daniel (Minneapolis 1993).
"The Jewish Apocalypses", *Semeia 14* (1979), 21-49.
"Watchers", K. Van Der Toorn et al. (eds.), *Dictionary of Deities and Demons in the Bible* (Leiden 1999), 1681-1685.

Davies, P.R., "War of the Sons of Light against the Sons of Darkness", L.H. Schiffman et al. (eds.), *Encyclopedia of the Dead Sea Scrolls Vol.2* (Oxford 2000), 965-968.

Dimant, D., "The Fallen Angels' in the Dead Sea Scrolls and in the Apocryphal and Pseudepigraphic Books Related to Them" (Ph.D. thesis, Hebrew Univ.; 1974).

Dix, G.H., "The Seven Archangels and the Seven Spirits," *The Journal of Theological Studies Vol.28* (1927), 233-250.

Dupont-Sommer, A., *The Essene Writings from Qumran*, G. Vermes (tr.) (New York 1962).

Eckhardt, B., "The Psalms of Solomon as a Historical Source for the Late Hasmonean Period", E. Bons et al. (eds.), *The Psalms of Solomon: Language, History, Theology* (Atlanta 2015), 7-29.

Eissfeldt, O., "The Psalms of Solomon", *The Old Testament: An Introduction*, P.R. Ackroyd (tr.) (New York 1965), 610-613.

Feldman, L.H., **Reinhold**, M., *Jewish Life and Thought Among Greeks and Romans: Primary Readings* (Minneapolis 1996).

Fernándes Marcos, N., *The Septuagint in Context: Introduction to the Greek Version of the Bible*, W.G.E. Watson (tr.) (Leiden 2000).

Flusser, D., "Psalms, Hymns and Prayers", M.E. Stone (ed.), *Jewish Writings of the Second Temple Period: Apocrypha, Pseudepigrapha, Qumran Sectarian Writings, Philo, Josephus* (Philadelphia 1984), 551-577.

Gafni, I., "The Historical Background", M.E. Stone (ed.), *Jewish Writings of the Second Temple Period* (Philadelphia 1984), 1-9.

Ginzberg, L., *The Legends of the Jews, Vol.1-6* (Philadelphia 1909-1938).

Goodenough, E.R.,
The Political Philosophy of Hellenistic Kingship (New Haven 1928).
Jewish Symbols in the Greco-Roman Period, Vol.10 (New York 1953-1968).

Hadas, M., *Aristeas to Philocrates: (Letter of Aristeas)* (Eugene 2007).

Halévy, J., "Recherches sur La Langue de La Rédaction Primitive du Livre d'Énoch", *Journal Asiatique 6.9* (1867), 352-395.

Hare, D.R.A., "The Lives of the Prophets: A New Translation and Introduction", J.H. Charlesworth (ed.), *The Old Testament Pseudepigrapha Vol.2* (Massachusetts 2009), 379-399.

Harkins, A.K., **Bautch**, K.C., **Endres**, J.C. (eds.), *The Watchers in Jewish and Christian Traditions* (Minneapolis 2014).

Hendel, R.S., "Of Demigods and the Deluge: Toward an Interpretation of Genesis 6,1-4", *Journal of Biblical Literature 106* (1987), 13-26.

Hogeterp, A.L.A., "Belief In Resurrection And Its Religious Settings In Qumran And The New Testament", F.G. Martínez (ed.), *Echoes from the Caves: Qumran and the New Testament* (Studies on the Texts of the Desert of Judah 85; Leiden 2009), 299-320.

Holtz, T., "Christliche Interpolationen in 'Joseph und Aseneth'", *New Testament Studies 14* (1968), 482-497.

Hultgård, A., "Persian Apocalypticism", B.J. McGinn et al. (eds.), *The Continuum History of Apocalypticism* (New York 2003), 64-88.

Isaac, E., "1(Ethiopic Apocalypse of) Enoch", J.H. Charlesworth (ed.), *Old Testament Pseudepigrapha, Vol.1* (Massachusetts 2009), 5-89.

Jacques, D.-G., "Zoroastrianism", *Encyclopedia Americana 29* (Danbury 1988), 813-815.

Jellicoe, S., *The Septuagint and Modern Study* (Oxford 1968).

De Jonge, M., "The Psalms of Solomon", M. de Jonge (ed.), *Outside the Old Testament* (Cambridge Commentaries on Writings of the Jewish and Christian World, 200 BC to AD 200, Vol. 4; Cambridge 1985), 159-177.

Käsemann, E., "Die Anfänge christlicher Theologie", *Zeitschrift für Theologie und Kirche 57* (1960), 162-185.

Koep, L., *Das himmlische Buch in Antike und Christentum* (Theophaneia 8; Bonn 1952).

Kreuzer, S., "Entstehung und Publikation der Septuaginta im Horizont frühptolemäischer Bildungs- und Kulturpolitik", S. Kreuzer et al. (eds.), *Im Brennpunkt : Die Septuaginta 2* (Beiträge zur Wissenschaft vom Alten und Neuen Testament 161; Stuttgart 2004), 61-75.

Kvanvig, H., *Primeval History: Babylonian, Biblical, and Enochic: An Intertextual Reading* (Leiden 2011).

Lampe, G.W.H., *A Patristic Greek Lexicon* (Oxford 1961).

Lapham, F., *An Introduction to the New Testament Apocrypha* (London 2003).

Liddel, H.G., **Scott**, R., *A Greek-English Lexicon* (Oxford 1996).

Metzger, B., *The Bible in Translation* (Ada 2001).

Meyer, R., "manna", G. Kittel (ed.) *Theological Dictionary of the New Testament IV* (Grand Rapids 1975), 462-466.

Milik, J.T., "Problèmes de la Littérature Hénochique à la Lumière des Fragments Araméens de Qumrân", *Harvard Theological Review 64* (1971), 333-378.

Milik, J.T., **Black**, M., *The Books of Enoch: Aramaic Fragments of Qumran Cave 4* (Oxford 1976).

Mobely, G., **Wray**, T.J., *The Birth of Satan: Tracing the Devil's Biblical Roots* (New York 2005).

Murray, R., "The Origin of Aramaic *ʿir*, Angel" *Orientalia 53* (1984), 303-317.

Nickelsburg, G.W.E., *1Enoch 1: A Commentary on the Book of 1Enoch, Chapters 1-36; 81-108* (Minneapolis 2001).

Pannenberg, W., *Offenbarung als Geschichte. Kerygma und Dogma* (Göttingen 1961).

Pelletier, A., *Lettre d'Aristée à Philocrate, introduction, texte critique, traduction et notes, index complet des mots grecs* (Sources chrétiennes 89; Paris 1962).

Pentiuc, E.J., *The Old Testament in Eastern Orthodox Tradition* (Oxford 2014).

Von Rad, G., "διάβολος", G. Kittel (ed.), *Theological Dictionary of the New Testament Vol.2* (Grand Rapids 1974), 72-81.

Ralfs, A. (ed.), *Septuaginta: Id est Vetus Testamentum graece iuxta LXX interpretes Vol.1-2* (Stuttgart 1952).

Reddish, M.G. (ed.), *Apocalyptic Literature: A Reader* (Nashville 1990).

Reed, A.Y., *Fallen Angels and the History of Judaism and Christianity: The Reception of Enochic Literature* (Cambridge 2005).

Reinink, G.J., "Das Land 'Seiris' (Sir) und das Volk der Serer in jüdischen und christlichen Traditionen", *Jounal for the Study of Judaism 6* (1975), 72-85.

Richardson, R.D., "Supplementary Essay", H. Lietzmann (ed.), *Mass and Lord's Supper: A Study in the*

History of the Liturgy, D.H.G. Reeve (tr.) (Leiden 1979), 343-347.

Riley, G.J.,
"Demon", K. Van Der Toorn et al. (eds.), *Dictionary of Deities and Demons in the Bible* (Leiden 1999), 235-240.
"Devil", K. Van Der Toorn et al. (eds.), *Dictionary of Deities and Demons in the Bible* (Leiden 1999), 245-246.

Ringgren, H., *The Faith of Qumran: Theology of the Dead Sea Scrolls*, E.T. Sander (tr.) (Philadelphia 1963).

Russell, J.B., *The Devil: Perceptions of Evil from Antiquity to Primitive Christianity* (New York 1977).

Sacchi, P., *The History of the Second Temple Period* (London 2004).

Schiffman, L.H.,
Reclaiming the Dead Sea Scrolls (New York 1994).
"Messianic Figures and Ideas in the Qumran Scrolls", J.H. Charlesworth (ed.), *The Messiah: Developments in Earliest Judaism and Christianity* (Minneapolis 1992), 116-129.

Schiffman, L.H., **Vanderkam**, J.C. (eds.), *Encyclopedia of the Dead Sea Scrolls Vol.2* (Oxford 2000).

Shepherd, M.B., "Targums, The New Testament, and Biblical Theology of the Messiah", *Journal of the Evangelical Theological Society 51/1* (2008), 45-58.

Shutt, R.J.H., "Letter of Aristeas: A New Translation and Introduction", J.H. Charlesworth (ed.), *The Old Testament Pseudepigrapha, vol.2* (Massachusetts 2009).

Staats, R., "Ogdoas als ein Symbol für die Auferstehung", *Vigiliae Christianae 26* (1972), 29-52.

Stone, M.E. (ed.), *Jewish Writings of the Second Temple Period: Apocrypha, Pseudepigrapha, Qumran Sectarian Writings, Philo, Josephus* (Philadelphia 1984).

Stuckenbruck, L.T., *The Book of Giants from Qumran: Text, Translation, and Notes* (Tübingen 1997).

Stuckenbruck, L.T., **Gurtner**, D.M. *T & T Clark Encyclopedia of Second Temple Judaism* (London 2020).

Sullivan, K., "The Watchers Traditions in 1Enoch 8-16: The Fall of Angels and the Rise of Demons", A.K. Harkins et al. (eds.), *The Watchers in Jewish and Christian Traditions* (Minneapolis 2014), 91-103.

Thackeray, H.J., *Introduction to the Old Testament in Greek* (Cambridge 1902).

Di Tommaso, L., "Apocalypses and Apocalypticism in Antiquity (Part

I)", *Currents in Biblical Research 5, No.2* (2007), 235-286.

Twelftree, G.H., "Scribes", C.A. Evans et al. (eds.), *Dictionary of New Testament Background* (Illinois 2000), 1086-1089.

Ullendorff, E., "An Aramaic 'Vorlage' of the Ethiopic Text of Enoch?", *Atti del convegno internazionale di studi Etiopici* (Rome 1960), 259-267.

Vassiliev, A. (ed.), *Anecdota Graeco-Byzantina, Vol.1* (Moscow 1893).

Vielhauer, P., **Strecker**, G., "Apocalypses and Related Subjects", W. Schneemelcher (ed.), *New Testament Apocrypha Vol.2*, R.McI. Wilson (tr.) (Westminster 1992), 542-568.

Wallace, D.B., *Greek Grammar Beyond the Basics: An Exegetical Syntax of the Greek New Testament* (Grand Rapids 1996).

Watson, W.G.E., *The Dead Sea Scrolls Translated: The Qumran Texts in English* (Leiden 1994).

Weill, R., *La Cité de David* (Paris 1920).

Wise, M., **Abegg**, M., **Cook**, E. (trs.), *The Dead Sea Scolls* (San Francisco 1996).

Wright, R.B., "Psalms of Solomon", J.H. Charlesworth (ed.), *The Old Testament Pseudepigrapha Vol.2* (Massachusetts 2009), 639-670.

게르트 타이쎈, **아네테 메르츠**, 『역사적 예수: 예수의 역사적 삶에 대한 총체적 연구』, 손성현 옮김 (다산글방 2001).

김정훈, 『칠십인역 입문』 (유다·그리스도교 고전 입문 총서 I-1; 바오로딸 2009).

김혜윤, 『성경 여행 스케치』 (바오로딸 2011).

레이몬드 설버그, 『신구약 중간사』, 김의원 옮김 (기독교문서선교회 1984).

송혜경,

『신약 외경 1』 (한님성서연구소 2021).

『신약 외경 하권: 행전·서간·묵시록』 (한님성서연구소 2011).

『영지주의자들의 성서』 (한님성서연구소 2022).

『사탄 악마가 된 고발자』 (한님성서연구소 2019).

「신구약 중간기 문학」, 박병규 외, 『가톨릭 신학을 소개합니다』 (성서와함께 2021), 89-120.

쑨룽지,

『신세계사 1』 (흐름출판 2020).

안소근, 『이사야서 1-39장』 (거룩한 독서를 위한 구약성경 주해 29-1; 바오로딸 2016).

유흥태, 『페르시아의 종교: 조로아스터교 미트라교 마니교 마즈닥교』 (2010 살림).

이기락, 『성문서』 (가톨릭출판사 2004).

전봉순, 『시편 1-41편』 (거룩한 독서를 위한 구약성경 주해 23-1; 바오로딸 2015).

정태현, 『성서 입문 하권』
(한님성서연구소 2008).
존 드레인, 『성경의 탄생』, 서희연 옮김
(옥당 2012).
케네스 셍크, 『필론 입문』, 송혜경 옮김
(유다·그리스도교 고전 입문 총서
III-5; 바오로딸 2008).
폴 핸슨, 아델라 야브로 콜린스,
「묵시록과 묵시주의」, 김혜윤 옮김,
『가톨릭 신학과 사상』 43 (2005),
239-283.

찾아 보기

칠십인역 시편

잠언

칠십인역 잠언

코헬렛

아가

지혜서

신약성경

구약 외경